Seit 30 Jahren diskutieren wir die Wende zu einer nachhaltigen Entwicklung: als Energiewende, als Ernährungswende, als Mobilitätswende. Dahinter steht die Idee einer »Großen Transformation«. Damit ist der umfassende Umbau von Technik, Ökonomie und Gesellschaft gemeint, um mit den sozialen und ökologischen Herausforderungen des 21. Jahrhunderts umzugehen. Die Blaupausen für die Wende liegen vor. Aber es tut sich wenig. Uwe Schneidewind zeigt mit den Erfahrungen des Wuppertal Instituts auf, wie die Kunst einer Zukunftsgestaltung aussieht, die Zukunftsvisionen mit einem aufgeklärten Innovations- und Transformationsverständnis verbindet.

Uwe Schneidewind, geb. 1966, ist seit 2010 Präsident des Wuppertal Instituts für Klima, Umwelt, Energie und Professor für Innovationsmanagement und Nachhaltigkeit an der Bergischen Universität Wuppertal. Er ist u.a. Mitglied im Wissenschaftlichen Beirat der Bundesregierung Globale Umweltveränderungen (WBGU) und im Club of Rome.

Weitere Informationen finden Sie auf www.fischerverlage.de

Uwe Schneidewind

Die Große Transformation

Eine Einführung in die Kunst gesellschaftlichen Wandels

Unter Mitarbeit von:
Manfred Fischedick, Stefan Lechtenböhmer, Christa Liedtke, Stefan Thomas, Henning Wilts, Carolin Baedeker, Christiane Beuermann, Ralf Schüle, Peter Viebahn

Christof Arens, Karin Arnold, Karoline Augenstein, Bettina Bahn-Walkowiak, Holger Berg, Ben Best, Katrin Bienge, Anja Bierwirth, Katharina Bohnenberger, Johannes Buhl, Valentin Espert, Justus von Geibler, Kathrin Greiff, Hans Haake, Dirk Heinemeier, Lukas Hermwille, Ulrich Jansen, Georg Kobiela, Michael Kopatz, Thorsten Koska, Oliver Lah, Rainer Lucas, Laura Machler, Meghan O'Brien, Wolfgang Obergassel, Thomas Orbach, Willington Ortiz, Hermann E. Ott, Alexandra Palzkill, Andreas Pastowski, Annika Rehm, Oscar Reutter, Michael Ritthoff, Sascha Samadi, Carolin Schäfer-Sparenberg, Philipp Schepelmann, Clemens Schneider, Melanie Speck, Meike Spitzner, Franziska Stelzer, Paul Suski, Jens Teubler, Johannes Thema, Alina Ulrich, Daniel Vallentin, Oliver Wagner, Matthias Wanner, Timon Wehnert, Maria J. Welfens, Klaus Wiesen, Georg Wilke, Christoph Zeiss

FISCHER Taschenbuch

Entwürfe für eine Welt mit Zukunft
Herausgegeben von Harald Welzer und Klaus Wiegandt

Zum Titelbild
Das Titelbild zeigt die Installation »Points of View« des seit 1977 von
Wuppertal aus wirkenden Künstlers Tony Cragg. Die drei dargestellten
Säulen stehen im Buch allegorisch für die Dreiklänge, die den Diskurs
über Transformationsprozesse zur Nachhaltigkeit bestimmen: z. B. für die
Dreiheit von »Ökologie« – »Ökonomie« – »Sozialem«, von »Effizienz« –
»Suffizienz« – »Konsistenz« oder für den vom Wissenschaftlichen Beirat
der Bundesregierung Globale Umweltveränderungen (WBGU) geprägten
Kompass von »Natürlichen Lebensgrundlagen« – »Teilhabe« – »Eigen-
art« bzw. das WBGU-Verständnis der »Großen Transformation« als dem
dritten epochalen Umbruch in der bisherigen Menschheitsgeschichte. Das
Titelbild lädt dazu ein, sich dem Phänomen der Großen Transformation mit
dem Mut perspektivischer Offenheit zu nähern.

MIX
Papier aus verantwor-
tungsvollen Quellen
FSC
www.fsc.org   FSC® C083411

Originalausgabe

Erschienen bei FISCHER Taschenbuch
Frankfurt am Main, September 2018

© 2018 S. Fischer Verlag GmbH, Hedderichstr. 114,
D-60596 Frankfurt am Main

Grafiken: Peter Palm, Berlin
Gesamtherstellung: CPI books GmbH, Leck
Printed in Germany
ISBN 978-3-596-70259-6

Inhalt

Entwürfe für eine Welt mit Zukunft

Das 19. und 20. Jahrhundert waren die Epoche der expansiven Moderne. Immer weitere Teile der Welt folgten dem industriegesellschaftlichen und wachstumswirtschaftlichen Pfad, ihre Bewohnerinnen und Bewohner erlebten materiellen und vor allem auch immateriellen Fortschritt: Die Gesellschaften demokratisierten sich, wurden freiheitliche Rechtsstaaten, Arbeitsschutzrechte, Bildungs-, Gesundheits- und Sozialversorgung wurden erkämpft. Im 21. Jahrhundert, da die Globalisierung fast den ganzen Planeten in den wachstumswirtschaftlichen Sog gezogen, aber dabei keineswegs überall Freiheit, Demokratie und Recht etabliert hat, stehen wir vor der Herausforderung, den erreichten zivilisatorischen Standard zu sichern, denn dieser gerät immer mehr unter den Druck von Umweltzerstörung, Ressourcenkonkurrenz, Klimaerwärmung – um nur einige der gravierendsten Probleme zu nennen. Wie sieht eine moderne Gesellschaft aus, die nicht mehr dem Prinzip der immerwährenden Expansion folgt, sondern gutes Leben mit nur einem Fünftel des heutigen Verbrauchs an Material und Energie sichert? Das weiß im Augenblick niemand; einen Masterplan für eine solche Moderne gibt es nicht. Wir brauchen daher Zukunftsbilder, die die Lebensqualität in einer nachhaltigen Moderne vorstellbar machen und mit den Entwürfen einer anderen Mobilität, einer anderen Ernährungskultur, eines anderen Bauens und Wohnens die Veränderung der gegenwärtigen Praxis attraktiv und nicht abschreckend erscheinen lassen.

Deshalb haben wir für die Buchreihe »Entwürfe für eine Welt mit Zukunft« Wissenschaftlerinnen und Wissenschaftler gebeten, konkrete Utopien künftiger Wirtschafts- und Lebenspraktiken zu skizzieren. Konkrete Utopien, das heißt: Szenarien künftiger Wirklichkeiten, die auf der Basis heute vorliegender technischer und sozialer Möglichkeiten herstellbar sind. Erst vor dem Hintergrund solcher Zukunftsbilder lässt sich abwägen, welche Entwicklungsschritte heute sinnvoll sind, um sich in Richtung einer wünschenswerten Zukunft aufzumachen. Anders gesagt: Ohne Zukunftsbilder lässt sich weder eine gestaltende Politik denken noch die Rolle, die die Zivilgesellschaft für eine solche Politik spielt. Wenn Politik und Zivilgesellschaft wie Kaninchen vor der Schlange ausschließlich auf die Bewahrung eines fragiler werdenden Status quo fixiert sind, verlieren sie die Fähigkeit, sich auf ein anderes Ziel zuzubewegen. Sie verbleiben in der schieren Gegenwart, was in einer sich verändernden Welt eine tödliche Haltung ist.

Nach 18 Bänden der ebenfalls im Fischer Taschenbuch Verlag erschienenen Vorgängerreihe, die unter großer öffentlicher Resonanz eine wissenschaftliche Bestandsaufnahme des naturalen Status quo der Erde in den einzelnen Dimensionen von den Ozeanen bis zur Bevölkerungsentwicklung vorgelegt hat, wenden wir nun also den Blick von der Gegenwart in die Zukunft – in der Hoffnung, konkrete Perspektiven für die Gestaltungsmöglichkeiten einer nachhaltigen modernen Gesellschaft aufzuzeigen, Perspektiven, die der Politik wie den Bürgerinnen und Bürgern Mut machen, ihre Handlungsspielräume zu nutzen und Wege zum guten Leben einzuschlagen.

Harald Welzer & Klaus Wiegandt

1. »Making Utopia possible«
Eine Einführung in das Buch

Wird die Welt des Jahres 2050 eine bessere und nachhaltigere sein? Wer und was entscheidet eigentlich, in welche Richtung sich Politik, Wirtschaft und Gesellschaft in den nächsten Jahrzehnten entwickeln? Werden neue Technologien oder ein massiver kultureller Wandel die Hoffnungen auf eine Zivilisation befeuern, die Menschen gleiche Entwicklungschancen überall auf der Welt ermöglicht – trotz begrenzter ökologischer Ressourcen? Hat angesichts zunehmender ökologischer und sozialer Herausforderungen der Kapitalismus in seiner heutigen Form noch eine Zukunft? Oder wird er gerade zur Lösung der Herausforderungen gebraucht? All das sind Fragen, mit denen sich die Diskussion zur »Großen Transformation« beschäftigt.

Eines scheint dabei klar: Das 21. Jahrhundert verspricht ein weiteres Jahrhundert des massiven Umbruchs in der Menschheitsgeschichte zu werden. Oft scheint uns die Zukunft dabei »zu ereilen« – mit technologischen, ökonomischen, politischen, gesellschaftlichen und ökologischen Dynamiken. Ist es möglich, die aktuellen systemischen Dynamiken so zu verstehen, dass sie sich von Akteuren in Politik, Wirtschaft und Zivilgesellschaft in konstruktive Impulse umwandeln lassen? Was sind wissenschaftlich basierte »Erzählungen«, die Orientierung geben für die Gestaltung eines menschengerechten 21. Jahrhunderts?

Das vorliegende Buch stellt sich diesen Fragen und baut mit seinem Titel auf zwei prominenten Schlüsselpublikationen der letzten 70 Jahre auf: Karl Polanyis »Great Transformation« und der dort gelieferten grandiosen Analyse der Entbettungsmechanismen des modernen Kapitalismus sowie dem Hauptgutachten »Welt im Wandel« des Wissenschaftlichen Beirates der Bundesregierung Globale Umweltveränderungen (WBGU) aus dem Jahr 2011. Letzteres nutzte den Begriff der »Großen Transformation«, um die Epochenumbrüche des 21. Jahrhunderts im Lichte einer Nachhaltigen Entwicklung zu kennzeichnen, und hat damit die Nachhaltigkeitsdebatte der letzten Jahre sehr beeinflusst.

Der Begriff der »Großen Transformation« in der 2011 vom WBGU eingebrachten Form wird damit zur Grundlage für ein identitätsstiftendes transdisziplinäres Narrativ. Es verdichtet ökologische, technologische, ökonomische, sozial- und kulturwissenschaftliche Erkenntnisse zu einem Hoffnung gebenden Gestaltungsprogramm. Es ist eng verbunden mit dem Selbstverständnis des Wuppertal Instituts, das seit seiner Gründung Anfang der 1990er Jahre ökologische, technologische, ökonomische und gesellschaftliche Perspektiven verbindet, um die Utopie einer Nachhaltigen Entwicklung zu ermöglichen. Dieses Buch führt in die Erzählung der »Großen Transformation« ein und stützt sich dabei auf zentrale Konzepte und Theoriebausteine der Debatte sowie die Erfahrungen des Wuppertal Instituts.

Mit dem Anspruch, diese unterschiedlichen Aspekte des Nachhaltigkeits- und Transformationsdiskurses aufeinander zu beziehen, wagen wir ein ambitioniertes Unterfangen – ähnlich tollkühn, wie es schon der WBGU 2011 mit seiner Referenz auf Karl Polanyi getan hat. Die Arbeit des Wuppertal Instituts ist aber von der Überzeugung getragen, dass

nur systemische Herangehensweisen, die auch einen breiten
inter- und transdisziplinären Brückenschlag nicht scheuen,
Orientierung in einer komplexer werdenden Wirklichkeit
bieten. Dies gilt umso mehr in einer Zeit, in der im Wissenschaftssystem angesichts zunehmender Spezialisierung der
Mut zu solchen Entwürfen eher ab- als zunimmt. Daher freu-
en wir uns, dass Sie sich als Leserin und Leser auf diese Reise
einlassen.

Vor diesem Hintergrund greift das Buch das Konzept der
Großen Transformation auf: Die Große Transformation beschreibt einen massiven ökologischen, technologischen, ökonomischen, institutionellen und kulturellen Umbruchprozess
zu Beginn des 21. Jahrhunderts. Dieser Prozess ist keine ge-
sichtslose systemische Dynamik, sondern von Menschen initiiert und geprägt und damit grundsätzlich auch gestaltbar.
Den Kompass und die Ansatzpunkte für diese Gestaltung
zu verstehen und zu nutzen, bedarf es vieler Akteurinnen
und Akteure und einer besonderen (transformativen) »Literacy«, d.h. einer Kompetenz, diese Dimensionen in ihrem
Zusammenspiel zu verstehen, und der Kunstfertigkeit, dieses
Verständnis in Beiträge zu einer Nachhaltigen Entwicklung
umzusetzen. Diese »Zukunftskunst« in ihrer Mehrdimensio-
nalität wird im Zentrum des Buches stehen.

In diesem Sinne stützen wir uns auf bestehende konzeptionelle und theoretische Zugänge, die einen Hinweis darauf geben, wie die Umbruchphase im 21. Jahrhundert in eine
menschengerechte Vision münden kann: gleiche und hin-
reichende Entfaltungschancen für die Menschen auf diesem
Planeten, heute und zukünftig – innerhalb der bestehenden
planetaren Grenzen. Genau das steckt hinter der ursprünglichen Nachhaltigkeitsdefinition der Brundtland-Kommission
aus dem Jahr 1987. Die Kommission bezeichnete Nachhaltige

Abb. 1.1: Die vier Dimensionen der Zukunftskunst. *Quelle: Eigene Darstellung in Anlehnung an Schneidewind, 2013, S. 83*

Entwicklung als eine Entwicklung, »die den Bedürfnissen der heutigen Generation entspricht, ohne die Möglichkeiten künftiger Generationen zu gefährden, ihre eigenen Bedürfnisse zu befriedigen und ihren Lebensstil zu wählen.« Heute ist die Welt von einer solchen Vision noch weit entfernt: in ökologischer Hinsicht, mit Blick auf soziale Gerechtigkeit und in der Art des globalen Wirtschaftens.

Wir werden unter Rückgriff auf aktuelle Debatten aufzeigen, wie ein Umsteuern dennoch gelingen kann, wie sich Wirtschaftsordnung und technologische Möglichkeiten weiterentwickeln können, wie diese Veränderungen in geeignete institutionelle Rahmen und insbesondere in einen kulturellen Wandel einzubetten sind. Wir werden einen Blick auf die Rolle werfen, die dabei Politik, Unternehmen, Wissenschaft und Zivilgesellschaft zukommen, und darauf, mit welchen Ressourcen und welcher Haltung sich jeder individuell als Pionierin und Pionier des Wandels in den Prozess der Großen Transformation einbringen kann.

Drei Besonderheiten zeichnen das Buch als Beitrag zur aktuellen Nachhaltigkeitsdebatte aus:

1. Es ist *integrativ*: Es liefert einen übergeordneten Rahmen,
   aus dessen Blickwinkel eine große Zahl bestehender Konzepte der aktuellen Nachhaltigkeits- und Transformationsdebatte aufeinander bezogen werden.

2. Es ist *ökonomisch pluralistisch*: Es setzt sich – hier ganz im
   Sinne Karl Polanyis – aktiv mit der Zukunft unserer Wirt-
   schaftsordnung als einem Kernelement einer gelingenden
   Nachhaltigkeitstransformation auseinander.

3. Es ist *akteursorientiert*: Es stellt aufbauend auf seiner
   Analyse am Ende Akteure ins Zentrum und definiert die
   Anforderungen an Politik, Unternehmen, Wissenschaft
   und Zivilgesellschaft in der Großen Transformation.

Das Buch versteht sich als Beitrag zu einer »transformativen
Wissenschaft«. Damit ist eine Wissenschaft gemeint, die Veränderungsprozesse informieren und auch aktiv anstoßen
möchte. Es liefert ein »Narrativ«,[1] einen hermeneutischen
Versuch, der aufbauend auf sehr unterschiedlichen Theorie-
ansätzen Akteuren in der Transformation eine Orientierung
gibt.

Das Buch gliedert sich in drei Teile, um seinen Anspruch
einzulösen (vgl. Abb. 1.2):

(1) Teil A entwickelt den spezifischen *Ansatz* des Buches:
Er führt in Nachhaltigkeit als eine kulturelle Revolution und
als ein zentrales Zivilisationsprojekt des 21. Jahrhunderts ein.
Auf dieser Grundlage entwickelt er das den Leser durch das
gesamte Buch begleitende Konzept der »Zukunftskunst«.
Schließlich legt er die theoretischen Grundlagen dafür,
Transformationsprozesse zu verstehen, und zeigt in diesem
Lichte, warum die aktuelle Wirtschaftsordnung ein Dreh-

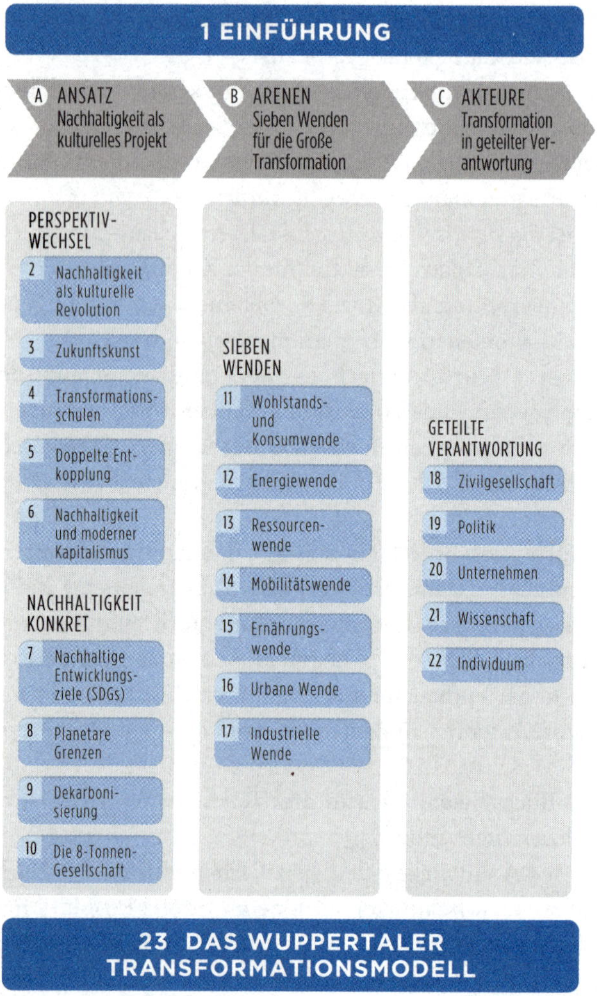

1 EINFÜHRUNG

A) ANSATZ
Nachhaltigkeit als kulturelles Projekt

B) ARENEN
Sieben Wenden für die Große Transformation

C) AKTEURE
Transformation in geteilter Verantwortung

PERSPEKTIV-WECHSEL

2 Nachhaltigkeit als kulturelle Revolution

3 Zukunftskunst

4 Transformations-schulen

5 Doppelte Ent-kopplung

6 Nachhaltigkeit und moderner Kapitalismus

NACHHALTIGKEIT KONKRET

7 Nachhaltige Entwicklungs-ziele (SDGs)

8 Planetare Grenzen

9 Dekarboni-sierung

10 Die 8-Tonnen-Gesellschaft

SIEBEN WENDEN

11 Wohlstands- und Konsumwende

12 Energiewende

13 Ressourcen-wende

14 Mobilitätswende

15 Ernährungs-wende

16 Urbane Wende

17 Industrielle Wende

GETEILTE VERANTWORTUNG

18 Zivilgesellschaft

19 Politik

20 Unternehmen

21 Wissenschaft

22 Individuum

---

23 DAS WUPPERTALER TRANSFORMATIONSMODELL

Abb. 1.2: Aufbau des Buches

und Angelpunkt für eine »Große Transformation« ist. Die dann folgenden Kapitel ordnen die Eckpunkte der aktuellen Nachhaltigkeitsdebatte in den entwickelten Bezugsrahmen ein. Es wird deutlich, warum die Nachhaltigen Entwicklungsziele (SDGs) den zentralen Kompass für den Nachhaltigkeitsdiskurs markieren, warum das Denken in »planetaren Grenzen« so wichtig für eine »Zukunftskunst« ist und wie sich dies in Visionen auf der Energie- (»Dekarbonisierung«) und Ressourcen-Ebene (»8-Tonnen-Gesellschaft«) übersetzen lässt.

(2) Teil B beschreibt die *Arenen* der Großen Transformation. Sieben spezifische »Wenden« bilden den Kern der Großen Transformation: Die Kombination aus einer (1) »Wohlstands- und Konsumwende« auf der einen sowie einer (2) »Energiewende« und einer (3) »Ressourcenwende« auf der anderen Seite bilden die grundlegenden Sphären der Großen Transformation. Diese übergeordneten Transformationen vollziehen sich in oft eng miteinander vernetzten Sektorwenden, wie insbesondere der (4) Mobilitätswende und der (5) Ernährungswende sowie in zentralen Transformationsräumen – hier insbesondere der (6) Urbanen Wende sowie der (7) Industriellen Wende. In all diesen Wenden gilt es nach dem kunstvollen Zusammenspiel von Kultur-, Institutionen-, Technologie- und ökomischem Wandel zu suchen.

(3) Teil C wendet sich den *Akteuren* der Großen Transformation zu: Was bedeutet Zukunftskunst für Politik, für Unternehmen, für die Wissenschaft, für die Zivilgesellschaft, aber auch für jede einzelne Pionierin und jeden einzelnen Pionier des Wandels, die den Prozess der Großen Transformation mitgestalten wollen? Welche geteilte Verantwortung kommt

diesen Akteuren zu? Was sind relevante Ansatzpunkte für ihr
Handeln?

Einer Wissenschaft, die durch ihr Wirken Wege zu einer
Nachhaltigen Entwicklung aufzeigt, ist das Wuppertal Institut seit über 25 Jahren verpflichtet. Insofern gibt dieses
Buch auch einen Einblick in die »Transformations-DNA« des
Wuppertal Instituts. Sie hat uns lange Zeit eher als ein im-
pliziter Kompass begleitet und wird mit diesem Buch explizit
entwickelt. Darum mündet das Buch am Ende auch in einen
thesenförmigen »Wuppertaler Kompass der Großen Transformation«.

Das Buch ist in engem Austausch mit vielen Wissenschaftlerinnen und Wissenschaftlern des Wuppertal Instituts in
den letzten Jahren entstanden. Die wichtigsten Mitwirken-
den sind vorne aufgeführt. Darüber hinaus hat unsere Arbeit
durch intensive Diskussionen mit vielen Köpfen im Institut
und seinem Umfeld an Klarheit gewonnen. Hier geht ein
Dank an die Mitglieder und die Geschäftsstelle des Wissenschaftlichen Beirates der Bundesregierung Globale Umweltveränderungen (WBGU) für den inspirierenden Austausch
in den letzten Jahren, an Maja Göpel, Manfred Linz, Hans-
Jochen Luhmann, Wolfgang Sachs, Gerhard Scherhorn,
Uta von Winterfeld und viele weitere Inspiratorinnen und
Inspiratoren. Ein besonderes Dankeschön gebührt dem Kern-
team für dieses Buchprojekt – bestehend aus Katharina Bohnenberger, Hans Haake, Laura Machler und Annika Rehm,
die den Diskussionsprozess im Institut sowie die Fertigstel-
lung des Manuskriptes in den letzten Monaten ermöglicht
haben.

Insbesondere dankt das Wuppertal Institut mit diesem
Buch aber allen, die in den zurückliegenden knapp 30 Jahren

mit dem und im Wuppertal Institut an der Vision einer Nachhaltigen Entwicklung gearbeitet haben, und lädt dazu ein, uns dabei weiterhin aktiv zu begleiten.

Uwe Schneidewind
Wuppertal, im April 2018

TEIL A:
Ansatz

Nachhaltigkeit als kulturelles Projekt

Teil A skizziert den grundlegenden Ansatz des Buches: Es versteht die Idee Nachhaltiger Entwicklung als eine im Kern kulturelle Revolution. Vor diesem Hintergrund wird das das Buch prägende Konzept der »Zukunftskunst« entwickelt. Zukunftskunst bezeichnet die Fähigkeit von Politik, Zivilgesellschaft, Unternehmen, Wissenschaft und allen Pionieren des Wandels, grundlegende Transformationsprozesse von der kulturellen Vision der Nachhaltigkeit her zu denken und von dort institutionelle, ökonomische und technologische Perspektiven zu entwickeln. Getragen ist ein solcher Ansatz von der Zuversicht, dass Zukunft mitgestaltbar und nicht lediglich das Ergebnis technologischer und ökonomischer Dynamiken ist. Die theoretische Grundlage dafür liefern »Transformationsschulen«, die die Kraft von Ideen in Veränderungsprozessen unterstreichen. Das führt zwangsläufig zur Auseinandersetzung mit dem modernen Wirtschaftssystem, das den Weg einer nicht nachhaltigen Zukunftsgestaltung oft als alternativlos erscheinen lässt. Ist eine Ökonomie denkbar, die gutes Leben für zehn Milliarden Menschen auf diesem Planeten ermöglicht, ohne die globalen ökologischen Grenzen zu überschreiten? Was heißt das für die Weiterentwicklung eines modernen globalen Kapitalismus?

In den so entwickelten Ansatz des Buches lassen sich dann die zentralen Eckpunkte des internationalen Nachhaltigkeitsdiskurses einordnen: Dazu gehört an erster Stelle die »Agenda

2030« der Vereinten Nationen, mit den von ihnen definierten 17 Nachhaltigen Entwicklungszielen (SDGs), die genau auf das Zusammenspiel von ökologischer und humanitärer Entwicklung zielen. Das Konzept der »Planetaren Grenzen« ist essentiell, um zu verstehen, warum eine Welt, die sich bisher nur ökonomisch expansiv definiert, nicht mehr als kultureller Kompass im 21. Jahrhundert taugt. Die Ziele der »Dekarbonisierung« sowie einer »8-Tonnen-Gesellschaft« machen die Leitplanken für das Transformationsprogramm einer Welt innerhalb planetarer Grenzen plastisch. Sie markieren die Landkarte für die konkreten Wenden, die im weiteren Verlauf des Buches entfaltet werden.

2. Nachhaltige Entwicklung als kulturelle Revolution

Im Kern handelt es sich bei der Idee Nachhaltiger Entwicklung um ein kulturelles Projekt. Nachhaltige Entwicklung beschreibt einen weiteren Schritt in der Entwicklung menschlicher Zivilisation hin zu einer Welt, in der die Würde und die Entfaltungsmöglichkeiten von Menschen überall auf dieser Welt heute und in Zukunft Kompass für gesellschaftliches, politisches und ökonomisches Handeln sind. Philosophen wie Kwame Anthony Appiah oder Steven Pinker sensibilisieren dafür, dass in der Menschheitsgeschichte solch moralisch-zivilisatorischer Fortschritt immer wieder stattgefunden hat und daher auch die Hoffnung besteht, dass die Idee einer Nachhaltigen Entwicklung keine Utopie bleiben muss.

Zu Beginn des 21. Jahrhunderts befindet sich die Menschheit in einem Epochenumbruch. Durch ihre ökonomischen Aktivitäten ist sie erstmalig in der Menschheitsgeschichte in der Lage, globale geoökologische Prozesse selbst zu beeinflussen. Aktuell droht sie dabei eine Reihe von »planetaren Grenzen« zu überschreiten, deren Einhaltung eine zentrale Grundlage für die menschliche Entwicklung in der bisherigen Erdgeschichtsphase waren. Erdgeschichtsforscher bezeichnen die neue Epoche deswegen auch als »Anthropozän«, d.h. das vom Menschen getriebene Erdzeitalter. Der menschlich beeinflusste Klimawandel, die Übersäuerung der Ozeane, der massive Abbau der Biodiversität oder das flächendeckende Einbringen von Kunststoffen und anderen Chemikalien in die Ökosyste-

me sind Ausdruck der naturzerstörenden Produktions- und
Lebensformen der Menschheit. Aus dieser Wirkmacht leitet
sich eine neue Dimension der Verantwortung im Umgang
mit planetaren Grenzen ab. Die Diskussionen über den Klimawandel und eine Nachhaltige Entwicklung spiegeln den
Umgang mit dieser Verantwortung.

Ungebrochene globale Entwicklungstrends

Über die letzten 25 Jahre wissenschaftlicher, technologischer
und ökonomischer Entwicklung sind die Lösungsbausteine
entstanden, um mit der neuen Verantwortung umzugehen:
Teil B des Buches wird zeigen, wie sich die globale Energieversorgung auf der Grundlage erneuerbarer Energien gestalten lässt, wie eine CO_2-neutrale Mobilität aussehen kann, wie
sich die meisten Produkte und Stoffe im Kreislauf führen lassen, wie Passivenergiehäuser gebaut werden müssen, wie eine
Welternährung für zehn Milliarden Menschen möglich wird,
die die ökologischen Bedingungen des Planeten einhält. All
diese Lösungen bestehen in der Regel aus einer Kombination
von technologischen Innovationen, Strategien der Effizienzsteigerung und einer Anpassung und Weiterentwicklung unserer Lebensstile.

Nimmt man den Club-of-Rome-Bericht zu den Grenzen
des Wachstums aus dem Jahr 1972 als ersten Warnruf, so
kann man sagen: Seit knapp 50 Jahren sind die besonderen
Herausforderungen des Anthropozäns bekannt, hat sich die
Weltgemeinschaft dieser Herausforderung spätestens vor
gut 25 Jahren auf der UN-Konferenz über Umwelt und Entwicklung in Rio de Janeiro 1992 vergewissert und verfügt die
Menschheit faktisch auch seit dieser Zeit über die wichtigs-

ten Lösungsbausteine zum Umgang mit den Herausforderungen.

Dennoch verlaufen die globalen Entwicklungsprozesse weiterhin mehr als schleppend. Nicht nur von der Einhaltung der klimatisch notwendigen CO_2-Ziele ist man weit entfernt. Selbst der Umbau zu einer regenerativen Stromversorgung passiert in den meisten Ländern nur zögerlich: Die Beharrungskräfte und die Bedeutung fossiler Energieträger sind auch in diesem Sektor weiter stark. Die Einführung einer CO_2-freien Mobilität steht erst ganz am Anfang. In den Ernährungsmustern diffundiert der fleisch- und damit CO_2-intensive Ernährungsstil der westlichen Industriestaaten in die neuen Mittelschichten vor allem (Süd-)Ostasiens. Die Kreislaufquoten in den meisten Branchen- und Produktsegmenten sind äußerst gering.

Wie kann diese Beharrung überwunden werden? Genau hier setzt das an, was wir im Folgenden als »Zukunftskunst« entwickeln werden: Es bedarf eines Verständnisses des Charakters, der Verläufe und der Rhythmik solcher komplexen gesellschaftlichen Veränderungsprozesse, mit denen die Weltgemeinschaft derzeit konfrontiert ist.

Dabei ist es wichtig, sich zu vergegenwärtigen, dass es sich bei den aktuellen gesellschaftlichen Veränderungsprozessen um eine »moralische Revolution« (Appiah, 2011) handelt. Das heißt: Bei den aktuellen Veränderungen geht es nicht einfach nur um einen Erkenntnisprozess, sondern um eine fundamentale Erweiterung und institutionelle Verankerung eines neuen Wertegefüges in der Weltgemeinschaft und darauf basierend um eine Veränderung des moralischen Verhaltens. Hinter der Idee einer Nachhaltigen Entwicklung steckt ein umfassendes Zivilisationsprojekt. In den Worten von Bruno Latour ließe sich formulieren: »Gemeinsam müssen wir ein Territorium

finden, das für uns alle bewohnbar ist. Darin liegt die neue
Universalität.« (Latour, 2017, S. 138) Das ist auch der Grund,
warum der WBGU in seinem 2011 erschienenen Hauptgutachten zur »Großen Transformation« von der Notwendigkeit
eines »neuen Gesellschaftsvertrages« (WBGU, 2011) spricht.

Um zu verstehen, wie solche fundamentalen Zivilisations-
projekte verlaufen, hilft ein historischer Blick, denn es ist
nicht das erste Mal in der Geschichte, dass die Menschheit
solche moralischen Revolutionen durchläuft: Die Einführung
der Demokratie, die Abschaffung der Sklaverei oder die Einführung des Frauenwahlrechtes sind Ausdruck für die Durchsetzung erweiterter Zivilisationsstandards – getragen von
einem Humanismus, wie er sich am prominentesten in der
UN-Menschenrechtscharta manifestiert.

Das Konzept der Nachhaltigen Entwicklung liegt – wie im
ersten Kapitel gezeigt – genau auf dieser zivilisatorischen Ent-
wicklungslinie: Es ist eine systematische Erweiterung der Idee
der Menschenrechte, indem sie allen Menschen auf diesem
Planeten sowie auch zukünftigen Generationen die gleichen
Entwicklungsmöglichkeiten eröffnen möchte. Es beschreibt
ein wachsendes Verständnis des Respektes gegenüber anderen
Menschen, global und intergenerationell. Ihm zugrunde liegen moralische Werte, »Werte, die uns leiten, wenn es um die
Frage geht, was wir anderen Menschen schulden« (Appiah,
2011, S. 10).

Fünf Phasen moralischer Revolutionen

Der Philosoph und Historiker Kwame Anthony Appiah hat
zum Verlauf von moralischen Revolutionen eine eindrucksvolle Analyse vorgelegt. Er hat dazu die Entwicklung mora-

lischer Revolutionen wie die Abschaffung der Sklaverei oder die Einführung des Frauenwahlrechtes näher betrachtet. Bei all diesen moralischen Revolutionen zeigt sich, dass sie entscheidende Eigenschaften gemeinsam hatten und einen Ablauf entlang von fünf Phasen beschreiben (Appiah, 2011).

1. Phase I: Ignoranz – Problem wird nicht gesehen
   Diese Phase erklärt die tiefe Verwurzelung einer Tradition oder Praktik wie die der modernen Sklaverei, die mit einem Normkodex einhergeht, der von der gesellschaftlichen Mehrheit nicht in Frage gestellt wird. Moralische Argumente gegen die herrschenden Praktiken sind jedoch bereits weithin bekannt. So mussten sich Menschen in keiner der vorherigen moralischen Revolutionen komplett neuen moralischen Argumenten beugen.

2. Phase II: Anerkennung, aber kein persönlicher Bezug
   Für Appiah spielt in allen großen gesellschaftlichen Wandlungsprozessen die »Ehre« eine wichtige Rolle. Mit der zweiten Phase verweist Appiah auf Veränderungen im herrschenden Verständnis von Ehre. Diese Veränderungen stellen eine etablierte Praktik als schlecht und gar verwerflich dar, und die Gefahr für die Anerkennung und Stabilität des geltenden Regelwerks wird erkannt. So spielten zum Beispiel aufkommende Vorstellungen von nationaler Ehre und der Ehre arbeitender Menschen eine wichtige Rolle bei der Abschaffung der modernen Sklaverei. Dennoch setzt sich die Praktik in dieser Phase erst einmal weiter fort.

3. Phase III: Anerkennung des persönlichen Bezuges, aber Nennung von Gründen, warum kein Handeln möglich ist
   Die soziale Identität, die Identifikation mit Familien, ethnischen Gruppen, Religionen und Nationen verbindet uns in Stolz oder Scham mit anderen Menschen. Identität verbindet moralische Revolutionen demnach mit einem Aspekt

der menschlichen Psychologie; der tiefen und beständigen
Sorge um Status und Respekt bzw. unser menschliches
Bedürfnis nach Anerkennung. So bezogen Bewegungen
zur Abschaffung der Sklaverei einen Teil ihrer Energie aus
dem Streben nach Anerkennung. Diese Phase beschreibt
Verhaltensänderungen von Teilen der Bevölkerung, da
man anfängt, sich für alte Praktiken zu schämen, und
diese verachtet. Es entstehen immer mehr widerständische
Praktiken wie Boykotte oder Versammlungen und Auflehn-
ungen, die neue Möglichkeiten aufzeigen und attraktiv
machen.

4. Phase IV: Handeln
   Erst in der vierten Phase jedoch geschieht die revolutio-
   näre Wandlung. Träger des alten Normsystems verlieren
   ihre zentrale Stellung im öffentlichen Leben, und Gesellschaften bringen Regelwerke hervor, die den neuen Ver-
   haltens- und Gefühlsmustern zugrunde liegen.

5. Phase V: Im Rückblick: Unverständnis, dass die alte Praxis
   je bestehen konnte
   Die letzte Phase einer moralischen Revolution zeigt sich
   schließlich darin, dass Menschen nicht nur alte Praktiken
   für falsch und neue für richtig erklären, sondern sie erkennen auch, dass die alten Praktiken etwas Schändliches an
   sich hatten. So schreibt Appiah: »Im Rückblick und selbst
   über eine Zeitspanne von einer einzigen Generation fragen
   die Menschen sich: »Was haben wir da nur gedacht? Wie
   konnten wir das all die Jahre tun?« (Appiah, 2011, S. 9)

Appiah macht deutlich, dass die Prozesse, die in moralische
Revolutionen münden, keine zügig und reibungslos verlau-
fenden Prozesse sind. Sie erstrecken sich über lange Zeiträume, sie erleben Widerstände und Rückschläge. Sie bedürfen

engagierter Vorreiter, neuer Lösungsansätze und einer institutionellen Verfestigung. Aber insgesamt machen die Ergebnisse Appiahs Mut: Sie zeigen, dass es so etwas wie das Fortschreiten moralischer Entwicklungen gibt.

Die Analyse Appiahs deckt sich mit vergleichbaren Arbeiten. So beschreiben Martha Finnemore und Kathryn Sikkink
(1998) ein ähnliches Phasenmodell der Normentstehung.
Steven Pinker (2012) hat mit seiner Rekonstruktion der »vier
Engel« des moralisch-zivilisatorischen Fortschritts (Empathie,
Selbstkontrolle, Moralität, Vernunft) entscheidend das Vertrauen in die Existenz eines solchen moralischen Fortschritts
gestärkt. Und auch empirische Erkenntnisse wie die Befragungen des World Value Survey, der regelmäßig die Entwicklung von Wertvorstellungen weltweit misst (Running, 2012),
begründen ein solches Vertrauen ebenso wie die moderne
Forschung zu globaler Kooperation (Messner & Weinlich,
2016). Dort wird deutlich: Je weiter wirtschaftlich entwickelt
eine Gesellschaft ist, desto stärker nehmen Präferenzen für
altruistische Werte wie Umwelt- und Klimaschutz zu.

Nimmt man das Phasenschema Appiahs, so befindet sich
die globale Diskussion über den Klimawandel derzeit in Phase
III: Nach langer Ignoranz und Unkenntnis (Phase I), die durch
Berichte des Club of Rome und dann insbesondere der Klimaforschung überwunden wurden, gab es eine Phase, in der
viele Nationen zwar das naturwissenschaftliche Phänomen
erkannten, nicht aber dessen Verursachung durch Menschen
bzw. durch ihre konkrete Wirtschaftsweise (Phase II). Inzwischen ist das Problem als solches und die Verursachung durch
die Art der aktuellen globalen Wirtschaftstätigkeit anerkannt.
Die UN-Konferenz in Rio de Janeiro, aber auch die Pariser
Klimakonferenz im Jahr 2015 haben das eindrucksvoll belegt
(Phase III): Die meisten Länder haben sich zu konkreten Re

duktionszielen (NDCs – National Determined Contribution)
und daraus abgeleiteten Aktionsplänen verpflichtet. Dennoch
gibt es in den meisten Ländern intensive Diskussionen darüber, warum ein konsequenter und engagierter Klimaschutz
aufgrund anderer Prioritäten nicht möglich ist. Die meisten
der Bedenken sind dabei ökonomischer Natur: die Sorge
vor Verlust von Wettbewerbsfähigkeit, von Arbeitsplätzen,
vor regionalen Strukturwandelprozessen z.B. in Regionen
der fossilen Energiegewinnung oder der klassischen Auto-
mobilproduktion. Am massivsten vertreten werden diese
Argumente von der aktuellen amerikanischen Regierung und
begründen den Ausstieg aus dem Pariser Klimaabkommen.
Um in einem Bild von Kwame Anthony Appiah zu bleiben:
Mit dem Klimawandel befindet sich die Welt in der Phase
der Sklavenhaltung, in der die moralische Verwerflichkeit
des Sklavenhandels zwar breit anerkannt war, aber die Sorge
um die Wettbewerbsfähigkeit der heimischen Baumwollwirt-
schaft zu massivem Widerstand führte, den Sklavenhandel
auch wirklich abzuschaffen.

In dieser Phase moralischer Revolutionen geht es darum, durch Übersetzung der moralischen Intuitionen in ein
ethisches Regelsystem,[2] durch innovative Lösungen und In-
stitutionalisierungen den zivilisatorischen Sprung zu stabilisieren und ihm zum endgültigen Durchbruch zu verhelfen.
Wie kann das gelingen? Durch ein Mehr an Idealismus, dem
Betonen und Diffundieren der hinter der moralischen Revolution stehenden Werte? Durch technologischen Fortschritt,
der neue Gestaltungsoptionen schafft, um die bestehenden
Dilemmata der Umsetzung aufzulösen? Durch politische und
institutionelle Regelungen, die eine Umsetzung der neuen
moralischen Standards Stück für Stück einfordern und ihnen
zum Durchbruch verhelfen?

Um diese Fragen zu beantworten, hilft ein Blick auf unterschiedliche »Transformationsschulen«, mit denen in den Sozialwissenschaften entsprechende Transformationsprozesse erklärt werden. Ihnen werden wir uns im übernächsten Kapitel widmen. Zuvor wird das nächste Kapitel einen etwas tieferen Blick in das Wesen und die Dimensionen der Zukunftskunst werfen.

3. Zukunftskunst – Ein neuer Blick auf die Zivilisationswende

Zukunftskunst stellt das Schlüsselkonzept des vorliegenden Buches dar. Das dritte Kapitel führt in die Idee der Zukunftskunst ein. Mit Zukunftskunst ist die Kompetenz gemeint, das Zusammenspiel von technologischen, ökonomischen, politisch-institutionellen und kulturellen Dynamiken in Prozessen der Großen Transformation zu verstehen und sie für das Projekt einer Nachhaltigen Entwicklung fruchtbar zu machen.

Wir nehmen das Motiv der Großen Transformation auf und möchten es einem noch breiteren Publikum zugänglich machen. Wir nähern uns ihm aus einer Gestaltungsperspektive und zeigen, dass hinter den umfassenden gesellschaftlichen Transformationsprozessen weder eine unabänderliche Entwicklungsdynamik moderner Gesellschaften steckt noch ein technokratischer gesellschaftlicher Umbauplan für eine ökologiegerechte Gesellschaft lauert.

Die Große Transformation gilt es als einen Prozess zu verstehen, der von vielen Akteuren gestaltet wird. Ausgestattet mit einem klar definierten normativen Kompass geht es um die Fähigkeit, in komplexen gesellschaftlichen, kulturellen, ökonomischen und technologischen Prozessen zu navigieren. Diese Kompetenz wird von uns als Zukunftskunst bezeichnet, als die Kunstfertigkeit, wünschenswerte Zukünfte zu ermöglichen.

Das Buch will in diesem Sinne einen Beitrag zu einer verbesserten »Literacy« in Transformationsprozessen leisten. Zu lange waren große Teile der Nachhaltigkeits-Community »Transformationsanalphabeten« und glaubten daran, dass die Welt sich schon ändern würde, wenn wir die Größe der ökologischen und Entwicklungsherausforderungen nur plastisch genug beschreiben, technologische Lösungen und dazu passende Policy-Empfehlungen vorlegen. Die Weltgemeinschaft hat die Probleme auch wahrgenommen, viele Innovationen im Kleinen sind passiert, aber geändert hat sich insgesamt nur wenig – in Politik, Wirtschaft, Gesellschaft (K.-W. Brand, 2017).

Wenn im 21. Jahrhundert eine Große Transformation hin zu einer Welt mit einem guten Leben für zehn Milliarden Menschen innerhalb planetarer Grenzen möglich werden soll, dann gilt es, das Wesen solcher Transformationsprozesse besser zu verstehen.

Zur Einstimmung in die Zukunftskunst:
Warum Nachhaltige Entwicklung eine soziale und kulturelle Frage ist

Wenn über Klimawandel und Nachhaltige Entwicklung gesprochen wird, geht es häufig erst einmal um naturwissenschaftliche Phänomene: Um wachsende Durchschnittstemperaturen und steigende Meeresspiegel, um das 2-Grad-Ziel, um den Rückgang von Biodiversität oder knapper werdende Ressourcen. Diese ökologischen Themen lassen schnell vergessen, dass dahinter das Handeln von Menschen und dessen Folgen stehen. Oder zugespitzt formuliert: dass die Klimaherausforderung letztlich eine soziale Frage ist – und das gleich in zweifacher Weise: (1) Nachhaltige Entwicklung und die Herausforderung des Klimawandels handeln von Gerechtigkeit – im weltweiten Maßstab und zwischen Generationen. (2) Der Umgang mit Klimaherausforderungen erfordert die Anpassung menschlichen Handelns, von Politik, von Wirtschaften, denn soziale und ökonomische Dynamiken haben großen Einfluss auf den Klimawandel und auf mögliche Lösungswege. Es geht um eine gesellschaftliche Transformation. Die ökologischen Veränderungen sind dann erst die Folge dieser gesellschaftlichen Transformation. Beiden Aspekten sei im Folgenden ein vertiefter Blick gewidmet:

Nachhaltige Entwicklung als Gerechtigkeitsfrage

Ein Schlüsseldokument der Diskussion über Nachhaltige Entwicklung ist der 1987 erschienene Brundtland-Report (Brundtland, 1987). Er bereitete konzeptionell die 1992 in Rio de Janeiro veranstaltete Weltkonferenz über Umwelt und Entwicklung vor. Die Brundtland-Kommission definierte Nachhaltige Entwicklung als eine Entwicklung, »die den Bedürfnissen der heutigen Generation entspricht, ohne die Möglichkeiten künftiger Generationen zu gefährden, ihre eigenen Bedürfnisse zu befriedigen und ihren Lebensstil zu wählen«. Kern des Brundtland-Berichtes und der dann folgenden Rio-Konferenz war es, Entwicklungs- und Umweltdebatte in neuer Form zusammenzudenken: Wie kann es gelingen, dass für alle Menschen auf diesem Planeten ausreichende ökonomische Entwicklungschancen (»Bedürfnisse befriedigen«) bestehen, ohne dass die knappen Ressourcen und Umweltgüter so beansprucht werden, dass genau diese Bedürfnisbefriedigung kommenden Generationen erheblich erschwert wird?

Nimmt man dieses Verständnis als Grundlage, dann wird schnell klar, dass es sich bei Nachhaltiger Entwicklung um eine Gerechtigkeitsfrage handelt: Wie gehen Menschen heute im globalen Maßstab miteinander in Bezug auf die Nutzung knapper Ressourcen um, und in welcher Form berücksichtigen sie dabei die Ansprüche von Menschen, die erst in mehreren Jahrzehnten und Jahrhunderten geboren werden? Auch die Klimafrage ist dann eine solche Gerechtigkeitsfrage: Es sind die Wirtschafts- und Lebensweisen bestimmter Teile der Menschheit, die Klimafolgen wie steigende Meeresspiegel, vermehrte Dürreperioden oder Extremwetterereignisse auslösen, die es heutigen und kommenden Generationen in anderen Teilen der Welt kaum noch möglich machen, ihre Bedürfnisse angemessen befriedigen zu können.

Jürg Minsch (1993) brachte es in den 1990er Jahren sehr schön auf den Punkt, als er formulierte, dass die Idee der Nachhaltigen Entwicklung letztlich eine konsequente Verlängerung der Idee der Menschenrechte ist: Das Recht auf Würde, Entfaltung und Entwicklungschancen billigen wir nicht nur allen Menschen innerhalb eines Staates zu, sondern jedem Menschen auf der Welt, ganz gleich, ob er heute oder erst in Hunderten von Jahren geboren wird. Das ist die faszinierende und gleichzeitig so anspruchsvolle Zivilisationsidee, die hinter der Klimafrage und der Forderung nach Nachhaltiger Entwicklung steht. Sie ist deswegen faszinierend und herausfordernd zugleich, weil sie 1992 von einer Weltgemeinschaft formuliert und gemeinsam getragen wurde, die sich gerade einmal 50 Jahre davor noch mitten im Zweiten Weltkrieg und damit in einer der schlimmsten Zivilisationskatastrophen der Menschheitsgeschichte befunden hatte.

Nachhaltige Entwicklung als Transformationsherausforderung

Wenn es bei Nachhaltiger Entwicklung um die Frage geht, wie Menschen dieser und kommender Generationen im globalen Maßstab miteinander umgehen, dann ist damit die Ebene des »Gesellschaftsvertrages« (WBGU, 2011, S. 293), d. h. der grundlegenden gesellschaftlichen Ordnung im globalen Maßstab, adressiert: Nach welchen normativen Prinzipien gestaltet die Menschheit ihr Zusammenleben? Was heißt das für die institutionelle und ökonomische Ordnung sowie die Ausgestaltung der technologischen Zivilisation?

Angesichts der Massivität, mit der die Menschheit derzeit die ökologischen Grundlagen ihrer Zivilisation beeinträchtigt, sind die notwendigen gesellschaftlichen, ökonomischen und technologischen Veränderungen erheblich, um die mit einer Nachhaltigen Entwicklung verbundenen Ziele zu erreichen. Das ist der Grund, warum sich der Wissenschaftliche Beirat der Bundesregierung Globale Umweltveränderungen (WBGU) in seinem Hauptgutachten 2011 mit der Großen Transformation auseinandersetzte. Er definierte »Große Transformation« dabei in Anlehnung an Polanyi (1944) »als umfassenden Wandel, der einen Umbau der nationalen Ökonomien und der Weltwirtschaft innerhalb [...] [der planetarischen] Leitplanken vorsieht, um irreversible Schädigungen des Erdsystems sowie von Ökosystemen und deren Auswirkungen auf die Menschheit zu vermeiden« (WBGU, 2011, S. 417).

Die Suche nach Wegen zu einer Nachhaltigen Entwicklung ist daher eine Transformationsherausforderung. Auch wenn eine *globale* Transformationsherausforderung gemeint ist, sollte der Blick auf soziale Differenzierungen nicht verstellt werden. Mit Blick auf historische und strukturelle Bedingun-

gen von Armut, Ungleichheit, unterschiedlicher Teilhabe an
politischen Entscheidungsprozessen und die ungleich verteilten Lasten und Vorteile des Klimaschutzes sind die konkreten Verantwortungen unterschiedlich verteilt (vgl. Bauriedl,
2016). Dabei ist das Aufdecken der naturwissenschaftlichen
Zusammenhänge, die erklären, wie durch menschliches Handeln die »planetarischen Leitplanken« – seien es Klimawandel
oder Biodiversität – beeinträchtigt werden, nur ein vorbereit-
tender Schritt im Umgang mit diesen Herausforderungen.
Zentral ist es zu verstehen, wie sich technologische, ökonomische, institutionelle und kulturelle Bedingungen verändern
lassen, um ein gerechtes Miteinander im globalen Maßstab
auf diesem Planeten zu ermöglichen.

Die Einhaltung planetarer Leitplanken ist das Ziel der
Veränderungen. Im Kern geht es aber um einen umfassen-
den technologischen, ökonomischen und gesellschaftlichen
Wandel, der im Rahmen einer Großen Transformation zu
bewältigen ist (WBGU, 2011, S. 91 f.). Die Möglichkeiten und
Bedingungen für einen solchen Wandel hin zu einem »guten
Leben« für alle stehen im Zentrum des vorliegenden Buches.

Auf dem Weg zur transformativen Literacy

Wenn Klima- und Nachhaltigkeitsfragen eine Transformationsherausforderung sind, dann braucht es »Transformati-
onskompetenz«, um mit ihnen umzugehen. Dieser und den
unterschiedlichen Dimensionen einer solchen Kompetenz
widmet sich das vorliegende Buch. Es nutzt dafür den Begriff
der Zukunftskunst, um diese Kompetenz zu beschreiben. Er
ist inspiriert durch den englischen Begriff der »Literacy«.

Der »Literacy«-Begriff stammt ursprünglich aus dem Be-

reich des Spracherwerbs, des Umgangs mit geschriebener
Sprache. »Literat« ist danach jemand, der lesen und schreiben
kann. Lesen- und Schreiben-Können sind dabei hochkomplexe Prozesse: Sie erfordern nicht nur eine Kenntnis von
Buchstaben und Worten, sondern auch von Grammatik und
Kontexten, um das Gelesene oder das Geschriebene richtig
einzuordnen.

Die Vielschichtigkeit der notwendigen Kompetenz ist auch
der Grund, warum der Begriff der Literacy in den letzten Jahren gerne in andere Bereiche übertragen wurde: So sprechen
wir von »computer literacy«, um die Fähigkeit zu beschreiben, in angemessener Weise mit Computern umzugehen.
Oder auch von »environmental literacy« (Scholz, 2011), um
die Fähigkeit zu kennzeichnen, Umweltwirkungen angemessen zu erkennen und einzuordnen.

Übertragen auf komplexe Transformationsprozesse bezeichnet eine »transformative Literacy« demnach die »Fähigkeit,
Transformationsprozesse adäquat in ihrer Vieldimensionalität zu verstehen und eigenes Handeln in Transformationsprozesse einzubringen« (Schneidewind, 2013, S. 83). Letztlich
geht es dabei um die Frage, wie sich Veränderungen im Sinne einer Großen Transformation in Gesellschaften auslösen
lassen. Welche Rolle spielt der Einzelne, welche Rolle spielen
Strukturen? Treiben uns Technologien oder ökonomische Logiken? Welche Rolle spielt die Politik? Wie wirken alle diese
Dimensionen zusammen? Im übertragenen Sinne sind diese
Bausteine einzelne Buchstaben und Worte, die es zu sinnvollen Texten zusammenzufügen gilt. Diese transformative
Literacy wird im Buch als Zukunftskunst bezeichnet. Sie
bezeichnet ebendiese Kunstfertigkeit, mit der Vieldimensionalität von Transformationsprozessen umzugehen (vgl. dazu
auch den Kasten »Kunst und Transformation«).

Kunst und Transformation

Der Rückgriff auf den Kunstbegriff ist für unser Anliegen bewusst gewählt. Kunst als Ausdruck eines kreativen Handelns und Sich-in-der-Welt-Orientierens spielt gerade in der Auseinandersetzung mit Transformationsprozessen eine besondere Rolle. In komplexen Veränderungsprozessen ist es notwendig, verschiedene Formen des Wissens und unterschiedliche Perspektiven kreativ aufeinander zu beziehen (die vier Dimensionen der Zukunftskunst sind Ausdruck davon). Rein instrumentelle und analytische Vernunft stößt hier an Grenzen. Die Große Transformation ist vielmehr auf Erzählungen und auch auf Experimente angewiesen, um ihre Wege zu finden. Der Kunstbegriff steht damit auch für das erweiterte reflexive und intervenierende Wissens- und auch Wissenschaftsverständnis des Buches (vgl. dazu auch Kapitel 21 sowie Elsen, 2015). Für einen aus Wuppertal wirkenden Transformations-Think-Tank ist der Kunstbezug zudem faktisch unausweichlich: Wirkten und wirken doch in dieser idealtypischen Transformationsstadt Künstlerinnen und Kunsttheoretiker wie Else Lasker-Schüler, Pina Bausch, Tony Cragg und Bazon Brock.

Dabei spielen für eine transformative Literacy bzw. die Zukunftskunst vier Dimensionen (vgl. Abb. 3.1) eine zentrale Rolle, um komplexe gesellschaftliche Transformationsprozesse adäquat zu verstehen und sich aktiv in sie einzubringen:

(1) Eine *technologische Dimension*. Sie beschreibt die technologischen Möglichkeiten und Potentiale, um mit Nachhaltigkeitsherausforderungen umzugehen.

(2) Eine *ökonomische Dimension*. Sie kennzeichnet die ökonomische Einordnung von Lösungsstrategien. Viele vermeintlich überzeugende technologische Lösungen scheitern schon auf dieser Ebene. Zudem ist ein umfassendes

Verständnis unseres Wirtschaftssystems notwendig, um Transformationserfordernisse auf dieser Ebene richtig einzuordnen.

(3) Eine *institutionelle Dimension*. Dies ist der Bereich möglicher politischer Steuerungsinstrumente, um Veränderungsprozesse auszulösen und zu begleiten.

(4) Eine *kulturelle Dimension*. Viele Veränderungsprozesse greifen tief in die kulturelle »DNA« unserer Gesellschaften ein. Wer z. B. die automobile Kultur oder eine fleischbetonte Ernährung verändern will, muss diese kulturellen Dynamiken sehr gut verstehen.

Die vier Dimensionen werden uns durch das Buch begleiten: Zunächst werden wir sehen, dass die technischen und ökonomischen Lösungen für eine große Transformation längst vorliegen. Dass sich sehr genau beschreiben lässt, wie der Umgang mit Klimawandel und Ressourcenknappheit technologisch und auch gesamtwirtschaftlich gelingen kann. Bei all den vorliegenden Szenarien bleiben aber oft die sozialen, institutionellen und kulturellen Dynamiken unterbelichtet. Das erklärt, warum sich trotz aller gestiegenen naturwissenschaftlichen und technologischen Kompetenz bisher so wenig verändert hat.

Die vier Dimensionen der Zukunftskunst werden uns aber auch genauso in allen konkreten Wenden begegnen: in der Energiewende, der Mobilitätswende, der Ernährungswende genauso wie in der Ressourcenwende oder der urbanen Wende. Erst im Zusammenspiel von technologischen, ökonomischen, institutionellen und kulturellen Dynamiken können diese Wenden gelingen.

Das Wuppertal Institut hat mit dem Bezugsrahmen der transformativen Literacy in den letzten Jahren sehr gute Erfahrungen gemacht (Göpel, 2016a; Schneidewind, 2013; Singer-Brodowski & Schneidewind, 2014). Das vorliegende Buch will einen Beitrag dazu leisten, die »transformative Literacy« in der Nachhaltigkeits- und Klimadebatte zu verbessern, Zukunftskünstler in Zivilgesellschaft, Politik, Unternehmen und Wissenschaft in ihrer Orientierung und ihrem Handeln zu unterstützen.

Von der transformativen Literacy zur Zukunftskunst

Der besondere Charakter der Großen Transformation im 21. Jahrhundert liegt – im Gegensatz zu den beiden vorgelagerten großen Umbrüchen der Menschheitsgeschichte, der neolithischen und der industriellen Revolution – darin, dass diese nicht alleine durch neue technologische und ökonomische Möglichkeiten angetrieben ist, sondern von einer kulturellen Leitidee getragen wird: nämlich der Vision, ein gutes Leben für weltweit knapp zehn Milliarden Menschen auch innerhalb gegebener planetarer Leitplanken organisieren zu können. Sie nimmt daher einen normativen Kompass als Ausgangspunkt und Maßstab und steht vor der Herausforderung, für diesen einen institutionellen Rahmen zu entwickeln sowie bestehende ökonomische und technologische Potentiale zu entfalten, so dass sich die zivilisatorische Vision verwirklichen kann (vgl. Abb. 3.1).

Vor diesem Hintergrund bedeutet *Zukunftskunst, auf der Grundlage einer transformativen Literacy (d.h. dem Wissen um das Zusammenspiel von technologischen, ökonomischen, institutionellen und kulturellen Dynamiken) aktive Beiträge zur Gestaltung einer am Leitbild der Nachhaltigkeit orientierten Zivilisation zu leisten.*

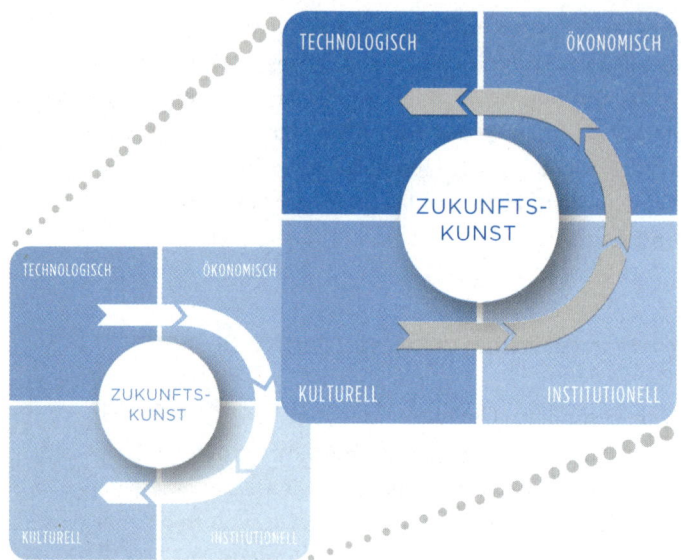

Abb. 3.1: Zum Perspektivwechsel der Zukunftskunst. *Quelle: Eigene Darstellung in Anlehnung an Schneidewind, 2013, S. 83*

Die zentrale Botschaft des Buches lautet: Auch wenn Technologien, Geschäftsmodelle und Politik wichtig sind – am Ende
verändern Ideen und neue Wertvorstellungen die Welt. Jede
große Transformation ist letztlich eine moralische Revolution. Erst in ihrem Windschatten verändern sich Politik, Wirtschaftssysteme, Technologien und Infrastrukturen. Und eines
ist klar: Unser heutiges Wirtschaftssystem ist der in ökonomische Mechanismen und Institutionen gegossene Glaube
an unbegrenztes materielles Wachstum. Die Beharrungskraft
– auch die ideelle – der gegenwärtigen gesellschaftlichen
und ökonomischen Rahmung, innerhalb der die natürlichen
Grenzen außer Acht gelassen werden, muss daher eine zen-

trale Rolle spielen. Ohne eine offensive Debatte über einen ökonomischen »Great Mindshift« und ohne eine Weiterentwicklung des heutigen Wirtschaftssystems werden sich die Umbrüche im 21. Jahrhundert nicht humanitär gestalten lassen. Das Buch scheut diese Diskussion nicht, weil sie für eine Zukunftskunst unerlässlich ist.

Dass sich diese Botschaft dabei auch auf viele sozialwissenschaftliche Erkenntnisse zu gesellschaftlichen Transformationsprozessen stützen kann, ist das Thema des folgenden Kapitels.

4. Drei Transformationsschulen und die Macht der Ideen

Kann eine Große Transformation gelingen, die von einer Zivilisationsidee inspiriert ist? Wer oder was treibt eigentlich umfassende gesellschaftliche Veränderungen? Das ist eine Kernfrage sozialwissenschaftlicher Forschung. In der Geschichte der Sozialwissenschaften sind dazu viele »Schulen« mit unterschiedlichen Antwortbausteinen entstanden. Drei Schulen haben eine besondere Bedeutung: (1) Idealisten, (2) Institutionalisten und (3) Inventionisten. Alle drei Schulen finden sich prominent in der aktuellen Nachhaltigkeitsdebatte. Je genauer man ihr Zusammenspiel versteht, desto besser lassen sich die Ansatzpunkte identifizieren, mit denen sich die moralische Revolution einer Nachhaltigen Entwicklung befördern lässt.[3]

Idealisten: Ideen verändern die Welt

Der gern zitierte Satz von Victor Hugo: »Nichts ist mächtiger als eine Idee, deren Zeit gekommen ist«, kann als Leitorientierung der idealistischen Schule dienen. Sie vertraut auf die Kraft der Ideen bei gesellschaftlichen Veränderungen.

Aufklärung, Freiheit, Solidarität: Es sind die grundlegenden humanistischen Ideen, die sich in der gesellschaftlichen Entwicklung letztlich Bahn brechen. Man mag sie über längere Zeiträume, z. B. durch autoritäre Regime, unterdrücken, letztlich bleiben sie aber der zentrale Antrieb gesellschaftlicher

Entwicklung. Nur so ist zu erklären, dass heute trotz aller Herausforderungen so viele Menschen wie nie zuvor in individueller Freiheit und Wohlstand leben.

Aus einer idealistischen Sicht heraus stellt das Prinzip der Nachhaltigen Entwicklung, d.h. der gleichen Entwicklungschancen für jeden Menschen auf diesem Planeten heute genauso wie in Zukunft, die nächste Stufe dieser humanistischen Fortentwicklung dar. Die Große Transformation schöpft daher aus dem Werben für diese Ziele und deren Mobilisierung ihre Überzeugungskraft. Die Herausforderung besteht darin, globale Gerechtigkeitsvorstellungen und Verantwortung zu kultivieren, um einem nächsten zivilisatorischen Entwicklungsschritt zum Durchbruch zu verhelfen. Die ökologische Bewegung der letzten 30 Jahre war von diesem Idealismus getragen und damit äußerst erfolgreich. Umwelt und Nachhaltige Entwicklung gehören heute zum selbstverständlichen Wertekanon vieler Gesellschaften und sind inzwischen fester Bestandteil der Programme aller demokratisch orientierten politischen Parteien Deutschlands.

Trotz dieser Erfolge stagniert aber die politische Umsetzung, werden andere politische Anliegen gegenüber den moralisch hochstehenden Prinzipien einer Nachhaltigen Entwicklung priorisiert. Es zeigt sich daher, dass Idealismus alleine für eine Große Transformation nicht ausreichend erscheint.

Institutionalisten: Menschlicher Fortschritt passiert durch Institutionenentwicklung

Hier kommen die Institutionalisten ins Spiel. Sie streiten die Bedeutung von Ideen und die Möglichkeit für Idealismus nicht ab. Sie halten es aber für naiv, alleine auf die Kraft von

Ideen zu setzen. Sie haben einen nüchternen Blick auf das Wesen des Menschen. Auch noch so viele Ideale ändern nichts daran, dass das tägliche Handeln von sehr viel kurzfristigeren Nutzeninteressen und von Routinen geprägt ist. Das gilt für uns als Konsumenten genauso wie als Arbeitnehmerinnen, Manager, Politikerinnen, Journalisten oder Wissenschaftlerinnen. Zivilisiert werden wir nicht alleine aus einer inneren idealistischen Kraft heraus, sondern letztlich nur durch Regeln, die wir uns als Gesellschaft geben. Sie gewährleisten, dass wir als Individuen ausreichend Anreize verspüren, uns nach übergeordneten Prinzipien zu verhalten. Institutionen unterstützen mithin unser zivilisatorisches Lernen und bringen Interessenkonflikte mit anderen Motivationen zu einem Ausgleich.

Zukunftskunst umfasst daher auch, humanistische Ideale wie diejenigen einer Nachhaltigen Entwicklung in verbindliche institutionalisierte Regelsysteme zu übersetzen. Die globalen Klimaverhandlungen versuchen genau das. Sie suchen nach Lösungen, um trotz der Eigeninteressen von Nationen, Branchen und Bürgern zu Regelsystemen zu kommen, die eine klimagerechte Welt ermöglichen.

Aus institutioneller Sicht gilt es, sich dabei insbesondere mit dem Institutionensystem auseinanderzusetzen, das der stärkste Garant moderner Wohlstandsgesellschaften in den letzten Jahrzehnten war, aber zugleich einer der Motoren vieler der aktuell zu beobachtenden globalen Umweltveränderungen ist: die bestehende internationale Wirtschaftsordnung, die auf das Primat von Freihandel und internationalem Wettbewerb setzt (Minsch, Feindt, Meister, Schneidewind & Schulz, 1998). Die Herausforderung Nachhaltiger Entwicklung bedeutet daher insbesondere eine institutionelle Weiterentwicklung auch unseres Wirtschaftssystems. Das ist der Grund, warum

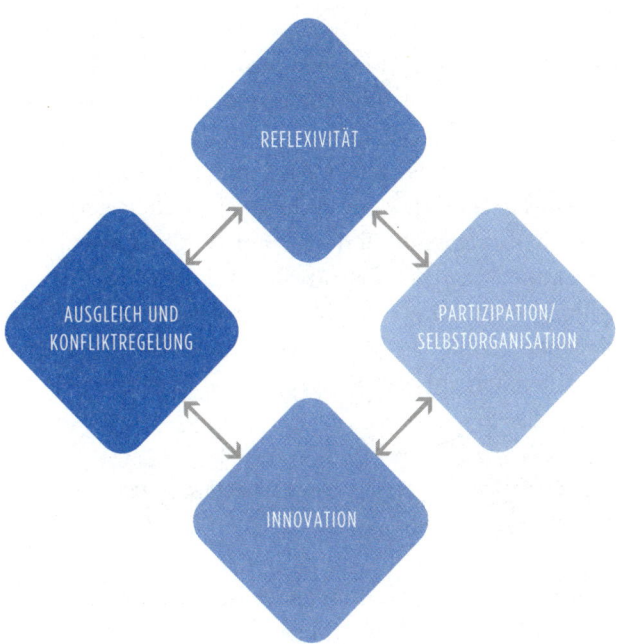

Abb. 4.1: Vier Anforderungen an Institutionen in nachhaltigen Transformationsprozessen. *Quelle: Nach Schneidewind u.a., 1997, S. 185*

wir uns in Kapitel 6 mit der Weiterentwicklung des modernen Kapitalismus auseinandersetzen.

Die Institutionenforschung zeigt, dass Institutionen gerade in Umbruchphasen viererlei leisten müssen (vgl. Abb. 4.1): Sie müssen »Reflexivität« erhöhen, d. h. das Wissen über Folgen der aktuellen Handlungsmuster, sie müssen »Machtausgleich« gewährleisten und damit sicherstellen, dass nicht bisher dominante Interessen Veränderungen weitgehend blockieren, sie müssen die »Selbstorganisation und Kooperation« von Akteuren steigern, um neue Lösungskoalitionen für die entstandenen Herausforderungen zu bilden, und sie müssen »Innovationen« fördern, d. h. neue technologische, aber auch institutionelle Lösungen, die Transformationsprozesse unterstützen.

Institutionen stabilisieren Idealismus auf einer gesellschaftlichen Ebene. Daher ist die Erosion etablierter Institutionen wie in den USA unter der Trump-Administration oder auch in einigen europäischen Staaten für eine Nachhaltige Entwicklung bedenklich. Mit ihrer Umgestaltung sind auch grundlegende Ideen wie Meinungs- und Redefreiheit oder Rechtsstaatlichkeit auf dem Rückzug.

Inventionisten: Veränderung passiert über neue Technologien und Infrastrukturen

Noch nüchterner sind Inventionisten. Der Begriff lehnt sich hier an das Wort »Invention« (»Erfindung«) an. Inventionisten erkennen zwar an, dass umfassende institutionelle Weiterentwicklungen für die Durchsetzung einer Nachhaltigen Entwicklung hilfreich wären. Der Blick auf die enttäuschende Dynamik in den globalen Klimaverhandlungen oder die nur bescheidenen realen Fortschritte in den Klimaschutzpolitiken vieler Länder nährt jedoch ihre Skepsis, dass solche institutionellen Veränderungen wirklich gelingen können. Gerade der 2017 angekündigte Ausstieg der USA aus dem Weltklimaabkommen verdeutlicht ihnen, wie schnell auch einmal erreichte Fortschritte zugunsten anderer – ökonomischer – Interessen wieder hinfällig werden können.

Für die Inventionisten gibt es daher nur eine Antwort auf die Herausforderung des Klimawandels: technologischer Fortschritt. Denn wenn man davon ausgeht, dass sich die Konsum-

präferenzen und damit auch die Wachstumspolitiken weltweit nicht werden ändern lassen, dann kann die Lösung nur
in einer Veränderung der technologischen Basis liegen. Wenn
Energien regenerativ produziert werden, Menschen sich nur
noch mit Elektroautos fortbewegen, in Passivhäusern wohnen
und die Produktivität der Landwirtschaft durch Agrochemie
massiv gesteigert wird, dann lässt sich die bestehende ökonomische Entwicklung – so die Hoffnungen der Inventionisten – mit ökologischen Zielen verbinden. Dieser Ansatz wird
heute unter Begriffen wie »Grünes Wirtschaften« oder »Grünes Wachstum« verhandelt und dominiert die internationale
politische Agenda über fast alle politischen Lager hinweg. Die
seit 1992 in der Debatte stehende und durch die SDGs im Jahr
2015 bekräftigte Aufgabe, Entwicklungs- und Umweltagenda
zusammenzubringen, soll durch ein ökonomisches Wachstum
gelöst werden, das im Wesentlichen auf grünen Technologien
beruht.

Auch wenn die empirischen Erfahrungen der letzten Jahre
zeigen, dass die ökologischen (Effizienz-)Effekte dieser inven-
tionistischen Strategie (u. a. durch den Reboundeffekt, vgl.
Kap. 5) durch ein überproportionales Wachstum überkompensiert werden, bleiben technologische Lösungen ein Ansatzpunkt in der Gestaltung der Großen Transformation. Dies
gilt gerade im Hinblick auf die Potentiale der Digitalisierung,
die mit ihren Möglichkeiten auch weit in die institutionelle
Struktur unserer Wirtschaftsordnung eingreift.

Zum Zusammenspiel von Idealisten, Institutionalisten und Inventionisten

Schon in der Erläuterung der drei Transformationsschulen wurde deutlich, dass eine Große Transformation erst im Zusammenspiel aller drei Ansätze gelingen kann: Ohne die Kraft der Ideen werden auch keine entsprechenden Institutionen zu gestalten und weiterzuentwickeln sein. Technologische Optionen helfen, institutionelle Veränderungen leichter durchzusetzen, weil sie neue Handlungsmöglichkeiten eröffnen. So hat der technologische und ökonomische Durchbruch regenerativer Energien überhaupt erst dazu geführt, dass sich viele Länder auf Klimaziele eingelassen haben, die auf den Umbau ihrer fossilen Energiesysteme hinauslaufen.

Transformative Kräfte müssen sich mit bestehenden Interessen und sozialen und strukturellen Machtstrukturen auseinandersetzen, die der sozial-ökologischen Transformation im Weg stehen. Wandel hat daher immer auch etwas mit Macht zur Gestaltung zu tun. Lena Partzsch (2015) sensibilisiert dafür, dass in Transformationsprozessen drei Formen von Macht von zentraler Bedeutung sind: »Macht mit« (Power with), »Macht zu« (Power to) und »Macht über« (Power over). »Macht mit« bezeichnet die Macht, die dadurch entsteht, dass auch andere mobilisiert und mitgerissen werden und dadurch kraftvolle Bewegungen entstehen. Idealismus ist von der »Macht mit« getragen. Er nimmt andere mit und entwickelt dadurch Gestaltungskraft. »Macht zu« ist die Macht zur Gestaltung neuer Handlungsräume. Erfindungen und Technologien vermitteln die »Macht zu«. Sie eröffnen erweiterte Zukunftsräume. »Macht über« ist schließlich die klassische Form von Macht. Es ist z. B. die Macht von Regeln und Gesetzen und die Fähigkeit, sie durchzusetzen, um ein bestimmtes Handeln zu erzwingen. Institutionen schaffen den Rahmen für eine »Macht über«. Sie ist in politischen Prozessen auszuhandeln.

Letztlich braucht es alle diese drei Machtformen, um Transformationsprozesse auf den Weg zu bringen. In Teil C des Buches wird es darum gehen, welche Rollen unterschiedlichen Akteursgruppen in der Gestaltung von Veränderungsprozessen zukommen. Dort beginnen wir bewusst mit den zivilgesellschaftlichen Kräften. Sie bringen neue Ideen und Ideale in die Welt und erkämpfen und erproben wünschenswerte Zukünfte auf deren Basis. Sie mobilisieren die »Macht mit«, die in der Politik in verbindliche Institutionen übersetzt wird. Unternehmen, insbesondere mit ihrem technologischen und ökonomischen Innovationspotential, bringen eine »Macht zu« in die Veränderungsarenen. Damit schaffen sie ebenfalls eine wichtige Grundlage für die Weiterentwicklung von Institutionen. Politik ist gefordert, diese Impulse aufzunehmen und in verbindliche Formen der »Macht über« weiterzuentwickeln.

Das Verständnis dieses Zusammenspiels ist ein weiterer wichtiger Baustein einer transformativen Literacy in einer Welt im Umbruch.

Kulturelle Revolutionen und das Zusammenspiel unterschiedlicher Transformationsebenen (Multi-Level-Perspektive)

In der Auseinandersetzung mit komplexen soziotechnischen Transformationsprozessen ist mit dem Nachhaltigen Transition-Management in den letzten Jahren ein breit etablierter konzeptioneller Ansatz entstanden (Grin, Rotmans & Schot, 2010; Loorbach, 2010; Markard, Raven & Truffer, 2012). Er ergänzt sich hervorragend mit den gerade skizzierten Transformationsschulen.

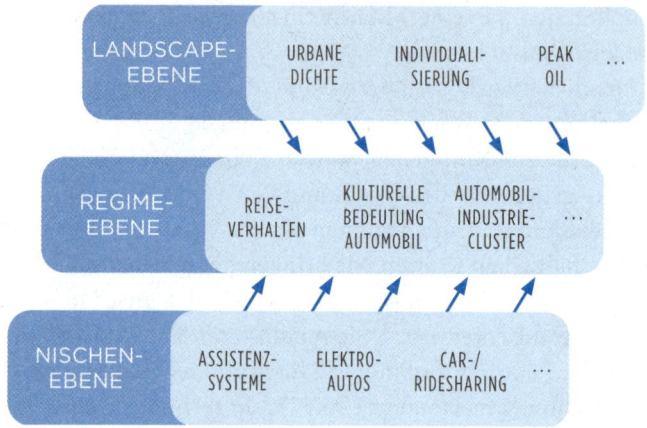

Abb. 4.2: Multi-Level-Perspektive und idealtypischer Transfer auf den Automobilsektor. *Quelle: Eigene Darstellung in Anlehnung an Fraedrich, Beiker & Lenz, 2015, S. 11*

Ein zentrales Element dieses Ansatzes ist die sogenannte Multi-Level-Perspektive. Sie dient als strukturierende Heuristik zum Verständnis komplexer Veränderungsprozesse und unterscheidet drei grundlegende Ebenen von Systemübergängen (vgl. auch Abb. 4.2 mit der Illustration der drei Ebenen am Beispiel der Mobilitätstransformation):

(1) Die »Landscape«-Ebene, die grundlegende übergreifende Entwicklungen und Trends beschreibt,

(2) die »Regime«-Ebene, die institutionelle Strukturen bezeichnet, und

(3) die »Nischen«-Ebene, die auf Veränderungen zielende (zumeist technologische) Innovationen beschreibt.

Vor dem Hintergrund der Multi-Level-Perspektive sind in den letzten Jahren eine Großzahl von Arbeiten entstanden (Geels, 2006a, 2006b), um insbesondere schon stattgefundene umfassende Transformationsprozesse besser zu verstehen.

Die drei in den ersten Abschnitten skizzierten Transformations-schulen lassen sich gut mit den Ebenen in Beziehungen setzen: (1) Die Nischen verkörpern »Inventionen« und Innovationen, die gesellschaftliche Veränderungsprozesse auslösen. (2) Das »Regime« steht für institutionelle Veränderungsprozesse, um Veränderungen langfristig zum Durchbruch zu verhelfen. (3) Grundlegende gesellschaftliche Ideen und Mindsets sind ein zentraler Bestandteil der Landscape-Ebene.

Während das Transition-Management aus der Inventionisten-Perspektive Veränderungsprozesse »von unten« über Nischen-innovationen und deren Diffusion zu verstehen sucht, nähert sich das vorliegende Buch dem Phänomen der Großen Transfor-mation von der anderen Seite: Wenn der Wandel zu einer Nach-haltigen Entwicklung eine moralische Revolution beschreibt, dann sind die Umbrüche auf der Landscape-Ebene und damit u. a. grundlegender Mindsets zentral, um die Bedingungen für die Möglichkeit von Veränderungsprozessen zu schaffen. Erst dieser Mindshift bereitet den Boden dafür, dass viele einzelne Innovationsprozesse zum Katalysator für einen auch institutio-nellen Wandel werden.

5. Doppelte Entkopplung –
Jenseits der »Grünen Ökonomie«

»Doppelte Entkopplung« ist ein Schlüsselkonzept der Nachhaltigkeitsdebatte. Es sensibilisiert dafür, dass Nachhaltige Entwicklung nur als Kombination aus technologischen Effizienzsteigerungen und neuen Wohlstandsmodellen sowie Konsumstilen möglich sein wird. Das Kapitel führt in den Ansatz der doppelten Entkopplung ein und gibt einen ersten Einblick in ein erweitertes Wohlstandsverständnis.

Wenn die Große Transformation zu einer Nachhaltigen Entwicklung im Kern eine kulturelle und institutionelle Wende ist, dann ist es unabdingbar, sich dem modernen ökonomischen System zuzuwenden. Stellt es doch die heute am intensivsten verankerte kulturelle und institutionelle globale Ordnung dar. Ein großer Trugschluss der Umweltdebatte in den letzten 30 Jahren war die Hoffnung, dass sich eine ökologische Wende im Wesentlichen mit einem technologischen Innovationsprogramm in der bestehenden Wirtschaftsordnung umsetzen lässt. Die Beherrschung lokaler Umweltprobleme wie Abwasser- und Luftbelastungen im Zuge steigenden ökonomischen Wohlstands hatten diese Hoffnung genährt. Die globalen ökologischen Herausforderungen des 21. Jahrhunderts sind anderer Natur (vgl. dazu insbesondere auch die Ausführungen zu den planetaren Grenzen in Kap. 8). Sie steigen mit wachsendem Wohlstand an. Die seit 1992 anhaltende beeindruckende Wohlstandsentwicklung hat weder die Klimabelastungen noch die Ressourcenverbräuche oder den Verlust an Biodiversität bremsen können – im Gegenteil, all diese Belastungen haben sich massiv verschärft. Es scheint eine unmittelbare und enge Korrelation zwischen ökonomischem Wachstum und Umweltbelastung zu geben.

Ein Grund dafür sind sogenannte »Rebound«-Effekte klassischer ökologischer Innovationen. Öko-Effizienz bedeutet häufig auch ökonomische Effizienz. Das macht sie für Unternehmen und Konsumenten attraktiv. Gleichzeitig führt dies aber zu einem inhärenten Wachstumsimpuls (vgl. die Ausführungen weiter unten).

Es wird immer deutlicher, dass alleine die Hoffnung auf »Grünes Wirtschaften« und »Grünes Wachstum« nicht reichen wird, um die planetaren Leitplanken einzuhalten und gleichzeitig zehn Milliarden Menschen im 21. Jahrhundert ein gutes Leben zu ermöglichen.

Dies führt automatisch zum Konzept der »doppelten Entkopplung«, das die Arbeit des Wuppertal Instituts schon seit den 1990er Jahren begleitet: Die Idee der doppelten Entkopplung kombiniert technologische Öko-Innovationen mit einer Diskussion über neue Lebensstile und Wohlstandsmodelle. Sie zielt damit auf ein umfassenderes und systemisches Innovationsverständnis. Zentral ist dabei der Ansatz, zwei Arten der Entkopplung zu unterscheiden: 1. die »klassische« Entkopplung des Wirtschaftswachstums vom Umweltverbrauch durch zumeist technologische Innovationen und 2. die erweiterte Entkopplung von Lebensqualität und gutem Leben von klassischem Wirtschaftswachstum. In der intelligenten Kopplung beider Ansätze liegt das Potential, die Chance auf ein gutes Leben für zehn Milliarden Menschen innerhalb der planetaren Leitplanken zu bewahren.

Zudem wird das nächste Kapitel zeigen, dass sich die Systematik der doppelten Entkopplung anbietet, um besser zu verstehen, wo sich derzeit die stärksten Dysfunktionalitäten des modernen globalen Wirtschaftssystems zeigen. Diese Analyse liefert dann die Ansatzpunkte für die künftige Weiterentwicklung eines modernen nachhaltigkeitsorientierten Kapitalismus.

Gutes Leben vom Naturverbrauch unabhängiger machen – Warum es einer »doppelten Entkopplung« bedarf

»Doppelter Wohlstand bei halbem Umweltverbrauch« war eine Formel, die Ernst Ulrich von Weizsäcker als Gründungspräsident des Wuppertal Instituts mit seinem Buch »Faktor Vier« (Weizsäcker, Lovins & Lovins, 1995) in den 1990er Jahren populär machte. Dahinter stand die Idee einer »Effizienzrevolution«: Künftiger Wohlstand lässt sich demnach mit immer weniger Umweltverbrauch erzeugen. »Faktor Vier« zeigte viele technologische Beispiele auf, mit denen das damals schon möglich war. Bis heute prägt die Idee einer technologischen Effizienzrevolution die Umweltdebatte. Heute heißen die Begriffe dafür »Grünes Wirtschaften« oder »Grünes Wachstum«. Sie finden sich in den Zukunftsstrategien der UN (UNEP 2011a) und der OECD (OECD, 2011) genauso wie auch in den Programmen der meisten Parteien in Deutschland. Es sind etablierte Formeln, um Ökonomie und Ökologie auszusöhnen und ökologischen Fortschritt mit einer ökonomischen Wachstumsstrategie zu verknüpfen. Das International Resource Panel hat in zwei großen Berichten (UNEP, 2011b, 2014b) die Entkopplung von Ressourcenverbrauch und Wirtschaftswachstum untersucht und dabei festgestellt, dass eine Entkopplung in vielen Bereichen zumindest prinzipiell denkbar wäre, faktisch aber ausbleibt.

Dabei wird häufig übersehen, dass es schon in »Faktor Vier« um mehr als nur technologische Innovationen ging. Im Buch wurden viele Beispiele vorgestellt, in denen die gleiche Lebensqualität mit anderen Formen von Dienstleistungen erbracht wird (Weizsäcker u. a., 1995): Carsharing statt dem eigenen Auto, Gemeinschaftsnutzung von Geräten, Video-konferenzen statt Reisen, geringerer Konsum von höher-wertigem Fleisch.

Das Wuppertal Institut diskutierte daher schon 1996 in sei-ner Studie zu einem »Zukunftsfähigen Deutschland« neben technologischen Innovationen auch über neue »Wohlstands-modelle« (vgl. BUND & Misereor, 1996). Heute ist klar, wie wegweisend dies war. Denn es zeigt sich immer deutlicher, dass technologische Innovationen alleine nicht reichen wer-den, um im 21. Jahrhundert ein gutes Leben für zehn Milli-arden Menschen auf diesem Planeten innerhalb der planetari-schen Grenzen zu ermöglichen.

Denn technologische Innovationen ermöglichen es zwar tatsächlich, viele Bedürfnisse ökologisch effizienter zu befrie-digen. Sie bergen aber durch ihre gesteigerte Effizienz auch einen starken Impuls für einen wachsenden Konsum in sich: Effizientere Verbrennungsmotoren haben dazu geführt, dass heutige Autos leistungsstärker und schwerer werden können (vgl. Abb. 5.1). Der Anreiz für die Hersteller wird größer, die Autos schneller statt sparsamer zu bauen. Energiesparlampen verführen dazu, öfter mal das Licht nicht auszuschalten. Die-ses Phänomen wird als »Rebound« bezeichnet.

Die technologische Effizienzrevolution muss daher in ge-eignete Rahmenbedingungen eingebettet sein. Und sie muss mit einer Weiterentwicklung von Lebensstilen und Wohl-

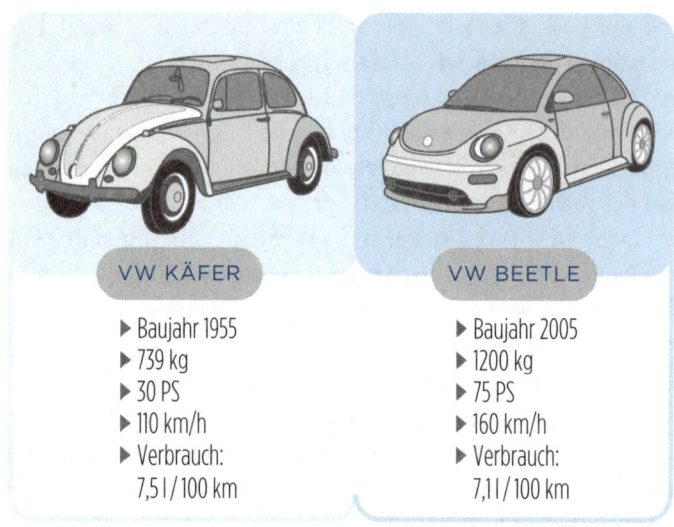

VW KÄFER

▸ Baujahr 1955
▸ 739 kg
▸ 30 PS
▸ 110 km/h
▸ Verbrauch:
  7,5 l / 100 km

VW BEETLE

▸ Baujahr 2005
▸ 1200 kg
▸ 75 PS
▸ 160 km/h
▸ Verbrauch:
  7,1 l / 100 km

Abb. 5.1: Käfer und Beetle? – Die »Effizienzfalle«: Rebound-Effekt am Beispiel des Automobils. *Quelle: Wuppertal Institut*

standsmodellen einhergehen. Darum spricht sich z.B. Ernst Ulrich von Weizsäcker in der Neuauflage seines »Faktors Vier«, die im Jahr 2010 unter dem Titel »Faktor Fünf«[4] erschienen ist, für eine flexible Ökosteuer aus: Eine solche flexible Steuer sollte jedes Jahr genau um den Prozentsatz steigen, um den sich im Vorjahr die Energieeffizienz im Durchschnitt erhöht hatte. Das soll gewährleisten, dass jedem, der die neuen technologischen Möglichkeiten nutzt und nicht mehr verbraucht, keine Mehrkosten entstehen. Gleichzeitig entstehen Anreize für ein darüber hinausgehendes Engagement. So wird die Rebound-Gefahr gemindert. Durch den verminderten Kostenvorteil wird der Anreiz zum Mehrverbrauch reduziert.

Die Kombination aus ökologischen Effizienzsteigerungen und verändertem Verbraucherverhalten ermöglicht eine »doppelte Entkopplung« (vgl. Abb. 5.2).

Die Kernidee der doppelten Entkopplung liegt darin, dass es letztlich beim Wirtschaften um ein gutes Leben für möglichst viele Menschen geht. Dieses gute Leben für alle zehn Milliarden Menschen ab Mitte des Jahrhunderts soll innerhalb der Kapitel 8 näher erläuterten planetarischen Grenzen erfolgen.

Mit einem solch erweiterten Blick entstehen dann zwei Formen der Entkopplung: Eine »Entkopplung 1. Ordnung«, sozusagen die klassische Entkopplung. Sie kann über Öko-Effizienz und über »Konsistenz« passieren, d. h. über (regenerative) Energien oder im Kreislauf geführte Materialien. In bei-

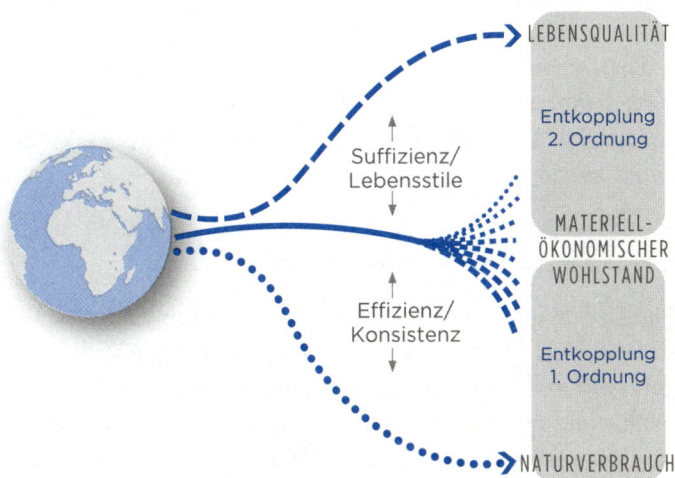

Abb. 5.2: Doppelte Entkopplung – Gutes Leben vom absoluten Naturverbrauch entkoppeln. *Quelle: Eigene Darstellung in Anlehnung an Wuppertal Institut, 2005*

den Fällen wird erreicht, dass ein Euro Bruttoinlandsprodukt
mit weniger Ressourceneinsatz und Umweltfolgen erbracht
wird. Diese Entkopplung alleine hat zwar dazu beigetragen,
dass heute jeder Euro Bruttoinlandsprodukt viel ökoeffizien-
ter als noch vor 20 Jahren produziert wird (die Energieproduktivität hat sich z. B. von 1990 bis 2015 um 50 % erhöht
[Umweltbundesamt, 2016]). Sie hat aber nicht dazu beigetragen, dass die global relevanten Umweltbelastungen (wie
die CO_2-Emissionen) weder international noch national auch
absolut zurückgegangen sind. Die Wachstumseffekte, die in
der gleichen Zeit auftraten, haben die relativen Einsparungen
(über)kompensiert (Deutscher Bundestag, 2013).

Deswegen ist die Diskussion über die Entkopplung »2. Ordnung« so wichtig. Bei ihr geht es um die Entkopplung der Lebensqualität vom ökonomisch-materiellen Wachstum. Zentral sind also veränderte Lebensstile und Suffizienz. Genau
darauf zielen neue Wohlstandsmodelle.

Die Debatte über die Entkopplung 2. Ordnung hat in den
letzten Jahren erheblich an Fahrt gewonnen (Deutscher Bundestag, 2013, S. 430). Kern ist dabei ein erweitertes Wohlstandsverständnis.

Auf dem Weg zu einem erweiterten Wohlstandsverständnis

Lange Zeit bedeutete ein wachsendes Bruttoinlandsprodukt,
dass es auch allen Menschen bessergeht. Materielles Wachstum war sozusagen gleichbedeutend mit einem steigenden
Wohlstand in einem umfassend verstandenen Sinne. Gerade
für Menschen in vielen wirtschaftlich weniger entwickelten
Ländern gilt dies auch heute noch.

In vielen Volkswirtschaften tut sich aber spätestens seit der
Jahrtausendwende eine größer werdende Schere zwischen

materiellem Wachstum und gefühltem Wohlstand auf. Obwohl das Bruttoinlandsprodukt – wenn auch moderat – weiter ansteigt, gilt dies nicht unbedingt für den Wohlstand und die subjektive Zufriedenheit im Land. Was sind die Gründe dafür? Es hängt einmal damit zusammen, dass vieles in das Bruttoinlandsprodukt einfließt, das nichts mit steigender Lebensqualität zu tun hat: Umweltschäden, die repariert werden müssen, Krankenhauskosten für Verkehrsunfälle oder der Umzug von Angehörigen aus der Pflege in der Familie in ein Altenheim: All das steigert das Bruttoinlandsprodukt, aber nicht unbedingt die Lebenszufriedenheit. Zum anderen sagt die absolute Höhe des Bruttoinlandsproduktes nichts über dessen Verteilung aus. Gerade in den letzten 20 Jahren ist das steigende Bruttoinlandsprodukt insbesondere bei den unteren Einkommensgruppen gar nicht angekommen (Boockmann u.a., 2015; Grabka & Goebel, 2017).

Rechnet man die obengenannten Effekte heraus und versucht, einen Blick auf die Wohlstandsentwicklung zu gewinnen, dann wird deutlich, dass der effektive Wohlstand in Deutschland schon lange stagniert und z.T. sogar schrumpft, wie der Nationale Wohlfahrtsindex von Diefenbacher und Zieschank (Held, Rodenhäuser, Diefenbacher & Zieschank, 2018) zeigt.

Es empfiehlt sich daher ein genauer Blick auf die Faktoren, die ein gutes Leben ermöglichen (vgl. u.a. auch Skidelsky & Skidelsky, 2012). Die OECD, die Organisation für wirtschaftliche Zusammenarbeit und Entwicklung der weltweit wichtigsten Industriestaaten, tut dies seit einigen Jahren. Basierend auf der aktuellen Wohlstandsforschung hat sie elf Faktoren identifiziert, die für eine hohe Lebensqualität von zentraler Bedeutung sind: Sie reichen von Gesundheit, Bildung, sozialer Einbettung, der persönlichen Sicherheit bis zur Art

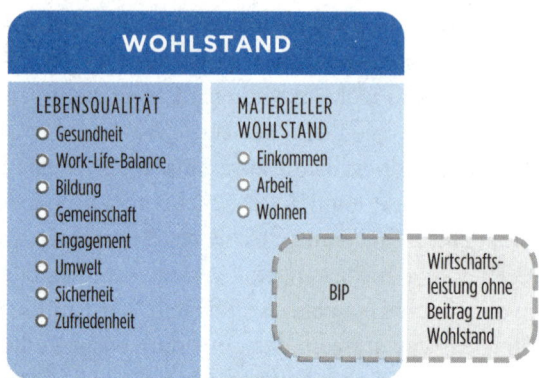

Abb. 5.3: Die elf Dimensionen guten Lebens der OECD.
*Quelle: Eigene Darstellung in Anlehnung an OECD, 2013,
S. 21*

des Wohnens und der Höhe des Einkommens (vgl. Abb. 5.3).
Interessant ist dabei, dass nur drei der Faktoren (Einkommen,
Job / Verdienst sowie Wohnumgebung) unmittelbar mit dem
materiellen Einkommen und damit letztlich auch der Höhe
des Bruttoinlandsproduktes zusammenhängen.

Die acht weiteren Größen werden viel stärker durch andere
Faktoren beeinflusst: Die Qualität der Bildung und der Gesundheitsversorgung für alle hängt stärker vom jeweiligen
Gesundheits- und Bildungssystem als vom Pro-Kopf-Bruttoinlandsprodukt ab: So produziert das US-amerikanische Ge-
sundheits- und Bildungssystem zwar herausragende Leistungen in der Spitze, für die sozial Benachteiligten im Land
ist die Qualität der Bildungs- und Gesundheitsversorgung
jedoch schlechter als in einem Schwellenland wie Vietnam
(Parandekar & Sedmik, 2016). Gleiches gilt für die individuelle Sicherheit oder die Möglichkeit des gesellschaftlichen Engagements als wichtige Faktoren der Lebenszufriedenheit. In

Saudi-Arabien als einem der Länder mit dem höchsten Pro-
Kopf-Bruttoinlandsprodukt sind Bürgerrechte – gerade für
Frauen – erheblich eingeschränkt. In vielen reichen Ländern
gibt es »No-Go-Areas« in den Vorstädten großer Metropolen,
die in inklusiveren Ländern mit z.T. geringerem Pro-Kopf-
Bruttoinlandsprodukt nicht existieren.

Für die Suche nach Wegen zu einer »doppelten Entkopplung« sind das wichtige Zusammenhänge. Sie zeigen auf,
dass ein gutes Leben durchaus von einem immer weiter steigenden Bruttoinlandsprodukt entkoppelt werden kann. Eine
Entkopplung 2. Ordnung ist möglich.

The Great Mindshift – Warum Wohlstand sich zuallererst in unseren Köpfen verändert

Das Sich-Einlassen auf neue Wohlstandsverständnisse fordert heraus. Es bedarf eines »Umparkens im Kopf«: Dass ein
heutiges Auto künftig einen anderen Antrieb hat, das ist noch
leicht vorstellbar. Dass man ganz auf ein eigenes Auto ver-
zichtet und sich von einem von einer App gerufenen autonom
fahrenden Fahrzeug zu seinem nächsten Arzttermin fahren
lässt, erfordert dagegen eine größere Vorstellungskraft und
Anpassungsbereitschaft. Und noch herausfordernder wird
es, sich ein Mobilitätsmuster vorzustellen, in dem bisher mit
dem Auto zurückgelegte Wege mit dem öffentlichen Nahverkehr oder einem Leihfahrrad erbracht werden.

Was hier im Kleinen anschaulich wird, gilt auch im Großen:
Eine Volkswirtschaft und eine Gesellschaft, die über Jahrzehnte auf das Bruttoinlandsprodukt als Kompass für ihren
Wohlstand programmiert war, stellt sich nicht einfach von
heute auf morgen um. »Die Macht der einen Zahl« (Lepenies,

2013) hat moderne Gesellschaften tief in ihren Bann gezogen und prägt die politische Rhetorik – die vermeintlich nur auf weiteres materielles Wachstum zielen kann – genauso wie die Medienberichterstattung, die Börsenkurse im öffentlichen Fernsehen trotz eines nur geringen Anteils an Aktienbesitzern in der Bevölkerung vor jeden großen Abendnachrichten gesondert zeigt und kommentiert (Loske, 2015).

Daher bedarf gerade die Idee einer Entkopplung 2. Ordnung eines erheblichen »Mindshifts« (Göpel, 2016), d.h. Veränderungen in unseren Köpfen. Solche Veränderungen brauchen Zeit, sind aber für große Transformationsprozesse fundamental. Das Kapitel 4 hat sich den Transformationsschulen näher gewidmet.

Eine wichtige Rolle spielen dabei Wohlstandspioniere, die heute ausprobieren und zeigen, wie alternative Wohlstandsmodelle konkret aussehen. Sie sind sozusagen das Schmiermittel für den »Great Mindshift«. Sie werden uns im Teil C des Buches noch näher beschäftigen.

Fazit

Doppelte Entkopplung ist der Kompass für eine Welt, die am Ende ein gutes Leben für zehn Milliarden Menschen innerhalb der planetaren Leitplanken ermöglichen kann. Die Kombination aus Effizienz und Suffizienz ist der Orientierungspunkt für die Gestaltung einer Großen Transformation.

Wo eine solche Entkopplung durch das heutige Wirtschaftssystem behindert wird, damit beschäftigt sich das folgende Kapitel. Wie eine Wohlstands- und Konsumwende dennoch gelingen kann, ist Gegenstand von Kapitel 11.

6. Nachhaltige Entwicklung und die Transformation des modernen globalen Kapitalismus

Die Debatte über Nachhaltige Entwicklung macht bisher weitgehend einen Bogen um die Frage zur Zukunft der globalen Wirtschaftsordnung. Dabei wird zunehmend deutlich, dass viele Nachhaltigkeitsherausforderungen unmittelbare Nebenfolgen des modernen globalen Kapitalismus sind. Eine Auseinandersetzung mit der Großen Transformation kommt daher nicht umhin, sich mit der aktuellen Kapitalismuskritik auseinanderzusetzen. Alles andere würde auch dem Namensgeber des Begriffes der »Great Transformation«, Karl Polanyi, nicht gerecht werden. Das vorliegende Kapitel greift wichtige Stränge der aktuellen Kapitalismuskritik mit unmittelbarer Rückwirkung auf das Ziel einer Nachhaltigen Entwicklung sowie die Möglichkeiten einer doppelten Entkopplung auf. Es zeigt zudem, wie die institutionelle Weiterentwicklung des heutigen Wirtschaftssystems helfen kann, Prozesse Nachhaltiger Entwicklung aktiv zu flankieren.

Der Wissenschaftliche Beirat der Bundesregierung Globale Umweltveränderungen (WBGU, 2011) hat mit dem Begriff der Großen Transformation die Diskussion über Nachhaltige Entwicklung bereichert. Der Begriff der Großen Transformation selbst hat dabei eine sehr viel längere Geschichte. Er gründet auf Karl Polanyis Mitte der 1940er Jahre erschienene Analyse der »Great Transformation«, in der er sich mit der engen Verzahnung von politischen und ökonomischen Dyna-

miken im 19. und 20. Jahrhundert auseinandersetzte, die in
der ersten Hälfte des 20. Jahrhunderts in vielen europäischen
Ländern in den Faschismus führten. Er thematisiert dabei
insbesondere die zunehmende gesellschaftliche und politische
»Entbettung« ökonomischer Entwicklungsprozesse.

Die Entfesselung ökonomischer Kräfte im aktuellen glo-
balisierten und zunehmend digitalen Kapitalismus macht die
Analyse Polanyis aktueller denn je. Der WBGU wurde zu
Recht dafür kritisiert (vgl. z. B. Sachs, 2013), dass er in seiner
Analyse zur Welt im Wandel den Begriff der »Großen Transformation« zwar aufnimmt, aber gerade im Hinblick auf eine
Kritik der ökonomischen Dynamiken eher zurückhaltend
bleibt und vielmehr das Bild einer – auch unter Rückgriff
von Marktmechanismen – durch Politik und Pioniere des
Wandels gestaltbaren Großen Transformation zeichnet. Es ist
jedoch geradezu unabdingbar, sich bei einer Auseinandersetzung mit den Möglichkeiten einer Nachhaltigen Entwicklung
auch mit den dahinterliegenden ökonomischen Dynamiken
auseinanderzusetzen. Denn die heute dominierende, auf der
Kombination von Marktwirtschaft und Privateigentum basie-
rende globale Wirtschaftsordnung ist mit wachsenden Herausforderungen konfrontiert: sozial, ökologisch, individual-
psychologisch, demokratisch und zunehmend – durch die
Möglichkeiten der Digitalisierung – auch technologisch. Ökologisch steht schon seit der Studie des Club of Rome zu den
Grenzen des Wachstums im Jahr 1972 die Frage im Raum,
ob das bestehende ökonomische System sich überhaupt nur
durch massive ökologische »Landnahmen« (d. h. den Zugriff
auf billige fossile und sonstige Ressourcen) stabilisieren kann
(Amlinger, 2017). Die Kritik am Kapitalismus kommt dabei
nicht nur aus linken Kreisen, sondern auch von etablierten
Institutionen wie der katholischen Kirche (Papst Franziskus,

2015). Und selbst als wirtschaftsliberal geltende politische Organisationen wie der Internationale Währungsfonds (IWF) fordern in der Öffentlichkeit einen »inklusiveren« Kapitalismus (Streck, 2014). Wie sieht ein inklusives, nachhaltiges Wirtschaftssystem aus? Eine Diskussion über die Große Transformation muss sich dieser Frage stellen (Neckel u. a., 2018).

Die Debatte über eine Nachhaltige Entwicklung in eine solche Richtung zu öffnen ist ein in vielerlei Hinsicht gewagtes Unterfangen. Unter anderem bedeutet es, auf einen äußerst ausdifferenzierten und elaborierten, insbesondere sozialwissenschaftlichen Kanon moderner Kapitalismuskritik zurückzugreifen (Hirschbrunn, Kubon-Gilke & Sturn, 2017). Im Rahmen des vorliegenden Buches können wir ihn auch nicht in Ansätzen darstellen, müssen uns also zwangsläufig beschränken und lückenhaft bleiben. Dennoch wagen wir uns auf den riskanten Pfad: Denn die Auseinandersetzung mit der Großen Transformation kann sich den systemisch politökonomischen Dynamiken nicht entziehen, da diese Dynamiken großen Einfluss auf eine Nachhaltige Entwicklung haben. Moderne Kapitalismuskritik bringt hier wichtige Einsichten.

Das vorliegende Kapitel zeigt auf, wie eng die Verbindungen von Nachhaltigkeitsdebatte und der vielschichtigen Diskussion über die Zukunft der globalen Wirtschaftsordnung sind. Es erläutert, warum dessen Weiterentwicklung nicht notwendig als revolutionäres, sondern auch als evolutionäres und insbesondere technologieoffenes Projekt gedacht werden kann, das die neuen Möglichkeiten der Digitalisierung nutzt und nach neuen Gewichtungen bei Eigentumsverhältnissen sowie dem Zusammenspiel von politischer und marktlicher Steuerung sucht.

Nur mit einer solchen Weiterentwicklung lassen sich viele

Herausforderungen einer Großen Transformation meis- tern – sowohl gesamtgesellschaftlich als auch in den konkreten Transformationsfeldern der Energie-, Mobilitäts-, Ernährungs- und Urbanen Wenden.

Was ist eigentlich Kapitalismus?

In seinem Buch »Bessere Welt: Hat der Kapitalismus ausgedient?« (Corneo, 2014) unternimmt der in Berlin lehrende italienische Ökonom Giacomo Corneo eine anschauliche »Reise durch alternative Wirtschaftssysteme«. Corneo macht deutlich, dass jede Wirtschaftsordnung zwei grundlegende ökonomische Herausforderungen lösen muss (Corneo, 2014): (1) das Kooperations- und (2) das Allokationsproblem. (1) Wie stellt eine Gesellschaft sicher, dass sich Menschen an der ökonomischen Wertschöpfung beteiligen, damit ein angemessenes Maß an Wohlstand entstehen kann? (Kooperationsproblem). (2) Und wie wird in einer Gesellschaft entschieden, was überhaupt produziert werden soll? (Allokationsproblem). Diskussionen über die Nachteile staatlicher Planwirtschaften, über das Für und Wider eines bedingungslosen Grundeinkommens oder die Chancen autarker Dorfgemeinschaften kreisen zumeist um diese beiden Fragen. Sind andere ökonomische Organisationsformen ausreichend produktiv? Stellen sie die Güter bereit, die benötigt werden? Stehen der Beitrag zur Wertschöpfung und der persönlich davon einzubehaltende Ertrag in einem angemessenen Verhältnis?

Der Kapitalismus war nach Corneo in den letzten beiden Jahrhunderten deswegen so erfolgreich, weil er auf das Kooperations- und das Allokationsproblem in einer komplexen Welt äußerst überzeugende Antworten gibt: Er schafft hohe

Anreize dafür, dass genau das produziert wird, was von vielen Menschen nachgefragt wird, insbesondere von Menschen, die über eine hohe Kaufkraft verfügen, weil sie sich selbst erfolgreich in die ökonomische Wertschöpfung einbringen (Allokationsproblem). Und er schafft hohe Anreize zur Beteiligung an der Wertschöpfung (Kooperationsproblem), weil diejenigen, die besonders nachgefragte Produkte und Dienstleistungen anbieten oder diese besonders kostengünstig erstellen, in hohem Maße selbst davon profitieren. Privateigentum und sich am Markt bildende Preise sind die Gewähr dafür.

Kapitalismus – Eine kleine Einführung

Seit weit über 100 Jahren ist »Kapitalismus« ein emotional aufgeladener Begriff der gesellschaftlichen Debatte. Auf den knappsten Nenner gebracht, verbirgt sich hinter einer kapitalistischen Wirtschaftsordnung die Kombination aus Privateigentum und Marktwirtschaft. In kritischer Konnotation meint Kapitalismus die zunehmende institutionelle Entgrenzung von Gesellschaften, verbunden mit einer wachsenden marktlichen Durchdringung von immer mehr Lebensbereichen sowie einer zunehmenden Akkumulation von Privateigentum in den Händen weniger. Kapitalismus ist dabei kein bipolares Konzept (Kapitalismus – kein Kapitalismus), sondern Kapitalismus kann in unterschiedlichem Maße ausgeprägt sein. Eine Wirtschaftsform ist umso kapitalistischer, je mehr Marktwirtschaft und Privateigentum das Wirtschaftssystem prägen.
Marktwirtschaft bedeutet, dass Güter und Dienstleistungen gemäß der Zahlungsbereitschaft und Zahlungsfähigkeit von Marktpartnern verteilt werden und beispielsweise nicht aufgrund ihres sozialen Status oder ihrer Bedürftigkeit. Aber auch in kapitalistischen Gesellschaften gibt es Räume ohne marktwirtschaftliche Koordination, z.B. Familien.
Kapitalismus beinhaltet nicht nur Marktmechanismen, sondern

auch das Privateigentum (an Produktionsmitteln). Erst wenn
Menschen Güter erwerben und behalten können, entsteht der
Anreiz, mehr zu besitzen, als aktuell gebraucht wird. Das ist
die Grundlage für den Aufbau von Kapital, mit dem zu einem
späteren Zeitpunkt neue Güter hergestellt werden können. Das
Besondere am Kapitalismus ist, dass der Akkumulation von Kapital keine Grenzen gesetzt werden. Dabei ist der Güterstatus,
mit dem Privateigentum erworben werden kann, nicht natur-
gegeben, sondern wird von der Gesellschaft z.T. erst zugewie-
sen (Altvater, 2004). Dies zeigt sich z.B. an der Schaffung von
geistigen Eigentumsrechten und deren Schutz durch den Staat
oder auch am Recht zur Nutzung natürlicher Ressourcen (wie
Lagervorkommen in den Weltmeeren oder der Antarktis).

Die kapitalistische Lösung von Kooperations- und Allokationsproblem und die globale Verbreitung eines darauf aufbauenden, marktwirtschaftlich organisierten Kapitalismus
haben dazu geführt, dass heute so viele Menschen wie nie
zuvor in der Menschheitsgeschichte in einem eindrucksvollen materiellen Wohlstand leben können. Tatsächlich war der
Kapitalismus darin so erfolgreich, dass in vielen entwickelten
Regionen der Welt Knappheitsgesellschaften zu Überfluss-
gesellschaften wurden. Mehr noch: In einer in vielen Bereichen von Überproduktion und Überkonsumtion geprägten
Welt wird die Aufrechterhaltung dieser Überproduktion und
Überkonsumtion zu einem wichtigen Stabilitätserfordernis
des globalen kapitalistischen Wirtschaftssystems (Pineault,
2016).

Diese durch eine zunehmende Marktorientierung erreichte
Wohlstandssteigerung geht Polanyi zufolge jedoch einher
mit einer Verselbständigung der Wirtschaft gegenüber der
Gesellschaft. Die kapitalistische »Marktgesellschaft« (Pola-

nyi, 1944) besteht nicht einfach nur aus der Kombination von Privateigentum und Marktwirtschaft, sondern zeichnet sich dadurch aus, dass sie sich in fast alle Gesellschaftsbereiche ausdehnt, so dass sie gesellschaftsprägend wird. Dies verändert die Institutionen moderner Gesellschaft, es entsteht eine »Marktgesellschaft«. Wesentlicher Baustein des gesellschaftlichen Umbruchs der Großen Transformation dabei ist die politisch gewollte Einführung freier Märkte für die von Polanyi so bezeichneten »fiktiven Waren« Arbeit, Grund und Boden und Geld. Kapital ist demnach auch nicht einfach nur Privateigentum, sondern es ist zur Produktion eingesetztes Eigentum, das einen Mehrwert erwirtschaften soll. Damit dominieren in einer Marktgesellschaft ein individuelles Streben nach Gewinn und eine Maximierung des Eigennutzes. Nach Polanyi ist eine Einbettung der Märkte nur dann möglich, wenn Land, Arbeit und Geld nicht mehr beliebig frei handelbare und im Preis frei variable Güter sind, sondern die Gesellschaft die Strukturen und Regeln der Wirtschaft von ihrer Zweckmäßigkeit für die Strukturen und Regeln des sozialen Zusammenhalts abhängig macht.

Das Funktionieren der Prinzipien der heutigen Wirtschaftsordnung ist demnach in einem hohen Maße abhängig von den gesellschaftlichen und politischen Rahmenbedingungen. Diese wurden in den letzten 200 Jahren – und insbesondere in den letzten 50 Jahren – zunehmend abhängig von wirtschaftlicher Zweckmäßigkeit. Dadurch wird es immer schwerer, die negativen sozialen und ökologischen Auswirkungen des Kapitalismus, die unter anderen Randbedingungen der Garant für eine wachsende Lebensqualität für immer mehr Menschen wurden, in ihrer Wirkung aufzuhalten bzw. abzuschwächen.

Diese »Entbettung« (Altvater & Mahnkopf, 1999; Polanyi,

1944) des Ökonomischen aus seinen sozialen und politischen
Bezügen erweist sich als zunehmend dysfunktional: So sind
demokratische Marktgesellschaften mit einem wachsenden
politischen Populismus konfrontiert, der der etablierten
Politik die Bearbeitung der drängenden Probleme abspricht
und die wachsende Ungleichheit einer vermeintlich effizienten ökonomischen Verteilung nutzt, liberale Prinzipien von
Marktwirtschaft und Freihandel in Frage zu stellen. Aber
auch auf die Frage, was die durch die Digitalisierung erwartbaren Produktivitätsgewinne für die künftige Produktion
und Wohlstandsbeteiligung bedeuten können, liegen bisher
kaum überzeugende Antworten vor. Vielmehr wächst die
Angst, dass eine weitere Konzentration der ökonomischen
Wertschöpfung in einem globalen »Plattformkapitalismus«
in den Händen weniger droht, ohne dass eine staatliche
Steuerung überhaupt möglich scheint. Ein wichtiges Problem dabei ist, dass in der ökonomischen Theorie die politischen Rahmenbedingungen für das Funktionieren der modernen Wirtschaftsordnung nur sehr rudimentär reflektiert
werden und für den Umgang mit ihnen letztlich nur sehr
defizitäre Lösungsansätze vorliegen (zu wirtschaftswissen-
schaftlichen Alternativen vgl. Pfriem, Schneidewind, Barth,
Graupe & Korbun, 2017).

Des Weiteren beschreibt diese Entbettung eine höchst dynamische nichtnachhaltige Entwicklung. Trotz wachsenden
Umweltbewusstseins scheint die kapitalistische Wirtschaftsordnung durch ihre Wachstumsdynamik die ökologischen
Kapazitäten des Planeten immer weiter zu überfordern – mit
massiven Auswirkungen auf große Teile der Weltbevölkerung
insbesondere im globalen Süden.

Pointiert formuliert: Ökonomisch scheinen die Zeichen
weltweit auf Grün zu stehen: das globale Bruttoinlands-

produkt und der materielle Wohlstand wachsen mit zuneh-
mendem ökonomischem Entwicklungsgrad kontinuierlich,
wenn auch langsamer. Sozial, politisch und ökologisch gerät
die Welt gleichzeitig immer mehr aus den Fugen – gerade aufgrund der unbeabsichtigten Nebenfolgen des ökonomischen
Erfolges. Es bedarf daher dringend der »Wieder-Einbettung«
des Ökonomischen (Granovetter, 1985), einer Abkehr von
einer zu eng verstandenen Produktivitätsorientierung und
einer Erweiterung der ökonomischen Theorie und Analyse.

Es stellt sich die Frage, ob und wenn ja in welcher Form
sich die Grundprinzipien der Wirtschaftsordnung modifizie-
ren und erweitern lassen (vgl. dazu auch Tab. 6.1), ohne dass
die produktive Grunddynamik eines marktwirtschaftlichen
Wirtschaftssystems dabei verlorengeht.

Die folgenden Abschnitte werden die Mechanismen, die
der Entbettung des Ökonomischen zugrunde liegen, näher
beleuchten und aufzeigen, wie stark diese mit den Möglichkeiten einer Nachhaltigen Entwicklung zusammenhängen.

Kapitalismus als Entbettungsphänomen

Wie erklären sich die lauter werdenden Stimmen moderner
Kapitalismuskritik? Es hat damit zu tun, dass gerade mit dem
Erfolg und der weltweiten Ausbreitung der kapitalistischen
Form moderner ökonomischer und gesellschaftlicher Organi-
sation gleichzeitig auch deren unbeabsichtigte Nebenfolgen
wachsen. Karl Polanyi zeigt diese Entgrenzung in seiner
Analyse der »Great Transformation« in ihrer historischen
Entwicklung eindrucksvoll auf: Es sind institutionelle Ver-
änderungen, die der Durchdringung von immer mehr Gesell-
schaftsbereichen durch eine marktliche und kapitalistische

KERN-ELEMENTE	MARKT-WIRTSCHAFT	PRIVATEIGENTUM (an Kapital)
Ausprägung	▪ Ökonomische Effizienz als Leit-kriterium der Allokation ▪ Märkte als effektivster Allo-kationsmechanismus in allen Lebensbereichen ▪ Leistungsprinzip als Motor für Wohlstandssteigerung ▪ Nutzung der Vorteile globaler Arbeitsteilung (komparative Kostenvorteile)	▪ Eigennutz als Motor für Gemeinwohl
Alternative Praktiken/ Alternativen in der Diskussion	▪ »Entkommerzialisierung« – Herausnahme von Bereichen aus der Marktallokation (z. B. Land, Bildung, Manager-gehälter, ...) ▪ Emanzipation vom Leistungs-prinzip (Bedingungsloses Grundeinkommen)	▪ Gesetzliche Grenzen der Eigentums-nutzung ▪ Sektoren in staatlicher Hand ▪ Genossenschaftlicher Besitz ▪ Schaffung von Commons

Tab. 6.1: Die beiden Kernelemente einer kapitalistischen Ordnung und Varianten ihrer Ausgestaltung. *Quelle: Eigene*

Verwertungslogik Raum geben und damit der Erosion gesell-schaftlicher Integrationskraft Vorschub leisten.

Je kapitalistischer Gesellschaften werden, desto stärker treten auch die damit verbundenen Nachteile auf. Dabei geht es nicht nur um die institutionellen Regeln, die eine Wirt-schaftsform an der Oberfläche kennzeichnen, nämlich Markt-wirtschaft und Privateigentum, sondern um darunterliegende Prinzipien, die quasi die Funktionsbedingungen für die kapi-talistische ökonomische Organisation sind.

In ihrem Buch »The Great Mindshift – Wie ein neues öko-nomisches Paradigma und Nachhaltigkeitstransformationen

Hand in Hand gehen« arbeitet Maja Göpel die vier zentralen Prinzipien moderner, arbeitsteiliger Gesellschaften in der
heutigen Wirtschaftsordnung heraus (vgl. Göpel, 2016):

(1) *Fragmentierung.* Moderne, ökonomisch leistungsfähige
    Gesellschaften funktionieren deswegen so effektiv, weil
    sie sich »funktional differenzieren« (Tacke, 2001). Da
    sich Unternehmen ganz auf das Erzielen von Gewinnen
    konzentrieren, Politik auf die Regulierung und Macht-
    sicherung, Medien auf die Information etc., entwickeln
    diese einzelnen Bereiche bzw. gesellschaftlichen Sub-
    systeme eine hohe Produktivität. Die moderne Soziologie
    hat aber schon früh dafür sensibilisiert, dass es solchen
    Gesellschaften damit gleichzeitig schwerer fällt, gesell-
    schaftsübergreifende Themen wie z.B. die Ökologiefrage
    angemessen zu bearbeiten (Luhmann, 2004).

(2) *Quantifizierung/Monetarisierung.* Moderne Ökonomie
    funktioniert so effektiv, weil sie alles quantifizieren und
    über das Medium Geld vergleichbar machen kann. In-
    dem ein SUV, eine ökologisch angebaute Banane und die
    nachmittägliche Kinderbetreuung über ihren Preis öko-
    nomisch völlig vergleichbar und austauschbar werden,
    werden qualitative und normative Aspekte in unserem
    ökonomischen Prozess zurückgedrängt. Einerseits be-
    deutet das eine gewaltige Befreiung, da damit viele Gän-
    gelungen verlorengehen. Jeder kann sich auf das konzen-
    trieren, mit dem er den größten ökonomischen Erfolg und
    Nutzen für sich erzielt, und muss sich nicht ständig recht-
    fertigen. Auf der anderen Seite verändert sich die Welt,
    wenn gilt, dass – wie es umgangssprachlich heißt – »Geld
    nicht stinkt«. Denn dadurch ist es letztlich austauschbar,
    ob jemand sein Geld mit einem sozialen Fair-Trade-Un-
    ternehmen, mit einem engagierten mittelständischen Un-

ternehmen vor Ort oder mit einem überbordenden Bonus
im Management eines Naturschutzgebiete zerstörenden
Öl-Unternehmens oder eines viele Wohnungseigentümer
in den Ruin getrieben habenden Investment-Banking-
Unternehmens verdient hat.

(3) *Akkumulation.* Mit der Quantifizierung eng verbunden
ist das Prinzip der Akkumulation im Kapitalismus. Ökonomischer Erfolg schafft die Grundlage für die Vergröße-
rung des Kapitalstockes und damit Investitionen in neue
ökonomische Aktivität. Mehr ökonomische Aktivität ist
die Grundlage für ein besseres Leben. Diese Gleichung
ging insbesondere in den Mangelzeiten zu Anfang des
Kapitalismus auf und ist heute auch noch für viele Länder,
die auf einem äußerst niedrigen Wohlstandsniveau leben,
richtig. In den modernen Wohlstandsgesellschaften des
globalen Nordens wird sie immer brüchiger. »Immer
mehr« heißt nicht immer »besseres Leben«. Das Akku-
mulationsprinzip als Garant von Wohlstand und Wohlbefinden wird dadurch fragwürdiger.

(4) *Vergleich/Ranking.* Dadurch, dass Qualitäten in der ökonomischen Organisation in den Hintergrund treten,
werden relative quantitative Vergleiche zum Motor ökonomischer und damit gesellschaftlicher Entwicklung: Wer
produziert am günstigsten? Wer fordert den niedrigsten
Preis? Wer erzielt die höchste Rendite und wird damit für
Investoren besonders interessant? Eine solche an quan-
titativen Vergleichen orientierte Organisation des Wirtschaftssystems färbt dann auch stark in die Alltagskultur
ab: Hat der Nachbar das teurere Auto, das aufwendigere
Haus, den besser bezahlten Job? Im Umkehrschluss stabilisiert eine so geprägte Gesellschaft auch die ökonomische
Expansion, weil sie keinen definierten Punkt des »Genug«

hat. Denn irgendjemand ist immer wieder besser, und das treibt zum »Weiter« an. Für die ökonomische Dynamik ist das hervorragend, für nachhaltige und stabile Gesellschaften leider nicht immer.

Vor dem Hintergrund der Bedeutung dieser basalen Prinzipien spricht Maja Göpel auch von einer »Eisenkäfig«-Ökonomie. Die obengenannten und oft gar nicht bewussten Organisationsprinzipien sperren Gesellschaften und Individuen faktisch in einen ökonomischen Eisenkäfig ein, aus dem es kaum ein Entrinnen gibt. Das Fatale dabei ist, dass »Qualitäten«, die ein gutes Leben, aber auch gesellschaftlichen Wohlstand ausmachen, dabei immer mehr aus dem Blick geraten (vgl. Kap. 5).

Im Folgenden gehen wir nun näher auf die wichtigsten Nebenfolgen der obengenannten Prinzipen kapitalistisch organisierter Marktgesellschaften ein und illustrieren sie an konkreten Beispielen wie den Veränderungen im Mobilitätssektor.

Kapitalismuskritik und Nachhaltigkeit

Warum ist die Auseinandersetzung mit der ökonomischen Organisation einer Gesellschaft wichtig, wenn man nach Wegen zu einer Großen Transformation mit dem Ziel einer Nachhaltigen Entwicklung sucht? Worin behindern Dynamiken moderner kapitalistischer Gesellschaften eine Nachhaltige Entwicklung? In Kapitel 5 wurde deutlich, dass sich der Wandel zu einer Nachhaltigen Entwicklung durch eine doppelte Entkopplung beschreiben lässt: Nachhaltigkeit bedeutet, auf eine prägnante Formel gebracht: »gutes Leben für rund zehn

Milliarden Menschen innerhalb der planetaren ökologischen
Grenzen auf diesem Planeten«. Es geht also darum, die ökologische Verletzlichkeit der Erde mit dem legitimen Wunsch
aller Menschen auf dieser Welt nach einem guten Leben zusammenzubringen. Die 17 nachhaltigen Entwicklungsziele
(SDGs) konkretisieren genau dieses Ziel (vgl. Kap. 7). Die
zentrale Frage ist, unter welchen Randbedingungen sich diese globalen Entwicklungsziele unter bestehenden planetaren
ökologischen Grenzen erreichen lassen.

Grundlegend sind dabei die zwei Ebenen der Entkopplung
(vgl. Kap. 5): Immer mehr materieller Wohlstand muss mit
möglichst wenig ökologischen Belastungen erzeugt werden:
Das gelingt durch ein ressourceneffizientes Wirtschaften:
wenn mehr Energie mit regenerativen Energien erzeugt,
Stoffe im Kreislauf geführt und Passiv- und Positivhäuser gebaut werden. Dies alleine wird aber nicht reichen. Daneben
ist es wichtig, Wege zu finden, die insbesondere in den Wohlstandsgesellschaften gutes Leben vom materiellen Wachstum
entkoppeln. Das erhöht die Spielräume für gutes Leben innerhalb der ökologischen Grenzen. Kapitel 5 hat am Beispiel
von elf Wohlstandsdimensionen der OECD gezeigt, wie viele
Faktoren für ein gutes Leben existieren, die gar nicht oder nur
lose mit materiellem Wohlstand gekoppelt sind. Sie sind der
Ansatzpunkt für die doppelte Entkopplung.

Nimmt man diese Zusammenhänge der doppelten Entkopplung als Grundlage, dann wird schnell deutlich, dass sich
die weiter oben beschriebenen Entbettungsmechanismen sehr
stark auf eine Nachhaltige Entwicklung im Sinn einer doppelten Entkopplung auswirken (vgl. zur Übersicht Abb. 5.2): Sie
beeinflussen die Möglichkeiten, andere Formen der Lebensqualität und des guten Lebens zu entwickeln, sie führen zu
einer nur schwer überwindbaren materiellen Wachstumsdy-

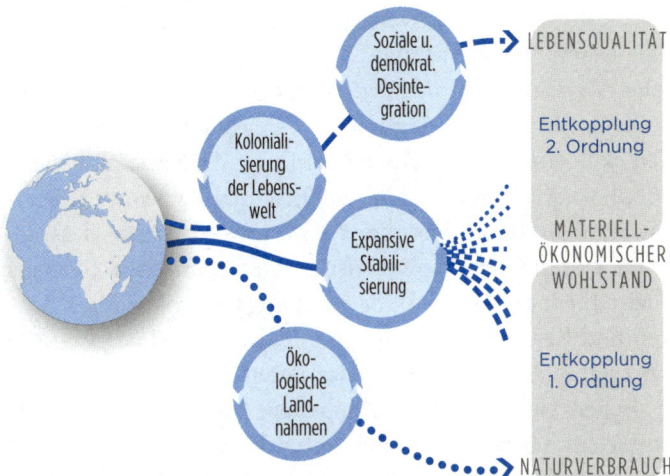

Abb. 6.1: Nachhaltigkeit und Kapitalismuskritik: Wo behindern Dynamiken moderner kapitalistischer Gesellschaften eine nachhaltige Entwicklung? *Quelle: Eigene*

namik und Wachstumszwängen, und sie prägen unmittelbar die Intensität der Naturausbeutung und -zerstörung.

Eine aufgeklärte Theorie einer Großen Transformation zu einer Nachhaltigen Entwicklung kommt daher nicht umhin, sich mit diesen Dynamiken moderner kapitalistischer Gesellschaften auseinanderzusetzen. Die folgenden Abschnitte werfen einen genaueren Blick darauf.

Ökologische Landnahmen

Die kanadische Journalistin und Globalisierungskritikerin Naomi Klein hat im Jahr 2015 ein Buch mit dem Titel »Die Entscheidung: Kapitalismus vs. Klima« veröffentlicht (Klein,

2015). In diesem Buch vertritt sie die pointierte These, dass die Bekämpfung des Klimawandels und die globale kapitalistische Wirtschaftsordnung grundsätzlich nicht vereinbar sind.

Sie greift viele der Argumente der schon länger bestehenden ökologischen Kapitalismuskritik auf (Demaria, Schneider, Sekulova & Martinez-Alier, 2013; Kallis, Kerschner & Martinez-Alier, 2012; Latouche, 2012). Diese besagen, dass die Stabilisierung des kapitalistischen ökonomischen Systems allein durch die massive Übernutzung der ökologischen Senken und Ressourcen möglich ist. Nur durch günstige fossile Energieträger wie Kohle, Öl, Gas, deren Preise nicht ihre ökologischen Nebenfolgen mit abbilden, konnte sich die Weltwirtschaft überhaupt so gut entwickeln. Unser Wohlstand ist demnach mit ganz erheblichen »ökologischen Krediten« erkauft.

Ulrich Brand und Markus Wissen haben in einem im Jahr 2017 erschienenen Buch den Begriff der »imperialen Lebensweise« (Brand & Wissen, 2017) geprägt. Sie kennzeichnen damit das alltägliche Leben entwickelter Gesellschaften im globalen Norden, welches wesentlich über die Gestaltung der gesellschaftlichen Verhältnisse und der Naturverhältnisse andernorts – insbesondere im globalen Süden – ermöglicht wird und seine sozialökologisch destruktiven Folgen externalisiert. Gegen die Folgen dieser Lebensweise, die sich am deutlichsten in Klimawandel und Ressourcenausbeutung (Brand, 2015) zeigen, kämpfen weltweit viele Tausende sogenannter Klimagerechtigkeits-Initiativen.

Es stellt sich daher die Frage, wie eine künftige globale ökonomische Entwicklung aussehen kann, die nicht zwangsläufig auf diese ökologischen und sozialen Ausbeutungsmechanismen angewiesen ist. Schaut man sich die Brüchigkeit des Weltklimaabkommens, den geringen Anteil von Fair-Trade-

Produkten und die nur vereinzelt ökologisch verantwortliche
Optimierung von internationalen Wertschöpfungsketten
durch Unternehmen an, wird deutlich, wie weit der Weg zu
einem strukturellen Umgang mit den »ökologischen Landnahmen« des aktuellen Wirtschaftssystems noch ist.

Expansive Stabilisierung

Nimmt man die Idee einer doppelten Entkopplung ernst, dann
reichen strengere ökologische Regulierungen für die heutigen Produktions-, Distributions- und Konsumweisen nicht
aus, wenn die durch sie erzielten ökologischen Entlastungen
durch ein weiteres überproportionales Wachstum des materiellen Wohlstandes überkompensiert werden. An die Seite
von ökologischer Effizienz müssen daher auch neue Wohlstandsmodelle, muss Suffizienz treten.

Wenn aber ein wesentlicher Teil künftiger Lebensqualität
durch eine wachsende Unabhängigkeit des Wohlstandes von
materiellem Wachstum bestimmt sein soll, dann ist es von
hoher Bedeutung, dass unsere zukünftige Wirtschaftsordnung nicht von inhärenten materiellen Wachstumszwängen
geprägt ist. Denn diese würden eine solche Entkopplung 2.
Ordnung immer wieder konterkarieren.

Der Verweis auf solche Wachstumszwänge im globalen Kapitalismus ist ein wichtiger weiterer Ansatzpunkt moderner
Kapitalismuskritik. Die expansive Tendenz des Kapitalismus
ist demnach eines seiner zentralen Merkmale (Binswanger,
2006; Lessenich & Dörre, 2014; Sommer & Welzer, 2014).

Die Auseinandersetzung mit den Wachstumszwängen hat
dabei unterschiedliche Ausprägungen:

(1) Insbesondere die Arbeiten von Hans-Christoph Bins-

wanger (Binswanger, 2006) setzen sich mit den inhärenten Wachstumszwängen einer kreditbasierten modernen
Geldwirtschaft auseinander, deren Stabilisierung ohne
kontinuierliches Wachstum nicht möglich ist.

(2) Wolfgang Streeck (Streeck, 2013) und andere gehen darauf ein, warum kontinuierliches materielles Wachstum
in den meisten westlichen Nachkriegsgesellschaften eng
verbunden ist mit den Mechanismen des Sozialausglei-
ches und der demokratischen Stabilisierung und über
welche wirtschafts- und geldpolitischen Mechanismen
dieses Wachstum um jeden Preis gestützt wurde und wird
(vgl. dazu die Ausführungen weiter unten).

(3) Arbeiten zur »ökonomischen Landnahme« (Dörre, 2012)
zeigen auf, wie sich die Expansionskraft des modernen
Kapitalismus durch das Eindringen in immer mehr vorher nicht ökonomisierte Lebensbereiche auswirkt. Da
diese Ansätze eine enge Verbindung zu den weiter unten
betrachteten Mechanismen der »Kolonialisierung von
Lebenswelten« besitzen, gilt ihnen im Folgenden ein vertiefter Blick.

Kapitalismus schafft demnach Anreize, zum Teil aber auch
Zwänge, mehr und mehr Lebensbereiche zu kommerzialisie-
ren. Diese ökonomische Landnahme steht oft in einem engen
Zusammenhang mit der technologischen Entwicklung. Neue
Techniken sind ganz besonders dann erfolgreich, wenn sie die
Erschließung neuer Lebensbereiche für Märkte möglich ma-
chen. Digitalisierung ermöglicht es beispielsweise, die eigene
Wohnung über AirBnB oder die eigene Freizeit durch die Be-
tätigung als Clickworker zu kommerzialisieren.

Eine solche ökonomische Landnahme kann demnach auf
zwei Weisen erfolgen: Entweder dehnen sich ökonomische

Verwertungsstrukturen auf neue Bereiche aus (z. B. Gesundheitsversorgung, Bildung), oder die Grenzen zwischen kapitalistisch organisierten Bereichen und nichtmarktlicher Außenwelt, die der Reproduktion dienen wie Natur und Care-Arbeit, verschieben sich. Beispielsweise werden die negativen Nebeneffekte wirtschaftlicher Tätigkeiten externalisiert, was auch mit einer Reduktion der vermarktlichten Lebensbereiche einhergehen kann. Dies bezeichnet man als Landnahme zweiter Ordnung (Dörre, Lessenich & Rosa, 2009).

Die Konsequenz erfolgreicher Landnahme war in der Vergangenheit Wirtschaftswachstum. Nicht immer führte dies aber auch zu einer Steigerung der gesellschaftlichen Wohlfahrt. Gleichzeitig wurden soziale Fragen zumeist durch Wachstum beantwortet. Anstatt Wohlstand in einer Gesellschaft umzuverteilen, wurde mehr Wohlstand geschaffen, so dass alle davon profitieren.

Inzwischen sind aber viele Lebensbereiche bereits vermarktlicht, und mehr Wirtschaftswachstum wird vorwiegend durch Externalisierung von Kosten auf unvermarktlichte Lebensbereiche geschaffen. Das heißt, in ökonomisch hochentwickelten Gesellschaften ist durch die Landnahme neuer Lebensbereiche kaum mehr neues Wirtschaftswachstum zu schaffen, vor allem aber kein weiterer Wohlstand. Statt des »Fahrstuhleffekts« des modernen Kapitalismus mit seinem Versprechen, alle Beteiligten mitzunehmen, droht nun für immer mehr Menschen die Gefahr einer »Abstiegsgesellschaft (Nachtwey, 2016). Es gilt deswegen auszuloten, in welchen Bereichen das bestehende Wirtschaftssystem überhaupt noch Wohlstand schafft und in welchen es Wohlstand untergräbt. Letztlich geht es darum, die Reichweite der Räume neu zu verhandeln, die nach den marktwirtschaftlichen und auf Privateigentum basierten Regeln organisiert sind.

Soziale und demokratische Desintegration

Lebensqualität und gutes Leben haben weit mehr als eine
materielle Basis. Sie sind auch geprägt durch soziale und individuelle psychologische Faktoren. Die Chance, in freien, demokratischen und inklusiven Gesellschaften leben zu können,
ist ein wichtiger Faktor für Lebensqualität. Das unterstreicht
auch die aktuelle Lebensqualitätsforschung (vgl. OECD,
2013). Je ökonomisch ungleicher Gesellschaften werden, desto stärker nimmt die Chance auf ein gutes Leben nicht nur für
den ärmeren Teil, sondern für die Gesellschaft als Ganzes ab.
(Wilkinson & Pickett, 2012).

Ein wichtiger Strang der Kapitalismuskritik setzt genau
hier an und hat durch aktuelle Arbeiten wie Thomas Piket-
tys »Das Kapital im 21. Jahrhundert« einen neuen Auftrieb
erhalten (Piketty, 2014). Eine kapitalistische Wirtschaftsordnung bevorteilt nach diesem Diskurs einseitig die Rechte der
Kapitaleigentümer und benachteiligt all diejenigen, die sich
nur mit ihrer Arbeitskraft in den Wertschöpfungsprozess einbringen können. In der Konsequenz steigt die Ungleichheit in
den meisten Gesellschaften massiv an. Eine Studie der Nicht-
regierungsorganisation Oxfam zeigt, dass die weltweit 62
reichsten Menschen genauso viel Vermögen besitzen wie die
gesamte ärmere Hälfte der Weltbevölkerung (Oxfam, 2016a).
Die wachsende Ungleichheit resultiert aus Steueroasen, niedrigen Vermögensteuern, aber auch aus relativ immer stärker
steigenden Einkommen von Spitzenmanagern, welche sich
seit Mitte der 1980er Jahre verneunzigfacht haben (Oxfam,
2016b).

Gerade die globale Mobilität von Kapital bei nur eingeschränkten nationalen Regulierungsmöglichkeiten hat in den
letzten Jahren zu intensiven Diskussionen darüber geführt,

wie mit diesen Herausforderungen umgegangen werden kann, wie Lösungen aussehen können, die auch zu einer angemessenen Beteiligung von Kapitalerträgen an der Finanzierung gesamtgesellschaftlicher Aufgaben beitragen und Ungleichheiten abmildern (Neben nationalen Vorschlägen wie Vermögens-, Erbschaftssteuer [WBGU, 2016 b] und einer Finanztransaktionssteuer gehören dazu neue Ansätze einer globalen »Carbon-Tax« [Klenert, Schwerhoff, Edenhofer & Mattauch, 2016] sowie weitere Transfermechanismen [Gough, 2017]).

Zum Ende der Symbiose von Demokratie und Kapitalismus

Eine besondere Gefahr der wachsenden ökonomischen Ungleichheit ist die damit in den letzten Jahren einhergehende Destabilisierung moderner Demokratien. Seit dem Zweiten Weltkrieg lautet das Versprechen westlicher Demokratien: Wachsender ökonomischer Wohlstand führt dazu, dass es allen Menschen in der Gesellschaft bessergeht. Dies macht es akzeptabel, dass einige Menschen stärker als andere davon profitieren. Für alle geht es im Fahrstuhl aber gemeinsam nach oben. Dieser »Fahrstuhleffekt« (Beck, 1995) ist seit den 1990er Jahren brüchig geworden: Während sich die Einkommen von Kapitaleigentümern und den wohlhabendsten Mitgliedern der meisten westlichen Gesellschaften dynamisch nach oben entwickelt haben, hat sich das Realeinkommen der ärmsten Mitglieder dieser Gesellschaften kaum verändert oder z. T. sogar abgenommen (Nachtwey, 2016).

Die Folge ist eine wachsende Unzufriedenheit großer Teile der Bevölkerung, die sich, durch populistische Parteien befeuert, insbesondere in zwei Formen äußert: (1) in einer

wachsenden Elitenkritik und damit eng verbunden in einer
Kritik am bestehenden politischen System, das vermeintlich
nur bestimmte Bevölkerungskreise bevorzugt. (2) In einem
vor allem in rechten Kreisen wachsenden Nationalismus und
einer Abschottung gegenüber Einwanderern und Geflüchte-
ten, da in der Globalisierung und der Zuwanderung zentrale
Ursachen für die ökonomische Schlechterstellung einzelner
Bevölkerungsgruppen im nationalen Bereich gesehen werden.

Diese Formen des Protestes haben sowohl eine linke, anti-
kapitalistische Prägung, wie sie sich insbesondere in Spanien,
Griechenland oder Südamerika als dominant erweist (vgl.
Ferraresi, 2016), aber zunehmend eine rechte Ausprägung,
wie sie in populistischen Bewegungen vieler europäischer
Gesellschaften zum Ausdruck kommt und mit der Wahl Donald Trumps in den USA besonders plakativ wurde: »America first«, Protektionismus, Abschottung gegenüber Einwanderern, Aushöhlung demokratischer Institutionen (v. a. auch
unabhängiger Medien und Berichterstattung), Ablehnung
vermeintlicher intellektueller Eliteprojekte wie dem Um-
welt- und Klimaschutz. All dies sind die Ansatzpunkte, die
von Donald Trump geschickt genutzt wurden, um die Unzufriedenheit der Rust-Belt-Arbeiter und der vielen Mitglieder
der weißen amerikanischen Unter- und unteren Mittelschicht
insbesondere in den Nichtküstenregionen der USA zu kana-
lisieren, die von der ökonomischen Entwicklung der USA in
den letzten 10 bis 15 Jahren kaum profitiert haben.

Das Dramatische an diesen Entwicklungen ist, dass die Unzufriedenheit mit den ökonomischen Nebenfolgen der aktuellen Wirtschaftsordnung freiheitliche Demokratien immer
mehr gefährdet. Zum Erhalt freiheitlicher und demokratischer
Gesellschaften ist daher eine Reform bzw. Transformation des
Kapitalismus notwendig. Der Soziologe Wolfgang Streeck

hat in seinem 2013 erschienen Buch »Gekaufte Zeit« deutlich gemacht, dass die früher als selbstverständlich geglaubte
Verbindung von Demokratie und Kapitalismus spätestens seit
den 1970er Jahren brüchig geworden ist, dann über lange Zeit
über unterschiedliche wirtschafts-, geld- und kreditpolitische
Maßnahmen »erkauft« wurde, durch die Dynamik des globalen Finanzkapitalismus jetzt aber endgültig zu zerbrechen
droht (Streeck, 2013, S. 15).

Die bisher angewandten wirtschaftspolitischen Hilfsmittel
(Inflation, Staatsverschuldung, Ausdehnung der Konsumen-
tenkredite, Ankauf von Bank- und Staatsschulden durch die
Zentralbanken) sorgen immer weniger für ein Wirtschaftswachstum und einen damit verbundenen sozialen Ausgleich.
Es stellt sich die Frage, wie das Verhältnis von Demokratie
und Wirtschaftsordnung künftig aussehen kann. Dass kapitalistische Wirtschaftsordnungen mit autokratischen politischen Strukturen funktionieren, zeigen immer mehr Beispiele im globalen Maßstab. Was aber ist eine demokratische,
inklusive und nachhaltige Alternative?

Kolonialisierung der Lebenswelt

Die negativen Folgen des Kapitalismus auf Lebensqualität
und nichtmateriellen Wohlstand liegen aber nicht nur in ungleicher werdenden Gesellschaften und der Erosion demokratischer Ordnungen. Auch individuellpsychologisch verändert
der Kapitalismus den Menschen. Dies ist ein weiterer wichtiger Strang der Kapitalismuskritik.

Eine Ursache für die erfolgreiche Entwicklung des Kapitalismus wird demnach darin gesehen, dass es über die letzten
Jahrzehnte zu individuellen und psychologischen Anpas-

sungsmechanismen an die bestehende Wirtschaftsordnung kam, die ihr Funktionieren überhaupt gewährleisten (vgl. Streeck, 2015b).

Zur Überraschung vieler Gesellschaftswissenschaftler sind die Menschen mit dem kapitalistischen System eine besondere Symbiose eingegangen: Es besteht eine hohe Bereitschaft, für immer mehr Bequemlichkeit und Hedonismus im privaten Leben den Preis von Beschleunigung, Disziplin und Wettbewerbsdruck im Bildungs- und Berufsleben zu zahlen.

Wolfgang Streeck, lange Jahre Leiter des Max-Planck-Instituts für Gesellschaftsforschung in Köln, bringt diese Kompensationsmechanismen mit der Formel »Coping«, »Doping«, »Hoping« und »Shopping« auf den Punkt (Streeck, 2015b, im Folgenden zitiert aus Schneidewind & Palzkill, 2017, S.177):

»Coping« bezeichnet dabei Bewältigungsstrategien, die uns helfen, mit externen Anforderungen und Druck umgehen zu können. In modernen Gesellschaften spielen hier besondere Formen des Leistungsethos eine wichtige Rolle. Ob Topmanager oder einfache Mitarbeiterin oder Mitarbeiter: zunehmend sehen wir uns als Leistungssportler, die sich fit halten, regelmäßig trainieren und auf diese Weise, mit den externen Anforderungen geeignet umgehen. Ob in der Verehrung von Spitzensportlern oder den Bildern aus der Werbung: Überall sind diese Leistungsideale präsent. Sie stabilisieren uns und machen uns fit fürs System. Oft schon in jungen Jahren, weil auch Top-Leistungen in der Schule Garant dafür sind, auch später im Leben mithalten zu können.

»Doping« sind alle Wege, um unsere Leistungsfähigkeit auch auf kurze Sicht aufrechtzuerhalten. Und das geht weit über unmittelbar leistungssteigernde Drogen oder Pharmazeutika hinaus: Der tägliche Kaffee oder die Zigarette sind Bausteine des täglichen Dopings. Wolfgang Streeck verweist

aber auch auf die heute überall verfügbare Musik mit dem Kopfhörer über oder im Ohr. Sie hilft, den täglichen Druck oder Frust schon beim Weg zur oder von der Arbeit vergessen zu lassen.

»Hoping« sind all die Mechanismen, die uns das Hier und Jetzt durch Vorstellung einer und Hoffnung auf eine bessere Zukunft erträglicher machen. Die Zunahme radikalisierter Religiösität z. B. in den USA sind Ausdruck dieser Entwicklungen. Im Kleinen ist es die Hoffnung auf den Lotto- oder Spielgewinn. So ist es eindrucksvoll, dass gerade in sozial schwachen Stadtteilen insbesondere die Spiel- und Wettshops aus dem Boden schießen.

»Shopping« ist schließlich der vierte zentrale Kompensationsmechanismus. Er steht für die Teilhabe an der Konsumgesellschaft und dafür, dass man sich für all die Mühen, die man auf sich nimmt, »etwas leistet«, egal ob benötigt oder nicht. Die Unterordnung unter die Regeln produktiver Marktgesellschaften wird damit mit der Teilhabe an den Wohlstandswelten dieser Gesellschaften belohnt.

Diese Mechanismen stabilisieren die bestehende Wirtschaftsordnung in kulturellen Alltagsstrukturen und -praxen. Die negativen Folgen für individuelle Lebensqualität werden dabei aber immer deutlicher: die Zunahme von Stress und Leistungsdruck, Depressionen und Burn-out. Alain Ehrenberg spricht vom »erschöpften Selbst« (Ehrenberg, 2015). Götz Eisenberg spitzt die Entwicklung wie folgt zu: »Der beschleunigte Kapitalismus hinterlässt psychisch ruinierte Individuen, die nach einfachen Antworten suchen.« (Vgl. Eisenberg, 2017)

Vor diesem Hintergrund wird die Frage relevant, wie eine Wirtschafts- und Gesellschaftsordnung aussehen muss, die wieder »resonante Beziehungen« zulässt, die Garant für ein gutes Leben sind. Hartmut Rosa hat mit seiner Arbeit zur »Resonanz« dafür sensibilisiert (Rosa, 2016), dass die Bedingungen für eine solche Resonanz nicht nur im Individuum, sondern auch in den gesellschaftlichen Verhältnissen liegen und insbesondere durch die Wirtschaftsordnung geschaffen werden.

Dysfunktionale ökonomische Dynamiken in ausgewählten Transformationsfeldern – Das Beispiel Mobilität

Die gerade beschriebenen Mechanismen lassen sich nicht nur abstrakt auf der Ebene des Wirtschaftssystems als Ganzes beschreiben. Sie zeigen sich durchaus auch in den konkreten Transformationsfeldern für eine Nachhaltige Entwicklung.

Tab. 6.2 zeigt dies exemplarisch am Feld der Mobilität. Moderne Mobilität basiert auch ökonomisch auf vielfältigen direkten *ökologischen Landnahmen*: insbesondere auf billigen fossilen Energieträgern als Grundlage für die Massenmotorisierung, ohne dass die Preise für Benzin und Diesel die damit verbundenen ökologischen Kosten widerspiegeln, aber auch auf massiven Flächen-Inanspruchnahmen, deren ökologische, aber auch Lebensqualitätsfolgen insbesondere in Städten oft von anderen als den Nutznießern ertragen werden müssen.

In der Automobilindustrie zeigen sich eindrucksvoll unterschiedliche Mechanismen *expansiver Stabilisierung*. Durch die hohe Bedeutung von Entwicklungs- und Marketingkosten und den globalen Charakter der Industrie ist die Größe von Automobilunternehmen zu einem zentralen Wettbewerbsfaktor geworden. Größe ermöglicht Unternehmen u. a. eine kostengünstige Produktion unterschiedlicher Modelle auf

DYNAMIK	AUSPRÄGUNG IM FELD DER MOBILITÄT
Ökologische Landnahmen	■ Verbrauch fossiler Energieträger ■ Flächen-Inanspruchnahmen ■ Dominanz der Automobilität im urbanen Raum
Expansive Stabilisierung	■ Logik der Automobilmassenproduktion (Weltmarken, einheitliche Plattformen) nur durch Größenwachstum zu stabilisieren ■ Trend zu größeren Autos zur Stabilisierung von Gewinnmargen und zur Absicherung von Hochlohnstandorten ■ Automobilindustrie »too big to fail«
Kolonialisierung der Lebenswelt	■ Mobilitätskultur als dominantes Kulturmoment ■ Selbstinszenierung und Identifikation über das eigene Automobil
Soziale Des-integration	■ Wachsende soziale Ungleichheit und Risikoverteilung im Straßenverkehr ■ Globale Restrukturierung der Automobilproduktion mit erheblichen sozialen Verwerfungen (z. B. Detroit/Michigan)

Tab. 6.2: Kapitalistische Eigendynamiken im Feld der Mobilität. *Quelle: Eigene*

der Grundlage von vereinheitlichten Komponenten-»Plattformen« sowie die Amortisierung der hohen Werbekosten für eine einheitliche globale Vermarktung von Automobilen.

Da die Automobilindustrie gerade für viele Volkswirtschaften in Hochlohnländern wie Deutschland oder den USA eine hohe Bedeutung hat, gibt es einen immanenten Anreiz, technologisch aufwendige und große Autos in diesen Märkten zu produzieren und erfolgreich zu vermarkten. Nur sie ermöglichen in der Regel die Margen, um auch aus Hochlohnstandorten heraus erfolgreich zu produzieren. Dies wäre mit einer nur mit Standardausstattungen versehenen Kleinwagenproduktion nicht möglich (tagesschau.de, 2017).

Dieser Trend zur Größe hat in der deutschen Volkswirtschaft, die gleich über mehrere weltweit führende Automobilkonzerne verfügt, dazu geführt, dass die Automobilindustrie inzwischen als »systemrelevant« angesehen wird. Sie gilt – ähnlich wie einige der Banken in der Finanzkrise 2008 – als »too big to fail«. Dies erschwert Anpassungs- und Veränderungsprozesse dieser mächtigen Industrie im Sinne der Nachhaltigkeit erheblich.

Gerade im Feld der Mobilität wird die kulturelle Durchdringung eines ökonomischen Sektors besonders plastisch (Canzler & Knie, 2000; Rammler, Wiegandt & Welzer, 2014). Das eigene Automobil ist insbesondere seit den 1950er Jahren zu einem nicht mehr wegzudenkenden Element individueller und gesellschaftlicher Selbstinszenierung geworden. Darum ist gerade in Deutschland ein »Volk ohne Wagen« (Rammler, 2017) so schwer vorstellbar. Die Situation ändert sich erst langsam durch einen beobachtbaren Wertewandel insbesondere in der jungen urbanen Bevölkerung (vgl. Kap. 14).

Im Mobilitätssektor lassen sich zudem die Gefahren wachsender *sozialer Verwerfungen* beobachten. Diese hängen einmal damit zusammen, dass im modernen Verkehr Risiken und Folgekosten zunehmend ungleicher verteilt sind: Leidtragende der intensiven Automobilnutzung sind Menschen an vielbefahrenen Ausfallstraßen und damit in oft wenig attraktiven Wohngegenden. Die dort Lebenden können sich oft anderen Wohnraum nicht leisten und verfügen überproportional häufig selbst nicht über ein Auto. Gerade durch die stärkere Verbreitung großer und schwerer Autos nimmt das subjektive Sicherheitsempfinden schwächerer Verkehrsteilnehmer, insbesondere der Radfahrer, im Straßenverkehr ab. Der Kampf um den Straßenraum hat sich in den letzten Jahren daher erheblich verschärft (vgl. https://volksentscheid-fahrrad.de).

Wie das kapitalistisch geprägte Wirtschaftssystem weiterentwickeln? Ein Reformprogramm des inkrementellen radikalen Wandels

Wie kann und muss sich die aktuelle Wirtschaftsordnung angesichts der oben beschriebenen Dynamiken weiterentwickeln? Die Diskussion über diese Frage verlief über sehr lange Zeit äußerst polarisiert: »Kapitalismus oder seine vollständige Überwindung« – das waren die beiden Systemalternativen. Das faktische Scheitern postkapitalistischer Staatsexperimente im 20. Jahrhundert hat dafür sensibilisiert, dass in einer solchen Polarität zumindest kurzfristig keine angemessene Antwort auf die Frage nach einer zukunftsfähigen Wirtschafts- und Gesellschaftsordnung liegt. Und so existiert heute längst eine Welt unterschiedlicher »Kapitalismen« (Crouch, 2005; Streeck, 2016), d.h. einer Vielzahl von Staaten, die sich im Hinblick auf die Verbreitung von Privateigentum und marktwirtschaftlichen Prinzipien, aber auch in den damit verbundenen politischen Organisationsformen sehr unterscheiden, letztlich aber alle als »kapitalistisch« verstanden werden können. Hier stehen große Demokratien mit weiterhin wichtigen verstaatlichten Sektoren (z.B. Indien) neben autokratischen Systemen mit ausgeprägter Marktwirtschaft und zunehmend in Privateigentum befindlichen Sektoren (z.B. China).

Die Suche nach Ausprägungen eines zukunftsfähigen Wirtschaftssystems sollte daher als evolutionäres Such- und Experimentierprogramm verstanden werden, das heute schon auf umfassendes empirisches Anschauungsmaterial zurückgreifen kann.

Im Kern geht es um das, was Maja Göpel als einen »radikalen, inkrementellen Wandel« bezeichnet (Göpel, 2016, S. 155), d.h. um Transformationsprozesse, die durch viele kleine Schritte Veränderungen auslösen und die in der Sum-

me moderne Wirtschaftssysteme zukunftsfähig weiterentwickeln. Eine solche Veränderung wäre am Ende im Vergleich
zu der nicht nachhaltigen Ausprägung des heutigen Wirtschaftens durchaus radikal.

Zur institutionellen Reform der modernen Wirtschaftsordnung

Die sozialwissenschaftliche Analyse zeigt, dass der Erfolg
moderner kapitalistischer Gesellschaften auf der Ausdifferenzierung gesellschaftlicher Teilsysteme basiert (vgl. die
Ausführungen weiter oben und die von Maja Göpel nach-
gezeichneten Prinzipien). Das macht moderne Gesellschaften
einerseits in hohem Maße produktiv, auf der anderen Seite
sind sie immer stärker mit unbeabsichtigten Nebenfolgen genau dieser Ausdifferenzierung konfrontiert, die sich auf der
Ebene einzelner Teilsysteme nicht mehr adäquat bearbeiten
lassen (vgl. Abb. 6.2). Im Kern geht es bei der Weiterentwicklung des Wirtschaftssystems daher um ein institutionelles
Reformprogramm.

Moderne Gesellschaften werden zu »Nebenfolgengesellschaften« (Beck, Giddens & Lash, 1994). Die Herausforderung
ihrer Weiterentwicklung ist daher eingebettet in ihre tief
verankerten Organisationsprinzipien. Seit Mitte der 1990er
Jahre gibt es vor diesem Hintergrund eine Diskussion über die
»institutionelle Dimension« der Nachhaltigkeit (Minsch u. a.,
1998; Schneidewind u. a., 1997; vgl. auch Kap. 4), d. h. die Frage, wie moderne Gesellschaften eigentlich »organisiert« sein
müssen, um die in ihnen beobachtbaren ökologischen, sozialen
und ökonomischen Nebenfolgen nicht mehr im bisherigen
Maße entstehen zu lassen bzw. adäquat mit ihnen umzugehen.

Im Zentrum der Betrachtung stehen dabei vier grund-

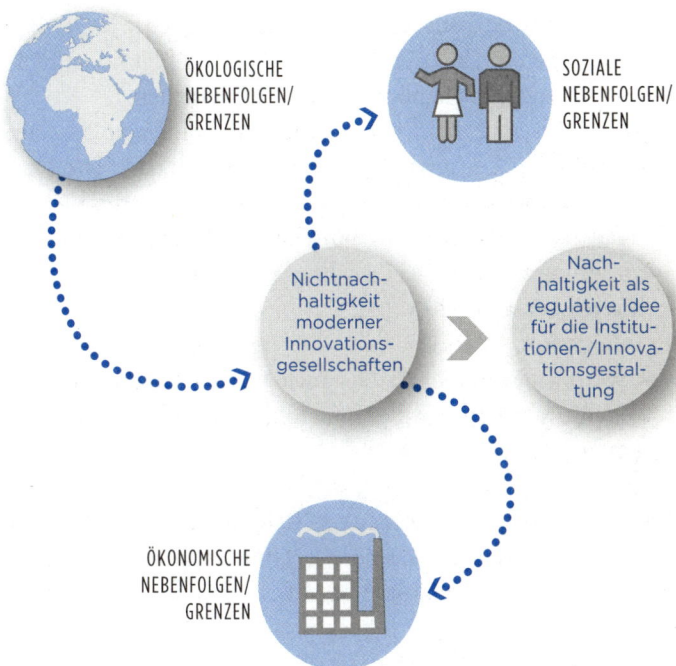

ÖKOLOGISCHE
NEBENFOLGEN/
GRENZEN

SOZIALE
NEBENFOLGEN/
GRENZEN

Nichtnach-
haltigkeit
moderner
Innovations-
gesellschaften

Nach-
haltigkeit als
regulative Idee
für die Institu-
tionen-/Innova-
tionsgestal-
tung

ÖKONOMISCHE
NEBENFOLGEN/
GRENZEN

Abb. 6.2: Moderne Gesellschaften als Nebenfolgengesellschaften. Nachhaltigkeit als institutionelles Reformprogramm. *Quelle: Eigene Darstellung in Anlehnung an Schneidewind u. a., 1997, S. 183*

legende institutionelle Basisstrategien. Damit sind Prinzipien gemeint, nach denen moderne Gesellschaften organisiert sein sollten, um ökologische, soziale und ökonomische Nebenfolgen besser beherrschen zu können (vgl. Abb. 4.1).

1. *Reflexivität*: Institutionen, die in Gesellschaften das Wissen um Nebenfolgen erhöhen. Dies reicht von Umwelt-Berichtspflichten über begleitende Expertengremien bis zu einer ausgebauten Nachhaltigkeitsforschung.

2. *Partizipation*: Institutionen, die eine möglichst breite Beteiligung von Akteuren bei der frühen Problemidentifika-
   tion und der Problembearbeitung sicherstellen.
3. *Ausgleich und Konfliktregelung*: Mechanismen für den
   produktiven Umgang mit Interessenkonflikten. Die Diskussion über die Zukunft der Mobilität mit ihren vielfältigen ökologischen, ökonomischen und sozialen Herausforderungen zeigt, wie wichtig solche Institutionen des
   Interessenausgleiches sind.
4. *Innovation*: Institutionen, die Innovationen befördern
   – sowohl technologische als auch soziale – und damit den
   Lösungsraum für große Transformationsherausforderungen erweitern.

Diese vier Prinzipien spannen den Rahmen für die Diskussion
einer institutionellen Weiterentwicklung moderner kapitalistisch organisierter Demokratien auf.

Ordnungspolitik als Wiedereinbettung verselbständigter ökonomischer Dynamik

Eine wichtige Herausforderung künftiger Wirtschaftspolitik
liegt darin, Folgen von Effizienz- und Marktorientierung
dort wieder institutionell einzufangen, wo deren Nebenfolgen Wohlstand reduzieren, statt ihn zu vermehren. Wirkliche Produktivität entsteht nur dort, wo hoher Wohlstand bei
gegebenem und begrenztem Ressourceneinsatz erreicht wird.
Sie misst sich nicht alleine an einer abstrakten Kapitalrendite,
die unter Verursachung vielfältiger negativer ökologischer,
sozialer und gesellschaftlicher externer Effekte erzielt werden
konnte.

EBENE	ANSÄTZE
Global	▪ Globale CO_2-Besteuerung (insbesondere auch für Flug- und Schiffsverkehr) ▪ Globale Klimafonds ▪ Modifizierte Handelsabkommen/Welthandelspolitik ▪ Finanztransaktionssteuer ▪ Ausweitung Globaler Commons
Europäisch	▪ Verändertes Wettbewerbsrecht (Externalisierungsverbot) ▪ Kreislaufwirtschaftsgesetz ▪ Soziale Ausgleichsmechanismen in der EU ▪ Reduktion von Steuerwettbewerb
National	▪ Bewusster Erhalt/Ausbau öffentlicher Industrien/Sektoren ▪ Aufbau neuer Formen der sozialen Sicherung (z. B. Grundeinkommen)
Regional/ Lokal	▪ Schaffen von Gemeinwohl-Flächen und -Räumen ▪ Einführung von Regionalgeld

Tab. 6.3: Ausgewählte Reformansätze zur Wiedereinbettung ökonomischer Dynamik. *Quelle: Eigene*

Eine Wieder-»Einbettung« ist ein umfassendes institutionelles Reformprogramm auf unterschiedlichen Regulierungsebenen. In der Summe dieser Regulierungen entsteht ein »inkrementeller radikaler Wandel«, der die Produktivkraft einer kapitalistischen Wirtschaftsorganisation erhält, aber zu einem verbesserten Umgang mit den damit verbundenen Nebenfolgen führt. Tab. 6.3 gibt einen Überblick über entsprechende Reformansätze.

Gerhard Scherhorn, ehemaliges Mitglied des Sachverständigenrates zur Begutachtung der gesamtwirtschaftlichen Entwicklung und von 1996 bis 2003 Direktor der Arbeitsgruppe »Neue Wohlstandsmodelle« am Wuppertal Institut, hat in diesem Zusammenhang eine wichtige Initiative auf den Weg gebracht: die Erweiterung des Wettbewerbsrechtes um ein »Externalisierungsverbot« (Buteweg, 2012; Scherhorn & Hoffmann, 2012). Unternehmen, die durch die Externalisierung ökologischer und sozialer Kosten Wettbewerbsvorteile gegenüber anderen Unternehmen erlangen, könnten demnach wettbewerbsrechtlich sanktioniert werden. Bei allen Herausforderungen einer Umsetzung sensibilisiert dieser Vorstoß dafür, dass bei institutioneller Kreativität durchaus Möglichkeiten bestehen, Landnahme-Dynamiken des modernen Kapitalismus institutionell einzuhegen.

Digitalisierung als Treiber für eine veränderte Wirtschaftsordnung?

Innovation ist von zentraler Bedeutung für eine Große Transformation. Nur durch die Erweiterung von Handlungsmöglichkeiten ist Veränderung überhaupt möglich. »Innovation« steht für diese Erweiterung von Handlungsspielräumen. Dabei ist es wichtig, Innovationen nicht nur auf technologische Innovationen zu reduzieren, sondern immer auch das weite Spektrum sozialer Innovationen zu sehen: d. h. neue Geschäftsmodelle, neue Formen unternehmerischer und wertschöpfungskettenweiter Organisation, neue institutionelle Regelungen. Im Zusammenspiel von technologischen und sozialen Innovationen entstehen die Systeminnovationen, die grundlegende Transformationsprozesse auszeichnen.[5]

Die Digitalisierung ist ein eindrucksvolles Beispiel dafür. Hier legen Technologien die Grundlage für die völlige Reorganisation ganzer Branchen, aber auch für neue Formen öffentlicher Kommunikation und politischer Organisation. Vor dem Hintergrund ist es wichtig, der möglichen Reform

unserer Wirtschaftsordnung mit einer hohen Technologieoffenheit zu begegnen. Denn neue Technologien ermöglichen
auch neue Räume der gesellschaftlichen Transformation.

Die globalen Konzerne des Internetzeitalters gehören
längst zu den umsatzstärksten Unternehmen der Welt. Sie
prägen moderne Gesellschaften heute schon entscheidend.
Gleichzeitig eröffnet die Digitalisierung neue Möglichkeiten,
Wohlstand neu zu organisieren. Eine fruchtbare Diskussion
über die Weiterentwicklung des Wirtschaftssystems sollte
daher »technologieoffen« geführt werden. Technologieoffenheit bedeutet weder, dass alle Technologien unhinterfragt als
Fortschritt angesehen, noch dass technologische Weiterentwicklungen kategorisch abgelehnt werden. Stattdessen gilt es,
die Chancen und Risiken frühzeitig zu analysieren und die
Entwicklung für die Transformation zu nutzen.

Die Digitalisierung wirft die Frage auf, ob die Produktivkraft der digitalen Revolution Grundprinzipien der heutigen
Wirtschaftsordnung insgesamt in Frage stellt oder sich letztlich ähnlich einordnen lässt wie andere technologische Umbrüche in der Vergangenheit (Pueyo, 2016). Wenn die Grundlage des künftigen ökonomischen Reichtums nicht mehr
natürliche und begrenzte Ressourcen oder Arbeit, sondern
kostenfrei und beliebig teilbares Wissen und dessen Nutzung
sind, dann stellt das eine neue Herausforderung auch für eine
Wirtschaftsordnung dar, die insbesondere den effizienten
Umgang mit knappen ökonomischen Ressourcen wie Arbeit
und Kapital im Blick hat. Vordenker wie Paul Mason stellen
die These auf, dass eine Ökonomie, die technologisch frei ver-
fügbares Wissen zum Wohlstand aller verwenden will, nur
funktionieren kann, wenn es entweder keinen vollständig
freien Markt oder keinen vollständigen Schutz des geistigen
Eigentums gibt (Mason, 2016, S. 132).

Diese Debatten prägen die aktuelle Diskussion: In einer auf Wissen basierenden und hochautomatisierten Wirtschaft ist die wichtigste Ressource, nämlich Daten und Algorithmen, kostenlos vervielfältigbar. Die traditionelle kapitalistische Eigentumsordnung gerät damit unter Druck. Zwar wird durch den Aufbau geistiger Eigentumsrechte versucht, bestehende Allokations- und Verteilmechanismen zu erhalten. Doch es erweist sich als zunehmend schwieriger, solche Eigentumsansprüche in der gesellschaftlichen Debatte zu verteidigen. Auch der Markt als zentraler Verteilungspunkt von Angebot und Nachfrage verliert durch die Digitalisierung an Bedeutung, da beispielsweise Peer-to-Peer-Techniken neue Kooperationsformen ermöglichen und Märkte sich künftig regional fragmentieren könnten.

Die zentralen Achsen des Kapitalismus, Marktwirtschaft und Privateigentum, verlieren durch die Digitalisierung an Bedeutung. Getrieben durch die Digitalisierung, deutet sich damit ohnehin ein den heutigen Kapitalismus transzendierendes Zeitalter an. Dieses kann durch eine »Zero«-Gesellschaft gekennzeichnet sein, wie sie insbesondere Jeremy Rifkin auf den Punkt brachte (Mason, 2016; Rifkin, 2014):

1. Zero Carbon: Ermöglicht durch die Verbreitung erneuerbarer Energien könnte das Energiesystem vollständig dekarbonisiert und Energie im Überfluss und fast kostenlos vorhanden sein. Dies ist eine faszinierende Vorstellung, die aber die anderen ökologischen planetarischen Grenzen ausblendet. Deren Überschreitung wäre bei frei verfügbarer regenerativer Energie z.T. noch wahrscheinlicher (vgl. Kap. 8).

2. Zero Costs: Im Gegensatz zu bisherigen Wirtschaftsressourcen sind Daten und Wissen kostenfrei kopierbar. Ökonomisch betrachtet heißt dies, die Grenzkosten reduzieren

sich auf null. Damit eröffnen sich Chancen für eine Welt des Überflusses, welche in weiten Wirtschaftsbereichen Knappheit als die Voraussetzung von Märkten aufhebt.

3. Zero Work: Durch die zunehmende Automatisierung und die Verbesserung von selbstlernenden Maschinen reduziert sich die notwendige Arbeit. Viele Tätigkeiten, die heute noch von Menschen erledigt werden, können zunehmend besser und günstiger von Maschinen erbracht werden.

Perspektiven für einen nachhaltigen digitalen Kapitalismus

Vordenkerinnen und Vordenker in den Zentren der Digitalisierung liefern heute mögliche Blaupausen für alternative Wirtschaftssysteme. Sie reichen von praktischen Ansätzen, die eine Welt des Nutzens statt des Besitzens propagieren, bis zur rechtlichen Gestaltung eines künftigen Wirtschaftsrahmens.

Ein wichtiges Feld für neue Formen öffentlicher Regulierung ist die Investitionssteuerung im digitalen Zeitalter. Zwar sinken die Grenzkosten von Güterproduktionen im Informationszeitalter, aber es werden weiterhin Anfangsinvestitionen in die Entwicklung von Produkten notwendig sein. Bisher entscheiden Kapitalinvestoren und die voraussichtliche Zahlungsbereitschaft potentieller Kunden darüber, welche Produkte hergestellt werden. In einer Welt ohne Grenzkosten bestimmt immer weniger der Ausgleich von Angebot und Nachfrage über die Produktion. Kunden werden dadurch irrelevanter für die Entscheidung über die Produktion oder die Nichtproduktion digitaler Güter. Um zu verhindern, dass nur noch Investoren entscheiden, welche Produkte im digitalen Zeitalter hergestellt werden, bedarf es möglicherweise einer

Demokratisierung der Finanzierung von Innovationen. Inspirationen lassen sich hier aus den Mechanismen von Crowdfunding-Plattformen gewinnen.

Auch die Organisation der Sozialsysteme steht vor neuen Herausforderungen, wenn menschliche Arbeit für einen Großteil der wirtschaftlichen Wertschöpfung immer mehr an Bedeutung verliert. Renten-, Arbeitslosen- und Krankenversicherung basieren heute in den meisten Ländern im Wesentlichen auf arbeitsbezogenen Abgaben. Wie kann eine soziale Sicherung aussehen, wenn diese Basis wegfällt? Wie lassen sich die Kapitalerträge einer globalen digitalen Ökonomie, die sich heute einer Besteuerung weitgehend entzieht, für die Finanzierung sozialer Sicherungssysteme nutzen? Bedarf es einer »Maschinensteuer«? Ist ein bedingungsloses Grundeinkommen die richtige Antwort auf eine Gesellschaft, der die Arbeit ausgeht? Wie wäre ein solches auszugestalten? Auch hier ist interessant, dass diese Fragen derzeit von Vordenkern des Internetzeitalters (Brynjolfsson & McAfee, 2014) und Unternehmensführern der digitalen Ökonomie aufgeworfen werden und nicht von den klassischen Wirtschaftswissenschaften.

Zusätzlich gilt es, die Debatte über das Eigentum an digitalen Ressourcen zu führen. Peer-to-Peer-Verfahren ermöglichen neuartige Kooperationsformen wie die Herstellung von kollaborativen Commons. Dezentrale Peer-to-Peer-Prozesse verhindern damit die Herausbildung übermächtiger digitaler Plattformen. Damit beugen sie Netzwerkeffekten vor, welche die Bildung privater Monopole ermöglichen. Dies ist aber nur mit staatlicher Förderung und Unterstützung möglich. Menschen müssen das Recht auf ihre eigenen Daten behalten bzw. zurückerhalten. Es muss möglich sein, jederzeit die erhobenen Daten einsehen zu können und alleiniger Eigentümer dieser Daten zu bleiben. Nur so kann gewährleistet werden, dass Menschen eigenständig entscheiden können, für welche Zwecke sie die Daten verwendet sehen möchten.

All dies macht deutlich: Hinter den technologischen Innovationen des digitalen Zeitalters stecken auch große Chancen für eine Große Transformation zu einer Nachhaltigen Entwicklung. Diese Potentiale werden sich aber nur entfalten, wenn sie durch vielfältige soziale und institutionelle Innovationen begleitet werden. Diese sozialen Innovationen werden aber das Gesicht unserer heutigen Wirtschaftsordnung verändern.

»Great Mindshift« als kultureller Ausgangspunkt einer weiterentwickelten Wirtschaftsordnung

All die beschriebenen institutionellen Reformen werden sich aber letztlich nur durchsetzen können, wenn sie von einem umfassenden kulturellen Wandel begleitet sind. Maja Göpel bezeichnet diesen als »Great Mindshift«. Sie entwickelt sieben grundlegende Schlüsselprinzipien für einen solchen Great Mindshift für das 21. Jahrhundert (Göpel, 2016). Diese umfassen insbesondere den bewussten Umgang mit den Nebenfolgen des modernen ökonomischen Systems, die Orientierung an einem erweiterten Wohlstandsverständnis und die Fähigkeit zur Mitgestaltung umfassender Veränderungsprozesse. Erst ein solcher Mindshift legt die Grundlage dafür, dass neue institutionelle Rahmen und Regelungen politisch thematisierbar und durchsetzbar sind und damit ein Korridor für künftige ökonomische und technologische Entwicklungen geschaffen wird.

Die Bedeutung des kulturellen Mindshifts in fundamentalen Veränderungsprozessen deckt sich mit den Erkenntnissen der modernen Transformationsforschung. Diese arbeiten heute mit Modellen sogenannter Leverage-Points (Abson u.a., 2017), d.h. der Suche nach zentralen Hebeln für gesellschaftliche Veränderungsprozesse. Fragen der Veränderung von Paradigmen und Mindsets im gesellschaftlichen Diskurs sind dabei die größten Hebel in Transformationsprozessen.

Die aktuellen Transformationsdebatten spiegeln das recht häufig nicht wider. Zu oft werden alleine technologische Alternativen (z.B. »Elektro- oder Verbrennungsmotor?«) diskutiert und dabei die eigentlichen Hebel einer Großen Transformation aus dem Blick verloren.

Auf dem Weg zum radikalen inkrementellen Wandel der Wirtschaftsordnung

Wie sieht nun die Weiterentwicklung der aktuellen Wirtschaftsordnung aus? Die vorangegangenen Abschnitte haben zentrale Prinzipien auf dem Weg zu einer wieder »eingebetteten« Ökonomie deutlich gemacht:

1. Es geht um Reformation und nicht um Revolution. Im Zentrum steht die Frage nach einer angemessenen institutionellen Einbettung ökonomischer Entbettungsdynamiken. Dies gilt insbesondere dort, wo unbeabsichtigte Nebenfolgen überhandnehmen. Der Weg ist evolutionär und nicht revolutionär. Die Formel des »radikalen inkrementellen Wandels« weist hier den Weg. Sie ist eng verbunden mit einer ausgeprägten Experimentierkultur. Dadurch gewinnen neue Experimentierräume eine hohe Bedeutung. Das erklärt den besonderen Stellenwert von Städten, Dörfern

Abb. 6.3: Weiterentwicklung der modernen Wirtschaftsordnung als Zukunftskunst. *Quelle: Eigene*

und Quartieren für die Transformation. Sie sind Reallabore insbesondere zur Erprobung sozialer Innovationen.

2. Der Weg sollte technologieoffen beschritten werden. Gerade die neuen Möglichkeiten der Digitalisierung eröffnen Wege sozialer und institutioneller Innovation. Sie sind Katalysator und Motor auch für ein weiterentwickeltes Wirtschaftssystem, wenn sie richtig eingebettet werden.

3. Radikaler Inkrementalismus und Experimentierkultur sind auch ein Plädoyer für Ideologiefreiheit. Sie mahnen zur Vorsicht vor zu einfachen Utopien und vor technokratischen Transformationsphantasien genauso wie vor einem zu großen Marktoptimismus und verallgemeinerten marktliberalen Lösungsmechanismen. Sie machen Mut zu einem wieder breiteren Miteinander von Staat und Markt, von Privat und Öffentlich im Sinne einer sozialökologischen Großen Transformation.

In einem solchen Zusammenspiel von grundlegendem Mindshift und Nutzung neuer technologischer Potentiale können
die Konturen einer neuen Wirtschaftsordnung entstehen (vgl.
Abb. 6.3).

Es lohnt, sich auf den Weg dieses radikalen inkrementellen
Wandels einzulassen. Teil D des Buches wird beleuchten, was
dies konkret für die Rolle von Politik, von Unternehmen, von
Zivilgesellschaft und von Wissenschaft, aber auch für individuelle Pioniere des Wandels bedeutet. Die folgenden Kapitel
zeigen die wichtigsten Leitplanken für eine solche Entwicklung auf.

7. Nachhaltige Entwicklungsziele (SDGs) – Globaler Kompass für eine nachhaltige Welt

Fast 50 Jahre nach dem Club-of-Rome-Bericht zu den »Grenzen des Wachstums« von 1972 und gut 25 Jahre nach der UN-Konferenz für Umwelt und Entwicklung in Rio de Janeiro 1992 existiert ein klarer Kompass für eine nachhaltige Zivilisation im 21. Jahrhundert: Er definiert sich über die 2015 verabschiedeten Nachhaltigen Entwicklungsziele, die »Sustainable Development Goals« (SDGs), über die von Johan Rockström et al. formulierten »Planetaren Grenzen« sowie den von Kate Raworth postulierten »Donut« einer nachhaltigen Ökonomie (vgl. dazu Kap. 11 zur Wohlstandswende). Er verknüpft ökologische und soziale Entwicklungsziele miteinander. Daraus ergeben sich sehr konkrete ökologische Aufgaben für das 21. Jahrhundert. Sie lauten »Dekarbonisierung« und »8-Tonnen-Gesellschaft«. Die folgenden Kapitel geben einen Einblick in diesen Kompass einer Großen Transformation im Lichte des in den vorangegangenen Kapiteln entwickelten Rahmens.

Von der Entwicklungs- zur Nachhaltigkeitsdebatte

Das Ende des Zweiten Weltkrieges markierte in vielerlei Hinsicht eine globale Wegmarke in der politischen, gesellschaftlichen und ökonomischen Entwicklung. War die Weltpolitik in den Jahrzehnten vorher im Wesentlichen durch europäische Nationalstaaten sowie die USA geprägt, veränderte sich die politische Konfiguration in den Jahren nach dem Zweiten Weltkrieg. Aufgeteilt in eine östliche und westliche Einflusssphäre mit unterschiedlichen ökonomischen und politischen Modellen – marktwirtschaftlich-demokratisch auf der einen, planwirtschaftlich-staatssozialistisch auf der anderen Seite –, entbrannte ein in erster Linie ökonomisch ausgetragener Systemwettstreit der beiden Blöcke.

Eine wachsende Rolle kam dabei den nichteuropäischen und nichtamerikanischen Weltregionen zu. Fast alle afrikanischen und asiatischen Staaten wurden endgültig aus der Kolonialherrschaft entlassen und der Kampf um Einflusssphären in Einzelfällen militärisch (z. B. Korea, Vietnam), insbesondere aber ökonomisch ausgetragen.

Mit Blick auf die sogenannten Entwicklungsländer stand die Frage im Zentrum, mit welchem Modell die ökonomische Entwicklung am besten vorangetrieben werden kann. Waren die Kolonien im Wesentlichen Rohstoff- und Arbeitskraftlieferanten für die sie beherrschenden Kolonialmächte gewesen, rückte jetzt ihre eigene Entwicklung – wenn auch immer noch geleitet von geostrategischen Interessen – in den Mittelpunkt.

Damit war die Entwicklungspolitik geboren. In Deutschland wurde im Jahr 1961 das »Bundesministerium für wirtschaftliche Zusammenarbeit« gegründet, das die bis dahin verteilten Zuständigkeiten der Entwicklungszusammenarbeit erstmalig in einem Ministerium bündelte. Das Leitbild der (westlichen) Entwicklungspolitik war das der »nachholenden Entwicklung«. Man war davon überzeugt, dass es auch den Entwicklungsländern möglich sein würde, die gleiche Entwicklung wie die Industrieländer zu nehmen (daher auch der Begriff) und einen ähnlichen Wohlstand für ihre Bevölkerung zu ermöglichen.

Aus diesem Verständnis heraus gab es – über beide politischen Blöcke hinweg – einen klaren Kompass für die globale Entwicklung: die Förderung kontinuierlichen ökonomischen Wachstums, das über die Zeit allen Menschen auf der Welt zugutekäme. Befeuert wurde diese Perspektive durch die technologische und ökonomische Aufbruchsstimmung in den 1950er und 1960er Jahren.

In dieser Aufbruchsstimmung wurden aber ab den 1960er Jahren zunehmend kritische ökologische Stimmen laut. Schon im deutschen Bundestagswahlkampf 1961 hatte der gegen den damals amtierenden Bundeskanzler Konrad Adenauer antretende Willy Brandt die Formel geprägt, dass der »Himmel über der Ruhr wieder blau werden müsse«. Gerade in den hochindustrialisierten Regionen wie dem Ruhrgebiet, die entscheidend das Wirtschaftswachstum des ganzen Landes trugen, zeigten sich die Nebenfolgen des massiven Ausbaus der Industrieproduktion: eine rapide abnehmende Luftqualität und stark verschmutzte Gewässer. Für Sozialdemokraten wie Willy Brandt war es daher auch eine Frage der sozialen Gerechtigkeit, dass nicht diejenigen, die mit ihrem Arbeitseinsatz in Kohlegruben und Stahlwerken den deutschen Wohlstand sicherten, die Hauptbetroffenen der damit verbundenen Umweltverschmutzungen wurden. Engagierter Umweltschutz wurde damit auch zu einer sozialen Frage.

Anfang der 1970er Jahre spitzten sich diese Fragen auch mit einer internationalen Perspektive zu. Der Blick richtete sich nicht mehr nur auf die zumeist lokalen und regionalen Luft- und Wasserbelastungen, sondern auf die Frage der Rohstoffverfügbarkeit. 1972 veröffentlichte der Club of Rome den Bericht »Grenzen des Wachstums« und zeigte basierend auf Systemmodellen auf, dass eine weitere Fortsetzung des bestehenden wirtschaftlichen Entwicklungsmodells schon bald an ökologische Grenzen geraten werde. Die nur wenig

später auftretenden, durch Lieferstopps aus der arabischen
Welt ausgelösten »Ölkrisen« gaben vielen Staaten einen Eindruck davon, wie stark die Abhängigkeit ihrer Ökonomie von
erschöpfbaren fossilen Ressourcen war.

Die Vereinten Nationen reagierten auf die wachsende Bedeutung der ökologischen Fragen mit der 1972 in Stockholm
veranstalteten ersten Weltumweltkonferenz. Willy Brandt
war damals ein wichtiger Motor für dieses Thema auf der
globalen Agenda. Im Nachgang zur Stockholmer Umwelt-
konferenz entstand das Umweltprogramm der Vereinten
Nationen (UNEP).

Entwicklung und Umwelt zusammendenken

Ab diesem Zeitpunkt war klar, dass die Entwicklungsfrage
und die Umweltfrage auf zwischenstaatlicher Ebene gemeinsam gedacht werden mussten. Die international auftretenden
Umweltprobleme wurden zudem in den Folgejahren immer
deutlicher und sichtbarer: Sie umfassten den Verlust von Arten, die globale Verteilung von Pestiziden in den Nahrungs-
ketten bis zur Muttermilch, die Meeresverschmutzung oder
das in den 1980er Jahren entdeckte Ozonloch.

Die Vereinten Nationen reagierten darauf und setzten im
Jahr 1983 eine Sachverständigenkommission für Umwelt und
Entwicklung (World Commission on Environment and Deve-
lopment) unter der Leitung der mehrmaligen norwegischen
Ministerpräsidentin Gro Harlem Brundtland ein. In dem im
Jahr 1987 unter dem Titel »Unsere gemeinsame Zukunft«
erschienenen Abschlussbericht der Kommission wurde der
Begriff der »Nachhaltigen Entwicklung« als Formel für eine
globale Entwicklung geprägt, die Entwicklungs- und Um-

weltanliegen zusammendachte. Die Kommission bezeichnete
damit eine Entwicklung, »die den Bedürfnissen der heutigen
Generation entspricht, ohne die Möglichkeiten künftiger
Generationen zu gefährden, ihre eigenen Bedürfnisse zu befriedigen« (WCED, 1990).

In dieser Formel kommt zum Ausdruck, dass der Erhalt
natürlicher Lebensgrundlagen eine zentrale Bedingung dafür
ist, den Wohlstand aller Menschen auf dieser Welt heute und
in Zukunft zu gewährleisten. Die globale Entwicklung hat
demnach nicht nur eine ökonomische Dimension, sondern
auch eine ökologische, die mit dem Wohlstand von Menschen
eng verbunden ist.

Der Brundtland-Bericht aus dem Jahr 1987 war ein zentraler Baustein für die 1992 in Rio de Janeiro durchgeführ-
te UN-Konferenz über Umwelt und Entwicklung. In Rio de
Janeiro kamen Vertreter von 178 Ländern zusammen und
verabschiedeten mit der »Agenda 21« ein Aktionsprogramm
für lokale, nationale und globale Entwicklungsprozesse, die
Umwelt- und Entwicklungsanliegen konsequent zusammen-
dachten. Mit der Klimaschutzkonvention, der Artenschutz-
konvention und der Walddeklaration wurden zudem zentrale
internationale Prozesse für den globalen Umweltschutz auf
den Weg gebracht. Insbesondere die 1995 erstmalig und dann
jährlich tagende Vertragsstaatenkonferenzen (COP – Conference of the Partners) der Klimarahmenkonvention war zentraler Motor für die weitere Entwicklung des globalen Klimaschutzes (vgl. auch Kap. 9).

Bewegung gab es in den 20 Jahren nach der UN-Konferenz über Umwelt- und Entwicklung nicht nur im Bereich
des Klimaschutzes. Zehn Jahre nach der Konferenz von Rio
fand der Rio+10-Gipfel in Johannesburg statt und setzte in
diesem Kontext den »Marrakesch-Prozess« zu Nachhaltigem

Konsum und nachhaltiger Produktion auf (SCP). Damit wurde noch deutlicher, dass nachhaltige Entwicklungspfade auch erhebliche Anpassungen der heutigen Konsum- und Produktionsmuster erfordern.

Den wichtigsten aktuellen Meilenstein in der globalen Agenda für eine Nachhaltige Entwicklung markiert das Jahr 2015. In diesem Jahr wurde auf der Klimakonferenz in Paris die Reduktion der Erderwärmung auf deutlich unter 2 Grad – möglichst 1,5 Grad – gegenüber dem vorindustriellen Level als verbindliches Ziel von knapp 200 Staaten anerkannt und Prozesse definiert, wie die Vertragsstaaten ihre nationalen Beiträge zur Erreichung dieses Zieles in den globalen Prozess einbringen.

Schon drei Monate vorher im September 2015 hatten die Regierungen aller 193 UN-Mitgliedsstaaten am UN-Hauptsitz in New York die »Agenda 2030« unterzeichnet (United Nations General Assembly, 2015). Die Agenda definiert insgesamt 17 Ziele mit 169 Unterzielen bis zum Jahr 2030 für den Weg zu einer Nachhaltigen Entwicklung.

Der Prozess der »Nachhaltigen Entwicklungsziele« (Sustainable Development Goals) markiert einen weiteren Meilenstein im globalen Prozess zu einer Nachhaltigen Entwicklung. Auf der einen Seite stehen die 17 Ziele (vgl. Kasten) in einer unmittelbaren Kontinuität der Rio-Konferenz aus dem Jahr 1992: Die Ziele verbinden ökonomische und soziale Entwicklungsperspektiven mit globalen Umweltanforderungen.

Auf der anderen Seite sind sie eine wichtige Weiterentwicklung in der Nachhaltigkeitsdebatte – durch ihre Konkretheit und die Komposition der adressierten Felder. Die Nachhaltigen Entwicklungsziele (SDGs) bauen auf den Erfahrungen mit den im Jahr 2000 von der UN verabschiedeten Millennium Development Goals (MDGs) auf. Diese entwarfen acht

Ziele einer Entwicklungsagenda für die Welt im Jahr 2015. Die Millennium Development Goals hatten im Wesentlichen Entwicklungsziele im Blick: die Bekämpfung von Hunger und Armut, den Zugang zu Bildung und Gesundheitsversorgung der Ärmsten, die Rechte von Frauen, die Sicherung ökologischer Lebensgrundlagen für die Länder des Südens.

Die Weltgemeinschaft und viele Länder machten sich diese Ziele zu eigen und erreichten in einigen der Felder in den 15 Jahren bis 2015 tatsächlich relevante Fortschritte (zum Überblick: McArthur & Rasmussen, 2017; vgl. auch United Nations, 2015). Die guten Erfahrungen wollte man für die Nachhaltigkeitsdebatte insgesamt nutzen.

Genau das kommt in den Nachhaltigen Entwicklungszielen zum Ausdruck (vgl. Abb. 7.1 sowie die Übersicht im Kasten). Sie verbinden fünf Dimensionen, die sogenannten »5 Ps«: (1) *People*, d. h. die Sicherstellung der Grundbedingungen für ein menschenwürdiges Leben wie die Verhinderung von Armut und Hunger, der Zugang zu Wasser und Strom, aber auch zu Bildung und Gesundheit. (2) *Prosperity*, d. h. der Anspruch auf einen über diese Grundbedürfnisse hinausgehenden Wohlstand für alle Menschen. (3) Diese menschlichen Entwicklungsziele werden mit dem Erhalt der ökologischen Grundlagen der Erde *(Planet)* verknüpft: Klimaschutz, Schutz der Meere, Schutz der Landökosysteme. Zudem sagen die SDGs etwas darüber, wie die obengenannten Ziele global umzusetzen sind. Hier sind (4) Formen des friedlichen Umgangs *(Peace)* der Nationen miteinander sowie (5) das Prinzip der globalen Partnerschaft *(Partnership)* zentrale Anliegen. Nachhaltige Entwicklung bedarf globaler Kooperation.

Die 17 Nachhaltigen Entwicklungsziele der UN (verabschiedet im September 2015)

1. **Armut** in jeder Form und überall beenden.

2. Den **Hunger** beenden, Ernährungssicherheit und eine bessere Ernährung erreichen und eine nachhaltige Landwirtschaft fördern.

3. Ein **gesundes Leben** für alle Menschen jeden Alters gewährleisten und ihr Wohlergehen fördern.

4. Inklusive, gerechte und hochwertige **Bildung** gewährleisten und Möglichkeiten des lebenslangen Lernens für alle fördern.

5. **Geschlechtergerechtigkeit** und Selbstbestimmung für alle Frauen und Mädchen erreichen.

6. Verfügbarkeit und nachhaltige Bewirtschaftung von **Wasser und Sanitärversorgung** für alle gewährleisten.

7. Zugang zu bezahlbarer, verlässlicher, nachhaltiger und zeitgemäßer **Energie** für alle sichern.

8. Dauerhaftes, inklusives und nachhaltiges **Wirtschaftswachstum**, produktive **Vollbeschäftigung und menschenwürdige Arbeit** für alle fördern.

9. Eine belastbare **Infrastruktur** aufbauen, inklusive und nachhaltige **Industrialisierung** fördern und **Innovationen** unterstützen.

10. **Ungleichheit** innerhalb von und zwischen Staaten verringern.

11. **Städte und Siedlungen** inklusiv, sicher, widerstandsfähig und nachhaltig machen.

12. Für **nachhaltige Konsum- und Produktionsmuster** sorgen.

13. Umgehend Maßnahmen zur **Bekämpfung des Klimawandels** und seiner Auswirkungen ergreifen.

14. **Ozeane, Meere** und Meeresressourcen im Sinne einer nachhaltigen Entwicklung erhalten und nachhaltig nutzen.

15. **Landökosysteme** schützen, wiederherstellen und ihre

nachhaltige Nutzung fördern, **Wälder** nachhaltig bewirtschaften, Wüstenbildung bekämpfen, **Bodenverschlechterung** stoppen und umkehren und den Biodiversitätsverlust stoppen.

16. **Friedliche** und inklusive Gesellschaften im Sinne einer Nachhaltigen Entwicklung fördern, allen Menschen Zugang zur Justiz ermöglichen und effektive, rechenschaftspflichtige und inklusive Institutionen auf allen Ebenen aufbauen.

17. Umsetzungsmittel stärken und die **globale Partnerschaft** für Nachhaltige Entwicklung wiederbeleben.

Quelle: BMZ, 2017

Mit dieser thematischen Erweiterung sind die Nachhaltigen Entwicklungsziele ein Kompass, der sich nicht nur auf vermeintliche »Entwicklungsländer« bezieht. Er ist auch ein Anforderungskatalog für weit entwickelte und industrialisierte Staaten, die z. B. die ökologischen Zielvorgaben oft verfehlen (vgl. auch die Ausführungen dazu weiter unten).

Das Besondere der SDGs ist aber nicht nur die thematische Breite und die Kompassfunktion für alle Staaten auf dieser Erde unabhängig von ihrem Entwicklungsstand. Es liegt auch darin, dass die Ziele nicht bei allgemeinen wohlfeilen Formulierungen stehen bleiben, sondern sehr konkrete Teilziele in allen diesen Dimensionen definiert werden. Insgesamt gibt es 169 solcher Teilziele.

Auf den ersten Blick schafft das eine gewisse Unübersichtlichkeit, auf den zweiten Blick ist das ein großer Vorteil. Es ermöglicht nämlich, die Ziele auf einzelne Länder, auf einzelne Regionen und Städte, aber auch auf Branchen und Unternehmen herunterzubrechen.

Das ist einer der Gründe dafür, dass inzwischen viele Länder, aber auch Städte, ganze Branchen und zahlreiche Unter-

nehmen aus den SDGs einen Kompass für ihr eigenes konkretes Handeln abgeleitet haben. Die SDGs werden auf diese
Weise zu einem Dach, unter dem eine gewaltige Zahl an Ein-
zelaktivitäten – von Staaten, NGOs, Unternehmen, aber auch
einzelnen Bürgerinnen und Bürgern – Kraft in die Richtung
der Nachhaltigen Entwicklungsziele entfaltet. Vermeintlich
weiche Ziele werden darüber hinaus zu einem Motor für die
Koordination von Aktivitäten in vielen Sektoren. Dieses Potential vielfältigen dezentralen Engagements, inspiriert durch
einen globalen Zielkatalog, ist die eigentliche Stärke der
SDGs in einer Welt, die angesichts nur weniger verbindlicher
globaler Mechanismen auf andere Weise gar keine Bewegung
erzeugen kann. Insofern sind auch die SDGs ein Ausdruck
einer besonderen Zukunftskunst.

Die 17 Nachhaltigkeitsziele als Motor für die Große Transformation

Die 17 globalen Nachhaltigkeitsziele sind gleichzeitig Kompass und Motor für eine Große Transformation, die auf ein
gutes Leben für zehn Milliarden Menschen auf diesem Planeten innerhalb der planetaren Leitplanken zielt.

Schaut man aus dieser Perspektive auf die Nachhaltigen
Entwicklungsziele (vgl. Abb. 7.1), dann lässt sich feststellen,
dass es Ziele gibt, die das gute Leben adressieren (Beseitigung
von Armut und Hunger, Zugang zu Bildung und Gesundheit,
Geschlechtergerechtigkeit, Wachstum und Wohlstand, Reduktion von Ungleichheit), andere, die auf die ökologischen
Leitplanken zielen (Schutz von Klima, Meeren und Landökosystemen), sowie dritte, die Regeln für den Prozess (s. o.) vorgeben (Frieden, Globale Partnerschaft).

Sechs der in den Nachhaltigen Entwicklungszielen adres-

Abb. 7.1: Die 17 Nachhaltigkeitsziele der Vereinten Nationen.
Quelle: United Nations General Assembly, 2015

sierten Felder haben eine ganz besondere Zwischenstellung:
(1) Infrastrukturen, insbesondere auch für Wasser und Sanitärversorgung, (2) eine saubere Energieversorgung, (3) Innovation, Industrialisierung, (4) Nachhaltiger Konsum und
Produktion, (5) die Entwicklung der Städte sowie (6) die Herstellung der Geschlechtergerechtigkeit. Dabei ist die Herstellung der Geschlechtergerechtigkeit als wichtige Strukturver-
änderung in Gesellschaften ein zentraler Motor sowohl für
eine erweiterte Lebensqualität als auch für sozialökologische
Dynamiken. Diese Dimension spielt in der zumeist technisch
dominierten Nachhaltigkeitsdebatte eine oft untergeordnete
Rolle.

In allen diesen Bereichen entscheidet sich das Niveau eines
»guten Lebens« für Menschen; gleichzeitig ist ihre konkrete
Ausgestaltung von hoher Bedeutung für die globalen ökologischen Belastungen. Die Art, wie sich die fünf Bereiche
entwickeln, entscheidet letztlich darüber, ob die Ziele einer
Nachhaltigen Entwicklung erreicht werden. Sie sind die »He-

bel« einer Großen Transformation: Wird die Energieversorgung der Zukunft fossil oder erneuerbar sein? Entsteht eine
Wasserversorgung, die zu massiven Wasserverlusten führt
oder sorgsam und sparsam mit der knappen Ressource Wasser
umgeht? Fördern die Verkehrsinfrastrukturen der Zukunft
automobilen Flächenverbrauch oder den öffentlichen sowie
den Fuß- und Radverkehr? Berücksichtigen die Konsum-
und Produktionsmuster der Zukunft den ökologischen Fußabdruck? Verlagern die Städte der Zukunft ihre ökologischen
Herausforderungen ins Umland? Oder sind sie sozial und
ökologisch integrativ?

All diese sechs Bereiche sind wichtige »Hebel« für die Große
Transformation. Sie stehen deswegen seit über 25 Jahren im
Zentrum der Arbeit des Wuppertal Instituts und werden uns
in den folgenden Kapiteln immer wieder begegnen.

Warum auch Deutschland ein Entwicklungsland ist

Der entscheidende Perspektivwechsel der Nachhaltigen Entwicklungsziele ist das Aufheben der Idee eines einfachen hier-
archischen Gefälles zwischen vermeintlich »entwickelten«
und »noch zu entwickelnden« Ländern. Denn schaut man auf
das gesamte Tableau der Entwicklungsziele, dann stellt sich
schnell heraus, dass fast alle Länder in bestimmten Bereichen
noch Entwicklungsländer sind. Das gilt gerade auch für viele
ökonomisch erfolgreiche Länder. Sie sind oft Verursacher
der hohen Klima-, Meeres- und Landökosystembelastungen.
Aber auch Fragen der Gleichberechtigung von Mann und
Frau und der sozialen Ungleichheit sind in einer großen Zahl
von Ländern mit hohem Pro-Kopf-Bruttoinlandsprodukt alles andere als gelöst.

Dieser Perspektivwechsel ist wichtig. Er befördert die Einsicht, dass sich die Staaten der Weltgemeinschaft auf Augenhöhe begegnen sollten. Er erleichtert zu erkennen, dass Lernprozesse heute in alle Richtungen stattfinden können und müssen und nicht nur von den vermeintlich entwickelten Ländern in Richtung der »Entwicklungsländer«. Neue urbane Mobilitätsstrategien (von der Elektromobilität über Rapid-Bus-Transportsysteme bis hin zu urbanen Seilbahnen) entstehen derzeit in Ländern des Südens und geben Impulse für die Überwindung fossiler Automobilität in den Staaten des Nordens. Vegetarische Ernährungsmuster in Indien weisen Wege zu einer ausgewogenen, ökologisch verträglichen Ernährung. Neue Wohlstandsmaße wie der »National Gross Happiness Index« aus Bhutan beflügeln die Wohlstandsdebatte in hochentwickelten Volkswirtschaften.

Das gilt auch für ein Land wie Deutschland. Der ökologische Rucksack pro Kopf ist heute viel zu groß. Statt höchstens 2 Tonnen – und bei vollständiger Dekarbonisierung bis Ende des Jahrhunderts nur noch 0 Tonnen – CO_2-Ausstoß oder 8 Tonnen Ressourcenverbrauch pro Jahr (vgl. die Folgekapitel) verursacht jeder Deutsche heute rund die vier- bis fünffache Menge. Gerade mit Blick auf die Konsummuster ist Deutschland ein Entwicklungsland.

Deutschland hat daher im Rahmen der Nachhaltigen Entwicklungsziele für das Ziel der nachhaltigen Konsum- und Produktionsmuster eine besondere Verantwortung übernommen. Deutschland ist deswegen besonders gefordert, an Perspektiven der künftigen Gestaltung unserer Mobilität, der Ernährungsmuster, aber auch der Gestaltung der Städte zu arbeiten. Diese Transformationsfelder werden im Buch eine zentrale Rolle spielen (vgl. auch Kap. 11). Sie sind auch deswegen von so hoher Bedeutung, weil gerade die Konsummuster in den »entwickelten Staaten« derzeit die Orientierung der neuen entstehenden Mittelschichten in vielen Schwellenländern prägen. Nur mit neuen Orientierungsmustern werden die Ziele einer nachhaltigen Produktion und eines nachhaltigen Konsums zu erreichen sein.

8. Von den »Grenzen des Wachstums« zu den »planetaren Grenzen« – Angekommen im Zeitalter des Menschen

Schon vor 40 Jahren hat der Club of Rome die »Grenzen des Wachstums« ausgerufen. Die globale Ökonomie ist seitdem massiv weitergewachsen, und das Öl fließt immer noch. Hat sich der Club of Rome getäuscht? Leider nicht! Denn die ökologischen Grenzen zeigen sich immer deutlicher – noch nicht bei Rohstoffen, aber beim Klimawandel, bei vernichteter biologischer Vielfalt oder den bedrohten Meeren. Das vorliegende Kapitel erläutert die Erkenntnisse der jüngeren Nachhaltigkeitsforschung hinsichtlich der »Grenzen des Wachstums« und macht deutlich, warum die Situation noch schwieriger ist, als sie der Club of Rome schon vor über 40 Jahren beschrieb.

40 Jahre »Grenzen des Wachstums« und das Öl fließt noch – Hat uns der Club of Rome in die Irre geführt?

1972 erschien die Studie »Grenzen des Wachstums« als ein Bericht an den Club of Rome. Der Club hatte sich 1968 auf Initiative europäischer Wirtschaftsvertreter, Wissenschaftler und Mitglieder internationaler Organisationen rund um den italienischen Industriellen Aurelio Peccei gegründet, um sich den Zukunftsfragen der Menschheit zu widmen.

Weltweite Aufmerksamkeit gewann er durch den Bericht über die Grenzen des Wachstums, der 1972 erstmals in St. Gallen auf einem großen Wirtschaftssymposium vorgestellt wurde und heute in über 30 Sprachen übersetzt ist. Grundlage des Berichtes war die Studie eines jungen Wissenschaftlerteams um Dennis und Donella Meadows, die am Massachusetts Institute of Technology (MIT) in Boston in computergestützten Systemmodellen mögliche Entwicklungspfade für die künftige Weltwirtschaft errechnet hatten. Finanziert wurde die Studie damals durch die VolkswagenStiftung, zu der gute Verbindungen über die deutschen Mitglieder im Club of Rome bestanden.

Die fulminante Durchschlagskraft des Berichtes hing mit mehreren Faktoren zusammen: Einmal war es natürlich die Botschaft des Berichtes selbst. In einer Zeit des fast grenzenlosen Fortschritts- und Wachstumsoptimismus ertönte eine laute und prominente Stimme, die unter Verweis auf begrenzte Ressourcen auf die mögliche Begrenztheit dieses ökonomischen Entwicklungsmodelles verwies.

Und diese Stimme kam nicht von einer sektiererischen, zukunftspessimistischen oder rein ökologisch motivierten Bewegung, sondern von einem Netzwerk einflussreicher Wirtschafts-, Politik- und Wissenschaftsvertreter. Sie stützte sich zudem auf die Forschungsergebnisse einer der weltweit renommiertesten internationalen Universitäten und hatte dafür modernste Systemmodelle und alle Möglichkeiten der sich gerade entwickelnden elektronischen Datenverarbeitung für komplexe Berechnungen genutzt. Das bisherige Fortschrittsmodell wurde quasi aus einem der Zentren des Fortschritts kritisiert.

Als dann in der durch den Jom-Kippur-Krieg und die damit verbundenen Öllieferdrosselungen der arabischen Welt ausgelösten »Ölkrise« nur ein gutes Jahr später deutlich wurde, wie abhängig moderne Volkswirtschaften von fossilen Roh stoffen sind, war die internationale Diffusion des Berichtes nicht mehr aufzuhalten. An den u.a. in Deutschland verordneten autofreien Sonntagen des November 1973 war aus der Sicht vieler Menschen und Entscheidungsträger die prognostische Qualität des Club of Rome praktisch mit Händen zu greifen.

Institute wie das Wuppertal Institut für Klima, Umwelt, Energie, die sich mit Strategien einer ressourcenleichten Welt auseinandersetzen, verdanken ihre Existenz letztlich auch dem Geist der »Grenzen des Wachstums«-Studie und der Bedeutung von Wissenschaft im Verständnis der zugrundeliegenden Zusammenhänge.

Doch ist die hohe Bedeutung des »Grenzen des Wachstums«-Berichtes gerechtfertigt? Hatte der Club of Rome auf der Grundlage des Berichtes nicht das Ende vieler Rohstoffe schon für die Wende zum 21. Jahrhundert prognostiziert? Haben sich seitdem nicht die Mengen geförderter Rohstoffe erheblich ausgedehnt, und wurden die Prognosen für die Erschöpfung der Lagerstätten nicht zeitlich immer weiter nach hinten verschoben? Hat uns der Club of Rome in die Irre geführt? Gibt es die ökologischen Grenzen für ein expansives Wirtschaftsmodell gar nicht?

Dies sind zentrale Fragen der Diskussion über den Club-of-Rome-Bericht seit vielen Jahren. Sie sind wichtig, wenn es darum geht, über die Bedeutung einer Großen Transformation zu diskutieren.

Die moderne Umwelt- und Nachhaltigkeitsforschung zeigt vor dem Hintergrund der Entwicklung in den letzten 50 Jahren zweierlei:

1. Die dem Bericht zugrundeliegenden Systemmodelle des MIT haben relevante Faktoren nicht berücksichtigt. Sie waren zu sehr auf knappe Rohstoffe und zu wenig auf die

»ökologischen Senken« (vgl. weiter unten) konzentriert
und diesbezüglich in ihren ökonomischen Annahmen
naiv. Denn gerade bei begrenzten Rohstoffen wie Öl oder
wichtigen Metallen führt eine Verknappung zu Preisanpas-
sungen. Rohstoffe, die knapp werden, werden auch teurer.
Genau das ließ sich z. B. im Nachgang zu den Ölkrisen beobachten: Mit steigenden Preisen wuchsen die Anreize,
zum einen mit den entsprechenden Rohstoffen sorgsam
umzugehen, zum anderen Anstrengungen zur Entdeckung
und Erschließung neuer Lagerstätten zu unternehmen.
Beides ist in den letzten Jahrzehnten massiv geschehen:
(1) Autos verbrauchen weniger Sprit, Industrieanlagen
werden energetisch hocheffizient betrieben, unsere Häuser
sind sehr viel besser gedämmt als in den 1970er Jahren. (2)
Heute wird Öl in der Tiefsee oder aus Ölsanden gewonnen,
Erdgas durch aufwendiges Fracking aus tiefen Gesteins-
schichten gelöst. Weder waren die Verfahren vor 40 Jahren
bekannt, noch hätten sie sich zu den damaligen Rohstoff-
preisen gelohnt. Das ist der Grund dafür, dass sich die Prognosen für den Erschöpfungszeitpunkt knapper Rohstoffe
nach hinten verschoben haben und evtl. noch weiter nach
hinten verschieben werden. Grundsätzlich bleiben alle
diese Rohstoffe natürlich begrenzt, bei einigen wird bei
gleichbleibender Förderung die Erschöpfung bereits in
einem Jahr eintreten.

2. Dennoch hat die Grundaussage des Club of Rome nichts
an Richtigkeit verloren. Denn der Blick auf die aus Sicht
der heutigen Umweltforschung relevanten ökologischen
Grenzen (vgl. weiter unten) zeigt, dass die Zeit tatsächlich
drängt, wenn sich die heutigen Belastungstrends so fort-
setzen. Und weil hier anders als bei Rohstoffen keine un-
terstützenden Preissignale existieren, sind es gleich »vier

unbequeme Wahrheiten« (Bettzüge / Schneidewind, 2012),
die in Erweiterung des Club-of-Rome-Berichtes die Nachhaltigkeitsdebatte des 21. Jahrhunderts prägen.

Die »Meadows-Falle« oder: Vier unbequeme Wahrheiten der heutigen Nachhaltigkeitsdebatte

Der langjährige US-Vizepräsident Al Gore hat im Jahr 2006
zusammen mit dem Filmemacher Davis Guggenheim in dem
eindrucksvollen Dokumentarfilm »An inconvenient truth«
(Eine unbequeme Wahrheit) auf die Gefahren des Klimawandels für die weitere Entwicklung der Menschheit hingewiesen
und damit gerade in den USA entscheidend zur Sensibilisierung für die Gefahren des Klimawandels beigetragen.

Blickt man genau hin, sind es eigentlich vier unbequeme
Wahrheiten (Bettzüge & Schneidewind, 2012; sowie zur kompakten Aufarbeitung der Hintergründe Deutscher Bundestag,
2013), die die Auseinandersetzung mit den globalen Umweltherausforderungen so schwierig machen.

(1) *Die erste unbequeme Wahrheit lautet: Die Erde ist tatsächlich begrenzt.* Jedoch zeigt die moderne Umweltforschung,
dass nicht das Aufbrauchen knapper Rohstoffe der zentrale
Engpass für die künftige Entwicklung der Menschheit ist. Die
eigentliche ökologische Gefahr liegt vielmehr in der Störung
grundlegender Erdsystemprozesse, die für menschliches Leben in seiner heutigen Form von zentraler Bedeutung sind.
Die eindrucksvollste Zusammenfassung dieser Zusammenhänge lieferte im Jahr 2009 eine Gruppe von rund 30 weltweit führenden Umweltforschern, darunter viele Nobelpreisträger, aus unterschiedlichen Disziplinen unter Federführung
des Schweden Johann Rockström (Rockström u.a., 2009a).

Sie identifizierten auf der Grundlage der Erkenntnisse der modernen Umweltforschung aus allen umweltrelevanten Bereichen insgesamt neun prioritäre sogenannte planetare Grenzen (»Planetary Boundaries«). Darunter verstehen die Forscher Umweltbereiche, die bei Überschreiten bestimmter Belastungsgrenzen drohen, die ökologische Funktionsweise unseres Planeten in seiner heutigen Form insgesamt zu gefährden. Bei einem Überschreiten dieser Grenzen nimmt die Wahrscheinlichkeit von Instabilität und sich selbst verstärkenden Prozessen in einem Maße zu, dass die Menschheit vor kaum bewältigbaren Anpassungsprozessen steht. Am Beispiel des Klimawandels und der mit ihm wachsenden Gefahr steigender Meeresspiegel, der Ausweitung der Wüstenflächen oder der Zunahme massiver Extremwetterereignisse bekommen wir einen plastischen Eindruck, was solche Verschiebungen bedeuten könnten.

Keiner der neun Bereiche bezieht sich dabei interessanterweise auf einen klassischen Rohstoff, sondern es handelt sich um gefährdete Ökosystemfunktionen (oder ökologische »Senken«) wie die Atmosphäre, der Verlust von Biodiversität, veränderte Landnutzungsmuster, die Gefährdung der Meere. In drei Bereichen sind die von der Wissenschaft ermittelten kritischen Grenzen dabei heute schon überschritten: im Bereich des Klimasystems durch den Treibhauseffekt, den Verlust an Biodiversität sowie die globalen Nitrateinträge in Ökosysteme. Andere Bereiche stehen kurz vor der Überschreitung der Grenzen.

Abb. 8.1 gibt die neun Felder im Überblick wieder. Letztlich ist diese Abbildung das neue, die Erkenntnisse der modernen Umweltforschung aufgreifende Bild der »Grenzen des Wachstums«. Sie macht mit modernen Forschungskenntnissen die unbequeme Wahrheit deutlich, die schon der Club of

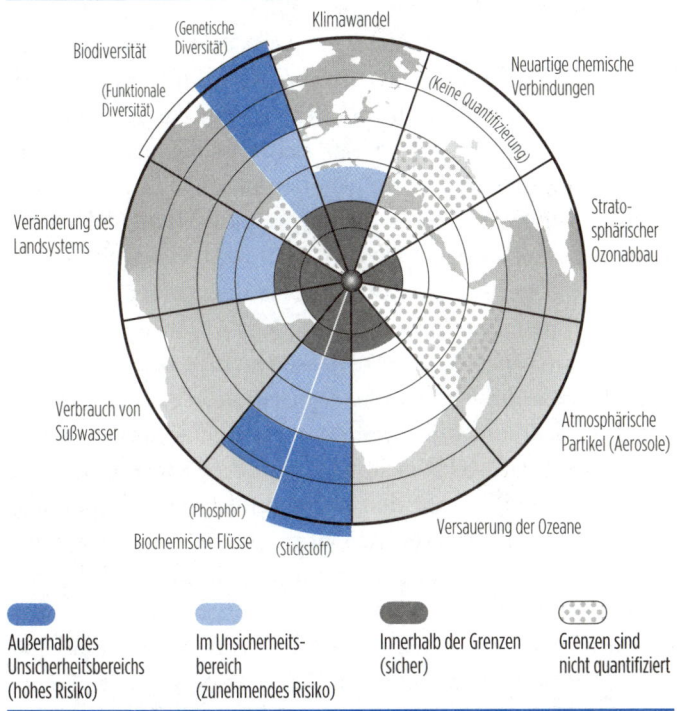

Abb. 8.1: Die planetaren Grenzen nach Rockström et al. *Quelle: Nach Steffen u. a., 2015, S. 736*

Rome 1972 verkündete: Dieser Planet hat ökologische Grenzen, die die Menschheit bei ihren ökonomischen Aktivitäten zu berücksichtigen hat. Nur wenn es gelingt, insgesamt den ökologischen Druck von diesem Planeten zu nehmen, werden die ökologischen Bedingungen erhalten bleiben, die die rasante Entwicklung der menschlichen Zivilisation in den letzten 10 000 Jahren ermöglicht haben.

(2) *Die zweite unbequeme Wahrheit klingt vor dem Hinter-*
grund der Club-of-Rome-Studie auf den ersten Blick fast
paradox: Es gibt mehr verfügbare Rohstoffe, als uns lieb
sein kann. Beim Blick auf die Schwachpunkte der Club-of-
Rome-Studie weiter oben zeigte sich, dass bei knappen Rohstoffen ökonomische Kräfte geholfen haben, den von Dennis
Meadows und seinen Mitstreitern prognostizierten Rohstoff-
kollaps der modernen Weltwirtschaft sehr viel weiter nach
hinten zu schieben: Rohstoffe sind heute so teuer, dass sparsam mit ihnen umgegangen wird und mit Hochdruck immer
wieder neue Lagerstätten erschlossen werden.

Und gerade diese hohen Preise insbesondere für Öl und andere fossile Brennstoffe schaffen angesichts der Erkenntnisse
der aktuellen Umweltforschung ein großes Problem. Dies gilt
besonders mit Blick auf den Klimawandel: Nimmt man alle
fossilen Rohstoffreserven (in Form von Öl, Kohle, Gas) zusammen, die nach heutigen Erkenntnissen in der Erdkruste
vorhanden und für den Menschen technologisch erreichbar
und verwendbar sind, dann handelt es sich hierbei um rund
10 000 Gigatonnen gebundenen Kohlenstoffs (WBGU, 2009).
Dem gegenüber steht die Menge an Kohlenstoff, die in Form
von CO_2 noch in die Atmosphäre entlassen werden darf, um
mit einer Wahrscheinlichkeit von 66 % das von der Weltgemeinschaft angestrebte Ziel einer maximalen Erwärmung
von 2 Grad zu erreichen. Das wären (Stand 2015) ungefähr
800 Gigatonnen CO_2 (USGCRP, 2017), was ca. 230 Gigatonnen gebundenem Kohlenstoff entspricht. Bei einem Ziel von
1,5 Grad maximaler Erwärmung sind es nur noch 110 Gigatonnen CO_2 oder gerade mal 30 Gigatonnen gebundenen
Kohlenstoffs (vgl. auch Kap. 9). Dies bedeutet, dass weit über
90 % der vorhandenen Öl-, Gas- und Kohlereserven gar nicht
mehr gefördert und genutzt werden dürfen, um die globalen

Klimaziele einzuhalten. All diese Reserven befinden sich jedoch in der Hand von Staaten und Unternehmen und stellen
für diese einen hohen ökonomischen Wert dar. Das Verbot
ihrer Förderung, Nutzung und Verbrennung kommt damit
einer billionenschweren Enteignung gleich. Es erklärt, warum
die internationalen Klimaverhandlungen oft so zäh verlaufen
und warum es massive ökonomische Interessen dafür gibt,
das Phänomen des Klimawandels zu leugnen.

(3) *Dazu kommt eine dritte unbequeme Wahrheit: Technologische Effizienzsteigerung allein bringt keine Rettung.* Eine
Lösung der beschriebenen ökonomischen Herausforderungen wäre dann leichter, wenn sich die ökologischen Probleme
im Wesentlichen technologisch lösen lassen. In den letzten
insbesondere 200 Jahren der Menschheitsgeschichte kam es
immer wieder zu technologischen Sprüngen. Diese waren
dann auch mit einem ökonomischen Strukturwandel verbunden, dessen Folgen aber durch die ökonomischen Wachstumseffekte der neuen Technologien kompensiert werden
konnten: Durch Automobile ist der Wert der Pferdekutschen
massiv eingebrochen, die Digitalisierung hat CD-Fabriken
und die Produktionsanlagen für chemische Fotofilmanlagen
weitgehend überflüssig gemacht. Die neuen Chancen haben
die ökonomischen Verluste in einzelnen Sektoren aber weit
überkompensiert.
    Das ist der Grund, warum sich Staaten wie Saudi-Arabien
oder Kuwait heute mit Milliardeninvestitionen in regenerative Energien auf ein postfossiles Zeitalter vorbereiten, um
ihren Wohlstand beim Ausstieg aus dem fossilen Zeitalter
nicht zu gefährden.
    Gleichzeitig lässt sich in vielen Feldern eine »Effizienzre-
volution« (Weizsäcker u. a., 1995) beobachten. Heute werden

Autos, Häuser, Maschinen und vieles mehr produziert, die bei sehr viel geringeren Energie- und Ressourcenverbrauch die gleiche Leistung erbringen. Doch trotz all dieser Fortschritte sinken global gesehen die Belastungen in den oben skizzierten Umweltbereichen kaum. Besonders drastisch ist das beim Klimawandel: Seit über 25 Jahren weiß man um die Bedeutung einer Reduktion der globalen CO_2-Emissionen. Und obwohl politisch, technogisch und ökonomisch seit dieser Zeit viel geschehen ist, haben sich die CO_2-Emissionen weltweit seit dem Jahr 1990 bis zum Jahr 2017 fast verdoppelt.

Damit wird immer deutlicher, dass eine Umstellung auf regenerative Energien und eine Fortsetzung der Effizienzrevolution von unten alleine nicht reichen wird, um die globalen ökologischen Herausforderungen zu lösen. Einmal kommen wir nicht umhin, global auch über neue Wohlstandsmodelle nachzudenken, über Strategien einer »doppelten Entkopplung« (vgl. dazu Kap. 5). Zentral sind aber politische Strategien, die gewährleisten, dass es international zu einer absoluten Reduktion der relevanten ökologischen Belastungen kommt. Dies ist nur durch die Setzung und Durchsetzung absoluter globaler Grenzen z. B. für CO_2-Emissionen, Landnutzung oder für die Verwendung bestimmter Ressourcen möglich. Die Herausforderung, solche Grenzen auf internationaler Ebene zu verankern, führt allerdings zur vierten unbequemen Wahrheit.

(4) *Diese vierte unbequeme Wahrheit lautet: Eine absolute Entkopplung der ökologischen Belastungen von unserer wirtschaftlichen Entwicklung kann der Menschheit nur in globaler Kooperation gelingen.* Rohstoffe sind ökonomisch betrachtet private Güter. Wenn einer sie besitzt und nutzt, kann sie kein anderer nutzen. Daher lassen sie sich an Märkten

verkaufen, und wenn sie knapper werden, dann steigen die Preise. Die von Rockström et al. beschriebenen Umweltsysteme sind dagegen »öffentliche Güter«, globale »Commons«: die Atmosphäre, die Biodiversität, die Meere, komplexe Landökosysteme. Ihre Nutzung kann man nur schwer beschränken, die Folgen der Nutzung treffen aber alle Menschen. Am deutlichsten wird das beim Klimawandel. Der CO_2-Ausstoß eines Kohlekraftwerks in China beschränkt nicht die Möglichkeit eines Autofahrers in Frankreich, mit seinem Auto zusätzliches CO_2 auszustoßen, oder den Methanausstoß einer fleischproduzierenden Rinderherde in den USA. Jeder kann die Atmosphäre für den Ausstoß von Klimagasen nutzen. Die Stärke der Nutzung hat erst einmal keinen ökonomischen Einfluss auf andere. Sie ist kostenlos und wird auch bei Anwachsen der Belastung nicht teurer.

Früher war das mit der Flussverschmutzung oder lokalen Luftbelastungen in Deutschland und Europa ähnlich. Jeder Fabrikbetrieb konnte seine Abwässer einfach in Flüsse leiten und Schadstoffe über Schornsteine in die Luft entsorgen, in einigen Teilen der Welt ist das noch heute so. Erst durch nationale Umweltpolitiken und Verbote konnte dies verändert werden. Gemeingüter / Commons müssen durch den Staat geschützt werden, weil es keinen ökonomischen Anreiz gibt, sie zu schützen – ganz anders als bei der sparsamen Verwendung (knapper) Rohstoffe.

Globale Gemeingüter wie die Atmosphäre oder die Meere lassen sich aber nur schützen, wenn es zu international verbindlichen Regeln kommt. Denn für den globalen Temperaturanstieg ist es egal, ob eine Tonne CO_2 in Japan oder in Burundi emittiert wird. Das ist der Grund, warum die Fortschritte bei den globalen Klimaverhandlungen so wichtig sind. Denn hier wird versucht, zu solchen global verbindlichen Regelungen

zu kommen. Da nie sicher ist, dass alle Länder bei solchen
Vereinbarungen mitmachen, ist es von zentraler Bedeutung,
nach Verhandlungsmechanismen und -strategien zu suchen,
die dann auch funktionieren (Ott, Hermwille & Obergassel,
2017).

So bleibt ein erst einmal ernüchterndes Fazit: Der Club of
Rome hatte mit der Feststellung seiner ökologischen Grenzen
des heutigen Wachstums leider recht. Und schlimmer: Wären es nur die knappen Rohstoffe gewesen, die das Wachstum langfristig begrenzen, wäre die Lösung dieser globalen
Herausforderung leichter gewesen. Die eigentlichen Grenzen
entstehen aber durch die Überlastung globaler Ökosysteme,
die globale Gemeingüter sind und für die es erst einmal keine
Preise gibt. Das fordert die Weltgemeinschaft heraus, internationale Rahmenbedingungen für den Umgang mit diesen
globalen »Commons« zu definieren, ähnlich wie es auf nationaler Ebene beim Gewässer- oder Emissionsschutz gelungen
ist. Damit schlägt die Menschheit aber ein völlig neues Kapitel der Zusammenarbeit auf: eine bis dahin nie dagewesene
globale Kooperation.

Das Anthropozän – Warum wir im erdgeschichtlichen Zeitalter der Menschheit leben

Die gerade skizzierten Entwicklungen führen dazu, dass selbst
in der Erdgeschichtsforschung von einem neuen Zeitalter gesprochen wird, das mit der Industrialisierung angebrochen ist:
dem Anthropozän, dem Zeitalter des Menschen. Dieser vom
Entdecker des Ozonloches und Nobelpreisträger Paul Crutzen
prominent eingebrachte Begriff beschreibt die Tatsache, dass
erdgeschichtlich erstmals der Mensch zu einem zentralen

Einflussfaktor auf relevante geoökologische Prozesse geworden ist.

Über mehrere Millionen Jahre seiner Entwicklung hat der Mensch sich immer an die Natur anpassen müssen. Er ist sozusagen Getriebener erdgeschichtlicher Veränderungen gewesen, seine Existenz ist dadurch überhaupt erst möglich geworden. Die aktuelle dynamische Entwicklung hängt u. a. mit den favorablen Bedingungen des vor gut 10 000 Jahren begonnenen Holozäns zusammen. Die mit ihm verbundene Erwärmung der Erde bei sehr stabilen klimatischen Bedingungen war die Grundlage für Landwirtschaft, Viehzucht und Sesshaftwerdung des Menschen sowie allen darauf aufbauenden kulturellen und ökonomischen Errungenschaften: der Gründung von Städten, der Entstehung von Kultur, von Handel und vielem mehr, was die menschliche Zivilisation heute auszeichnet.

Dieser ersten großen Transformation in der Menschheitsgeschichte vor rund 10 000 Jahren in der Jungsteinzeit (dem Neolithikum) (vgl. zu der Einteilung der drei großen Transformationen auch WBGU, 2011) folgte mit dem Beginn der Industrialisierung eine zweite große Transformation: Befeuert durch die Entwicklung der Wissenschaften und den gewaltigen technologischem Fortschritt sowie durch die Erschließung und Nutzung über Jahrmillionen in der Erdkruste aufgebauter fossiler Energieträger, entfaltete die Menschheit ab Beginn des 19. Jahrhunderts eine nie dagewesene Produktivität. Sie ermöglichte eine gewaltige Explosion der Weltbevölkerung und einen Wohlstand für mehrere Milliarden Menschen auf dem Planeten Erde, der in vorangegangenen Menschheitsepochen nur kleinen Eliten überhaupt möglich war.

Doch diese zweite große Transformation ging mit einer

massiven Beeinflussung geoökologischer Prozesse auf der
Erde einher: Die menschlich verursachte Erhöhung der CO_2-
Emissionen zählt zu den gravierendsten Einflüssen; aber
auch die radikale Veränderung von Landökosystemen durch
Rodung, Intensivnutzung, z.T. Verödung oder die Schaffung
einer global verteilten Technosphäre, d.h. die flächendeckende
Durchdringung von Ökosystemen mit künstlich geschaffenen Produkten wie z.B. Kunststoffen, Schwermetall- oder
Pestizid-Rückständen gehören dazu. Auf sie werden Erdsys-
temforscher auch in vielen Jahrtausenden stoßen und sie der
aktuellen erdgeschichtlichen Epoche zuweisen können (Leinfelder, 2016; Zalasiewicz u.a., 2015).

Die Menschheit ist nicht mehr alleine Getriebene erdgeschichtlicher Prozesse. Sie gestaltet ihre geoökologische
Zukunft selbst mit. Die Erde ist sozusagen in die Hand der
Menschheit gelegt, und dies führt zu einer neuen Dimension
der Verantwortung.

Genau das ist das Kennzeichen des Anthropozäns. Es markiert die im 21. Jahrhundert anstehende dritte »große Transformation« in der Menschheitsgeschichte (vgl. WBGU, 2011,
S. 66): Wird es der Menschheit gelingen, in einem weiteren
Zivilisationssprung verantwortlich mit den ihr in die Hand
gegebenen und von ihr beeinflussten fragilen geoökologischen Prozessen umzugehen? Wird es die Menschheit schaffen, in einer humanen Form ein gutes Leben für zehn Milliarden Menschen so zu ermöglichen, dass dabei die durch die
Ökosysteme gegebenen planetaren Leitplanken eingehalten
werden und das Projekt einer prosperierenden Menschheit
auch für künftige Generationen eine Hoffnung bleibt?

Das sind die Schlüsselherausforderungen, vor denen die
Menschheit im 21. Jahrhundert steht. Sie beschreiben das
»Prinzip Verantwortung« (Hans Jonas), das sich automatisch

aus dem Anthropozän ergibt und in der Formel der Nachhaltigen Entwicklung seinen Niederschlag gefunden hat. Die
damit beschriebene Zukunftskunst ist deswegen weit mehr
als ein technologisches und ökonomisches Projekt, sie ist eine
gewaltige institutionelle und kulturelle Herausforderung für
die künftige Menschheitsentwicklung.

Ziel muss eine fast völlige Dekarbonisierung der Wertschöpfung noch im Laufe des 21. Jahrhunderts sowie eine
radikal ressourcenleichtere Wirtschaftsweise sein. Auf beide
Ziele werden wir in den nächsten beiden Kapiteln eingehen.

9. Die Klimafrage – 2 Grad oder Auf dem Weg zur dekarbonisierten Weltwirtschaft

Seit über 20 Jahren steht die Klimaherausforderung ganz oben auf der Agenda der globalen Nachhaltigkeitsdebatte. Die Beschränkung der menschengemachten Erderwärmung auf möglichst unter 2 Grad über das vorindustrielle Niveau lautet das Ziel. Um dieses Ziel zu erreichen, muss der weltweite Energiebedarf bis Mitte des Jahrhunderts ohne fossile Energieträger – seien es Kohle, Öl oder Gas – gestillt werden. Eine Herkulesaufgabe, die aber technologisch und ökonomisch machbar ist. Das vorliegende Kapitel zeigt die Konsequenzen des 2-Grad-Ziels auf und wie es erreicht werden kann.

Warum 2 Grad?

»2 Grad« lautet die Schlüsselzahl der aktuellen globalen Nachhaltigkeitsdebatte. Es ist die Orientierungsmarke für einen der bedeutendsten vom Menschen beeinflussten globalen Naturzusammenhänge: die durchschnittliche Erdtemperatur. Wie ist die Festsetzung auf diese Marke entstanden, und was bedeutet sie als Kompass für eine Große Transformation? Was sind die notwendigen Bausteine, um das 2-Grad-Ziel einzuhalten?

Das 2-Grad-Ziel ist ein anschaulicher Beleg dafür, wie Wissenschaft und Politik im 21. Jahrhundert zusammenwirken, um geeignete Antworten auf die Herausforderungen des Anthropozäns zu definieren. Die heutigen Einflüsse des

Menschen auf die geoökologischen Erdprozesse haben eine große zeitliche und räumliche Reichweite. Ihre Wirkungen zeigen sich auf der Erde als Ganzes und wirken oft über Jahrhunderte und Jahrtausende, vollziehen sich aber in vielen kleinen Schritten mit entsprechenden Verzögerungen. Die meisten dieser Wirkungen sind für uns daher intuitiv kaum zu erfassen. Beim Klimawandel wird das sehr deutlich: Hier überlagern kurzfristigere regionale Wetterphänomene immer wieder den klimatischen Langfristtrend: Zeigt ein einzelner lokal sehr kalter Winter nicht, dass der Klimawandel noch weit weg ist, oder lässt er sich gerade durch die steigende Erderwärmung erklären? Gab es verheerende Wirbelstürme in der Karibik und in Asien nicht immer schon? Das sind berechtigte Fragen, die auch in der aktuellen Klimadiskussion immer wieder aufkommen. Sie zeigen, dass intuitive Wahrnehmungen zum wirklichen Verständnis eines Phänomens wie dem Klimawandel nicht ausreichen.

Dafür bedarf es einer hoch ausdifferenzierten (Klima-) Wissenschaft, die zweierlei leisten muss: Sie muss komplexe Modelle des Klimasystems und seiner Wechselwirkungen mit dem Meeres- und mit Landökosystemen entwickeln, und sie muss weltweit auf verlässliche Weise Daten zu Temperaturen und vielen anderen Parametern erfassen, um immer wieder die Richtigkeit ihrer Modelle zu überprüfen. Hier haben in den letzten 30 Jahren gewaltige Fortschritte stattgefunden. Es gibt heute eine global eng zusammenarbeitende Klimawissenschaft, die ihre Modelle und ihre Datengrundlagen kontinuierlich weiterentwickelt. Sie stützt sich auf leistungsfähige Rechenzentren und eine weltweit vorhandene Messinfrastruktur: von weltweit verteilten Wetterstationen über eine Forschungsschiffflotte bis zu Forschungsstationen in der Arktis und der Antarktis.

Diese Forschungsinfrastrukturen erweitern unsere
menschlichen Wahrnehmungsmöglichkeiten. Sie tragen dazu
bei, dass die Menschheit in der Lage ist, von ihr verursachte
Umweltveränderungen sehr früh zu erfassen und politisches
sowie ökonomisches Handeln danach auszurichten. Dies ist
eine zivilisatorisch beeindruckende Leistung und Ausdruck
des Beginns einer global gerechten und verantwortungsvollen
Navigation im Anthropozän.

Ein wichtiger Baustein in diesem Prozess ist die Qualitätssicherung der wissenschaftlichen Ergebnisse. Denn gerade
weil die Ergebnisse der Klimaforschung die Grundlage für
politische Entscheidungen mit z.T. massiven ökonomischen
Folgen sind, ist diese Qualitätssicherung von zentraler Bedeutung.

Auch hier setzte die Klimawissenschaft schon Ende der
1980er Jahre besondere Zeichen: Im Jahr 1988 gründeten das
Umweltprogramm der Vereinten Nationen UNEP zusammen mit der Weltorganisation für Meteorologie (WMO) den
Intergovernmental Panel on Climate Change (IPCC), d.h.
einen zwischenstaatlichen Ausschuss, dessen Aufgabe in der
Aufbereitung wissenschaftlicher Forschungsergebnisse für
politische Entscheidungen besteht. Der IPCC beruft Tausende führender Klimawissenschaftlerinnen und -wissenschaft-
ler, damit diese regelmäßig sogenannte Sachstandsberichte
über den Kenntnisstand der Klimaforschung erstellen (fol-
gender Link der Website des IPCC ermöglicht den Zugriff
auf alle fünf Sachstandsberichte sowie die Sonderberichte:
https://www.ipcc.ch/publications_and_data/publications_
and_data_reports.shtml). Diese stützen sich auf die gesamte
Bandbreite der aktuellen Ergebnisse der globalen Klimaforschung und fassen den Erkenntnisstand mit Hinweisen auf
gegebenenfalls noch bestehende Unsicherheiten zusammen.

Da die Zusammenfassungen der Berichte in enger Kooperation mit den politischen Vertretern aller im UN-Klimapro-
zess beteiligten Staaten entstehen, ist ein doppelt kritischer
Blick auf die Ergebnisse gesichert: Denn unter ihnen befinden
sich zum einen viele Staaten, die von der Erkenntnis eines
umfassenden, durch Menschen verursachten Klimawandels
mit erheblichen Nachteilen zu rechnen haben (weil sie z.B.
selbst über hohe Vorkommen fossiler Energien verfügen oder
Schlüsselindustrien der eigenen Volkswirtschaft aus diesem
Bereich kommen), und zum anderen Staaten, die primär von
den Auswirkungen des Klimawandels betroffen sind (z.B. als
Inselstaaten direkt von einem ansteigenden Meeresspiegel).
Die Ergebnisse, insbesondere die Resümees für politische
Entscheidungsträger, müssen damit als politische Kompro-
misse verstanden werden und bilden oft auch nur den kleins-
ten gemeinsamen Nenner.

In der so organisierten Klimaforschung sind in den letzten
20 Jahren auf drei Ebenen zentrale Erkenntnisfortschritte erzielt worden (vgl. auch Abb. 9.1):

(1) *Wirkungen der Erderwärmung auf globale ökosystema-
re Prozesse und die Definition von begründeten planetaren
Grenzen.* Ein zentraler Beitrag der Klimaforschung ist das
genaue Verständnis der Rückwirkungen einer erhöhten globalen Durchschnittstemperatur auf unterschiedliche geoökologische Prozesse: z.B. auf die Gefahr der Veränderung von
Meeresströmungen, auf die Gefahr des Abschmelzens von
Polkappen und Gletschern, auf die damit verbundenen Er-
höhungen des Meeresspiegels, auf die Gefahr der Ausweitung
von Dürrezonen oder die Zunahmen von Extremwetterereig-
nissen (vgl. zum Überblick den 5. IPCC-Sachstandsbericht
2014). Mit diesen Erkenntnissen war es möglich, einen »Safe

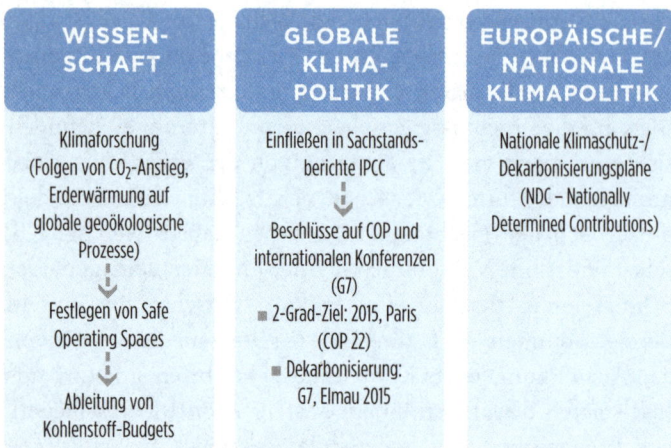

Abb. 9.1: Von der Klimaforschung über das 2-Grad-Ziel zur Dekarbonisierung. *Quelle: Eigene*

Operating Space« und »planetare Leitplanken« (Rockström u.a., 2009b, 2009a) zu definieren. Diese sind gekennzeichnet durch sogenannte Kippelemente im Erdsystem. Das sind Schwellenwerte in der Temperaturerhöhung, deren Überschreitung Veränderungen in einem solchen Ausmaß und solcher Dynamik bewirken, dass die Anpassungsmöglichkeiten von einem Großteil der Weltgemeinschaft bei weitem überfordert werden. Steigende Meeresspiegel, die ganze Inselregionen und Küstenzonen versenken, regelmäßige Extremwetterereignisse oder steigende Hitze, die ganze Regionen unbewohnbar machen, werden erhebliche Auswirkungen vor allem auf die Menschen in Entwicklungsländern haben. Vor dem Hintergrund dieser Erkenntnisse entstand – entscheidend befördert durch den Wissenschaftlichen Beirat der Bundesregierung Globale Umweltveränderungen (WBGU)

durch sein Hauptgutachten im Jahr 1995 (WBGU, 1996) – die
Definition des 2-Grad-Zieles. Es markiert auf der Grundlage
klimawissenschaftlicher Erkenntnisse eine solche planetare
Leitplanke, bei der die durch die Erderwärmung ausgelösten
Folgen und Schäden für vertretbar gehalten werden. »2 Grad«
bezeichnet dabei die Differenz der globalen Durchschnittstemperatur im Vergleich zum vorindustriellen Zeitalter Anfang des 19. Jahrhunderts.

(2) *Zusammenhang von menschlich verursachten Treibhausgasen auf die Erderwärmung.* Der Referenzpunkt des »vorindustriellen Zeitalters« hängt mit dem zweiten wichtigen Themenkomplex der naturwissenschaftlichen Klimaforschung
zusammen: nämlich der Frage, ob der seit diesem Zeitpunkt
beobachtbare Temperaturanstieg mit den durch Menschen
ausgestoßenen Treibhausgasen, insbesondere CO_2 (Kohlendioxid) zu tun hat. Die Tatsache, dass seit der Industrialisierung proportional zur Verwendung fossiler Brennstoffe der
CO_2-Anteil in der Atmosphäre von 280 ppm (parts per milli-
on) Anfang des 19. Jahrhunderts auf knapp 400 ppm im Jahr
2015 angestiegen ist, ist dabei unzweifelhaft nachgewiesen
(Wilke, 2013). Die Klimadiskussion beschäftigte sich auch
wissenschaftlich lange mit der Frage, ob dieser Anstieg nur
eine »Korrelation«, d. h. evtl. ein durch andere Ursachen aus-
gelöster zufälliger Gleichklang, ist oder ob der Treibhausgas-
anstieg ursächlich für die Temperaturerhöhungen ist. Denn
wenn er ursächlich ist, dann erfordert es in besonderem Maße
einen Umbau unserer Wirtschaftsweise, um künftige Temperaturerhöhungen zu begrenzen. Heute bestehen hier keine
wissenschaftlichen Zweifel mehr. Im 5. Sachstandsbericht des
IPCC wird unter Rückgriff auf den Stand der gesamten globalen Klimaforschung mit einer Sicherheit von 95 % davon

ausgegangen, dass die Temperaturerhöhungen ursächlich mit dem Anstieg der menschlich verursachten Treibhausgase zu tun haben.

(3) *Ableitung von verbleibenden Kohlenstoffbudgets zur Einhaltung der Grenzen.* Dies schafft die Grundlage für einen wichtigen dritten Schritt: die Ableitung von Kohlenstoffbudgets. Damit ist die Festlegung der Mengen an fossilen Energieträgern wie Öl, Kohle, Gas gemeint, die in diesem Jahrhundert maximal noch durch Menschen verbrannt werden dürfen, um die gesamte Treibhausgaskonzentration (Kohlendioxid, Methan, Lachgas und F-Gase) in der Atmosphäre bis zum Jahrhundertende bei rund 450 ppm Kohlendioxidäquivalenten zu begrenzen. Die Klimaforschung übersetzt das 2-Grad-Ziel in ein Gesamtbudget von 2895 Gigatonnen CO_2 ($GtCO_2$) (2162 $GtCO_2$ für 1,5 Grad). 2015 waren schon 2052 $GtCO_2$ verbraucht. Das bedeutet, dass noch 843 $GtCO_2$ in die Atmosphäre entlassen werden dürfen, um das 2-Grad-Ziel mit einer Wahrscheinlichkeit von 66 % einzuhalten (110 $GtCO_2$, um 1,5 Grad mit derselben Wahrscheinlichkeit einzuhalten) (USGCRP, 2017). Um das Risiko substantiell zu reduzieren, dass die durchschnittliche Erdtemperatur über 2 Grad ansteigt, dürfen die globalen Emissionen ihren Höchststand nicht später als 2020 erreichen und müssen in der zweiten Hälfte des Jahrhunderts auf null sinken (Rockström u.a., 2017). Diese Zahlen verdeutlichen die Notwendigkeit einer grundlegenden Umkehr unserer fossilen Wirtschaftsweise und machen deutlich, warum es in diesem Zusammenhang berechtigt ist, von einer Großen Transformation zu sprechen.

Diese wissenschaftlichen Erkenntnisse bildeten die Grundlage für wichtige Festlegungen in der internationalen Klimapolitik. Das 2-Grad-Ziel wurde im Zusammenspiel aus den wissenschaftlichen Erkenntnissen und dem politischen Verhandlungsprozess auf internationaler Ebene zur Zielmarke einer immer größeren Zahl von Ländern und der Europäischen Union. Auf der Klimakonferenz 2015 in Paris wurde es erstmalig von allen Staaten der Klimarahmenkonvention in einem völkerrechtlichen Abkommen verankert. Im Wissen um die schon massiven Folgen einer 2-Grad-Erwärmung, die für nur wenige Zentimeter über dem heutigen Meeresspiegel liegenden Inselstaaten im Südpazifik fatal wären, wurde in Paris das Ziel formuliert, möglichst eine Temperaturerhöhung von langfristig über 1,5 Grad im Vergleich zum vorindustriellen Stand zu vermeiden.

Das Wissen über die nur noch geringen verbleibenden Kohlenstoffbudgets beförderte die politische Bekräftigung einer Schlüsselforderung in der aktuellen Klimadebatte: die vollständige Dekarbonisierung der Energieversorgung, d.h. die vollständige Abkehr von fossilen Energieträgern in der Industrie, der Mobilität sowie der Strom- und Wärmeversorgung. So bekannten sich 2015 die G7-Staaten, d.h. die größten westlichen Industriestaaten, in ihrer Abschlusserklärung zu einer vollständigen Dekarbonisierung noch »im Laufe dieses Jahrhunderts«. Sie griffen damit die Ergebnisse der Klimaforschung auf, die eine solche vollständige Dekarbonisierung bis spätestens Mitte des 21. Jahrhunderts nahelegen (WBGU, 2016b). Dies beschreibt einen Meilenstein, denn es ist nun nicht mehr die Frage, *ob* Dekarbonisierung, sondern *wann* diese eingeleitet werden muss.

Dekarbonisierung und Exnovation als Formeln für eine klimagerechte Welt

Das 2-Grad-Ziel und die daraus abgeleitete Dekarbonisierung stellen somit die zentralen Orientierungspunkte für eine klimagerechte Politik dar. Der etwas sperrige Begriff der Dekarbonisierung hat einen großen Vorteil: Er lässt sich in ganz konkrete Bilder übersetzen und hat deswegen eine hohe politische Kraft. Dahinter steckt nicht mehr und nicht weniger als die Aussage, dass möglichst ab 2050 kein Strom mehr aus fossilen Energien gewonnen wird, kein Auto mehr mit Benzin oder Diesel fährt und kein industrieller Prozess mehr auf fossile Energieträger zurückgreift. Die Idee der Dekarbonisierung lässt sich ganz konkret herunterbrechen: für jeden Staat, für jedes Bundesland, für jeden Sektor, für jede Stadt, ja für jedes Unternehmen und für jeden Einzelnen von uns.

In den kommenden Jahren geht es darum, Dekarbonisierungsstrategien für alle diese Bereiche zu entwickeln. Ein in diesem Zusammenhang wichtiger Begriff ist der der »Exnovation« (vgl. Kasten und Heyen, Hermwille & Wehnert, 2017).

**Exnovation – Politische Flankierung
für die Dekarbonisierung der Welt**

Für die Transformation hin zu einer dekarbonisierten Welt sind viele Innovationen nötig: Technologien, aber auch neue Lebensweisen. Sie sind die Grundlage, um das Alte, das Ungewollte aus dem System zu verdrängen. So ist es erst möglich, Kohlekraftwerke abzuschaffen, wenn es genügend und leistungsfähige erneuerbare Energien gibt, die eine sichere Stromversorgung gewährleisten können. Angesichts des engen Zeithorizontes für eine Dekarbonisierung reicht es aber nicht, alleine auf den Prozess »kreativer Zerstörung« zu hoffen. Innovationen setzen sich

häufig erst dann durch, wenn alte, nicht nachhaltige Technologien und Praktiken beendet werden. Erfolgreiche Innovation
bedeutet häufig eben nicht gleich auch das Ende nichtnachhaltiger Technologien und Praktiken. Obwohl die Förderung der
erneuerbaren Energien in Deutschland sehr erfolgreich war, stagniert der Anteil des Kohlestroms im Strommix. Dies hat unterschiedliche Gründe. Einer davon ist, dass zunehmend Strom
ins Ausland exportiert wird (jährlich rund 10 %). Außerdem ist
Zeit ein entscheidender Faktor – die Treibhausgasemissionen
müssen nicht nur weitgehend, sondern auch sehr schnell sinken,
um die Klimaziele zu erreichen. Häufig gelingt eine Marktein-
führung des Neuen aber erst dann (genügend schnell), wenn das
Alte absehbar vor dem Ende steht. Ein Beispiel ist das sogenannte Glühlampenverbot in der Europäischen Union. Hier wurden
die Anforderungen an Leuchtmittel schrittweise erhöht, so dass
Glühlampen de facto nicht mehr verkauft werden durften. Dies
hat zu einem riesigen Innovationsschub bei Energiesparlampen
und LEDs geführt. Zusätzlich zur »In«-novation ist also auch
»Ex«-novation nötig – das absichtsvolle Abschaffen alter, nicht
mehr gewünschter Infrastrukturen, Technologien, Produkte
und Praktiken. Dabei geht es nicht nur um Verbote, sondern
auch um Klarheit bei den Zielen und um Wege, gesellschaftliche
und ökonomische Anpassung an strukturellen Wandel zu ermöglichen. (Heyen u. a., 2017; Wehnert, 2017).

Der komplette Ausstieg aus fossilen Energieträgern in allen
heutigen Anwendungsbereichen benötigt demnach mehr als
nur eine Innovationsoffensive für alternative Technologien
und Lösungen. Er muss gleichzeitig durch Maßnahmen flankiert werden, die den Ausstieg aus den bisherigen Technologien befördern und stützen. In den Kapiteln zu den »großen
Wenden« im Teil C des Buches werden daher Exnovationsstrategien eine wichtige Rolle spielen.

    Wie sieht Dekarbonisierung nun konkret aus? Das ist eine

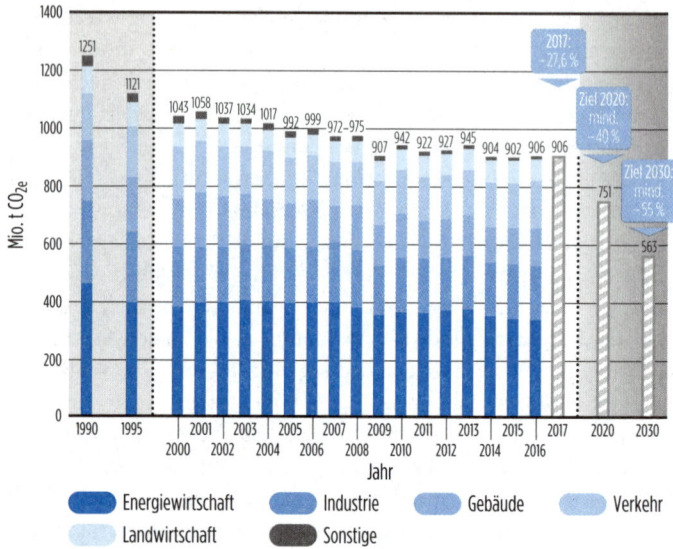

Abb. 9.2: Entwicklung der Treibhausgasemissionen in Deutschland. *Quelle: Nach Agora-Energiewende-Studie, 2018, S. 25*

Frage, die auch das Wuppertal Institut sehr beschäftigt. Zur Beantwortung hilft der Blick auf die wichtigsten CO_2-Verursacher. Abb. 9.2 gibt einen Überblick über die zentralen CO_2-Quellen und die Entwicklung der CO_2-Emissionen in den letzten Jahren in Deutschland. Die Abbildung stammt aus einer Agora-Energiewende-Studie, die zu dem Ergebnis kommt, dass Deutschland beim Ausbau der erneuerbaren Energien vorankommt, beim Klimaschutz jedoch zurückbleibt. Wie die Grafik deutlich zeigt, stagnieren die Treibhausgasemissionen Deutschlands 2017 auf hohem Niveau und sinken im dritten Jahr in Folge nicht.

Schaut man auf die Grafik, bekommt man ein Gefühl für die wichtigsten »Hausaufgaben«, die notwendig sind, um die

aktuell rund 900 Milliarden (0,9 Giga-)Tonnen Treibhausgas-
Emissionen in Deutschland bis zum Jahr 2050 möglichst auf
unter 100 Millionen Tonnen CO_2-Äquivalente zu reduzieren:
Die Energieversorgung muss massiv umgestellt werden (heute verantwortlich für rund 40 % der Emissionen), das Gleiche gilt für industrielle Prozesse (ca. 20 %), für den Verkehr
(knapp 20 %), die Wärmeproduktion in privaten Häusern (ca.
10 %) sowie unsere Landwirtschaft (ebenfalls ca. 10 % insb.
aufgrund des Ausstoßes besonders klimawirksamer Treibhausgase wie Methan).

Für jeden dieser Sektoren bedarf es eigener Strategien. So
braucht es eine komplette Umstellung der Stromproduktion
von fossilen auf regenerative Energieträger: Solarenergie und
Windkraft lösen zunehmend Stein- und Braunkohlekraftwer-
ke ab. Gebäude gilt es noch energiesparsamer zu bauen und
den verbleibenden Heizbedarf ebenfalls mit regenerativen
Energien zu befriedigen (Passivhaus- bzw. Plusenergiestan-
dard). Im Verkehr müssen fossile Kraftstoffe verschwinden
und ersetzt werden durch Elektromobilität sowie durch aus
regenerativen Energien gewonnenen Wasserstoff (z. B. zum
Betrieb von Brennstoffzellen) oder durch aus erneuerbaren
Energien gewonnene klimaneutrale synthetische Kraftstoffe, die vermutlich im Luftverkehr sowie im Lkw-Ver-
kehr aufgrund ihrer höheren Energiedichte als in Batterien
gespeicherter Strom eine hohe Bedeutung erhalten. In Landwirtschaft und Ernährung geht es darum, zu weniger fleisch-
intensiven Formen der Ernährung zu kommen, um die besondere Energie- und Klimarelevanz der Fleischproduktion
zu reduzieren.

In den Kapiteln zu den »großen Wenden« werden wir auf
die entsprechenden Transformationsstrategien genauer eingehen.

Von CO_2 zu CO_2-Äquivalenten

Neben dem wichtigsten von Menschen verursachten Treib-
hausgas Kohlendioxid (CO_2) gibt es weitere Treibhausgase
wie beispielsweise Methan oder Lachgas. Sie tragen in unterschiedlichem Maße zum Treibhauseffekt bei und verbleiben
über unterschiedliche Zeiträume in der Atmosphäre. Um ihre
Wirkung vergleichbar zu machen, hat das Expertengremium
der Vereinten Nationen, IPCC, das sogenannte Globale Erwär-
mungspotential (Global Warming Potential, kurz GWP) definiert. Dieser Index drückt die Erwärmungswirkung einer bestimmten Menge eines Treibhausgases über einen festgelegten
Zeitraum (meist 100 Jahre) im Vergleich zu derjenigen von CO_2
aus. Treibhausgasemissionen können so in CO_2-Äquivalente
umgerechnet und zusammengefasst werden. In dieser Berechnung von Treibhausgasen wird die Landwirtschaft zu einem
wichtigen Faktor. Denn hier werden vor allem Methan- und
Lachgasemissionen freigesetzt, die wegen ihrer hohen Klima-
wirksamkeit eine entscheidende Rolle spielen (Klima-Kollekte,
2018; Umweltbundesamt, 2013).

Das, was in Abb. 9.2 für ganz Deutschland skizziert wurde,
lässt sich auch für einzelne Städte analysieren. Im Jahr 2008
hat das Wuppertal Institut z.B. ein Szenario für ein CO_2-
freies München innerhalb der nächsten 50 Jahre bis zum Jahr
2058 entworfen (vgl. Abb. 9.3). Auch hier wird deutlich, was
für eine klimaneutrale Stadt notwendig ist: Der Strom muss
regenerativ erzeugt, die Wärmeversorgung und der Verkehr
umgestellt werden. Aus den notwendigen Maßnahmen lassen
sich dann dafür geeignete Technologien und die dafür notwendigen Investitionen ableiten. In der München-Studie hat
das Wuppertal Institut genau das gemacht und gezeigt, dass
sich die meisten der Investitionen schnell amortisieren.

CO₂-EMISSIONSMINDERUNG

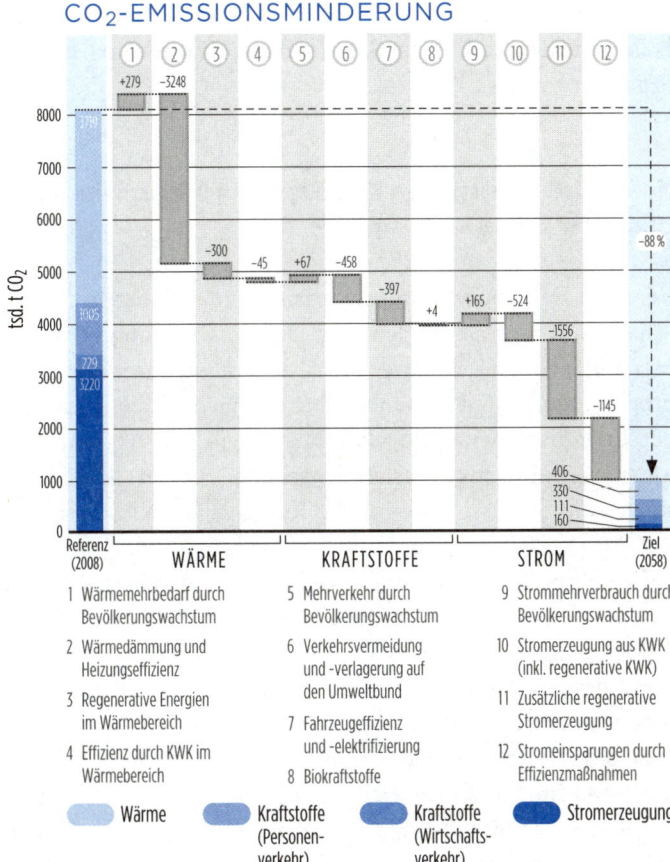

Abb. 9.3: CO₂-freies München – Ansatzpunkte (Beispiel für ein urbanes Dekarbonisierungsszenario). *Quelle: Nach Lechtenböhmer u.a., 2009, S. 8*

Ähnliche Studien liegen inzwischen für einige andere Städte, aber auch für ganze Industriesektoren, insbesondere den Energiesektor (Wehnert, Best & Andreeva, 2017), den Mobili-

tätssektor (Rudolph, Koska & Schneider, 2017) und sogar für
Häfen wie den wichtigsten Nordseehafen Rotterdam (Samadi
u. a., 2016) vor.

Die Trias einer dekarbonisierten Welt: (Regenerative) Technologien, Effizienz und Suffizienz

Bei allen Dekarbonisierungsszenarien und -strategien ist ein
Aspekt von zentraler Bedeutung: Dekarbonisierung wird immer nur gelingen, wenn der Ausbau erneuerbarer Energien
produzierender und nutzender Technologien, Verbesserungen
der Energieeffizienz und neue Nutzungs- und Verbrauchs-
muster (Suffizienz) zusammenspielen. Dieser Dreiklang
spielt eine Schlüsselrolle für die Klimawende, aber auch für
alle anderen Bereiche der Großen Transformation.

  Die aktuelle Nachhaltigkeitsdebatte konzentriert sich oft
nur auf den Ausbau der erneuerbaren Energien und technologische Innovationen: Wir reden über Strom aus Wind-
und Sonnenkraft statt aus Kohle, über Elektro- anstatt Verbrennungsmotoren oder über Dämmmaterialien an unseren
Wänden zur Reduktion des Energieverbrauchs. Diese technologischen Innovationen reichen aber nicht aus. Nur wenn es
gleichzeitig gelingt, den Energieverbrauch in den betroffenen
Feldern insgesamt zu senken, gehen auch die entsprechenden
technologischen Substitutionsstrategien auf. An die Seite der
technologischen Innovationen treten Maßnahmen zur Effizienzsteigerung sowie zur Veränderung unserer Nutzungs-
gewohnheiten (Suffizienz). Beide sind dabei oft eng miteinander verbunden: Es geht nicht nur darum, Häuser besser zu
dämmen, sondern auch darum, unser Heiz- und Lüftungs-
verhalten anzupassen (Brischke u. a., 2016). Industrieprozesse

können energieärmer gestaltet werden, dann fällt auch die Nutzung regenerativer Energien leichter. Die hier schlummernden Potentiale für eine erhöhte Energieeffizienz und damit verbundene Kosteneinsparungen sind erheblich und bisher kaum gehoben (vgl. zum Überblick Lechtenböhmer, Schneider & Samadi, 2017). In der Mobilität geht es nicht nur darum, Verbrennungsmotoren durch Elektromotoren zu ersetzen, sondern darum, Automobile effizienter in moderne Mobilitätskonzepte einzubetten: durch Ride- und Car-Sharing, durch kleinere Motoren und bessere Übergänge zu anderen Verkehrsträgern. Das erleichtert dann auch den Umstieg auf einen dekarbonisierten Verkehr (vgl. Rudolph u.a., 2017). In vielen Energieszenarien werden diese Potentiale häufig noch zu wenig beachtet (Samadi u.a., 2017). Das muss sich künftig ändern.

**Dekarbonisierung von CO_2-Hotspots –
Das Beispiel der Hafenregion Rotterdam**

Der Rotterdamer Hafen ist ein Industriecluster, das sich größtenteils aus Unternehmen zusammensetzt, die in den energieintensiven Bereichen der Erdölraffination, der chemischen Industrie sowie der Strom- und Dampferzeugung tätig sind. Im Jahr 2015 beliefen sich die CO_2-Emissionen des Hafens auf rund 30 Millionen Tonnen – das entsprach rund 18 % der Gesamtemissionen der Niederlande.

In einer im Jahr 2017 veröffentlichten Studie für die Hafenbehörde zeigt das Wuppertal Institut in unterschiedlichen Szenarien auf, dass selbst ein solcher CO_2-Hotspot schon bis zum Jahr 2050 weitgehend dekarbonisiert werden kann. Schlüssel ist dabei die Kombination neuartiger Technologien, Prozesse und Infrastrukturen. Eine wichtige Rolle spielen dabei je nach konkretem Szenario: 1. Einsatz der CO_2-Abscheidung und -Spei-

cherung (CCS-Technologie) für bestehende Kohlekraftwerke.
2. Die Kombination von »Biomasse und CCS« unter Voraussetzung der Verfügbarkeit großer, nachhaltig bereitgestellter
Mengen Biomasse, die im Hafen zur Stromerzeugung sowie
als Rohstoff für Raffinerien und die chemische Industrie eingesetzt werden können. 3. Die sogenannte Fischer-Tropsch-
Kraftstofferzeugung zur Produktion synthetischer Kraftstoffe.
4. Die dezidierte Elektrifizierung der Grundstoffindustrien
für die synthetische Erzeugung von Rohstoffen, für die chemische Industrie sowie für die Herstellung von Kraftstoffen.
Alle Dekarbonisierungsszenarien basieren auf der Annahme
eines signifikanten Ausbaus von Windenergie- und Photovol-
taik-Kraftwerken im Hafengebiet sowie im restlichen Europa.
Je nach Gewichtung und Kombination ließen sich durch diese
Dekarbonisierungsstrategien die CO_2-Emissionen bis zum Jahr
2050 um bis zu 98 % senken.

(Samadi u.a., 2016)

Wie kann der Umbau ökonomisch und politisch funktionieren?

Das Zusammenspiel von technologischen Veränderungen
in der Verbindung mit erhöhter Effizienz sowie neuen Nutzungsmustern ist der Schlüssel dafür, dass eine umfassende
Dekarbonisierung ökonomisch und damit letztlich auch
politisch funktionieren kann. In dem nach ihm benannten
»Stern-Report« (Stern & Great Britain, 2007) hat der ehemalige Weltbank-Chefökonom Nicholas Stern im Jahr 2006 für
die britische Regierung eine umfassende ökonomische Analyse zum Umgang mit dem Klimawandel vorgelegt.

Der Bericht zeigt auf, dass es ökonomisch klug ist, heute
die notwendigen Investitionen in einen umfassenden klimagerechten Umbau unseres Wirtschaftssystems zu investieren,

weil die Folgekosten eines unterlassenen Klimaschutzes die vermeintlich eingesparten Mittel um ein Vielfaches kompensieren. Stern prognostizierte damals Kosten von rund 1 % des globalen Bruttoinlandsproduktes pro Jahr bei einem engagierten Handeln, die ansonsten auftretenden Verlusten von rund 5 % pro Jahr bei unterlassenem Klimaschutz entgegenstehen würden. Einen wichtigen Anteil an der volkswirtschaftlichen Vorteilhaftigkeit eines engagierten Klimaschutzes haben dabei die vielen Energieeffizienzpotentiale, die nicht nur ein wichtiger Beitrag zum Klimaschutz sind, sondern auch zu erheblichen Kosteneinsparungen beitragen.

Die politische Herausforderung liegt darin, einen volkswirtschaftlich sinnvollen aktiven Klimaschutz so mit Gesetzen zu flankieren, dass er sich auch für einzelne Unternehmen und Branchen sowie den einzelnen Bürger lohnt: Nur wenn es auch für den Einzelnen günstiger ist, sein Haus energetisch zu sanieren, für Energieversorger Anreize da sind, ihre Energieproduktion zügig auf regenerative Energien umzustellen und Automobilhersteller Anreize zum Umstieg auf andere Antriebsformen sowie neue Mobilitätsmodelle haben, wird sich die entsprechende Transformation vollziehen. Die Kapitel 11 bis 17 zu den »großen Wenden« sowie Kapitel 19 zur Politik werden näher darauf eingehen.

Ein weiterer wichtiger Motor für die politische Umsetzung engagierter Dekarbonisierungsstrategien sind die »Co-Benefits« klimagerechter Strategien (Floater u. a., 2016; Helgenberger & Jäger, 2017). Damit ist zusätzlicher Nutzen gemeint, der sich bei einem engagierten Klimaschutz einstellt: Wenn mit regenerativ gewonnenen Strom betriebene Elektroautos nicht nur das Klima schützen, sondern auch die Luft in Innenstädten verbessern, dann haben wir es mit einem ökologischen Co-Benefit zu tun.

Wenn durch die Umstellung eines energieintensiven In-
dustrieprozesses auf eine energieärmere Variante nicht nur
der CO_2-Ausstoß reduziert wird, sondern auch Kosten eingespart werden, dann handelt es sich um einen ökonomischen
Co-Benefit. Gleiches gilt, wenn sich Unternehmen mit dem
Angebot ökologischer Produktvarianten neue Marktpotentia-
le erschließen. Auch wenn periphere ländliche Regionen z. B.
in Afrika über die möglichen dezentralen regenerativen Energien wie die Solarenergie eine Chance auf Stromversorgung
haben, ist das ein Co-Benefit. Das gilt insbesondere, wenn das
Verlegen von Leitungen für konventionell in zentralen Kraftwerken gewonnenen Strom oder auch der Diesel für Genera-
toren für die Bevölkerung viel zu teuer wäre.

Co-Benefits des Klimaschutzes sind auch im Rahmen der
internationalen Klimaverhandlungen von hoher Bedeutung
(Hermwille, Obergassel, Ott & Beuermann, 2017). Viele Länder lassen sich auf einen globalen Klimaschutz oft deswegen
ein, weil sie insbesondere auf solche oben beschriebenen Co-
Benefits hoffen: die Lösung anderer Umweltprobleme, die
Stärkung der Wettbewerbsfähigkeit bestimmter Industrien,
Handelserleichterungen oder Kompensationszahlungen aufgrund des vorgenommenen Klimaschutzes. Zukunftskunst
bedeutet auch, solche Co-Benefits im Blick zu behalten und
in den konkreten Wenden zu einer dekarbonisierten Welt zu
nutzen.

10. Die 8-Tonnen-Gesellschaft –
Den ökologischen Rucksack verkleinern

Ein isolierter Blick auf die Klimafrage reicht nicht aus, um die globalen ökologischen Leitplanken einzuhalten. Einige klimabezogene Strategien drohen andere Umweltherausforderungen sogar zu verschärfen. Ziel muss ein insgesamt ressourcenleichterer Planet werden. Dabei gilt es, die Ressourcenrucksäcke der globalen Wertschöpfung zu verkleinern – alleine in Deutschland um mindestens den Faktor 4. Das Kapitel zeigt die umfassende Ressourcenherausforderung und die dazu diskutierten Strategien auf.

Warum der ökologische Rucksack der bessere ökologische Kompass ist

Im Jahr 2003 erließ die EU eine Richtlinie zur Förderung der Verwendung von Biokraftstoffen im Verkehrssektor. Sie wurde 2006 auch in deutsches Recht umgesetzt. Hintergrund dieser Richtlinie waren klimapolitische Ziele: Durch einen wachsenden Anteil an Biosprit sollte die Klimabilanz des Verkehrssektors verbessert werden. Denn das CO_2, das bei der Verbrennung eines Biokraftstoffes freigesetzt wird, absorbiert die der Biospritherstellung dienende Pflanze (z. B. Raps, Ölpalmen, Sonnenblumen) bei ihrem Wachstum aus der Atmosphäre. Biosprit versprach daher, ein wertvoller Klimabeitrag für unseren weitgehend auf fossilen Kraftstoffen beruhenden Verkehr zu sein.

Schon kurze Zeit später entbrannte eine massive Debatte
über die Frage »Teller oder Tank?« und über die globalen
ökologischen Folgen der EU-Regelung (UNEP, 2014a). Da
die notwendigen Biospritmengen auf dem Markt kaum verfügbar waren, entstand ein hoher Anreiz für Landwirte, ihre
Produktion auf Energiepflanzen umzustellen. Dies drängte
in vielen Regionen – aufgrund der zu erzielenden höheren
Renditen – die Produktion von Lebensmitteln zurück. Da die
EU für die Erfüllung der Quoten zudem auf Importe von Biosprit angewiesen war, stellte sich noch ein anderer Effekt ein:
Insbesondere in Südostasien beschleunigte sich die Rodung
von Regenwäldern, um Palmölplantagen zur Befriedigung
der europäischen Biospritnachfrage anzulegen. Spätestens
hier wurde die EU-Initiative auch klimapolitisch fragwürdig:
Um die Klimabilanz der europäischen Automobilflotte zu
verbessern, wurden Regenwälder abgeholzt, die nicht nur der
wichtigste Garant für Biodiversität auf der Erde sind, sondern
selbst eine zentrale CO_2-Senke in der Weltklimabilanz dar-
stellten.

Unabhängig von der fragwürdigen CO_2-Bilanz der Maßnahme zeigte sich ein Konflikt deutlich, den auch das Bild
der planetaren Leitplanken von Rockström u.a. (vgl. Kap.8)
offenbart: Die unterschiedlichen ökologischen Dimensionen
sind eng miteinander verknüpft, so dass sehr schnell Problemverschiebungen von einer Dimension in die andere drohen: Beim Biosprit wurde Klimaschutz durch die verschärfte
Rodung von Regenwäldern mit erhöhten Verlust von Biodiversität erkauft. Die ursprünglichen EU-Regeln wurden nach
heftigen Diskussionen ab 2012 auch wieder abgeschwächt
(ILUC-Richtlinie, 2015).

Ähnliche Konflikte existieren aber auch bei anderen Umweltfragen: Rechtfertigen geringere CO_2-Belastungen den

Einsatz von Elektroautos, in deren Batterien seltene und nur mit hohem Aufwand zu gewinnende Rohstoffe wie Lithium oder Kobalt enthalten sind? Sollte man fast neuwertige Dieselautos und die darin enthaltenen Ressourcen verschrotten, um kurzfristig die Schadstoffbelastungen in Innenstädten zu reduzieren? Lassen sich die Materialien, die zur Dämmung und Energieeinsparung in Gebäuden eingesetzt werden, am Ende ihrer Lebenszeit ökologisch sinnvoll wiederverwenden oder rezyklieren?

Hat man nur eine Umweltdimension im Blick, dann ist die Gefahr von ökologischen Problemverschiebungen groß. Es ist daher von zentraler Bedeutung, insgesamt den durch Menschen verursachen Druck auf die globalen Ökosysteme zu reduzieren.

Dafür ist ein richtungssicherer Maßstab für die Abschätzung ökologischer Belastungen insgesamt notwendig. Die Suche nach solchen Indikatoren beschäftigt die Umweltdebatte seit den 1990er Jahren. Zwei Indikatoren haben sich dabei als besonders geeignet erwiesen:

(1) Das Konzept des ökologischen Fußabdruckes (Wackernagel & Rees, 1997), das alle ökologischen Belastungen in Flächenäquivalente umrechnet (vgl. Kasten).

Mit ihm kann die globale Fläche berechnet werden, die z. B. ein Land benötigt, um seine heutige Wirtschaftsweise dauerhaft zu betreiben. Je stärker die globale Fläche die real vorhandene Fläche übersteigt, desto mehr lebt ein Land und seine Bürger auf »Kredit« anderer Länder bzw. künftiger Generationen.

Zum ökologischen Fußabdruck der Menschheit

Um benötigte Ressourcen von z. B. Produkten, Dienstleistungen oder Nationen zu ermitteln, wurden über die Jahre mehrere Indikatoren entwickelt, die die ökologischen Aspekte der Nachhaltigkeit möglichst umfassend abbilden. Anliegen dieser Berechnungen ist die Sensibilisierung für den umweltbezogenen Fußabdruck, den menschliche Aktivitäten auf der Erde hinterlassen.

Als »Ecological Footprint« (Rees & Wackernagel, 1994) im engeren Sinne wird die Fläche auf der Erde verstanden, die notwendig ist, um den heutigen Lebensstil für alle Menschen zu gewährleisten. Dieser übersteigt die vorhandene Fläche unserer Erde meist um ein Mehrfaches. Der »Material Footprint« (Lettenmeier & Wuppertal Institut, 2009), auch »ökologischer Rucksack« (Schmidt-Bleek, 1994) genannt, beschreibt hingegen die Menge an Natur und Ressourcen in Kilogramm bzw. Tonnen, die zur Erbringung einer Dienstleistung genutzt wird. Der »Carbon Footprint« bilanziert die Menge an Treibhausgasen, welche für Produkte und Dienstleistungen emittiert werden, und gilt als Maß für das damit verbundene Klimaerwärmungspotential. Weiterhin gibt es ähnliche Konzepte für Wasser und Flächen sowie kombinierte Fußabdrücke wie z. B. einen »Nutritional Footprint«, der gesundheitliche mit ökologischen Aspekten koppelt (vgl. Kap. 15 zur Ernährungswende sowie Lukas, Rohn, Lettenmeier, Liedtke & Wiesen, 2016).

Allen Fußabdrücken gemeinsam ist, dass sie den planetaren Grenzen (vgl. Kap. 9) gegenübergestellt werden können. Werden diese überschritten, so sind wichtige Systemfunktionen der Natur in hohem Maße gefährdet. Sie stehen dann nicht mehr für das Leben und Wirtschaften auf der Erde zur Verfügung – dies betrifft soziale, ökologische und ökonomische Funktionen gleichermaßen.

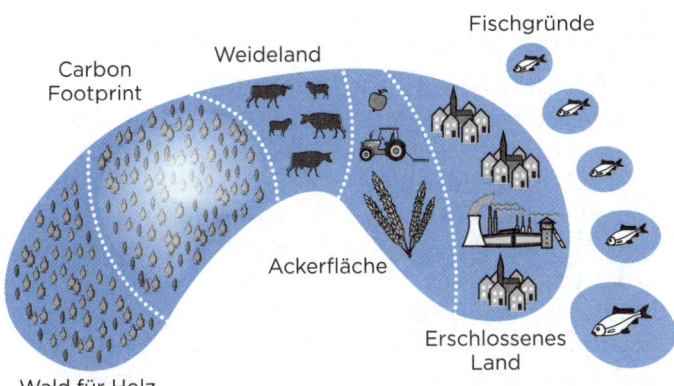

Abb. 10.1: Schematische Darstellung des auf Flächenverbrauch normierten ökologischen Fußabdrucks von Wackernagel et al. *Quelle: Nach www.over shootday.org, Lettenmeier / Wackernagel, 2017*

(2) Das zweite Konzept zur Abschätzung einer ökologischen Gesamtbelastung ist der 1994 von Friedrich Schmidt-Bleek am Wuppertal Institut für Klima, Umwelt, Energie entwickelte »ökologische Rucksack« (vgl. Kasten).

Mit dem ökologischen Rucksack werden alle Ressourcenverbräuche gemessen, die mit der Rohstoffgewinnung, Herstellung, dem Gebrauch, dem Recycling und der Entsorgung eines Produktes einhergehen (vgl. zur Entwicklung der Ressourcenverbräuche und möglichen Anwendung Liedtke u.a., 2014, und Bringezu & Bleischwitz, 2009). Auf Basis einer solchen Berechnung erfordert ein herkömmliches Mobiltelefon bereits 75 kg materielle Ressourcen pro Jahr (Nordmann u.a., 2015), während für jeden gefahrenen Kilometer mit einem Pkw etwa 500 g benötigt werden (DLR & Wuppertal Institut, 2015).

Der ökologische Rucksack eines Mobiltelefons

Die Zahl der Mobilfunkanschlüsse stieg weltweit von 5,3 Mrd.
in 2010 auf etwa 7,7 Mrd. 2017 (ITU, 2017). Die dynamische
Entwicklung der Mobiltelefonie ist mit einem schnell steigenden Ressourcenbedarf verbunden.

Der ökologische Rucksack eines Mobiltelefons beträgt
etwa 75 kg, ca. 28 % des Materialgehalts stellen Metalle dar
(Nordmann u.a., 2015). Darunter befinden sich viele edle (z.B.
Platingruppe) sowie kritische Metalle wie Indium und Tantal.

Smartphones zeichnen sich dabei gegenüber anderen Mobil-
telefonen nicht nur durch einen erhöhten Funktionsumfang
aus, sondern auch durch einen höheren Materialbedarf. So ermitteln Teubler et al. (2018) einen ökologischen Rucksack von
rund 110 kg allein für die Herstellung, wovon der überwiegende
Anteil auf den vermehrten Einsatz von Rohstoffen für elektro-
nische Komponenten zurückzuführen ist.

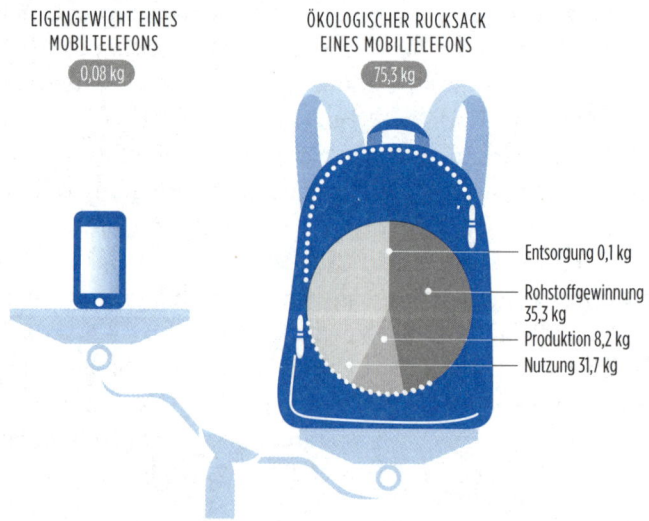

Abb. 10.2: Ökologischer Rucksack eines Mobiltelefons. *Quelle: IZMF /*
Lichtblick auf der Basis von WI-Daten (IZMF, 2015)

Anfangs heftig umstritten, hat sich die Idee des Gesamt-
ressourcenverbrauches heute als ein richtungssicheres Maß
für die Reduktion der ökologischen Gesamtbelastung von
Volkswirtschaften, Produkten, Dienstleistungen und dem
individuellen Konsum (vgl. z. B. Wuppertal Institut, 2018 b)
durchgesetzt. In vielen nationalen Statistiken sowie in der
europäischen Statistik werden Ressourcenverbräuche heute
als wichtiger Umweltmaßstab ausgewiesen (Statistics Sweden's Switchboard, 2016).

Was ist eine 8-Tonnen-Gesellschaft?

Die Klimaforschung kann heute berechnen, wie viel Kohlen-
stoffbudget noch zur Verfügung steht, um das 2-Grad-Ziel
einzuhalten (vgl. Kap. 7). Rechnet man diesen Wert als gleich
verteiltes Budget auf jeden Erdenbürger herunter, ergibt sich
ein CO_2-Ausstoß von maximal 2 Tonnen pro Kopf und Jahr,
der bis zum Jahr 2050 eingehalten werden (WBGU, 2009 b)
und bei vollständiger Dekarbonisierung bis Ende des Jahrhunderts auf null Tonnen sinken muss. In Deutschland liegt
der durchschnittliche Pro-Kopf-Ausstoß derzeit (2015) bei
rund 8,93 Tonnen CO_2 pro Kopf (Statista, 2017 c).

Ein solcher »Faktor 4 oder 5« (Weizsäcker u. a., 1995;
Weizsäcker, Hargroves, Smith, Desha & Stasinopoulos, 2010)
lässt sich auch auf den Ressourcenverbrauch übertragen.
Der durchschnittliche Pro-Kopf-Ressourcen-Verbrauch in
Deutschland liegt heute bei rund 30 Tonnen pro Jahr und
Kopf (Buhl, Liedtke & Stadler, 2017).

Für einen wirklich nachhaltigen Lebensstil müsste Deutschland daher zur »8-Tonnen-Gesellschaft« (Lettenmeier, Liedtke & Rohn, 2014) werden. Je nach Lebensstil gehen unsere

Ressourcen insbesondere in die Befriedigung der Bedürfnisse nach (beheiztem) Wohnen, in unsere Ernährung, unsere
Mobilität, unsere Urlaubsreisen und die Gegenstände des täglichen Bedarfes. Mit einem »Ressourcenrechner« (www.res-
sourcen-rechner.de) kann heute jeder ganz individuell seinen
aktuellen Ressourcen-Rucksack berechnen und feststellen,
wie weit der Weg zu einem 8-Tonnen-Lebensstil noch ist.

**Ressourcenrechner – Ein Einblick in Pro-Kopf-
Ressourcenverbräuche in Deutschland**

Die Abteilung »Nachhaltiges Produzieren und Konsumieren«
des Wuppertal Instituts stellt auf www.ressourcen-rechner.de
eine Online-Applikation zur Verfügung, die es Nutzern erlaubt,
den ökologischen Rucksack in den Bereichen Wohnen, Konsum,
Ernährung, Mobilität, Freizeit, Urlaub und insgesamt zu berechnen. Neben Variablen zum ökologischen Rucksack werden
Personen- und Haushaltsmerkmale erhoben. Bis Ende 2017 sind
50 000 anonyme Profile in diese Analyse eingegangen, die auch
erweiterte Angaben zu den Nutzern erfasste.
Der durchschnittliche Ressourcenverbrauch der erfassten Profile betrug rund 26 Tonnen pro Nutzer. Die 10 % der Nutzer
mit den geringsten Verbräuchen (Gruppe 1) haben einen durchschnittlichen ökologischen Rucksack von rund 14,4 Tonnen. Die
10 % der Nutzer mit den höchsten Verbräuchen (Gruppe 10)
haben einen ökologischen Rucksack von rund 41,6 Tonnen.
Das entspricht einem Unterschied um den Faktor 3,5. Wohnen
(35 %), Ernährung (22 %) und Mobilität (23 %) vereinen 80 %
des Ressourcenverbrauchs. Der Verbrauch im Bereich Mobilität
liegt beispielsweise zwischen 2 Tonnen (unterste 10 %) und
14 Tonnen (oberste 10 %) pro Nutzer und Jahr. Während der
Anteil von Wohnen am Ressourcenverbrauch konstant bleibt,
drehen sich die Anteile von Ernährung und Mobilität mit zu-
nehmendem Verbrauch um.

In der Auswertung der Daten zeigte sich u.a., dass Unterschiede im Ressourcenverbrauch keinen Einfluss auf die Lebenszufriedenheit der Nutzer hatten (Buhl, Liedtke & Bienge, 2017).

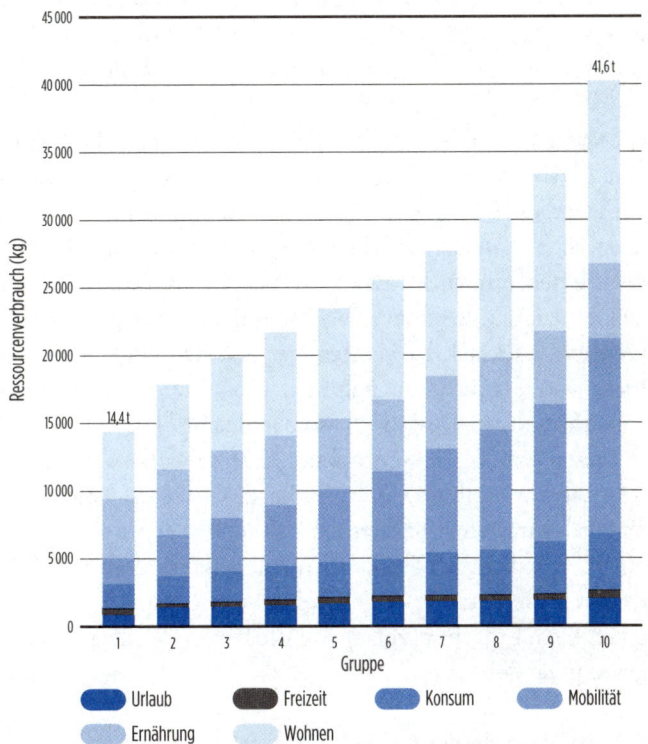

Abb. 10.3: Ressourcenverbrauch pro Nutzer und Jahr (Auswertungen von rund 50000 Profilen aus Ressourcen-Rechner.de bis Ende 2017). *Quelle: Wuppertal Institut, Abteilung »Nachhaltiges Produzieren und Konsumieren« Daten: ressourcen-rechner.de, 2015–2017, Anmerkung: Gruppe 1 = 10 % der Nutzer mit dem geringsten Ressourcenverbrauch, Gruppe 10 = 10 % der Nutzer mit dem höchsten Ressourcenverbrauch*

Effizienz, Konsistenz, Suffizienz –
Vision der unendlichen Stoffkreisläufe?

Wie kommt man zu einer 8-Tonnen-Gesellschaft? Das »goldene Dreieck« der Nachhaltigkeit aus Suffizienz, Effizienz und Konsistenz spielt auch hier eine wichtige Rolle:

(1) *Suffizienz*. Global verallgemeinerbare Lebensstile (Scherhorn & Meyer-Abich, 2009; Schmidt-Bleek, 1994; Speck, 2016) sind ein bedeutender Schritt zu einer 8-Tonnen-Gesellschaft. Die unterschiedlichen Lebensstiltypen in Abb. 10.3 geben einen Eindruck davon, wie viel Gestaltungsspielraum jeder Einzelne mit seinem Lebensstil darauf hat, seinen ökologischen Rucksack zu verkleinern und damit ökologischen Druck von der Erde zu nehmen. Produkte, die mit einem »transformativen Design« ressourcenleichte Lebensstile unterstützen (vgl. M. Hassenzahl u. a., 2013; Liedtke, Ameli u. a., 2013; Liedtke, Kühlert, Huber & Baedeker, 2018), spielen bei der Förderung von suffizientem Handeln ebenso eine Rolle wie eine »Suffizienzpolitik« (Schneidewind & Zahrnt, 2013), die durch die Setzung von Rahmenbedingungen »gutes Leben einfacher macht« (vgl. auch Kap. 11 zur Wohlstands- und Konsumwende).

(2) *Konsistenz*. In der Klimadebatte stehen erneuerbare Energien für die Idee der Konsistenz: Eine Energieform, die die mehr als reichlich auf die Erde strahlende Sonne in Form von direkter Sonnenenergie, Windenergie oder Biomasse nutzt, ist Ausdruck einer »konsistent« in Naturprozesse eingefügten Energiegewinnung. Deswegen spielen erneuerbare Energien auf dem Weg zu einer Dekarbonisierung eine so wichtige Rolle.

Auch mit Blick auf die Ressourcen gibt es eine solche Konsistenz-Vision: Am eindrucksvollsten wird sie von Michael Braungart und seinem »Cradle-to-Cradle«-Netzwerk vertreten. Wenn es gelingt, alle materiellen menschlichen Bedürfnisse nur mit Stoffen und Produkten zu befriedigen, die am Ende ihrer Lebenszeit wieder ohne Schwierigkeiten in biologische Kreisläufe eingebracht werden können, dann stelle sich kein Problem der Ressourcenbegrenzung (Braungart & MacDonough, 2003). Wenn Abfälle wieder zu Nahrungsmitteln werden (»Waste equals Food«), dann lassen sich beliebig viele Ressourcen verwenden und dennoch die Belastungen der ökologischen Systeme im Griff halten. In enger Kooperation mit Unternehmen hat das Team um Michael Braungart in den letzten über 20 Jahren eine Reihe von Produkten – vom Turnschuh bis zum Sofabezug – entwickelt, die diesen Cradle-to-Cradle-Anforderungen entsprechen (McDonough & Braungart, 2009).

Ein nüchterner Blick zeigt jedoch, dass angesichts der Vielfalt und der Menge der Materialien in unserer Technosphäre, d. h. in unseren Gebäuden, Autos, Fahrzeugen, Städten und Fabriken, eine alles umfassende Cradle-to-Cradle-Strategie an systemische Grenzen stößt. Deswegen prägt heute das Leitbild einer »ressourceneffizienten Kreislaufwirtschaft« die Debatte zur Ressourcenwende (vgl. Kap. 13).

(3) *Effizienz.* Der effiziente Umgang mit Ressourcen ist der dritte Baustein auf dem Weg zur 8-Tonnen-Gesellschaft. Je weniger Material und Ressourcen in die Erbringung einer Dienstleistungseinheit eingehen, desto ressourcenleichter wird der Wirtschaftsprozess (Schmidt-Bleek, 1994). Eine besondere Bedeutung für die Erhöhung der Ressourceneffizienz kommt der Kreislaufwirtschaft zu. Stoffe und Ressourcen,

die nur einmalig aus Minen oder in komplexen chemischen Prozessen gewonnen werden, dann aber lange genutzt und im Kreislauf geführt werden können, tragen dazu bei, dass sich die Ressourcenintensität pro erbrachter Dienstleistungseinheit entscheidend reduziert. Neben der Frage der Dekarbonisierung steht daher die Umsetzung einer Kreislaufwirtschaft ganz oben auf der politischen Agenda Deutschlands und der Europäischen Union (Europäische Kommission, 2015), aber auch vieler anderer Staaten (Wuppertal Institut, 2018a; vgl. auch Kap. 13).

Fazit: Auf dem Weg in eine ressourcenleichte Welt

Nimmt man die planetaren Grenzen ernst, dann darf sich die Umweltdebatte nicht nur auf den Klimaschutz reduzieren. Unsere Wirtschaftsweise muss insgesamt ressourcenleichter werden. Der Kompass und die Ansätze hierfür liegen vor. Wichtig ist, dass sie noch konsequenter in die Strategien von Unternehmen und Politik sowie in die täglichen Orientierungsmuster jedes einzelnen Bürgers einfließen.

TEIL B:
Arenen

**Sieben Wenden für
die Große Transformation**

Die Große Transformation zu einer Nachhaltigen Entwicklung vollzieht sich in vielen, eng miteinander vernetzten »Wenden«. Wenden bezeichnen grundlegende kulturelle, institutionelle, ökonomische, technologische und ökologische Systemtransformationen auf dem Weg zu einer Nachhaltigen Entwicklung. Wenden sind die Bühnen der Zukunftskunst. Wenden strukturieren die Transformationsräume der Großen Transformation. Sie vermitteln einen plastischen Eindruck von der »Kunst der Transformation«. Wenden setzen dabei auf unterschiedlichen Ebenen an und sind eng miteinander verzahnt.

Im Folgenden werden sieben Wenden im Rahmen der Großen Transformation eingeführt. In der Diskussion über die Transformation zu einer Nachhaltigen Entwicklung werden durchaus auch weitere Wenden und ihre Verknüpfungen diskutiert – wie z. B. die Wasserwende als einer besonderen Form der Ressourcenwende und ihrem engen »Nexus« zur Energie- und Ernährungswende. Die im Folgenden skizzierten Wenden decken den großen Teil der globalen Nachhaltigkeitsherausforderungen ab und sind nicht nur die Grundlage der Arbeit am Wuppertal Institut, sondern auch anderer wichtiger Nachhaltigkeitsinstitutionen wie der Europäischen Umweltagentur (EEA 2017, S. 9). Jede Wende ist ein Baustein auf dem Weg zu einer Nachhaltigen Entwicklung. In allen diesen Wenden finden sich die vier Dimensionen der Zukunftskunst wieder.

Die Wenden sind eng miteinander verzahnt: Auf einer

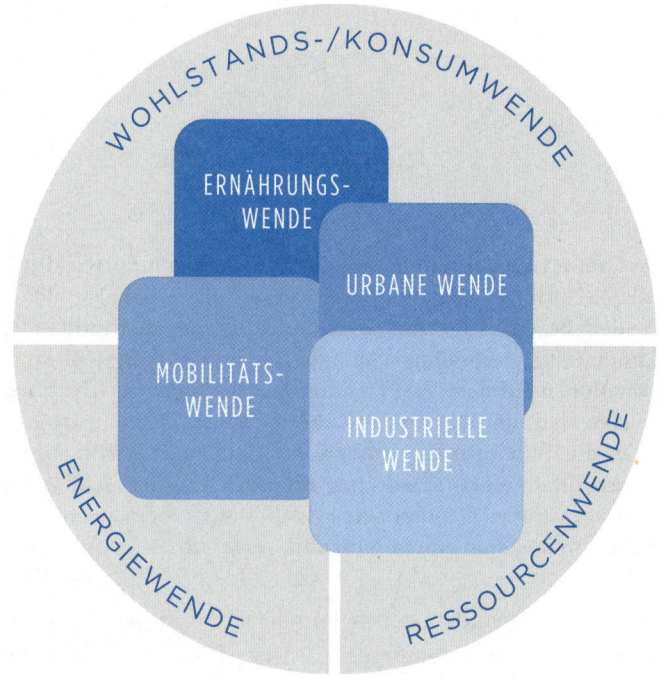

Abb. 11.0: Übersicht über das Zusammenspiel der »Wenden« für eine
Große Transformation. *Quelle: Eigene*

grundlegenden Ebene geht es immer sowohl um eine Ressourcenwende als auch um eine Energiewende. Im Sinne der
in Teil A eingeführten Idee einer doppelten Entkopplung sind
diese Wenden ohne eine umfassende Wohlstands- und Konsumwende nicht denkbar. Das Zusammenspiel von Ressour-
cen-, Energie- und Wohlstandswende markiert die Eckpunkte
für eine globale Zivilisation, die sich innerhalb der planetarischen ökologischen Grenzen organisiert.

Handfest wird die Transformation dann in konkreten Arenen: Dazu gehören Wenden in spezifischen *Sektoren*. Das Buch wirft einen besonderen Blick auf die *Mobilitätswende* und die *Ernährungswende*. Beides sind Schlüsselsektoren für die Beherrschung von Klimawandel und Ressourcenverbrauch. Weiterhin geht es um Wenden in konkreten *Transformationsräumen*: Dazu gehören *Städte* (Urbane Wende) und die *energie- und ressourcenintensiven Schlüsselindustrien* (Industrielle Wende): Bis zur Mitte des 21. Jahrhunderts werden 80 % der Menschen in Städten leben. Ob die Große Transformation gelingt, entscheidet sich daher letztlich in der Art und Weise, wie global die Städte gestaltet werden. Auch ein zivilisiertes 21. Jahrhundert wird Energieproduktion benötigen und seinen Wohlstand auf einer breiten Basis von Materialien und Stoffen gründen. Die Transformation von energie-, chemie- und materialbasierten Industrien im Lichte von Dekarbonisierung und Kreislaufwirtschaft stellt daher einen weiteren wichtigen Raum der Großen Transformation dar.

Die folgenden Kapitel konzentrieren sich insbesondere auf die für eine Nachhaltige Entwicklung notwendigen Transformationsprozesse im »globalen Norden«. Damit sind die entwickelten Industriestaaten gemeint, die in den letzten Jahrzehnten für den Großteil der globalen Umweltbelastungen verantwortlich zeichnen.

Die skizzierten Wenden greifen intensiv ineinander. In ihnen wirken technologische, ökonomische, institutionelle und kulturelle Aspekte eng zusammen. Der richtige Umgang mit diesen Dimensionen macht die Kunst gesellschaftlicher Transformation aus.

11. Wohlstands- und Konsumwende

Die Wohlstands- und Konsumwende beschreibt die Erweiterung bestehender Wohlstandsverständnisse. Sie befördert postmaterialistische Lebensstile gerade in industrialisierten Wohlstandsgesellschaften. Damit liefert sie wichtige Beiträge zur doppelten Entkopplung. Wohlstands- und Konsumwende setzen unmittelbar am kulturellen Element der Zukunftskunst an. Sie thematisieren die Transformation bestehender »Konsumkulturen« und der zugrundeliegenden Antriebe und Motivationen. Sie sind eingebettet und beeinflusst durch die in Kapitel 6 thematisierten Weiterentwicklungen des modernen Kapitalismus.

Was macht Lebensqualität und Wohlstand im Kern aus? Welche Rolle spielen dabei materielle Aspekte? Welche Rolle spielen Selbstversorgung und Versorgungsökonomie im Verhältnis zu klassischen Wirtschafts- und Konsumformen? Die Antworten auf diese Fragen erfordern die Auseinandersetzung mit der Verknüpfung von ökonomischen und kulturellen Dynamiken in modernen Gesellschaften. Denn anders als in der klassischen Ökonomie, die sich darauf beschränkt, Wirtschaft in gegebenen Präferenzsystemen zu optimieren, blickt die Wohlstands- und Konsumwende auf die Entwicklung von Präferenzen.

Im Jahr 2017 hat der Gründungspräsident des Wuppertal Instituts und aktuelle Co-Präsident des Club of Rome, Ernst Ulrich von Weizsäcker, mit weiteren Mitgliedern des Club of

Rome das Buch »Come on« veröffentlicht (»Wir sind dran«
von Weizsäcker & Wijkman, 2017). Die Autoren stellen fest,
dass die Welt am Anfang des 21. Jahrhundert in einer grundsätzlichen philosophischen Orientierungskrise steckt: Die
»volle Welt« des 21. Jahrhunderts, d.h. eine Welt großen
Wohlstands, aber zunehmender Umweltgefährdungen, bedarf ganz anderer Orientierungen als die »leere Welt« des
19. bis Mitte des 20. Jahrhunderts, die ein Wohlstandsver-
sprechen für viele in einer Welt noch umfassend vorhandener
globaler Ressourcen einlöste. Die Orientierungen und Systeme dieser »leeren« Welt kommen aber zunehmend an ihre
Grenzen. Das 21. Jahrhundert bedarf daher einer Philosophie
und Orientierung für die »volle Welt«. Der Club of Rome ruft
nach einer neuen Aufklärung, einer Philosophie der Balance.
Maja Göpel bezeichnet diese grundlegende Wende als »Great
Mindshift« und zielt damit auf die grundlegenden Wertan-
nahmen, die bestimmen, wie wir Ökonomie organisieren und
uns darin verhalten. Ansatzpunkte für einen solchen Mindshift und eine Wohlstandswende lassen sich heute schon an
vielen Orten, in Initiativen und Nischen finden. Noch haben
sie aber den Kern von Politik, Wirtschaft und Gesellschaft
nicht erreicht.

Besonders plastisch macht die englische Nachhaltigkeits-
pionierin Kate Raworth (2018) die Herausforderung der
doppelten Entkopplung. Sie fordert für das 21. Jahrhundert
eine »Donut«-Ökonomie (vgl. Abb. 11.1): Künftiger globaler
Wohlstand muss sich zwischen zwei Polen orientieren. Er
muss sich sozusagen im Ring des Donuts bewegen: Zum einen
muss er die grundlegenden Bedürfnisse von Menschen weltweit gewährleisten: von Nahrung über Wohnen, Gesundheit,
Bildung bis zur sozialen Vernetzung und persönlichen Entwicklung. Auf der anderen Seite gilt es, darauf zu achten, dass

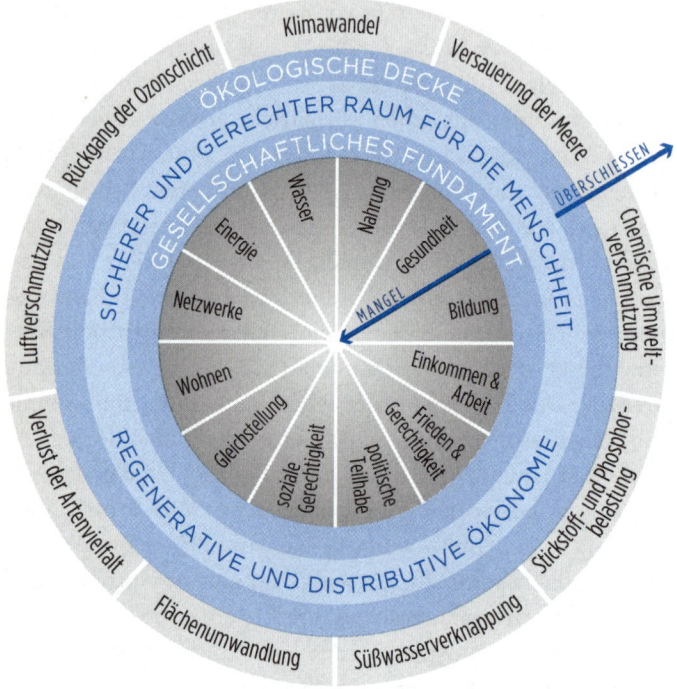

Abb. 11.1: Konzept der »Donut«-Ökonomie von Kate Raworth. *Quelle: Raworth, 2018, S.69*

die Befriedigung dieser Bedürfnisse die planetaren Grenzen unseres Globus nicht überschreitet (vgl. dazu auch Kap. 8).

Das Navigieren in diesem Spannungsfeld bezeichnet Kate Raworth als »Donut-Ökonomie«. Nur mit Strategien der doppelten Entkopplung lässt sich dieses ökonomische Programm einlösen. Die hier skizzierten Wenden werden das anschaulich verdeutlichen.

Die Auseinandersetzung mit der Wohlstands- und Kon-

sumwende fragt, ob eine »Kultur des Genug« möglich ist und
wie die Ausbildung einer solchen Kultur unterstützt werden
kann. Dass eine solche Kultur im Menschen durchaus angelegt ist, zeigt die tiefe Verankerung entsprechender Vorstellungen in fast allen Weltregionen.

Für das Wuppertal Institut hat die Auseinandersetzung
mit diesen Fragen seit seiner Gründung eine hohe Bedeutung
gehabt. Schon in den 1990er Jahren verfügte das Institut
über eine Arbeitsgruppe »Neue Wohlstandsmodelle«, in der
grundlegende Arbeiten zur »Suffizienz« entstanden sind, die
die Debatte über eine Nachhaltige Entwicklung entscheidend
mitgeprägt haben.

Während die anderen im weiteren Verlauf des Buches beschriebenen Wenden durchaus von technologischen Dynamiken getragen werden und es in den entsprechenden Kapiteln
darum geht, wie diese technologischen Potentiale geeignet
ökonomisch, institutionell und kulturell zu rahmen sind,
hat die Wohlstands- und Konsumwende einen kulturellen
Ausgangspunkt. Sie steht daher prototypisch für den grundlegenden Perspektivwechsel der Zukunftskunst: Die Große
Transformation ist von der kulturellen und nicht von der
technologischen Veränderung her zu denken. Damit eröffnet
die Wohlstands- und Konsumwende auch dieses Kapitel der
Wenden der Großen Transformation.

Die hinter der Wohlstands- und Konsumwende liegende
kulturelle Wende lässt sich aber durchaus politisch-institutionell, ökonomisch und technologisch befördern. Darin liegt
die Zukunftskunst der Konsum- und Wohlstandswende. All
diesen Dimensionen werden sich die folgenden Abschnitte
widmen.

Entrümpelung, Entschleunigung, Entflechtung, Entkommerzialisierung – Zur Kultur des Genug

Was steckt hinter einer Kultur des Genug? Ist mehr Wohlstand auch bei geringerem materiellen Wachstum möglich? Robert und Edward Skidelsky (Skidelsky & Skidelsky, 2012), Vater und Sohn sowie Ökonomie- bzw. Philosophieprofessor, fragten in ihrer 2012 erschienen Analyse moderner Wachstumsökonomien: Wie viel ist genug? In ihrer Analyse machen sie deutlich, dass gerade für wohlhabende Staaten gilt: Weniger ist oft mehr. Sie zeigen auf, welche sieben grundlegenden Bedürfnisse menschliche Zufriedenheit treiben: (1) Gesundheit, (2) Sicherheit, (3) Respekt, (4) Entfaltung der Persönlichkeit, (5) Harmonie mit der Natur, (6) Freundschaften, (7) Muße. Sie machen deutlich, warum die Befriedigung dieser Bedürfnisse in modernen Wachstumsgesellschaften zunehmend schwieriger wird. Das Kapitel zur Kapitalismuskritik in Teil A des Buches ist auf einige dieser Mechanismen eingegangen.

In der Tradition vieler Religionen und philosophischer Schulen ist die Erkenntnis angelegt, dass Selbstbegrenzung nichts mit Freudlosigkeit und Kasteiung zu tun hat, sondern dass sie aus Freiheit eine Haltung des Fragens ermöglicht (vgl. zum Überblick Schneider, 2013): Was tut gut? Was ist das rechte Maß? Wann wird das eigene Handeln zur Belastung für andere und die Umwelt? Was macht im Kern zufrieden?

Gerhard Scherhorn (2002) hat als früher Vordenker der Arbeitsgruppe »Neue Wohlstandsmodelle« am Wuppertal Institut betont, dass nicht »Güterwohlstand« alleine glücklich mache, sondern »Zeitwohlstand« sowie »Raumwohlstand« – damit bezeichnet er das »Wohlbefinden in der natürlichen und sozialen Mitwelt« – eine genauso hohe Bedeutung zukommt (vgl. auch Hofmeister & Spitzner, 1999). All dies deckt sich mit den Analysen von Skidelsky und Skidelsky und mit dem im Kapitel 5 (Doppelte Entkopplung) eingeführten, elf Dimensionen umfassenden Wohlstandskompass der OECD.

Besonders einprägsam hat ein anderer Vordenker des Wuppertal Instituts schon 1993 auf den Punkt gebracht, was hinter der Idee der Suffizienz und einer Wohlstandswende steckt: Wolfgang Sachs (1993) formulierte seine »vier E's«, die bis heute prägend für die Debatte über die Wohlstandswende sind: »Entrümpelung«, »Entschleunigung«, »Entkommerzialisierung« und »Entflechtung«. Er weist damit auf die Idee eines guten Lebens in vier Dimensionen hin:

- In zeitlicher Dimension: Entschleunigung im Sinne eines »langsamer & zuverlässiger«, letztlich aber im Sinne eines angemessenen Rhythmus. Die Idee des Zeitwohlstandes von Gerhard Scherhorn taucht hier wieder auf.
- Im Raum: Entflechtung im Sinne eines regionaler & übersichtlicher.
- Bezogen auf die Dinge: Entrümpelung im Sinne eines vereinfacht, übersichtlicher & weniger.
- Bezogen auf die Wirtschaft: Entkommerzialisierung im Sinne von »dem Markt entzogen & selbstgemacht« und damit auf die Entwicklung eigener Fähigkeiten setzend.

Diese vier »E's« markieren den kulturellen Kompass für die Wohlstands- und Konsumwende. In den folgenden Abschnitten wird es darum gehen, wie sich eine Wohlstandswende politisch-institutionell, ökonomisch und technologisch unterstützen lässt.

Sie führen am Ende zu dem, was in der internationalen Diskussion ein »One-Planet-Lifestyle« genannt wird: Ein Lebensstil, der auf individuelles und soziales Wohlbefinden zielt

und zugleich die planetaren Grenzen des Planeten Erde im
Blick hat (CSCP, 2016; Thorpe, 2015).

Suffizienzpolitik und Öko-Routine – Damit gutes Leben einfacher wird

Während es selbstverständlich ist, dass es für die Gewährleistung des materiellen Wohlstandes eines staatlich gewährleis-
teten Rahmens bedarf – nämlich moderne Wirtschafts- und
Ordnungspolitik –, wird bei der Diskussion über einen erweiterten Wohlstand und Lebensstile zumeist auf die alleinige
Verantwortung des Einzelnen verwiesen. Spätestens bei der
Auseinandersetzung mit den Dysfunktionalitäten unserer
heutigen Wirtschaftsordnung in Kapitel 6 wurde deutlich,
dass die heutigen Verhältnisse gutes Leben eher erschweren
als erleichtern.

Die Wohlstandswende bedarf daher auch aktiver politischer
Flankierung. Wir haben das entsprechende Politikfeld in einem
Buch aus dem Jahr 2013 (Schneidewind & Zahrnt, 2013) Suffizienzpolitik genannt. Damit ist eine Politik gemeint, die es
leichter macht, nachhaltige Lebensstile zu praktizieren und
damit der globalen Verantwortung am Anfang des 21. Jahrhunderts gerecht zu werden. Suffizienzpolitik reicht dabei in
unterschiedliche, heute schon bestehende Politikfelder hinein
(vgl. Abb. 11.2).

Suffizienzpolitik setzt nicht alleine auf weiteres materielles Wachstum, sondern auf ein insgesamt »Gutes Leben«
innerhalb gegebener ökologischer Leitplanken. Eine solche
»Wohlstandspolitik« muss dabei alle elf der in Kapitel 5 skizzierten OECD-Dimensionen im Blick behalten (Schneidewind & Zahrnt, 2013).

Abb. 11.2: Das »E.R.G.O«-Schema – Ansatzpunkte für eine Suffizienzpolitik.
Quelle: Nach Schneidewind & Zahrnt, 2013

Suffizienzpolitik hat vielfältige Ansatzpunkte, die weit über
die klassischen Instrumente der Umwelt- und Wirtschaftspolitik hinausreichen. Das 2013 u.a. vom Wuppertal Institut zusammen mit Angelika Zahrnt (http://suffizienzpolitik.
postwachstum.de) entwickelte E.R.G.O-Schema für eine
Suffizienzpolitik (vgl. Abb. 11.2) macht das deutlich: Es geht
um Politik der übergeordneten Rahmensetzung (»R«) – von
neuen Wohlstandsmaßen über die Wettbewerbsordnung, ein
ökologisches Steuersystem bis zu Ansätzen eines Grundeinkommens – über die konkrete (politische) Gestaltung (»G«)
in Feldern wie der Mobilität, der Ernährung, des Bauens[6] bis
zu Politiken, die die Fähigkeiten und Ressourcen für suffi-
ziente Lebensstile stärken bzw. überhaupt erst ermöglichen
(»E«), z.B. in der Gesundheits-, Bildungs-, Verbraucher- und
Arbeits(zeit)politik. All dies sollte an einem Kompass (»O«)

orientiert sein, der nicht alleine ein »Schneller«, »Weiter«, »Globaler« und »Kommerzieller« vorgibt, sondern ein Wohl- standsverständnis einer Moderne, die nach neuen Gleichge- wichten sucht (vgl. dazu auch Kap. 6).

Bausteine einer solchen Suffizienzpolitik finden sich heute in vielen Ländern der Welt und in vielen lokalen Initiativen: Ob es der »National Gross Happiness Index« Bhutans ist (Centre for Bhutan Studies & GNH, 2016) oder alternative Wohlstandsmaße in Maryland/USA (McGuire, Posner & Haake, 2012).

Lokal hat das Wuppertal Institut in den letzten Jahren in en- ger Kooperation mit den Akteuren der Stadt einen auf den elf Dimensionen der OECD aufsetzenden Wohlstandskompass auf urbaner Ebene umgesetzt (w-indikatoren.de) und knüpft damit an viele andere Initiativen weltweit an, die versuchen, die Wohlstandsentwicklung in Städten in angemessener Wei- se zu messen (vgl. happycity.org.uk oder wellbeing.smgov. net). Denn gerade Städte sind ein wichtiger Erprobungsraum für neue Wohlstandsmodelle (vgl. auch Kap. 16 zur Urbanen Wende).

Dies hat dann auch Einfluss auf die konkrete Wirtschafts- politik einer Stadt: Aus klassischer kommunaler Wirtschafts- förderung muss eine »Wohlstandsförderung« werden. Unter dem Titel »Wirtschaftsförderung 4.0« entwickelt das Wup- pertal Institut derzeit mit Pionierkommunen Ansätze für ein erweitertes Verständnis von kommunaler Wirtschaftsför- derung im 21. Jahrhundert (Kopatz, 2015, 2016).

Wie Suffizienzpolitik konkret aussehen kann, hat Michael Kopatz vom Wuppertal Institut in seinem Buch »Ökoroutine« im Jahr 2016 an vielen konkreten Beispielen deutlich ge- macht. Er bringt auf den Punkt, worum es bei der Ökoroutine geht: die Verantwortung nicht alleine beim einzelnen Kon-

sumenten abladen – insbesondere nicht bei den Versorgenden
im Haushalt (Spitzner & Buchmüller, 2016) –, sondern Strukturen statt Menschen zu verändern (vgl. Kasten).

**»Strukturen verändern statt Menschen« –
Michael Kopatz' Plädoyer für die Ökoroutine**[7]

Die Ökoroutine wirft einen aufgeklärten Blick auf die Schwie-
rigkeit eines jeden Menschen, persönliche Überzeugung in konkrete Konsumentscheidungen zu übersetzen: »So begrüßen
über 80 Prozent der Bundesbürger eine artgerechte Tierhaltung.
Doch nur wenige entscheiden sich an der Ladentheke dafür. Ein
Grill darf auch mal 800 Euro kosten, darauf liegen nicht selten
die Würstchen zum Dumpingpreis. Befragungen zeigen auch,
dass sich fast die gesamte Bevölkerung mehr Engagement beim
Klimaschutz wünscht, doch geflogen wird so viel wie nie zuvor. Menschen sind es gewohnt, mit solchen Widersprüchen zu
leben.«
Ökoroutine bedeutet, Menschen in diesen Dilemmata nicht
alleine zu lassen, sondern Rahmenbedingungen zu schaffen,
die das richtige Handeln zur Routine werden lassen. Suffizienzpolitik und Ökoroutine verhindern, dass das richtige Handeln
immer wieder gegen die Wand falscher Strukturen läuft.
Politisch wollen viele Menschen einen Wandel, individuell
möchten aber nur wenige den Anfang machen. Es ändert sich
wenig, weil sich Menschen benachteiligt fühlen, wenn »allein«
sie auf den Flug oder das Auto verzichten oder sich einschränken. Das kann sich ändern, wenn das erwünschte Verhalten zur
Routine wird. Hier setzt die Ökoroutine an: Sie macht Nachhaltigkeit durch Rahmensetzung zum Normalfall; nicht das
Nachhaltige ist dann exotisch, sondern der verantwortungslose
Umgang mit Ressourcen.
Suffizienzpolitik und Ökoroutine sind längst in vielen Bereichen etabliert (vgl. auch Manfred Linz [2015]) und daher kein
völlig neues Politikfeld: Elektrogeräte, Häuser und Autos wur-

den effizienter, weil sich die gesetzlichen Standards schrittweise
verändert haben. Weitgehend unbemerkt haben Legehühner in
der EU heute doppelt so viel Auslauf wie noch 2003. Michael
Kopatz macht klar: »Statt nur mit moralischen Appellen von
den Bürgern das ›richtige‹ Verhalten einzufordern, ist es viel
effektiver, die Produktion zu verbessern. Statt von den Menschen einzufordern, weniger zu fliegen, ist es realistischer, die
Expansion der Fliegerei insgesamt zu limitieren.«

Quelle: Kopatz, 2016, www.oekoroutine.de

Suffizienz als Geschäftsmodell und »lebendige Labore« für soziale Innovationen

Präferenzen und Konsumwünsche fühlen sich zumeist ganz
individuell an. Die moderne Soziologie sensibilisiert jedoch
dafür, dass unser Geschmack und unsere Präferenzen sozial
erlernt sind. Besonders plastisch wird das oft bei der Einschu-
lung der eigenen Kinder, wenn einem plötzlich bewusst wird,
dass viele Kinder der gleichen Alterskohorte gleiche Namen
haben – obwohl man sicher gewesen war, seinem Kind einen
sehr individuellen Namen ausgesucht zu haben.

Konsumkulturen sind daher ständig in Bewegung und
unterliegen vielfältigen Einflüssen. Gerade Unternehmen ist
das bewusst, die mit umfassenden Marketing- und Kommunikationsstrategien auf diese Konsumkulturen aktiv Einfluss
nehmen. Ob Rauchen als Ausdruck von Freiheit, ein Auto
als Zugang zu Naturerfahrungen oder ein Schokoriegel als
gesunde Zwischenmahlzeit wahrgenommen wird, wird auch
durch die Produkt- und Kommunikationsstrategien von Unternehmen beeinflusst. Kapitel 6 hat dafür sensibilisiert, dass

4 E'S ALS SUFFIZIENZ-STRATEGIEN

Entrümpelung
vereinfacht und weniger

Entschleunigung
langsamer und zuverlässiger

Entflechtung
regionaler und übersichtlicher

Entkommerzialisierung
dem Markt entzogen und selbstgemacht

GESCHÄFTS-CHANCEN

- Puristische Lebensmodelle
- Schlanke, ökologisch optimierte Handels-sortimente
- Sharing-Modelle (z. B. Carsharing)

- Slow Food, Slow Travelling
- Langsame zuverlässige Logistik
- Lebensdauerverlängerungen und 10-Jahres-Garantien

- Regionale Produkte und Beschaffung
- Regionalisierte Logistik

- Koch-, Programmier- und Handwerker-Kurse
- Open-Source-Entwickler-Communities
- Hybride Formen der Wertschöpfung

Abb. 11.3: Suffizienz als Geschäftsmodell. *Quelle: Nach Schneidewind & Palzkill, 2011, S. 17*

moderne Wachstumsökonomien sogar z. T. systemisch auf die Anregung von »Über-Konsumtion« angewiesen sind, um sich ökonomisch stabilisieren zu können (Pineault, 2016).

Kann eine Wohlstands- und Konsumwende daher durch Unternehmensstrategien befördert werden? Oder ist eine Wohlstands- und Konsumwende das Ende für eine dynamische und innovative Wirtschaft?

Ganz im Gegenteil: Gerade die Wohlstandswende ist in besonderer Weise auf Kreativität und erfindungsreiches Unternehmertum angewiesen.[8] In Kapitel 20 werden wir zeigen, wie zentral unternehmerisches Handeln für eine Große Transformation ist. Das gilt durchaus auch für die Wohlstands- und Konsumwende. Unternehmen bieten sich hier vielfältige Gestaltungsmöglichkeiten (vgl. Abb. 11.3). Wir haben diese vor einiger Zeit unter der griffigen Formel »Suffizienz als Business Case« zusammengefasst (vgl. Schneidewind & Palzkill, 2011).

So hat das »Entrümpeln« – die Idee des Weniger – als kultureller Trend wichtige Lebens- und Produktbereiche ergriffen. Viele junge Menschen gerade in den großen Städten möchten kein eigenes Auto mehr besitzen. Es hat den Reiz als Statussymbol verloren, die notwendige Pflege sowie die mühsame Parkplatzsuche lassen es mehr zur Last denn zur Lust werden. Automobilhersteller haben darauf reagiert. War Carsharing anfangs eine selbstorganisierte Form alternativer Mobilität in ökologisch-sensiblen Kreisen, gibt es heute entsprechende Angebote von allen führenden Automobilherstellern.

Ähnliches lässt sich beim Bedürfnis nach neuem Rhythmus als richtiges Maß zwischen Be- und Entschleunigung beobachten. Die »Slowfood«-Bewegung beispielsweise erlebt in den letzten Jahren einen massiven Zulauf. Essen als Oase des bewussten und entschleunigten Genusses wiederzuentdecken hat Konjunktur – viele Restaurants haben die Chance für sich entdeckt. Ähnliches gilt für »Slow Travel« als neues Format des entschleunigten Reisens. So wurde Studiosus-Reisen im Jahr 2010 mit dem Deutschen Nachhaltigkeitspreis ausgezeichnet, weil der Reiseanbieter in besonderer Weise auf einen Tourismus achtet, der sozial, ökologisch und kulturell eingebettet ist. Aber auch in vielen Industrien ist inzwischen erkannt worden, dass die Entschleunigung bestimmter logistischer Ketten die Zuverlässigkeit von Lieferungen erheblich erhöhen und Transportkosten senken kann. Die Wiederent-

deckung langlebiger Produkte, die reparaturfähig sind und für
die ein langfristiger Service besteht, sind eine Antwort auf die
zunehmende Ernüchterung über die in den letzten Jahrzehnten entstandene Wegwerfkultur und geplante Obsoleszenz.
Ähnlich wie beim Carsharing entwickelt sich hier aus einer
Kultur ehrenamtlicher »Reparatur-Cafés« der Keim für neue
Geschäftsmodelle. Denn durch den Kulturwandel werden re-
paraturfähige Produkte wieder attraktiv, entsteht der Bedarf
nach neuer Form der Qualifizierung und des Informations-
austausches über das Wiederinstandsetzen von Produkten.

Entkommerzialisierung setzt einen Anreiz für den Wieder-
erwerb verlorener Fähigkeiten. Und selbst dort, wo es auf
den ersten Blick für Unternehmen nichts zu holen zu geben
scheint, nämlich bei der »Entkommerzialisierung«, locken
Möglichkeiten für innovative Unternehmerinnen und Unternehmer. Denn wer selbst kochen, reparieren, restaurieren
oder Gartenbau betreiben will, muss dafür oft verlorengegan-
gene Fähigkeiten (wieder-)erwerben. Hier entsteht ein Markt
für Kurse, Ratgeber und Erfahrungsaustauschplattformen.

Von den Orientierungsmarken der »vier E's« ist die Entflechtung, d.h. die Regionalisierung, bisher am wirksamsten.
Die Wiederentdeckung des lokalen Bezugs als besonderes
Produktmerkmal spielt insbesondere bei Lebensmitteln eine
große Rolle. Selbst große Fastfoodketten legen heute Wert
darauf, dass ein großer Teil ihrer Vorprodukte aus regionaler
Produktion kommt – als Ausdruck einer besonderen Qualität
der angebotenen Lebensmittel. Aber auch viele andere Hersteller werben mit dem Argument heimischer Produktion und
erreichen damit eine immer größere Zahl an Konsumenten.

Als Entwicklungsumgebung für neue Produkt- und
Dienstleistungsangebote im Zeichen einer Wohlstandswende haben sich in den letzten Jahren »Living Labs«

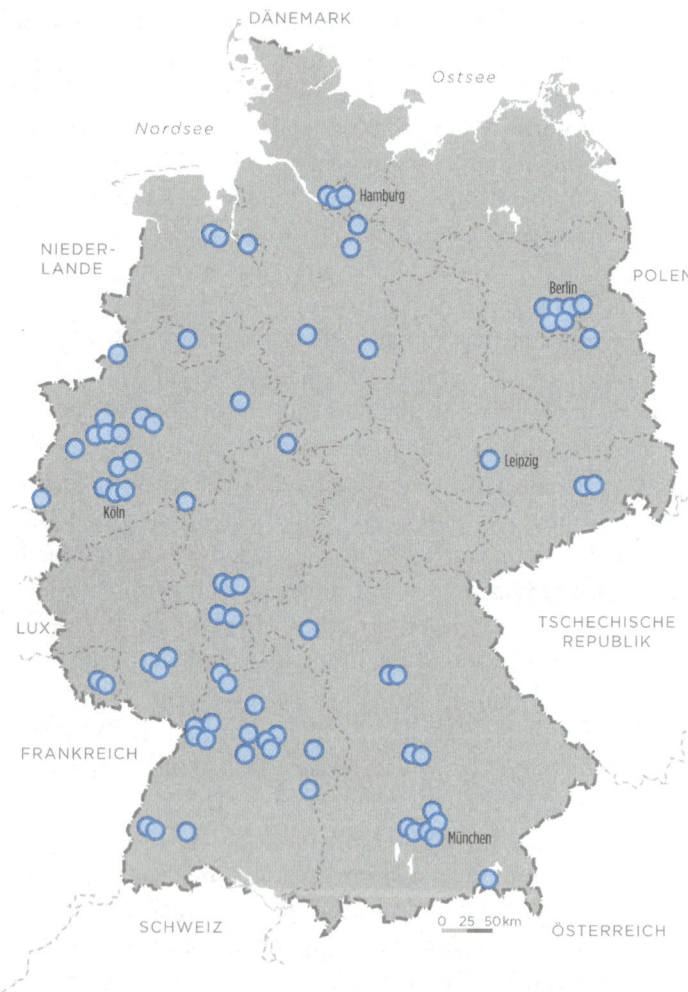

Abb. 11.4: Landkarte der Living Labs in Deutschland zur Entwicklung neuer Produkt- und Dienstleistungsdesigns. *Quelle: Eigene Darstellung in Anlehnung an Geibler, Erdmann, Dönitz, Stadler & Zern, 2018, S. 24*

etabliert (Liedtke, Baedeker, Hasselkuss, Rohn & Grinewitschus, 2015). Damit sind Labore gemeint, in denen Unternehmen zusammen mit Kundinnen und Kunden sowie Wissenschaftlerinnen und Wissenschaftlern unter Realbedingungen neue Produkt- und Dienstleistungsdesigns erproben: Dabei entstehen neue Angebote vom klimagerechten Heizen in der Wohnung bis hin zu Anreizen zu neuen Mobilitätsformen (Hasselkuss, Baedeker & Liedtke, 2017).

Eine besondere Rolle spielt dabei die Entwicklung »transformativer Produkte« (Liedtke, Buhl & Ameli, 2013 b, 2013 a). Damit sind Produkte gemeint, die ihren Nutzerinnen und Nutzern andere, nachhaltigere Verhaltensweisen erleichtern – z.B. beim Lüften und Heizen ihrer Wohnung, beim Ernährungs- oder Mobilitätsverhalten. Für die Entwicklung solcher Produkte bedarf es der engen Kooperation von Unternehmen, Wissenschaft und Designern. Wichtige Impulse kommen hier aus der Forschung zum »Transformativen Design« bzw. dem »Experience Design« (M. Hassenzahl u.a., 2013; Marc Hassenzahl, 2010; Marc Hassenzahl & Laschke, 2014), das heute schon bei der Gestaltung digitaler Produkte eine zentrale Rolle spielt.

Auch wenn Unternehmertum entlang der »vier E's« heute noch eine Nischenrolle spielt: Die skizzierten Beispiele zeigen, dass auch in einer Gesellschaft mit einem weiterentwickelten Wohlstandsverständnis innovative Unternehmen eine wichtige Rolle spielen werden. Eine Gesellschaft, die gutes Leben leichter macht, braucht daher sowohl fördernde institutionelle Rahmenbedingungen als auch Unternehmen, die diese Rahmenbedingungen innovativ aufgreifen.

Vom Ressourcenrechner zu Living Labs – Zum Design neuer Produkte und Dienstleistungen für nachhaltigere Lebensstile

Living Labs und transformatives Produktdesign machen deutlich: Bei einer Wohlstands- und Konsumwende steht Technologie nicht im Zentrum, aber sie kann unterstützen.

Gerade die Digitalisierung bietet dafür vielfältige Potentiale. Digitalisierung kann die Grundlage für eine neue Ökonomie des Teilens bieten (vgl. dazu auch Kap. 20 zu Unternehmen). Im Rahmen der Wohlstandswende sind dabei nicht kommerzialisierte Sharing-Lösungen gemeint, die die Effizienzpotentiale in der Nutzung von Fahrzeugen (z. B. Uber) oder Wohnraum (z. B. AirBnB) adressieren, sondern Plattformen, die Teilen als Kultur des Miteinanders und nichtkommerzialisierten Austausches betreiben. Diese Beispiele reichen vom Wissensaustausch (z. B. Wikipedia, Open Data) über die gemeinsame Entwicklung von Software (z. B. Open Source) und Produkte (z. B. Open Car-Projekt) bis hin zu gemeinschaftlichen Formen des regionalen Waren- und Dienstleistungstausches. Insofern bergen die technologischen Möglichkeiten der Digitalisierung vielfältige Potentiale für eine Wohlstandswende.

Eine unmittelbare technologische Unterstützung liefern heute schon solche Informationsplattformen, die helfen, das eigene Konsumverhalten zu reflektieren und zu verändern: Sie reichen von Angeboten wie dem individuellen Ressourcenrechner (www.ressourcen-rechner.de) oder dem CO_2-Fußabdruckrechner (www.uba.co2-rechner.de/de_DE oder https://footprintcalculator.henkel.com/de), die die ökologischen Wirkungen des eigenen Konsumstils zurückspielen, bis hin zur ToxFox-App (https://www.bund.net/chemie/toxfox/), die Konsumentinnen und Konsumenten bei der Auswahl ökologisch verträglicher Konsumprodukte unterstützt.

Abb. 11.5: Dimensionen der Wohlstands- und Konsumwende.
Quelle: Eigene

Wie weiter mit der Wohlstands- und Konsumwende?

Die Wohlstands- und Konsumwende ist ein essentieller Baustein der Großen Transformation. Ihre Umsetzung ist eine besondere Herausforderung im bestehenden politischen und gesellschaftlichen Klima. Denn die Fallstricke der Wohlstandswende sind eng verzahnt mit der bestehenden Wirtschaftsordnung. Aus diesem Grund bedarf es eines engen Zusammenspiels der kulturellen, politischen, ökonomischen und auch technologischen Flankierung der Wohlstandswende. Alle in den folgenden Kapiteln skizzierten Wenden transportieren dabei immer auch ein Stück Wohlstandswende. Die Wohlstandswende stellt eine zentrale Sphäre jeder Wende zu einer Großen Transformation dar.

12. Energiewende – Suffizient, effizient, regenerativ

In Deutschland ist die Energiewende die am weitesten fortge-
schrittene Wende im Rahmen der Großen Transformation. Sie
wird jedoch oft nur reduziert als »Stromwende« betrachtet, d. h.
als Umstellung der Stromversorgung auf regenerative Energieträger. Dabei ist ihre Reichweite sehr viel größer: Sie erstreckt
sich genauso auf den Verkehrssektor wie auf Einsatz und Nutzung von Wärme in Industrie und Gebäuden. Und das Ziel der
Energiewende ist nur zu erreichen, wenn die Umstellung auf
regenerative Energien fest eingebettet ist in Strategien der Energiesuffizienz und Energieeffizienz.

Kapitel 9 hat die Vision der Dekarbonisierung beschrieben.
Damit ist eine Welt gemeint, die es noch im 21.Jahrhundert
schafft, ihre gesamte Wertschöpfung ohne Rückgriff auf er-
schöpfbare fossile Energieträger zu erzeugen. Die Dekarbonisierung ist ein Schlüsselprojekt, um das 2-Grad-Klimaziel
als eine der bedeutenden planetaren Grenzen einzuhalten.

Im Kern einer solchen Dekarbonisierung steht die Energiewende. In der öffentlichen Debatte steht oft die Stromwende
im Vordergrund, d.h. der Umbau der Stromerzeugung hin zu
regenerativen Energieträgern: insbesondere Wind, Sonne und
Wasser statt Kohle, Öl, Erdgas oder Uran. Neben der Stromwende umfasst die Energiewende jedoch auch die »Sub-Wen-
den« der wichtigsten Erzeugungs- und Verbrauchssektoren.
Dazu gehört einmal die Wärmewende, d.h. die künftige Bereitstellung der Heiz- (und Kühl-)energie in unseren Wohn-

häusern und übrigen Gebäuden. Aber auch in der Industrie braucht es eine Wende hin zu erneuerbaren Energien (vgl. Kap. 17). Und schließlich ist die Energiewende eng verknüpft mit der Mobilitätswende (vgl. Kap. 14). Erneuerbar erzeugter Strom wird für all diese Wenden immer wichtiger. Die Energiewende gilt es daher eng mit den anderen Wenden zu koordinieren.

Die Idee der Energiewende hat in Deutschland eine lange Geschichte, die bis in die Ölkrisen der 1970er Jahre und den aufkommenden Widerstand gegen Atomenergie zurückreicht. Schon 1980 legte das Öko-Institut eine erste Studie zur Energiewende vor (Krause, Bossel & Müller-Reissmann, 1980), 1985 veröffentlichte es das Buch »Die Energiewende ist möglich« (Hennicke, Johnson, Kohler & Seifried, 1985), in dem die Autoren Wege zur konkreten Umsetzung der Energiewende aufzeigten. All dies waren die konzeptionellen Grundlagen dafür, dass sich Deutschland im Stromsektor zu einem Vorreiterland für den Ausbau regenerativer Energien entwickelte und 2011 nach der Reaktorkatastrophe von Fukushima die politische Entscheidung getroffen wurde, bis Ende des Jahres 2022 aus der Atomenergie auszusteigen und die Stromversorgung eines führenden Industrielandes innerhalb von 40 Jahren nahezu vollständig auf regenerative Energien umzustellen.

Insbesondere die Stromwende ist in Deutschland die bisher am besten umgesetzte Wende im Rahmen der Großen Transformation. Heute existieren weitgehend die (energieeffizienten bzw. regenerativen) Technologien, um die Energiewende umzusetzen. Die inzwischen erreichten Produktionskosten für erneuerbare Energien machen diese Energieform absolut wettbewerbsfähig (vgl. Höfling, 2016). Durch die lange Vorgeschichte existiert zudem für ein vollständig regeneratives

Energiesystem gerade in Deutschland eine große kulturelle Akzeptanz.

Gleichzeitig steht die Energiewende selbst hier vor immensen Herausforderungen. 2017 hatten regenerative Energien einen Anteil von rund 33 % bei der Stromerzeugung und knapp 15 % bei der Energieversorgung insgesamt. Große Teile des Zuwachses beruhen auf dem Ausbau der Wind- und Solarenergie. Der Systemintegration dieser beiden Energiequellen, die mit einer hohen fluktuierenden Einspeisung verbunden sind, kommt damit eine große Bedeutung zu. Bis heute ist dies sehr gut gelungen, ohne die Netzstabilität zu gefährden. Die Bedeutung der Netzintegration wird künftig noch steigen, wenn die Rolle von Strom als Endenergieträger weiter zunimmt. Praktisch alle Studien und Szenarien gehen für eine weitgehend regenerative Versorgung bis zum Jahr 2050 davon aus, dass auch die Sektoren Industrie, Verkehr und Wärme erheblich stärker als heute durch (dann erneuerbar erzeugten) Strom versorgt werden – flankiert durch Wasserstoff und synthetische Energieträger aus erneuerbarem Strom.

Daher sind nicht zuletzt aufgrund der begrenzten heimischen regenerativen Energiepotentiale erhebliche Anstrengungen notwendig: Zum Ersten gilt es, bei der Energienachfrage die Möglichkeiten der Energiesuffizienz und Energieeffizienz möglichst vollständig auszuschöpfen – das ist Aufgabe nicht nur der Verbraucherinnen und Verbraucher, sondern auch der Unternehmen, der Vermieterinnen und Vermieter und nicht zuletzt der Politik. So kann das Ziel der Bundesregierung erreicht werden, bis 2050 den Primärenergieverbrauch zu halbieren. Zum Zweiten erfordert es bedeutende technologische und infrastrukturelle Anpassungen des Stromsystems hinsichtlich (1) des Netzdesigns und der Schaffung von Speicherkapazitäten sowie (2) der Laststeuerung und

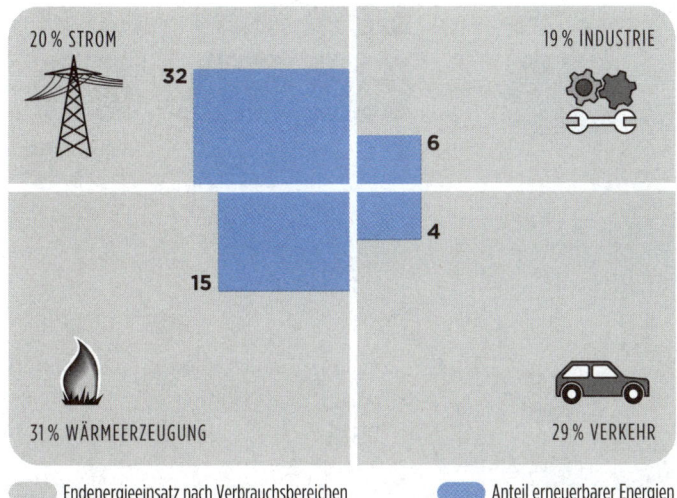

Endenergieeinsatz nach Verbrauchsbereichen   Anteil erneuerbarer Energien

Abb. 12.1: Die vier zentralen Bereiche der Energiewende und der Anteil erneuerbarer Energien in diesen Bereichen 2018. *Quelle: Wuppertal Institut (Der 19 %-Endenergieanteil der Industrie umfasst Prozess- und Wärmeenergie in der Industrie, der 31 %-Endenergieanteil der Wärmeerzeugung umfasst nur Wohn- und Nichtwohngebäude. Rundungsbedingt ergibt die Summe der Endenergieanteile nicht genau 100 %.)*

(3) hinsichtlich geeigneter Formen der Sektorkopplung, wenn künftig Strom auch verstärkt zur Bereitstellung von Wärme und als Energie für den Verkehr (z. B. durch die Umstellung auf Elektromobilität) genutzt wird. Abbildung 12.1 macht die Dimension der Herausforderung deutlich, indem sie den Anteil der einzelnen Sektoren am Gesamtenergieverbrauch darstellt. Soll in Zukunft der gesamte Energiebedarf erneuerbar gedeckt werden – und zu einem Großteil aus Strom – wird deutlich, wie zentral eine Begrenzung des Gesamtenergiebedarfs ist, um die notwendigen zusätzlichen regenerativen Erzeugungskapazitäten so gering wie möglich zu halten.

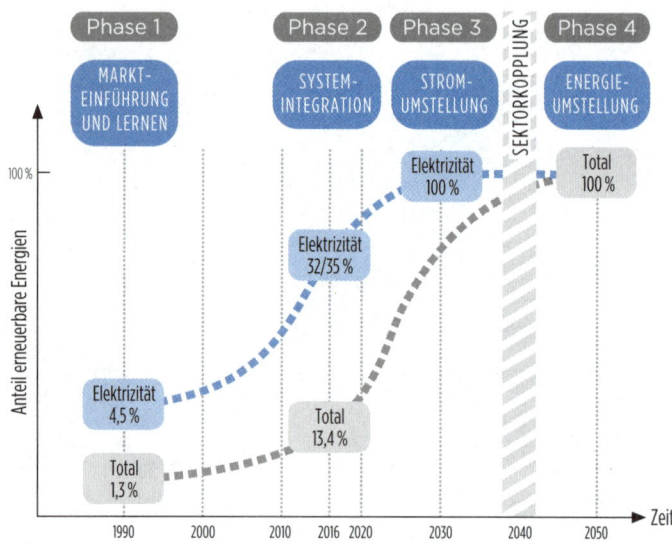

Abb. 12.2: Vier-Phasen-Modell der Energie/Stromwende. *Quelle: Wuppertal Institut*

Zum anderen sind ökonomische und institutionelle Anpassungen erforderlich – insbesondere bei der Gestaltung des Strommarktdesigns. Die ursprünglichen Regulierungen des Erneuerbare-Energien-Gesetzes zielten auf einen beschleunigten Ausbau regenerativer Energien aus ihrer Nischenposition hinaus. Nun, da regenerative Energien zur dominierenden Quelle der Stromerzeugung werden, bedarf es eines angepassten Marktdesigns. Dessen Aufgabe wird es sein, den weiteren Umbau der Stromerzeugung effizient und nachhaltig zu steuern und die neuen Aufgaben, die sich durch die Erzeugungscharakteristik von Wind- und Solarenergie ergeben, zu organisieren.

Hinzu kommt die aktive Begleitung des Ausstieges aus

der fossilen Stromerzeugung. Die insbesondere regionalökonomischen Effektive dieses Ausstieges sind mit geeigneten Exnovationsstrategien zu begleiten (vgl. Kap. 9).

Insgesamt ist davon auszugehen, dass die Umsetzung der Transformation des Energiesystems über den Ausbau regenerativer Energien vereinfacht gesprochen dem Bild eines Vier-Phasen-Modells folgt (vgl. Abb. 12.2). Wie schnell diese Phasen umgesetzt werden, hängt auch von der politischen Konsequenz ab, mit der sie vorangetrieben werden. Technologisch und ökonomisch umsetzbar sind sie in jedem Fall.

Die kommenden Abschnitte beleuchten die zentralen Bausteine einer erfolgreichen Energiewende entlang der Dimensionen einer Zukunftskunst.

Ziele und Herausforderungen einer nachhaltigen Energiewende: Mehr als regenerativer Strom

Schon im Kapitel zur Dekarbonisierung ist uns die Trias aus Suffizienz, Effizienz und Konsistenz begegnet. Damit war ein Energiesystem gemeint, das insgesamt genügsamer, suffizienter ist und zudem Energie sehr viel effizienter nutzt, um mit geringen Mengen die gleichen Leistungen zu erzielen, das daher mit weniger Energie auskommt und schließlich auf andere, eben regenerative (und damit mit der Natur konsistente) Energieträger setzt. Hinzu kommt bei der Energiewende oft ein vierter Aspekt, der der »Dezentralisierung«: ein Energiesystem, das in seiner Produktionsstruktur dezentral ist, ist »resilienter«, d. h. in der Regel ausfallsicherer und demokratiefester.

Auch wenn in der Diskussion über die Energiewende die Umstellung auf regenerative Energieträger oft im Zentrum

steht, muss man sich immer wieder bewusst machen: Je geringer der Energieverbrauch und je effizienter die Energie-
nutzung, umso leichter und schneller gelingt auch die Umstellung auf regenerative Energien. Selbst dann, wenn das
Ziel der Bundesregierung, den Primärenergieverbrauch bis
2050 zu halbieren, erreicht werden kann, würden immer noch
drei- bis viermal so viel erneuerbare Energien benötigt, wie
im Jahr 2017 in Deutschland schon produziert wurden.

Dies ist insbesondere dann wichtig, wenn man im Blick
behält, dass die anderen Wenden (Industrie, Wärme, Verkehr)
von einer deutlich stärkeren Elektrifizierung ausgehen: d.h.
Elektroautos statt Verbrennungsmotoren, Wärmeerzeugung
über regenerativen Strom (z.B. durch den Einsatz von Wär-
mepumpen) und vermehrter Stromeinsatz in der Industrie.
Eine Modellrechnung (Lechtenböhmer u.a., 2017) zeigt, dass
sich der aktuelle Stromverbrauch selbst bei hohen Effizienzsteigerungen etwa verdreifachen würde. Dabei muss sich die
Strombereitstellung aus erneuerbaren Energien von aktuell
rund 33 % bereits verdreifachen, um den heutigen Stromverbrauch zu decken. Und bei zunehmender Sektorkopplung/
Elektrifizierung müsste sie sich dann noch einmal verdreifachen. Selbst bei verstärktem Netzausbau, Nutzung von Flexi-
bilitätsoptionen und Speichern müssten dafür die erneuerbaren Stromerzeugungskapazitäten vervielfacht werden.

Diese einfache Rechnung macht deutlich, wie immens die
Transformationsherausforderung und wie wichtig eine Re-
duktion des gesamten Energiebedarfs ist. Je weniger erneu-
erbarer Strom bereitgestellt werden muss, desto leichter und
schneller wird eine Komplettumstellung zu erreichen sein.
Deswegen kommt den Energieeffizienzpotentialen bei der
Wärmewende (z.B. durch gute Gebäudedämmung oder durch
Passiv- oder Plusenergiehäuser) sowie in der Industrie eine

hohe Bedeutung zu, die im Bereich der Grundstoffproduktion auch durch eine verstärkt zirkuläre Wirtschaftsweise flankiert werden muss (siehe Kap. 17 und 13 zur Industriewende und zur Ressourcenwende). Auch die Verkehrswende braucht neben Konzepten für die rasche Umstellung auf Elektro- und andere regenerative Antriebe (wie z. B. aus regenerativem Strom hergestellten Wasserstoff für Brennstoffzellen), integrierte Mobilitätskonzepte nicht nur zur Effizienzsteigerung, sondern insbesondere zur Vermeidung von Verkehr (vgl. Kap. 14 zu Mobilitätswende).

Auch wenn sich das bei weitem noch nicht in allen Energiewendeszenarien widerspiegelt (Samadi u. a., 2017), ist es wichtig, diesen Zusammenhang immer wieder zu betonen. All das macht deutlich: Die Energiewende ist eine hochkomplexe Systemtransformation, in der der Wandel in unterschiedlichen Sektoren eng ineinandergreifen muss. Dies begründet die dabei bestehenden technologischen, ökonomischen, institutionellen und z. T. kulturellen Herausforderungen.

Technologisch: Von der Einzeltechnologie zur Systemtransformation

Technologisch liegen heute eigentlich alle Einzelbausteine vor, die für eine Energiewende nötig sind. Erneuerbare Energien sind zunehmend wirtschaftlich. Sowohl Wind- als auch Solarenergieanlagen sind inzwischen technologisch und in ihren Herstellungsverfahren so ausgereift, dass mit ihnen an vielen Standorten günstiger Strom produziert werden kann als in fossilen oder atomaren Kraftwerken. Die Netz- und Digitaltechnologie zum Betrieb von hochdezentralisierten und volatilen Energiesystemen existiert ebenfalls und wird in einer Reihe von Pilotregionen erfolgreich betrieben. Auch für die

Speicherung von Überschussstrom in besonders wind- und
sonnenreichen Perioden gibt es eine Vielzahl von Lösungsoptionen, an denen intensiv geforscht wird (vgl. zum Überblick
Krüger, 2015). So kommen Batteriespeicher für den Ausgleich
kurzzeitiger Schwankungen schon heute intensiv zum Einsatz, eine Speicherung von Strom über längere Zeiten müsste
in indirekter Form über einen chemischen Energieträger wie
Wasserstoff oder synthetisches Erdgas erfolgen. Ähnliches
lässt sich für das weite Spektrum an Energieeffizienztech-
nologien in der industriellen und auch privaten Anwendung
sagen (vgl. zur Energieeffizienz in Industrie und Gewerbe
Brüggemann, 2015). Herausfordernder sind dagegen noch
einige sehr energieintensive Prozesse in der Grundstoffindustrie (Stahlerzeugung, Zementherstellung etc.) sowie die
Lösungen für den Güterverkehr und den Luftverkehr. Auch
wenn in den kommenden Jahren in all diesen Feldern noch
viele weitere Verbesserungen zu erwarten sind, so liegt die
zentrale technologische Herausforderung nicht auf der Ebene
der Einzelkomponenten.

Die eigentliche technologische Herausforderung für die
vollständige Umsetzung der Energiewende ist die der Sys-
temkopplung: Wie genau wird der künftige Mix aus Wind-,
Sonnen-, Wasser- und Biomasse-Energie künftig aussehen?
Wie werden die Produktionskapazitäten räumlich verteilt
sein? Was bedeutet das für die zeitliche Verteilung der Energieproduktion und -nutzung? Welche Konsequenzen ergeben
sich daraus für die Stromnetzkapazitäten, aber auch andere
Energieinfrastrukturen? Wie werden die Schwankungen in
Produktion und Konsum aufgefangen? Was lässt sich über
die geeignete Netzgestaltung, was durch Verbrauchersteue-
rung auffangen? Wie groß müssen Speicherkapazitäten sein?
Welche Speicher sollten eingesetzt werden? Welche Bedeu-

tung wird die Kopplung der Stromwende mit einer stark auf E-Fahrzeugen basierenden Mobilitätswende haben? Wie kann die Grundstoffproduktion auf Strom oder Wasserstoff als Energieträger umgestellt werden und können die dafür gegebenenfalls benötigten sehr hohen Energiemengen bereitgestellt werden? Und nicht zuletzt: Wie viel des in Deutschland benötigten Stroms kann über heimische Quellen bereitgestellt werden, und wo und in welcher Form sind Importe notwendig?

Das sind technologische und strukturelle Schlüsselfragen, die heute mit dem erheblichen Anwachsen des Anteils regenerativer Energien im Zentrum stehen.

Ökonomisch: Investitionsprogramm, neue Geschäftsmodelle und Exnovation

Die Umsetzung der Energiewende ist nicht nur eine technologische Aufgabe. Im Gegenteil: Sie wird viel stärker durch ökonomische Überlegungen und Interessen geprägt. Denn hinter der Energiewende steckt nicht nur ein gewaltiges technologisches, sondern insbesondere auch ein ökonomisches Umbauprogramm. Sie beschreibt einen enormen volkswirtschaftlichen Investitions- und Modernisierungsschub. Sie ist ökonomisch mit vielen Chancen verbunden: Neue Technologiefelder, neue Geschäftsmodelle, neue Jobchancen und vielfältige Zusatznutzen (»Multiple Benefits«) durch positive Auswirkungen auf die Luftreinheit, die Gesundheit und die wirtschaftliche Produktivität. Energieeinsparung und der Umstieg auf erneuerbare Energien haben direkte und indirekte positive Effekte für die Gesellschaft: Durch verringerte Luftverschmutzung (wie z. B. Feinstaub, Stickoxide, Schwefel-

oxide) können negative Auswirkungen auf Ökosysteme und
Gesundheit vermieden werden. Zusätzliche Investitionen
in Effizienztechnologien und Infrastruktur führen zu ökonomischen Effekten: Von 2006 bis 2012 ist die Anzahl der Beschäftigten im Bereich der erneuerbaren Energien in jedem
Jahr und insgesamt um über 40 % gestiegen. Während die
Anzahl der Beschäftigten im Jahr 2006 noch 231 000 betrug,
waren es im Jahr 2012 bereits 400 000 Beschäftigte (Mattes & Traber, 2015). Auch wenn die Anzahl der Jobs aufgrund
der großen Konkurrenz der Solarzellenhersteller aus China
mittlerweile gesunken ist, ist das Beschäftigungspotential der
regenerativen Energien immens, insbesondere wenn man sie
mit dem Potential des Kohlebergbaus vergleicht. Auch die
Umsetzung von Energieeffizienzpotentialen ist mit positiven
Beschäftigungseffekten verbunden. Wird das ambitionierte
35 %-Energie-Einsparziel auf EU-Ebene in Deutschland bis
2030 umgesetzt, könnte das zu zusätzlichen 375 000 Perso-
nenjahren an Arbeitsplätzen führen und zudem positive Auswirkungen auf die Gesamtwirtschaft sowie den staatlichen
Haushalt haben (www.combi-project.eu/charts). Jede Einspa-
rung von insbesondere fossilen Energieimporten hat zudem
positive Effekte auf die Energiesicherheit.

Auf der anderen Seite ist der Umbau eine große Bedrohung
für bestehende Unternehmen und Branchen, sofern sie ihr Geschäftsmodell nicht anpassen können oder wollen: Durch die
Destabilisierung ganzer Wertschöpfungsketten (z.B. fossiler
und atomarer Energiebereitstellung) können große Energie-
unternehmen ihre betriebswirtschaftliche Basis verlieren,
wenn ihnen die Umstellung auf neue Geschäftsmodelle nicht
gelingt. Die Aufspaltung der großen Energiekonzerne E.ON
(in das klassische Kraftwerksunternehmen Uniper und die
in der bisherigen E.ON verbleibenden Zukunftsfelder) und

RWE (in die klassische RWE und die neue Tochter Innogy) in jeweils ein Tochterunternehmen für den konventionellen Kraftwerksbetrieb sowie eines für die innovativen neuen Geschäftsfelder rund um die erneuerbaren Energien ist Ausdruck davon.

Der Trend zur Dezentralisierung führt zudem zu neuen Konflikten über das Eigentum lokaler Netze zwischen überregionalen Energieversorgern und Kommunen sowie kommunalen Stadtwerken (O. Wagner & Berlo, 2017). Ganze Branchen wie der Kohlebergbau verschwinden vollständig. Für mehrere 10 000 Menschen geht die Energiewende daher einher mit der Sorge um Jobverlust und mit ökonomischer Zukunftsangst. Auch wenn diesen Herausforderungen große gesamtgesellschaftliche Chancen gegenüberstehen, gilt es diese in strukturelle Politiken so einzubetten, dass für die Betroffenen Perspektiven entstehen.

Ebenfalls nicht zu vernachlässigen sind die Ressourcenbedarfe für neue Erneuerbare- und Effizienztechnologien und Energieinfrastrukturen (vgl. Kap. 13 zur Ressourcenwende). Diesen stehen zwar Einsparungen auf der Seite fossiler Energiebereitstellung gegenüber, trotzdem gilt auch hier: Jede nicht zwingend gebrauchte Technologie und Infrastruktur spart Ressourcen und Kosten.

In diesem Spannungsfeld vollzieht sich die Diskussion darüber, wie schnell und in welchen Bereichen die Energiewende mit Nachdruck vorangehen sollte. Neben Innovationsprozessen hin zur neuen Energiewelt gilt es daher, auch Exnovationsprozesse zu gestalten, d. h. Prozesse, die den Ausstieg aus den alten Technologien aktiv begleiten und vor Ort neue Beschäftigungsmöglichkeiten schaffen.

Institutionell: Neues Marktdesign, Suffizienz- und Effizienzpolitik

Genau hier kommt Politik und der institutionelle Rahmen der Energiewende ins Spiel. Dass gerade Deutschland in der Energiewende so weit ist, hat viel mit innovativer institutioneller Rahmensetzung zu tun. Das in seinen Anfängen bis in die 1990er Jahre zurückgehende Erneuerbare-Energien-Gesetz (EEG) hat massive Anreize für viele Klein- und Privatinvestoren geschaffen, in den Ausbau erneuerbarer Energien zu investieren. So wurden über die durch das EEG gesetzten Anreize zwischen den Jahren 2000 und 2016 Investitionen in Höhe von rund 200 Mrd. Euro in Solar-, Windenergie- und Biomasseanlagen getätigt (BMWi, 2017). Das EEG war mithin ein hocheffektiver institutioneller Rahmen, um die breite Diffusion und damit auch verbundene Kostendegression regenerativer Energieträger auf den Weg zu bringen. Es wurde aus diesem Grund auch von vielen Ländern kopiert. Es war der Idealtypus einer »institutionellen Innovation«.

Mit dem (in Deutschland) heute erreichten Anteil regenerativer Energien im Gesamtsystem müssen sich aber auch die institutionellen Rahmenbedingungen weiterentwickeln: Denn inzwischen geht es nicht mehr alleine darum, einfach möglichst viel regenerative Energie in die Energieproduktion einzubringen. Vielmehr wird es wichtig, konsequente Anreize zu setzen, die zu einer intelligenten (räumlichen und zeitlichen) Verteilung und einem intelligenten Mix der Produktionskapazitäten führen, um das Gesamtsystem technologisch, ökologisch und auch ökonomisch zu optimieren. Hierfür sind ganz neue Marktdesigns notwendig (Grashof u. a., 2015).

Zudem muss sich der Fokus vom alleinigen Aufbau regenerativer Energiekapazitäten noch stärker auf die Reduktion des Energieverbrauchs durch Erhöhung der Energieeffizienz und Suffizienzansätze richten. Im Gegensatz zur Förderung regenerativer Energie führten Anreize zur Energieeffizienzsteigerung in den letzten Jahren eher ein institutionelles Schattendasein (Thomas u. a., 2013), obwohl etwa mit dem »Nationalen Aktionsplan Energieeffizienz« (NAPE) und vielfältigen Förderprogrammen zahlreiche Maßnahmen umgesetzt wurden. In vielen Sektoren sind gewaltige Energiesparpotentiale noch nicht gehoben. Hierzu müssen effektive Politikpakete umgesetzt und muss über starke Institutionen wie eine Bundesagentur für Energieeffizienz mitgeholfen werden, Energieeffizienz und -suffizienz weiter zu erhöhen (Bossmann, Eichhammer & Elsland, 2012; Thomas u. a., 2013). Denn ohne eine erhebliche Reduktion des Gesamtenergieverbrauches wird die Energiewende nicht gelingen.

Schließlich ist das deutsche Energiesystem eng verbunden mit europäischen Nachbarländern. Die deutsche Energiewende kann daher letztlich nur als gesamteuropäisches Projekt gestaltet werden.

Kulturell: Energiewende als Bürgerprojekt erhalten und als positive gesamtgesellschaftliche Zukunftsvision weiterentwickeln

Anders als z. B. bei der Mobilitäts- oder der Ernährungswende (siehe Kap. 14 und 15) sind in Deutschland die kulturellen Barrieren gegen eine Energiewende eher gering. Durch die lange und tief verankerte Diskussion über regenerative Energien und die Risiken konventioneller Energieträger in Deutschland stößt der Umbau hier in der allgemeinen gesellschaftlichen Diskussion kaum auf Widerstände. Das hat auch damit zu tun, dass die Folgen für den Verbraucher – jenseits gewisser Kosteneffekte – faktisch nicht zu spüren sind. Der

Strom kommt weiterhin in der gewohnten Zuverlässigkeit aus der Steckdose und das, obwohl der Anteil an Grünstrom im Strommix inzwischen die 30 %-Marke überschritten hat.

Widerstand richtet sich eher gegen einzelne Bausteine der Energiewende. In jüngster Zeit gehört dazu die Ablehnung von Windenergieanlagen in sensiblen Naturräumen oder der Ausbau von Stromtrassen in bestimmten Regionen. Diese Widerstände, insbesondere in strukturschwachen Regionen, sind eng verbunden mit der wachsenden allgemeinen Ablehnung umfassender infrastruktureller Eingriffe in weit entwickelten europäischen Wohlstandsgesellschaften. Er treibt teilweise sogar einen Keil in die Umweltbewegung selbst, wenn sich plötzlich im gleichen Umweltverband Naturschützer und Energiewendevorreiter gegenüberstehen. Eine wirklich umfassende Gefährdung des Projektes der Energiewende stellen diese eher begrenzten Konflikte aber bisher nicht dar. Dies könnte sich im Lichte der oben beschriebenen massiven Ausbaunotwendigkeiten der erneuerbaren Stromerzeugungskapazitäten jedoch schnell ändern.

Generell steigt die Akzeptanz mit Beteiligung und wirtschaftlicher Einbindung der Bürger. Dazu braucht es auch zukünftig eine intelligente Planungskultur, die auf dezentralisierte Teilhabemodelle setzt und technologische Innovationen mit sozialen Innovationen flankiert. Es gilt, die Energiewende noch viel stärker als eine gesamtgesellschaftlich getragene Initiative, als positive Zukunftsvision weiterzuentwickeln.

Die kulturellen Widerstände gegen eine Energiewende sind in anderen Ländern sehr viel größer, insbesondere dort, wo die Art der Energieversorgung mit ganz anderen nationalen Werten aufgeladen ist. So ist z.B. in Frankreich die Atomenergie kulturell positiv konnotiert, weil sie auch das Symbol der Atommacht Frankreich und damit der geopolitischen

Bedeutung des Landes ist. In Ländern wie Polen stellt der Rückgriff auf heimische Kohle einen wichtigen Autonomiegaranten dar; das Land, das sich durch seine Geschichte immer in einer besonderen politischen Bedrohungslage sah, achtet stark auf die Vermeidung fundamentaler Abhängigkeiten von Nachbarländern (aktuell insbesondere von Russland). Ähnliches gilt z.B. hinsichtlich seiner geopolitischen Unabhängigkeit für ein ressourcenarmes Land wie Japan, in dem die Nutzung der Atomenergie für viele Entscheider auch Autonomiegarant ist, das auf der anderen Seite aber gerade massiven Widerstand in der Bevölkerung gegen das Wiederanfahren der Atomkraftwerke erlebt. Diese wurden nach dem Unglück von Fukushima vollständig abgeschaltet, was praktisch einem Atomausstieg gleichkam. Insgesamt waren bis vor der Katastrophe 54 Reaktoren in 17 Atomkraftwerken in Betrieb. Mitte 2017 waren erst fünf Kernreaktoren wieder in Betrieb. In diesen nationalen Kontexten ist die kulturell positive Aufladung einer regenerativen Energieversorgung ein z.T. schwierigerer Prozess als in Deutschland.

Wo steht die Energiewende?

Das Öko-Institut titelte schon 1985: »Die Energiewende ist möglich« (Hennicke u.a., 1985). Über 30 Jahre später ist diese Aussage richtiger denn je. Kulturell, technologisch und ökonomisch ist die Energiewende eingeleitet. Was in den kommenden Jahren nötig ist, ist eine kluge Weiterführung der Systemtransformation. Dazu ist es notwendig, technologische Konzepte der Energiewende an der Schnittstelle zu gesellschaftlichen Megatrends wie beispielsweise der voranschreitenden Urbanisierung und Digitalisierung zu betrach-

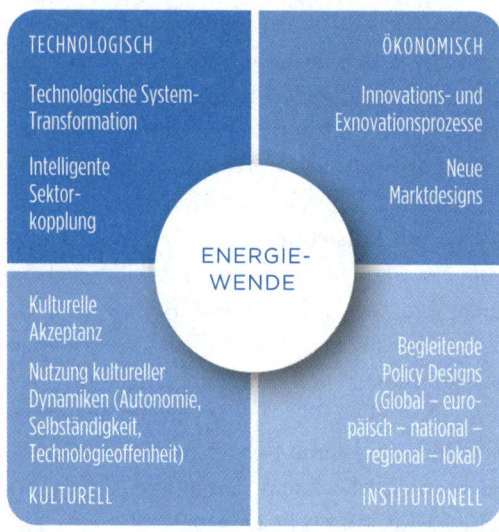

Abb. 12.3: Stand der Energiewende in den vier Dimensionen einer Zukunftskunst. *Quelle: Eigene*

ten. Denn entscheidend für den Erfolg der Wende hin zu einer nachhaltigen Energieerzeugung und -versorgung ist es, technologische Innovationen vor dem Hintergrund dieser langfristigen Dynamiken zu denken und Chancen und Risiken für Akteure mit sozialen Innovationen zu flankieren. So können beispielsweise städtebauliche Strategien und innovative Energiekonzepte im Rahmen der demographischen Verschiebungen in Deutschland integrativ angegangen werden.

Dafür kommt es insbesondere auf institutionelle Kreativität und Elan an: Es geht um eine Gestaltung politischer Rahmenbedingungen, die das Projekt Energiewende klug zu Ende führt, sich nicht zu stark von Partialinteressen ausbremsen lässt, sondern durch intelligente Exnovationsstrategien auch den Umbauverlierern klare und berechenbare Perspektiven und Lösungen aufzeigt. Vor allem geht es jedoch darum, die

Energiewende als ein großes gesellschaftlich getragenes In-
novations- und Investitionsprojekt zu verstehen, das einen
zentralen Beitrag zu einer zukunftsfähigen und nachhaltigen
Gesellschaft leistet.

13. Ressourcenwende –
Auf dem Weg zu einer ressourceneffizienten
Kreislaufwirtschaft

Neben der Dekarbonisierung ist die Schaffung einer ressourcenleichten Zivilisation die zentrale ökologische Herausforderung der Großen Transformation. Nur wenn die Menschheit den Pro-Kopf-Ressourcenrucksack um den Faktor 4 bis 5 reduziert, bleibt sie langfristig innerhalb der planetaren Grenzen. Ähnlich wie die Dekarbonisierung wirkt dies auf den ersten Blick wie eine Herkulesaufgabe. Doch ein näherer Blick zeigt, dass die technologischen und ökonomischen Lösungsbausteine dafür vorhanden sind. Es gibt eine Zukunftskunst zur Erreichung einer ressourcenleichten Welt. Das Konzept der Kreislaufwirtschaft steht dabei im Zentrum der Ressourcenwende.

Vision Kreislaufwirtschaft

Die Idee einer Kreislaufwirtschaft ist ein faszinierender Gedanke und beschäftigt die Umweltdebatte schon seit mindestens 30 Jahren (Fussler & James, 1996; Schaltegger & Sturm, 1990; Schmidt-Bleek, 1994). Dennoch sind wir von der Umsetzung immer noch weit entfernt (De Schoenmakere, Gillabel & EEA, 2017; Lee u.a., 2017; Reichel, De Schoenmakere, Gillabel & European Environment Agency, 2016; C.H. Wilts, Bahn-Walkowiak, Fischer & Nicolas, 2017; Wilts & Berg, 2017a).

Einmal gewonnene (Roh-)Stoffe immer wieder im Kreis zu führen und dadurch die Beanspruchung neuer Ressourcen massiv zu reduzieren, klingt äußerst verlockend. Die geringen Fortschritte auf dem Weg zu dieser Vision hängen damit zusammen, dass diese Aufgabe, wie ein zweiter Blick zeigt, sehr herausfordernd ist:

Je kleinteiliger Stoffe in Produkte, Infrastrukturen und Anlagen eingegangen sind, desto (energie-)aufwendiger müssen sie zurückgewonnen werden und liegen dann zumeist verunreinigt vor. Gute Kreislaufwirtschaft beginnt daher schon beim Produktdesign (Fuhs, 2013; Liedtke, Buhl u.a., 2013a). Weiterhin haben die Zyklen, die Stoffe in Kreisläufe verbringen, eine sehr unterschiedliche Dauer: Eine Plastiktüte für das Obst am Verkaufsstand hat eine Lebenszeit von oft nur wenigen Minuten, bevor sie in den Müll wandert, Coltan in unseren Smartphones eine Lebenszeit von zwei bis vier Jahren, bevor der Kauf der neuen Handy-Generation ansteht, der Stahlbeton in einem neu eingerichteten Einkaufszentrum kann dort 50 oder mehr Jahre verweilen. Für jeden dieser Stoffe und Zyklen bedarf es geeigneter Kreislaufansätze.

Das Design dieser Produkte bestimmt die Kreislauffähigkeit genauso wie die Lebensdauer (Bauteile und Produkt), die Reparaturfähigkeit, die Zerlegbarkeit, die Wieder- und Weiterverwendung wie auch das Teilen, Tauschen, Mieten etc. Alle diese Faktoren bedingen jeweils ein anderes Design des Produktes. Ein Auto im Carsharing muss z.B. ganz anderen Anforderungen gerecht werden als ein privater Pkw. »Circular Design« ist, wie schon die Europäische Umweltagentur in einem Papier beschrieben hat, eine der Stellschrauben für die Umsetzung einer ressourcenleichten Kreislaufwirtschaft (De Schoenmakere u.a., 2017; Liedtke, Buhl u.a., 2013b). Zudem ist es wichtig, zwischen den Stoffen zu unterscheiden, die nachwachsend aus der Biosphäre kommen (z. B. Holz, Lebensmittel, Biosprit) und auch wieder in biologische Kreisläufe eingebracht werden könnten und sollten, und solchen Stoffen, die bewusst unsere technische Welt nicht verlassen sollten (wie z. B. [Schwer-]metalle, Kunststoffe oder andere ökologisch bedenkliche Substanzen) (Bringezu & Bleischwitz 2009). Die Vielfalt dieser Herausforderungen erfordert daher eine differenzierte Kreislaufstrategie.

Zudem wird eine umfassende Transformation der Produktions- und Konsummuster (vgl. Kap. 11) notwendig sein, um die Vision einer ressourceneffizienten Kreislaufwirtschaft umzusetzen. Die Größenordnung des notwendigen Wandels scheint den Beteiligten dabei erst langsam bewusstzuwerden. Ein Teil der Aufmerksamkeit, die der Kreislaufwirtschaft in den vergangenen Jahren zuteilgeworden ist, scheint auch in der scheinbaren Einfachheit des Konzepts zu liegen: Gilt es doch vermeintlich, nur von einer linearen hin zu einer zirkulären Wirtschaft zu kommen. Betrachtet man jedoch die bisher weitgehend erfolglosen Bemühungen genauer – noch immer kommen nur ca. 14 % der in Deutschland eingesetzten Rohstoffe aus Recyclingprozessen –, so zeigt sich immer deutlicher, wie herausfordernd die Kunst der Gestaltung eines solchen Transformationsprozesses als koordinierte Veränderung auf verschiedensten Ebenen ist.

Abfall – Ein technisch gelöstes Problem?

Über Jahrhunderte hinweg hatte die Kreislaufwirtschaft vor allem eine abfallwirtschaftliche Funktion: Sie sollte sicherstellen, dass die in den Haushalten und Industrieunternehmen anfallenden Abfälle zuverlässig und billig entsorgt wurden. Ohne eine so gewährte »Entsorgungssicherheit« wären schon die Metropolen der Vergangenheit wie z. B. das historische Rom nicht in der Lage gewesen, über eine bescheidene Dorfgröße zu wachsen: Der Abfall hätte zu Krankheiten und dem Ausbruch von Seuchen wie der Cholera geführt. Um dies zu verhindern, wurde der Abfall weit außerhalb der Städte deponiert. Nach dieser Logik funktioniert auch noch heute die Abfallwirtschaft: Über immer ausgefeiltere Techniken wird die Gefährdung der menschlichen Gesundheit minimiert – dank optimierter Luftfiltertechniken kommt Luft heute sauberer aus einer Müllverbrennungsanlage heraus, als sie hineingeht; noch in den 1980er Jahren galten diese Anlagen als »Dioxin-Schleudern«, die niemand in seiner Nachbarschaft haben wollte. 1983 stand die Abfallschwemme neben dem Baumsterben an der Spitze der Umweltsorgen der deutschen Bevölkerung. Mit immer weiter optimierten technischen Lösungen der Müllverbrennung aber schien das Abfallproblem gelöst und verschwand zunehmend aus dem Bewusstsein der Bevölkerung.

Tatsächlich hat sich die Problemlage drastisch verändert: Es geht nicht mehr darum, Abfälle sicher zu entsorgen. Stattdessen gilt es, den Gesamtressourcenbedarf der Menschheit zu reduzieren – und ein logischer Ansatz dazu besteht darin, die in Produkt- und Produktionsabfällen enthaltenen Rohstoffe möglichst optimal zu erhalten. Dazu kann die Abfallverbrennung jedoch nur einen eingeschränkten Beitrag leisten, die deutlich größeren Ressourceneffizienzpotentiale bietet das stoffliche Recycling. Gleichzeitig zeigt das Thema Abfallverbrennung ein weiteres Risiko des technischen, nachsorgenden Umweltschutzes auf: Sie ist äußerst kapitalintensiv und für extrem lange Zeiträume geplant. Eine moderne Abfallverbrennungsanlage, wie sie zum Beispiel kürzlich in Kopenhagen in Betrieb genommen wurde, kann bis zu 1 Mrd. Euro kosten – diese Kosten müssen sich über Jahrzehnte amortisieren und erfordern in dieser Zeit einen konstanten Strom an Abfällen. Die Anreize zur Vermeidung von Abfällen werden damit automatisch geringer. Auch wenn hier also Spitzentechnologie zum Einsatz kommt, besteht die Gefahr technologischer Lock-ins und entsprechender Pfadabhängigkeiten, wenn die Technik getrennt von den tatsächlichen Stoffströmen, Nutzungsmustern und Innovationsanreizen betrachtet wird.

Der Einsatz von Kunststoff ist ein weiteres Beispiel, dass technologische Innovationen nicht getrennt von ihrem Einsatz betrachtet werden können: Er hat in den letzten Jahrzehnten weltweit rasant zugenommen: von 50 (1976) auf 322 Millionen Tonnen (2015); (Statista, 2016), ohne Kunststoff wäre heutiges Leben praktisch undenkbar. Aus Umweltsicht hat Kunststoff viele deutlich schwerere oder ressourcenintensivere Rohstoffe ersetzt und damit erhebliche Mengen natürlicher Ressourcen eingespart. Mit der zunehmenden Nutzung ergibt sich jedoch zwangsläufig auch ein zunehmender Anfall an Kunststoffabfällen, und dabei zeigen sich die Grenzen des technischen Materials Plastik: Es lässt sich nur schwer recyceln, insbesondere wenn es wie üblich in immer komplexeren Mischungen eingesetzt wird. Für viele Produkte ist dann die thermische Verwertung der tatsächlich optimale Verwertungsweg, eine Kreislaufführung ist praktisch ausgeschlossen oder zumindest weder ökonomisch noch ökologisch sinnvoll. Ähnliche Probleme ergeben sich durch die immer weiter fortschreitende Miniaturisierung speziell der Elektronikprodukte, durch die zwar geringere Mengen an Rohstoffen benötigt werden – die aber am Ende ihrer ersten Nutzungsphase häufig komplett verlorengehen. Es zeigt sich,

dass dieser Wettlauf aus Produktentwicklung und Abfalltechnik praktisch nicht zu gewinnen ist – für eine tatsächliche
Kreislaufwirtschaft muss die Rückgewinnung von Rohstoffen
bereits beim Design berücksichtigt werden. Dass Abfall ein
technisch lösbares Problem ist, erweist sich immer mehr als
trügerische Hoffnung, die nur zu einer zeitlichen oder räumlichen Problemverlagerung führt, indem zum Beispiel der
nicht rezyklierbare Abfall ins Ausland verbracht wird.

Weniger und nicht mehr Abfall als Geschäftsmodell

Die Kreislaufwirtschaft muss damit über die Abfalltechnik
hinausgehen. Und tatsächlich wurde sie in den letzten Jahren
insbesondere von ökonomischen Faktoren bzw. möglichen
Kosteneinsparungen getrieben, wie sie zum Beispiel von
McKinsey errechnet wurden: So sollen die europäischen Unternehmen durch eine konsequente Kreislaufwirtschaft bis zu
600 Mrd. Euro pro Jahr einsparen und damit ihre globale Wettbewerbsfähigkeit sichern können (EAF, 2015). Der Ansatz
der Abfallpolitik lag dabei lange auf der Einbindung der Hersteller über die »erweiterte Herstellerverantwortung«: Indem
die Hersteller für die Nachnutzungsphase ihrer Produkte verantwortlich gemacht wurden, indem sie zum Beispiel für die
Sammlung und Verwertung von Verpackungsabfällen sorgen
müssen, sollten Anreize für ein recyclingfreundliches oder
langlebiges Produktdesign gesetzt werden. Wenn die Kosten
für den Müll nicht mehr wie früher von der Gesellschaft getragen werden, sollten sich damit auch ganz neue Geschäftsmodelle rechnen. Wenn sich der Gewinn eines Unternehmens
aus dem simplen Verkauf immer neuer Produkte ergibt, sind
besonders langlebige Produkte natürlich Gift fürs Geschäft.

Rentiert sich dieses Geschäftsmodell nicht mehr, weil das Unternehmen für die Entsorgung ihrer Produkte bezahlen muss, mag es stattdessen viel rentabler sein, Produkte nur zu verleihen oder sie gemeinschaftlich nutzen zu lassen. Beim Konzept der »Mud Jeans« kauft man beispielsweise keine Hose, sondern leiht sie für 7,50 Euro im Monat und gibt sie zurück, wenn man sie nicht mehr weiternutzen will – damit kann sie entweder weitergenutzt oder hochwertig recycelt werden (Mud Jeans, 2018).

Für viele ähnliche Produkte und insbesondere auch für den Einsatz recycelter Materialien scheinen die ökonomischen Anreize für zirkuläres Wirtschaften damit eigentlich gegeben, das Geld scheint praktisch auf der Straße zu liegen – trotzdem setzen die allermeisten Hersteller noch immer auf lineares Design und lineare Geschäftsmodelle. Gewohnheit und Investitionen in bestehende Anlagentechnik mögen hierfür Gründe sein, es lässt sich aber insbesondere feststellen, dass Wirtschaften in Kreisläufen neue und zusätzliche Informationsbedürfnisse schafft: Wo bleiben Produkte, die wieder genutzt werden sollen? Wann werden sie als Abfall anfallen, so dass die darin enthaltenen Rohstoffe wieder eingesetzt werden können? Wie lässt sich die Qualität von Sekundärrohstoffen garantieren, die aus Abfällen zurückgewonnen werden? Bei Primärrohstoffen stellen sich ähnliche Fragen, sie sind jedoch einfacher zu beantworten: Die Kostenvorteile der Kreislaufwirtschaft werden häufig durch das Sammeln und Evaluieren von Informationen und Daten aufgefressen. In der simplen Welt des Homo oeconomicus sind Informationen jederzeit und kostenfrei zugänglich, in der Realität sind es solche Transaktionskosten, die dazu führen, dass nur 14 % unserer Rohstoffe aus Recyclingprozessen kommen (Hüther, 2010).

Gleichzeitig zeigt sich genau hier das enorme Potential, das die Digitalisierung für die Kreislaufwirtschaft haben könnte: Das Sammeln und Management von Daten wird durch immer bessere Sensoren, durch effizientere Datenverwaltung etc. immer billiger, wodurch sich das Denken und Produzieren in Kreisläufen zunehmend schneller rechnen könnte. Sollte es zum Beispiel in Zukunft gelingen, die Daten über die exakte stoffliche Zusammensetzung eines Produktes über den gesamten Lebenszyklus hinweg mitzutransportieren und nicht wie bisher am Werktor zu »vergessen«, so wüsste der Recycler viel genauer, wie sich aus diesem Produkt ein möglichst hochwertiger Sekundärrohstoff herstellen lassen könnte. Die Industrie 4.0 wird damit auch die Kreislaufwirtschaft revolutionieren – kaum etwas sagt so viel über einen Menschen aus wie seine Mülltonne: Was er isst, was er für Hobbys hat, wie viel Geld er verdient. Diese Daten werden in der Informationsökonomie zu einem Schatz, den die Abfallwirtschaft in Zukunft bergen wird. In Deutschland sind wir noch immer stolz darauf, zu wissen, wie wir Abfall loswerden können – was wir damit alles anfangen können, drohen uns in Zukunft Start-ups wie Rubicon aus den USA zu zeigen. Als prominentestes Beispiel eines IT-Abfall-Unternehmens wird es auf über 1 Mrd. US-$ Börsenwert geschätzt (Kaiser, 2017). Gleichzeitig suchen deutsche Start-ups verzweifelt nach Investoren, die den Wert solcher Technologien in einem Land verstehen, das meint, sein Müllproblem längst gelöst zu haben.

Damit wird auch bereits klar, dass es die neuen Geschäftsmodelle alleine nicht richten werden. Solange die Preise für Primärrohstoffe weit davon entfernt sind, die »ökologische Wahrheit« (Kristof & Hennicke, 2010; Weizsäcker, 1991) zu sagen und in vielen Teilen der Welt die ungeregelte Deponie-

rung es nach wie vor so billig und einfach macht, Abfälle los-
zuwerden, wird sich die Kreislaufwirtschaft nicht von selbst
durchsetzen. Dabei ist die Idee einer Kreislaufwirtschaft ein
gigantisches und im Erfolgsfall hochrentables Investitionsprojekt, das die Zukunftsfähigkeit unserer Industrie sichern
kann. Damit die dafür notwendigen Investitionen in Forschung und Entwicklung und erforderliche Infrastrukturen
auch tatsächlich getätigt werden, bedarf es langfristig klarer
Zielvorgaben und der tatsächlichen Umsetzung bestehender
Gesetze in allen europäischen Mitgliedsstaaten. Ohne diese
Rahmenbedingungen werden die neuen Geschäftsmodelle allein den Wandel zur Kreislaufwirtschaft nicht hinbekommen.

Von Risiken und Chancen – Die Kunst einer Kreislaufwirtschaftspolitik

Betrachtet man den bestehenden institutionellen Rahmen
der Kreislaufwirtschaft in Deutschland und Europa, so zeigt
sich auf allen Ebenen von der Kommune bis zur Europäischen
Kommission das gleiche Bild: Es gibt klar definierte Verantwortlichkeiten für umweltfreundliche Produktionsprozesse
oder Produktdesign auf der einen Seite und in der Regel noch
klarer definierte Verantwortlichkeiten für die sichere Entsorgung von Abfällen auf der anderen Seite. In beiden Bereichen
herrscht überspitzt formuliert das Prinzip der Risikomini-
mierung – jegliche Gefährdung des Menschen oder der Umwelt durch Abfälle soll vermieden werden: Und das geringste
Risiko ergibt sich, wenn überhaupt keine recycelten Materialien eingesetzt werden. Wenn stattdessen in Schwellenländern neue Rohstoffe abgebaut werden müssen, liegen die
langfristigen und globalen Effekte dabei außerhalb des Ver-
antwortungsbereichs der Politik.

Die Gestaltung einer Politik, die eine tatsächliche Kreislaufwirtschaft unterstützen würde, ist ein überaus schwieriges Unterfangen, weil sie per definitionem Akteure entlang
des gesamten Produktlebenszyklus an einen Tisch bringen
müsste (Bahn-Walkowiak & Wilts, 2017). Seit 1996 verfügt
Deutschland zwar über ein »Kreislaufwirtschafts- und Ab-
fallgesetz«, das heute sogar nur noch Kreislaufwirtschafts-
gesetz heißt; trotzdem adressiert es praktisch nur die Abfallwirtschaft. Seit Jahren ergibt sich daraus ein unbefriedigendes
Schwarzer-Peter-Spiel: Die Recycler verweisen auf die Industrie, die nur schlecht zu recycelnde Produkte auf den Markt
bringe; die Industrie verweist auf die Recycler, sie würden
ihnen keine ausreichend hochwertigen Sekundärrohstoffe
anbieten. Für eine erfolgreiche Transformation zur Kreislaufwirtschaft wird es daher auf die Etablierung von Arenen
ankommen, um Hersteller und Recyclingwirtschaft in einen
kontinuierlichen Austausch zu bringen. Wo diese Kommunikation fehlt, ergeben sich Situationen wie bei der Einführung
der biologisch abbaubaren Plastiktüte, die in den deutschen
Anlagen zur Biomasseverwertung überhaupt nicht verarbei-
tet werden konnte.
    Die Abfallwirtschaft als nachsorgende Umweltwirtschaft
der Vergangenheit hatte darin ihre scheinbaren Vorteile,
dass die Einhaltung technischer Vorgaben wie verpflichtende Filtertechniken in Müllverbrennungsanlagen eindeutig
überprüft und damit auch Fehlverhalten sanktioniert werden
kann. Wenn dagegen das Elektro- und Elektronikaltgeräte-
gesetz festlegt, dass »Elektro- und Elektronikgeräte möglichst
so zu gestalten (sind), dass insbesondere die Wiederverwen-
dung, die Demontage und die Verwertung von Altgeräten,
ihren Bauteilen und Werkstoffen berücksichtigt und erleichtert werden«, ist eine ordnungsrechtliche Durchsetzung

äußerst schwierig: Was bedeutet in diesem Zusammenhang
›berücksichtigen‹, was ›möglichst‹? Apple als einer der Welt-
marktführer im Bereich der Unterhaltungselektronik setzt
beispielsweise ganz explizit auf ein möglichst robustes Produktdesign, das die Lebensdauer verlängern soll, gleichzeitig
die Reparatur aber deutlich verteuert. Das Beispiel zeigt, dass
eine klassische ordnungsrechtliche Intervention kaum möglich ist. Das Europäische Parlament hat kürzlich gefordert,
dass nur noch recyclingfähige Produkte am Markt angeboten
werden sollen. So wünschenswert das wäre, fehlen bisher die
institutionellen Rahmenbedingungen, um eine solche Forderung tatsächlich zu operationalisieren und umzusetzen.

Die Herausforderungen einer intelligenten Kreislaufwirtschaftspolitik zeigen sich besonders deutlich beim Thema
Abfallvermeidung: Auf dem Papier seit Jahrzehnten oberste
Priorität der sogenannten Abfallhierarchie, verharrt das Abfallaufkommen in der Realität seit Jahren auf einem konstant
hohen Niveau. Und tatsächlich wird sich das Entstehen von
Abfällen nicht klassisch ›verbieten‹ lassen, Abfälle können nur
in Kooperation verschiedener Akteure reduziert werden. In
Flandern wurde beispielsweise zur Vermeidung von Lebensmittelabfällen eine gemeinsame Stelle des Landwirtschafts-
und Umweltministeriums geschaffen: Die zunächst scheinbar
konträren Interessen aller Akteure zu koordinieren, gemeinsame Ziele zu vereinbaren und dabei notwendige Investitionen und mögliche Kosteneinsparungen fair zu verteilen, ist
zentraler Bestandteil der Zukunftskunst Kreislaufwirtschaft.

Kreativität und kultureller Wandel dringend gesucht – Vom Abfallverursacher zum Gestalter der Kreislaufwirtschaft

Deutschland ist stolz auf den selbstverliehenen Titel »Recyclingweltmeister«; ein Großteil der Bevölkerung sieht die ordentliche Mülltrennung als einen seiner wichtigsten Beiträge zum Umweltschutz (gleichzeitig liegt jedoch der Anteil von »Fehlwürfen«, d.h. falsch zugeordneter Abfallfraktionen, bei bis zu 40 %). Soll die Transformation zur Kreislaufwirtschaft tatsächlich gelingen, wird eine der Schlüsselherausforderungen darin bestehen, Konsumentinnen und Konsumenten aktiv einzubinden und sie nicht weiter als rein passive Adressaten zu betrachten. In vielen Bereichen ist der Verbraucher die »Black Box« der Kreislaufwirtschaft. So ist zum Beispiel kaum etwas darüber bekannt, wieso sich das Abfallaufkommen zwischen verschiedenen Städten und Regionen teilweise so deutlich unterscheidet. Die brasilianische Forscherin Ana Paula Bortoleto (2015) hat zeigen können, wie stark das Sortierverhalten von der Frage abhängt, ob Haushalte transparente oder undurchsichtige Müllsäcke verwenden. Das Beispiel zeigt, dass erst in Ansätzen wirklich klar ist, worauf Menschen im Kontext einer Kreislaufstrategie reagieren, geschweige denn, wie ihre Kreativität und Energie in den Transformationsprozess möglichst effektiv eingebracht werden kann. In vielen Städten finden regelmäßige »Plastikfastenwochen« statt, wo Bürgerinnen und Bürger versuchen, für einen begrenzten Zeitraum möglichst jeden Plastikabfall zu vermeiden. Nicht alle dabei gewählten Lösungen sind aus Umweltsicht tatsächlich sinnvoll (wenn zum Beispiel Plastikfolie durch Alu ersetzt wird), aber die Ergebnisse belegen eindrucksvoll, dass Abfallaufkommen kein unvermeidliches Phänomen ist. Vielleicht liegt es am Begriff Kreislauf*wirt-*

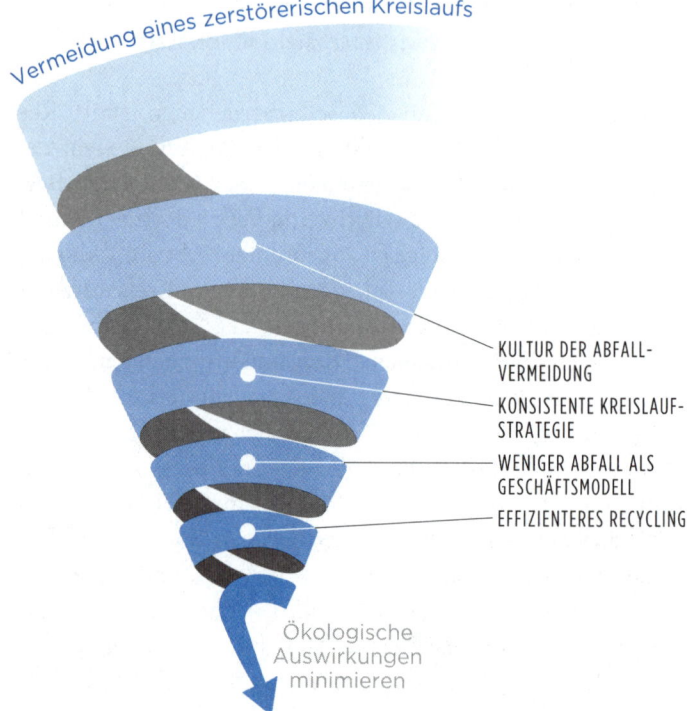

Abb. 13.1: Zusammenspiel von technologischer (effizienteres Recycling), ökonomischer (weniger Abfall als Geschäftsmodell), institutioneller (konsistente Kreislaufstrategie) und kultureller (Kultur der Abfallvermeidung) Dimension in einer ressourceneffizienten Kreislaufwirtschaft. *Quelle: Wuppertal Institut*

schaft, dass noch zu häufig gedacht wird, es ginge ohne den Bürger.

Das Denken und Leben in Kreisläufen kann nicht ohne seinen kulturellen Kontext gedacht werden: Ein reparaturfähiges Produkt ist nutzlos, wenn keiner mehr die Kunst des

Reparierens beherrscht. Die aktuellen Entwicklungen sind dabei äußerst uneinheitlich und widersprüchlich: Kleidungsstücke werden immer mehr zum Einweg-Gebrauchsgegenstand, die breite Nutzung von Wegwerf-Trinkbechern hat auch in Deutschland Einzug gehalten. Gleichzeitig zeigen Erfolgsgeschichten wie die Repair-Cafés oder die Tafeln, wie viele Menschen bereit sind, sich zu engagieren, wenn sie sinnvolle Möglichkeiten sehen.

Für die Unterstützung solch inspirierender Projekte wird eine wichtige Aufgabe in der Bereitstellung von Ziel- und Orientierungswissen liegen: Was hilft tatsächlich? Das Beispiel der Vermeidung von Lebensmittelabfällen zeigt zum Beispiel, dass die häufig als Ziel formulierte Halbierung der vermeidbaren Abfälle zu einer Ersparnis von ca. 160 Euro pro Kopf und Jahr führen könnte. Damit der Umwelt am Ende aber tatsächlich geholfen ist, darf dieses Geld nicht für weitere Fernreisen genutzt werden, sonst kann der Gesamteffekt auf das Klima am Ende sogar negativ werden. Wo die Kreislaufwirtschaft zur effizienteren Nutzung von Ressourcen beiträgt, wo der gleiche Nutzen mit weniger Ressourcen erreicht werden soll, werden solche »Rebound-Effekte« nur vermeidbar sein, wenn die Kreislaufwirtschaft eingebettet wird in eine umfassende Kultur der Ressourcenleichtigkeit.

Wo steht die Ressourcenwende?

Der Fokus auf die technischen, ökonomischen, institutionellen und kulturellen Aspekte einer Ressourcenwende und hier speziell auf den Wandel zur Kreislaufwirtschaft (vgl. Abb. 13.1) verdeutlicht die Komplexität der Herausforderung: Weder innovative Technologien noch neue Geschäftsmodelle

oder politische Ziele allein werden für diese radikale Rekon-
figuration sämtlicher Produktions- und Konsummuster ausreichen. Die vielleicht größte Gefahr besteht darin, mit dem
bisher Erreichten bereits zufrieden zu sein: Die formell hohen
Recyclingquoten in der deutschen Abfallwirtschaft könnten
z. B. dazu verleiten. Wie beschrieben, muss die Kreislaufwirtschaft einer komplett anderen Logik folgen: Wo lässt sich
mehr mit weniger erreichen? Dafür ist die hochwertige Entsorgung von Abfällen eine notwendige Bedingung, sie sagt
aber noch wenig über die Effizienz der Kreislaufführung von
Rohstoffen aus.

Berechnungen des Wuppertal Instituts haben gezeigt, dass
der aktuelle Materialinput in Deutschland nur um 13 % höher läge, wenn überhaupt kein Abfall verwertet würde. Über
50 Mrd. Euro werden damit jedes Jahr für ein Abfallsystem
ausgegeben, das in einem nur begrenzten Ausmaß zu einer
ressourceneffizienten Kreislaufwirtschaft beiträgt. Diesen
Anteil gilt es im Rahmen der Ressourcenwende in den nächsten fünf Jahren mindestens zu verdoppeln.

14. Mobilitätswende – Umsteuern in einem umkämpften Feld

Die Mobilitätswende ist eine herausfordernde Sektorwende. Aktuelle technologische Entwicklungen verleihen ihr eine hohe Dynamik. Nachhaltige Mobilität braucht jedoch weit mehr als technologische Veränderungen. Sie erfordert veränderte politische Rahmenbedingungen und geht mit großen ökonomischen Umbrüchen sowie einer neuen Mobilitätskultur einher. Zudem ist die Mobilitätswende eng mit der Energiewende und der Ressourcenwende verknüpft. Das Kapitel erläutert diese Aspekte und geht auf wichtige Dilemmata der aktuellen Mobilitätswende ein.

Mobilität ist das Rückgrat moderner und arbeitsteiliger Gesellschaften. Heute gehen über 20 % der CO_2-Emissionen auf den Verkehr zurück. Den größten Anteil macht dabei der landgebundene Verkehr aus (insbesondere Pkw und Lkw); davon zwei Drittel in Deutschland für den Personenverkehr, ein Drittel für den Güterverkehr (Statista, 2013 a). Jeweils rund 2,5 % der Emissionen entfielen 2013 auf den Schiffsverkehr sowie den Luftverkehr (Statista, 2017 a). Trotz ambitionierter Klimaziele sanken die CO_2-Emissionen im Verkehr über die letzten Jahre nur moderat (Statista, 2013 b), weltweit stiegen sie weiter an (Pro Mobilität, 2012).

Mit der beschleunigten Entwicklung der Elektromobilität, dem erheblichen Ausbau regenerativer Energien sowie neuen, durch die Digitalisierung ermöglichten Mobilitäts-

konzepten (Autonomes Fahren, vereinfachtes Ride- und
Carsharing) bei einer sich gleichzeitig ändernden Mobilitätskultur scheint erstmalig ein Durchbruch zu einer klima- und
ressourcenschonenderen Mobilität möglich. Wo steht diese
Mobilitätswende heute? Welche Herausforderungen bestehen für ihre Umsetzung? Darauf gehen die folgenden Abschnitte ein.

Nachhaltigkeit, Mobilität und Verkehr

Mobilität zielt darauf, durch die Überwindung von räumlicher
Distanz Bedürfnisse zu befriedigen, d.h. zu arbeiten, ein-
zukaufen, sich zu erholen, sich zu engagieren, sich mit anderen Menschen austauschen zu können. Verkehr ist das Instrument, mit dem Mobilität konkret umgesetzt wird (vgl. Becker,
Gerike & Völlings, 1999). Moderne und offene Gesellschaften
sind auf hohe Mobilität angewiesen. Soll Mobilität innerhalb
planetarer Grenzen erfolgen, bedarf es einer Weiterentwicklung sowohl unserer Mobilitätsmuster als auch der Formen
unseres Verkehrs. Es geht darum, sowohl die für Arbeiten und
Freizeit notwendige Mobilität weiterzuentwickeln (z.B. durch
neue Formen der Raum- und Stadtplanung, neue Arbeits- und
Urlaubsmuster etc.) als auch zu einem veränderten Verkehr zu
kommen. Die dafür etablierte Formel in der Verkehrsforschung
lautet »Vermeiden« (der Erzeugung von Verkehr) – »Verlagern« (auf andere, ökologischere Verkehrsträger) und »Verbessern« (der einzelnen Verkehrsträger z.B. hinsichtlich ihrer
Umweltbelastungen). Eine Mobilitätswende umfasst alle drei
Dimensionen.

Ziele einer nachhaltigen Mobilitätswende:
Vermeiden – verlagern – verbessern

Sollen die Klimafolgen einer Erderwärmung auf über 2 Grad der vorindustriellen Durchschnittstemperatur vermieden werden, gilt auch für den Verkehrssektor die Dekarbonisierung bis zur Mitte des 21. Jahrhunderts. Das heißt, dass ab 2050 weder der Antrieb von Pkw und Lkw noch von Zügen, Schiffen und Flugzeugen auf nichterneuerbaren fossilen Energieträgern beruhen darf. Was das für eine gewaltige Aufgabe gerade für den Verkehrsbereich ist, wird daran deutlich, dass heute alle diese Verkehrsträger noch zu über 99 % mit Benzin, Diesel und Kerosin betrieben werden (Umweltbundesamt, 2017).

Wie kann diese Herkulesaufgabe gelingen? Die Lösung liegt in einer Kombination von Verkehrsverringerung, Verlagerung auf ökologisch und sozial verträglichere Verkehrssysteme, Effizienzsteigerung und Umstellung der Antriebe auf Elektromobilität sowie auf Kraftstoffe, die aus regenerativen Energien gewonnen werden (Biokraftstoffe, aber insbesondere Wasserstoff und Methan, gewonnen aus regenerativem Strom).

Wenn der Verkehrsaufwand insgesamt sinkt, sich der Modal Split zu verkehrsfreundlichen Alternativen verschiebt (insb. Rad- und Fußverkehr, ÖPNV), die Nutzung von Fahrzeugen effizienter wird (Ridesharing) und der verbleibende Fahrzeugbestand CO_2-arm angetrieben wird (Elektromobilität, regenerative Kraftstoffe), dann ist eine Dekarbonisierung auch des Verkehrssektors möglich (Reutter, 2017; Reutter & Reutter, 2014; Rudolph, Koska & Schneider, 2017, Spitzner, 2004).

Abb. 14.1: Ökologische Stellschrauben eines integrierten Mobilitätskonzeptes. *Quelle: Nach Schneidewind & Fischedick, 2016, S. 3, nach Reutter & Reutter, 2016*

Doch in der Mobilitätswende geht es ökologisch nicht nur um die Reduktion von CO_2-Emissionen. Der heutige Verkehr ist vielmehr auch verantwortlich für eine Reihe weiterer ökologischer Herausforderungen: Dazu gehören Luftbelastungen durch Feinstaub und Stickoxide, Lärm, Unfälle und Flächenverbrauch. Zudem stecken in jedem Auto eine Vielzahl von Ressourcen (Metalle, Kunststoffe usw.), deren Bedeutung mit dem Ausbau der Elektromobilität noch wachsen wird (insbesondere durch die Rohstoffe für die Batterien). Durch die ineffiziente Nutzung von Automobilen (Nutzungsdauer pro Tag von durchschnittlich unter einer Stunde) sowie den geringen Anteil überhaupt ins Recycling gelangender Autos

(Sander, Wagner, Sanden & Wilts, 2017) liefert eine Verkehrswende erhebliche Potentiale zur Reduktion dieser Ressourcenbelastungen. Viel bedeutender für eine erfolgreiche Umsetzung ist jedoch das Bewusstsein für die neuen Qualitäten,
die mit einer gut gestalteten Verkehrswende einhergehen:
bessere Luft, angemessene Ruhe, höhere Verkehrssicherheit,
erheblich steigende Aufenthaltsqualität in Städten.

Gleichzeitig ermöglicht Mobilität »Teilhabe«: Ökonomische Teilhabe (z. B. durch das Erreichen des Arbeitsplatzes),
aber auch soziale Teilhabe (durch Erreichen von Verwandten,
Freunden, Versorgungs- und Freizeitinfrastrukturen). Eine
Mobilitätswende soll diese Funktionen nicht einschränken,
sondern durch eine andere Organisation des Verkehrs noch
besser ermöglichen.

Wo steht die Entwicklung einer zukunftsfähigen Mobilität
auf dem Weg zu diesen Zielen? Dies sei im Folgenden entlang
der vier Dimensionen einer Zukunftskunst skizziert.

Technologisch – Warum Digitalisierung eine »Faktor 10«-Mobilität ermöglicht

Durch eine Reihe technologischer Entwicklungen ist ein
dekarbonisierter Verkehr technologisch in greifbare Nähe
gerückt: Batterien für Elektroantriebe werden immer leichter und leistungsfähiger, für den Lkw-Transport existieren
inzwischen Konzepte für Elektrotrassen entlang von Autobahnen. Die Konzepte für eine Wasserstoff- und Methanwirtschaft auf der Basis regenerativen Überschussstroms
liegen vor (Adolf, Arnold, Balzer & Louis, 2017). Diese Umstellung auf regenerative Energiequellen geht einher mit
effizienteren Mobilitätskonzepten durch Nutzung digitaler

Technologien (verbesserte Übergänge zwischen einzelnen Verkehrsträgern, Carsharing, Ridesharing). Die Unterschiede zwischen Taxi, Carsharing und öffentlichem Verkehr verschwinden, durch individuelle Routenführung wird der öffentliche Verkehr so komfortabel wie der Individualverkehr bei gleichzeitiger Reduktion der Anzahl der Fahrzeuge (OECD, 2015). Dazu kommen die Fortschritte im autonomen Fahren, das weltweit kurz vor dem Durchbruch steht. Mit dem autonomen Fahren wird die Grundlage für eine völlig neue Form der Mobilitätsorganisation gelegt: An die Stelle des Privatautos, das man selbst fährt und das in der Regel 23 Stunden ungenutzt vor der Haus- oder Bürotür steht, tritt eine Flotte autonomer Fahrzeuge, die zeitgenau individuelle Fahrten – gebündelt in attraktiv gestalteten Fahrzeugen – zu Preisen unter denen des heutigen öffentlichen Nahverkehrs anbieten. Ob VW mit dem Projekt MOIA in Hamburg (VW, 2018), die Plattform für On-Demand-Ridesharing »Door2Door« (door2door, 2018), die u.a. in Duisburg umgesetzt wird, oder Uber weltweit: Genau an der Umstellung zu diesen neuen Mobilitätskonzepten wird derzeit mit Hochdruck gearbeitet. Aus ökologischer Sicht sind dabei mögliche »Rebound-Effekte« im Blick zu behalten: Je einfacher, kostengünstiger und attraktiver das Angebot neuer, insbesondere automobilbasierter Sharing-Angebote wird, desto größer werden auch die Anreize, dieses Angebot umfassender als bisher zu nutzen. Die Nachhaltigkeitseffekte der neuen technologischen Lösungen werden sich daher nur entfalten, wenn sie in umfassende Mobilitätskonzepte eines »Vermeiden«, »Verlagern« und »Verringern« eingebettet sind. Insgesamt scheint es aber nicht mehr unrealistisch, dass der künftige Verkehr in Städten unter Rückgriff auf die skizzierten technologischen Entwicklungen mit nur noch einem

Zehntel der heutigen Automobile bewältigt werden kann
(vgl. Janasz, 2018).

Eine aktuelle Studie der Friedrich-Ebert-Stiftung (2018)
zeigt, dass zunächst »ein politisch moderiertes und regulier-
tes verbraucherseitiges Markttransformationsprogramm für
Elektromobilität auf- und auch umgesetzt werden (sollte). Es
gilt dabei vor allem, Verhaltensweisen der Verbraucher und
Verbraucherinnen mutig so zu gestalten, dass die Nachfrage
für neue und zukunftsfähige Produkte entsteht.«

Die Umstellung auf Elektromobilität und die neuen Mobilitätskonzepte gehen dabei Hand in Hand: Denn nur bei einer
erheblichen Reduktion und Effizienzsteigerung des Verkehrsaufkommens wird es auch gelingen, die dafür benötigte
Energie aus regenerativen Energiequellen zu gewinnen (vgl.
Kasten).

**Der Ausstieg aus Verbrennungsmotoren und
seine drei »großen Schwestern«**

Noch dominiert die Diskussion über Diesel und Verbrenner
oder Elektromotor die Mobilitätsdebatte. Dass Verbrennungsmotoren ein Auslaufmodell sind, steht angesichts der Notwendigkeit nach Dekarbonisierung dabei außer Frage. Ob der
Umstieg auf andere Antriebe auch wirklich ökologisch gelingen
kann, entscheidet sich an »drei Schwestern«, die in der aktuellen
Diskussion leider viel zu oft im Hintergrund stehen:

**1. »Faktor«-10-Mobilität als Ausdruck
einer wirklichen Mobilitätswende**
Ohne massive Verkehrsreduktion wird es keine ökologisch erfolgreiche Verkehrswende geben. Das ist die eigentliche Herausforderung in der Debatte: Die Veränderung des Modal Splits, die
Nutzung der Möglichkeiten der Digitalisierung – insbesondere

des autonomen Fahrens und der Ridesharing-Möglichkeiten –
sowie eine andere Mobilitätskultur sind der Rahmen für eine
Mobilität, die zukünftig nur noch mit einem Zehntel der heutigen Autos auskommen könnte, um die bestehenden Mobilitätsbedürfnisse zu befriedigen (Schneidewind & Fischedick, 2016).

2. Sektorkopplung – Eine auf die Umstellung auf Elektromobilität zeitlich und vom Umfang her angepasste Energiewende

Die Umstellung auf Elektromobilität führt nur dann zu relevanten ökologischen Entlastungen, wenn der Strom für die
Autos der Zukunft aus regenerativen Quellen kommt. Mobilitätswende und Energiewende sind daher eng miteinander verknüpft (vgl. auch Kap. 12). Daraus entstehen Herausforderungen sowohl für die insgesamt benötige Menge an regenerativ
gewonnenem Strom als auch beim Aufbau der lokalen Netze für
eine Ladesäulen-Versorgungsinfrastruktur.

3. Konsequente automobile Kreislaufwirtschaft

Durch die Batterien und die in ihnen verwendeten Rohstoffe
(insbesondere Lithium) ist der Umbau zur Elektromobiltät auch
mit erheblichen Ressourcenherausforderungen verbunden (vgl.
WBGU, 2011, S. 45). Die Mobilitätswende muss mit erheblich
höheren Recycling-Quoten für Automobile und Batterien als
heute einhergehen (Sander u. a., 2017).

Ökonomisch: Neue Wettbewerber und neue Geschäftsmodelle

Die sich immer klarer abzeichnenden technischen Szenarien
stoßen heute noch auf eine Reihe ökonomischer Hindernisse:
Einzelwirtschaftlich tun sich gerade die großen, insbesondere deutschen und US-amerikanischen Automobilhersteller
schwer, sich auf die neue, klimaneutrale Mobilitätswelt ein-

zustellen. Ihre führende Marktstellung basiert auf ihren Vor-
sprüngen in der Verbrennungsmotor-Technologie sowie der
Kultivierung einer Mobilitätskultur, die auf dem Privateigentum eines möglichst vielfältig einsetzbaren Autos basiert. Be-
triebswirtschaftlich ist zudem der Absatz großer Automobile,
insbesondere sogenannter SUVs, für die Industrie von hoher
Bedeutung, weil sie besonders hohe Margen erwirtschaften.
Durch die enge Kooperation mit der Politik sind zudem die
Rahmenbedingungen und Infrastrukturen für die bestehende
Form der Mobilität ständig optimiert worden. Die Umstellung
auf neue Geschäftsmodelle fällt schwer, zumal es für die Kunden unter den bestehenden Randbedingungen oft unattraktiv
ist, auf Elektrofahrzeuge oder andere Mobilitätsformen um-
zusteigen.

International und getrieben durch Wettbewerber aus z. T.
anderen Branchen ändern sich die ökonomischen Bedingungen aber zunehmend: Immer mehr Länder drängen auf den
Ausstieg aus Verbrennungsmotoren ab 2030 (Norwegen, Indien u. a.), legen Elektromobilitätsquoten fest (China) oder
setzen auf Einfahrverbote für herkömmliche Autos in Innenstädte. Unternehmen wie der US-amerikanische Elektro-
fahrzeughersteller Tesla waren im Jahr 2017 erstmalig höher
bewertet als die klassischen amerikanischen Automobilhersteller General Motors und Ford (manager magazin, 2018).
Gleiches gilt für das Unternehmen Uber, das mit seinem Geschäftsmodell auf eine völlig neue Form der Mobilitätsorganisation, insbesondere auf den Durchbruch der autonomen
Mobilität setzt. Auch die Strategie des Google-Konzerns mit
seinen selbstfahrenden Google Cars weist in diese Richtung.
Gerade der Einstieg der großen globalen Internetkonzerne
birgt dabei eigene Gefahren. Die Geschäftsmodelle dieser Unternehmen basieren häufig auf den gewonnenen Nutzerdaten

und stellen hinsichtlich der Privatsphäre und der Datenauto-
nomie noch eine große Herausforderung dar (vgl. zu dieser
Ambivalenz auch die Ausführungen zur Informations- und
Kommunikationsbranche in Kap. 20). Aus einer ähnlichen
Grundmotivation gewinnen auch andere ökologische Mobilitätsformen international ökonomisch an Bedeutung: So
konnte das chinesische Bikesharing-Start-up »Mobike« im
Jahr 2017 600 Mio. US-$ an Kapital bei seinem Börsenstart
einsammeln (Reuters, 2017).

Der globale Markt für Mobilität ändert sich und treibt die
Veränderung in Richtung einer ökologischeren Mobilität
auch ökonomisch. Gerade für die deutschen Automobilhersteller und Zulieferer wird das zu einer großen Herausforderung. Sie müssen in den kommenden Jahren die Resilienz
ihrer Geschäftsmodelle (vgl. Kap. 20) beweisen, d. h. sich auf
die neue Mobilitätswelt einstellen, ohne dabei ihre ökonomische Existenz aufs Spiel zu setzen – wie dies z. B. bei den großen deutschen Energieversorgern der Fall war, die zu lange
auf den Fortbestand der alten Energiewelt gesetzt haben.

Angesichts der Bedeutung der Automobilindustrie für
den Wirtschaftsstandort Deutschland ist man damit automatisch bei den volkswirtschaftlichen Herausforderungen
einer nachhaltigen Mobilitätswende: In einer durchaus um-
strittenen Studie im Jahr 2017 ermittelte das Ifo-Wirtschafts-
forschungsinstitut, dass rund 600 000 Industriearbeitsplätze
in Deutschland am Verbrennungsmotor hängen (Falck, Ebnet,
Koenen, Dieler & Wackerbauer, 2017) und argumentierte damit gegen einen zu frühen Ausstieg aus dieser Technologie
in Deutschland. In einzelnen, von der Automobilindustrie besonders abhängigen Regionen verschärft sich die Situation
nochmals: Diese wären vom Niedergang der entsprechenden
Industrien massiv betroffen. Wie das Ruhrgebiet nach dem

Niedergang der Kohle- und Stahlindustrie könnten die kommenden Problemregionen in Deutschland Stuttgart, Wolfsburg oder Ingolstadt heißen.

Es braucht daher frühzeitig gestaltete Exnovations-Strategien (Heyen, Hermwille & Wehnert, 2017; Wehnert, 2017), die Branchen und Regionen auf den im Mobilitätssektor erwartbaren Strukturwandel vorbereiten. Beim Kohleausstieg sowie der Energiewende wurde dies in vielen Regionen verpasst. Noch besteht die Chance, die international absehbare Mobilitätswende mit mehr Weitblick anzugehen.

Eine besondere Herausforderung stellt der Güterverkehr dar. Sein Wachstum ist unmittelbar mit der (internationalen) Arbeitsteilung verbunden. Aufgrund der aus ökologischer Sicht viel zu niedrigen Energiepreise finden heute viele Wertschöpfungsauslagerungen statt, die volkswirtschaftlich ineffizient sind und durch steigende Energiepreise für Transportenergie vermieden werden können. Zudem eröffnet auch im Gütersektor die Entwicklung digitaler Technologien neue Perspektiven – und zwar auf der Produktionsseite: Je stärker Produktion – z. B. über individualisierten 3-D-Druck – dezentral vor Ort stattfinden kann, desto mehr könnten sich künftig Transportnotwendigkeiten reduzieren (Petschow, Ferdinand, Dickel, Flämig & Steinfeldt, 2014). Bisher sind diese Entwicklungen aber erst in Ansätzen abzuschätzen.

Institutionell:
Die Mobilitätswende als ein politisches Mehrebenenprojekt

Die weitere ökonomische Dynamik für eine nachhaltige Mobilität entscheidet sich insbesondere durch die Art und Weise, in der sich die institutionellen und politischen Rahmenbedingungen weiterentwickeln. Neben der Verkehrspolitik

Abb. 14.2: Politische und institutionelle Ansatzpunkte der Mobilitätswende im Mehrebenensystem. *Quelle: Eigene*

wirken andere Politikbereiche wie die Siedlungs- und Raumplanungspolitik, die Wirtschaftspolitik und die Arbeitspolitik auf das Mobilitätsaufkommen zurück. Mobilitätspolitik ist zudem eine klassische Mehrebenenpolitik. Sie wird durch globale politische Impulse genauso beeinflusst wie durch lokale (vgl. dazu auch Abb. 14.2 sowie Ausführungen in Kap. 19 zur politischen Multi-Level-Governance).

So ist der internationale Luft- und Schiffsverkehr nur

durch globale oder großräumige internationale Regelungen
effektiv zu steuern. Dies erklärt auch, warum auf Flugbenzin
bis heute keine ökologischen Abgaben gezahlt werden und
Schiffsdiesel der bei weitem schmutzigste fossile Treibstoff
ist, während entsprechende Regeln und Abgaben für Auto-
mobiltreibstoff längst durchgesetzt sind.

Als international agierende Branche sind für die Automobilindustrie auch gesetzliche Regulierungen bedeutsam, die
in für sie wichtigen internationalen Absatzmärkten erlassen
werden: Wenn die USA die Schadstoffgrenzwerte für Diesel-
motoren erhöhen, China Neuzulassungsmindestquoten für
Elektroautos erlässt oder in Indien ab 2030 keine Verbrennungsmotoren mehr zugelassen werden, dann betrifft das die
deutsche Automobilindustrie unmittelbar und erzwingt Anpassungen in der Modellpolitik sowie in Forschung und Entwicklung.

Einen starken direkten Einfluss auf die Branche hat die EU-
Gesetzgebung. Die Grenzwerte für Stickoxide und Feinstaub
in Innenstädten, die derzeit die Diskussion um die Zukunft
des Diesels treiben, haben ihren Ursprung in EU-Richtlinien.
Gleiches gilt für die Flottenverbrauchsregeln und CO_2-Grenz-
werte, die Automobilhersteller in Europa einhalten müssen.
Auch die konkrete Höhe einer CO_2-Bepreisung z. B. über
einen CO_2-Zertifikationshandel wird europäisch festgelegt.

Nationale Politik wirkt einmal über ihren Einfluss auf
europäische Regulierung, wie gerade deutsche Politik in den
letzten Jahren immer wieder unterstrichen hat. Dazu gibt
es vielfältige nationale Gestaltungsmöglichkeiten: So z. B.
steuerrechtliche Gestaltungsmöglichkeiten von der Höhe der
Mineral- und Pkw-Steuer über die Ausgestaltung von Pend-
lerpauschalen und Dienstwagenprivileg bis zu den infrastrukturellen Investitionsentscheidungen im Bundesverkehrswe-

geplan, d.h. der Höhe an Investitionen in Bundesfernstraßen, Bundeswasser- und Schienenwege. Die Bedeutung des Radverkehrs wurde im Bundesverkehrswegeplan 2030 erstmalig explizit genannt und darauf hingewiesen, dass der Bund sich im Rahmen seiner verfassungsrechtlichen Möglichkeiten in Zukunft stärker am Bau von Radschnellwegen beteiligen will.

Politik auf Bundesländerebene hat erheblichen investiven und planerischen Einfluss auf die Verkehrsinfrastrukturgestaltung, auf die Raum- und Flächennutzungsplanung, die für die Höhe des Verkehrsaufkommens sehr häufig ursächlich ist, aber auch auf wirtschaftliche Innovations- und Strukturpolitik, die die ökonomische Dynamik bei der Entstehung von Mobilitätsalternativen bestimmt.

Und schließlich ist im Verkehrssektor die lokale Politik äußerst relevant. Dies wird häufig unterschätzt: Wie fahrradfreundlich eine Stadt ist, ob es verkehrsberuhigte und autofreie Stadtviertel gibt, wie mit der Bewirtschaftung von Parkraum oder Stellplatzsatzungen bei der Schaffung von neuem Wohnraum oder mit Einfahrverboten in Innenstädte umgegangen wird, das wird auf lokaler Ebene entschieden. Zudem sind Kommunen und Landkreise die »Aufgabenträger« im öffentlichen Personenverkehr. Sie entscheiden letztlich über die Angebotsqualität öffentlicher Verkehrsmittel vor Ort.

Der Multiebenencharakter der Mobilitätspolitik ist eine große Chance für einen Sektor in einer fundamentalen Umbruchsituation: Er schafft Räume für vielfältige Experimente und das Erproben unterschiedlicher politischer Gestaltungsansätze. So wird die Mobilitätspolitik sehr stark durch nationale und internationale »Best Practices« bestimmt, von denen andere Regierungen und politisch Verantwortliche, aber auch die Branche selbst lernen können. Dies ist notwendig, um die

vielfältigen Dilemmata-Situationen, mit der die Mobilitätswende verbunden ist (siehe Kasten weiter unten), erfolgreich
in den Griff zu bekommen.

Kulturell: Auf dem Weg zu einer neuen Mobilitätskultur

Was an politischer Gestaltung für eine nachhaltige Mobilitätspolitik möglich ist, hängt nicht alleine am politischen Wil-
len. Es ist stark beeinflusst von der hohen kulturellen Aufladung, die das Thema Mobilität und Automobil nicht nur in
Deutschland hat.

Anders lässt sich kaum erklären, dass sich Wahlen heute
immer noch mit verbessertem Autobahn- und Straßenbau
und dem Plädoyer für »Freie Fahrt für freie Bürger« gewinnen lassen, obwohl die ökonomischen und ökologischen
Notwendigkeiten einer nachhaltigen Verkehrspolitik in allen
demokratischen Parteien längst präsent sind.

Mobilität ist eine Grundlage offener und freier Gesellschaften. Gerade in Deutschland ist der Besitz eines eigenen Automobils in besonderer Weise mit dem ökonomischen Wieder-
aufstieg des Landes nach dem Zweiten Weltkrieg verbunden
(vgl. Canzler, Brickwedde & Knie, 2015; Rammler, 2017;
Sachs, 1984). Die Verbreitung des Automobils verkörperte
in besonderer Weise das deutsche Wirtschaftswunder. In der
Nachkriegszeit hat die Massenmotorisierung in Deutschland
deswegen eine zentrale Rolle gespielt, um das Ziel wirtschaftlicher und sozialer Stabilität zu erreichen. Mit der Förderung
des Autos war die Schaffung vieler neuer Arbeitsplätze verbunden – in der Automobilindustrie sowie den Zulieferindus-
trien selbst, in den notwendigen Dienstleistungsindustrien
(von Tankstellen bis Werkstätten) sowie im Straßenbau.

Die Schaffung autogerechter Städte in den USA schon vor
dem Zweiten Weltkrieg, in Europa dann insbesondere ab den
1950er und 1960er Jahren, war Ausdruck des ökonomischen
und technologischen Fortschrittsoptimismus dieser Periode.
Es ist daher nicht verwunderlich, dass ein radikaler Eingriff in
die Organisation unserer Mobilität an der kulturellen DNA
der Gesellschaft kratzt und daher z.T. erhebliche Widerstände
hervorruft. Ein zusätzliches Hemmnis für eine neue Mobilitätskultur ist ein höheres Sicherheitsbedürfnis (bei gleichblei-
bendem Gefahrenpotential durch den Autoverkehr): Kinder
werden beispielsweise immer später allein auf die Straße gelassen und machen erst spät die Erfahrung selbstbestimmter
Mobilität zu Fuß oder mit dem Rad.

Dabei wird diese Auseinandersetzung zunehmend auch zu
einem Generationenkonflikt und zu einem Geschlechterkon-
flikt, da die heutige Verkehrsgestaltung immer noch stärker
an männlichen Mobilitätsbedürfnissen ausgerichtet ist. Insbesondere in den großen Metropolen gibt es Anzeichen dafür,
dass eine größer werdende Gruppe an jungen Menschen her-
anwächst, für die der Besitz eines eigenen Automobils, z.T.
sogar eines Führerscheins, keine Bedeutung mehr hat. Ja im
Gegenteil: Auto fahren gilt eher als lästig, weil es die eigenen
Kommunikationsmöglichkeiten sowie urbane Lebensqualität
einschränkt.

Längst ist in diesen Metropolen ein Kampf um den Straßenraum entbrannt. Einen deutlichen Ausdruck fand er in
Berlin mit dem Radverkehrsentscheid, dem sich über 100 000
Berliner angeschlossen haben. Es geht hier darum, wem wie
viel vom Straßenraum zusteht, ob die jetzige Verteilung zugunsten von Autofahrern und zu Lasten von Radfahrern und
Fußgängern angemessen ist. Mobilitätspolitik ist daher auch
zu einem Kulturkampf geworden und erklärt die hohe Emo-

tionalität, mit der die Konflikte darüber teilweise ausgetragen werden.

Auch hier gilt es, die damit verbundenen Konflikte durch kreative und innovative Lösungen zu überwinden.

Die Agora Verkehrswende (www.agora-verkehrswende. de) ist eine von der Stiftung Mercator initiierte Stakeholder-Gruppen übergreifende Plattform, die zusammen mit zentralen Akteuren aus Politik, Wirtschaft, Wissenschaft und Zivilgesellschaft die Grundlagen dafür legen möchte, dass der Verkehrssektor bis 2050 vollständig dekarbonisiert wird. Im Jahr 2017 hat die Agora zwölf Thesen zur Verkehrswende vorgelegt (vgl. Kasten). Die Thesen verdeutlichen in prägnanter Form das notwendige Zusammenspiel technologischer, ökonomischer, institutioneller und gesellschaftlich-kultureller Aspekte auf dem Weg zu einer nachhaltigen Form der Mobilität.

---

12 Thesen zur Verkehrswende

1. Die Verkehrswende gelingt mit der Mobilitätswende und der Energiewende im Verkehr.
2. Effizienz ist Leitprinzip der Verkehrswende.
3. Die Mobilitätswende hat in den Städten bereits begonnen.
4. Auch das Land wird von der Mobilitätswende profitieren.
5. Autonome Fahrzeuge werden gemeinschaftlich genutzt.
6. Elektromobilität ist der Schlüssel der Energiewende im Verkehr.
7. Klimaneutrale Kraftstoffe ergänzen Strom aus Wind und Sonne.
8. Beim Güterverkehr gilt: Schiene stärken, Straße dekarbonisieren.
9. Stromversorgung und Verkehr profitieren von der Sektorenkopplung.

10. Verkehrsinfrastruktur wird neu gedacht, geplant und fi-
    nanziert.
11. Die Verkehrswende sichert den Industriestandort Deutsch-
    land.
12. Der gesellschaftliche Nutzen der Verkehrswende wird zu
    ihrem Treiber.

Quelle: Agora Verkehrswende, 2017

Wie weiter? Acht Dilemmata der Mobilitätswende überwinden

Wo steht die nachhaltige Mobilitätswende also? Technologisch ist eine klimaneutrale und ressourcenarme Mobilität
heute schon möglich. Auch ökonomisch gewinnt sie an Fahrt.
Viele neue Unternehmen und Geschäftsstrategien, die nachhaltige Mobilität auf den Weg bringen, sind international
längst am Start. Wichtige Volkswirtschaften wie die chinesische, aber auch die kalifornische (jedoch noch nicht die gesamte US-amerikanische) haben erkannt, welches volkswirtschaftliche Potential in neuer Mobilität steckt.

Politisch und kulturell tun sich gerade die etablierten Auto-
mobilwirtschaften insbesondere in den USA und in Deutschland mit einem konsequenten Umsteuern schwer. Zu stark
wiegt noch die kulturelle Verankerung des Automobils in der
Wahrnehmung weiter Bevölkerungskreise. Zu intensiv erscheint die ökonomische Abhängigkeit von der heutigen auf
die Nutzung des Autos ausgerichteten Mobilität auf nationaler Ebene, aber auch in vielen deutschen Regionen zu sein.

Hier gilt es, sich offensiv den Dilemmata zu stellen, die
eine nachhaltige Mobilitätswende gerade in Deutschland erschweren (vgl. Kasten): Dahinter stehen Widersprüche und

Konflikte, die sich nicht einfach nach einer Seite auflösen lassen. Allen diesen Dilemmata wird man sich nur durch kluge Synthesen und Aushandlungsprozesse nähern können. Hierin liegt die eigentliche Herausforderung der Mobilitätswende.

Die acht Dilemmata der Mobilitätswende

Mobilitätswende …

1. … zwischen einer zusammenwachsenden Welt und planetaren Grenzen (Wie viel globale persönliche Begegnung in Beruf und Freizeit braucht eine friedliche Welt?)
2. … zwischen ökologischer Notwendigkeit und ökonomischen Folgen (Die Welt oder den Wirtschaftsstandort Deutschland retten?)
3. … zwischen ökologischer Effektivität und sozialer Ungerechtigkeit (Wer muss mit Mobilitätseinschränkungen für die ökologische Wende zahlen?)
4. … zwischen Freiheit / Innovation und Verbot / Exnovation (Reichen Innovationsdynamiken alleine für den notwendigen Umstieg?)
5. … zwischen Technologieoffenheit oder berechenbaren Technologieausstieg (Helfen oder schaden langfristig festgelegte Technologieausstiegsziele ökologisch und ökonomisch?)
6. … im Konflikt zwischen alter und neuer Mobilitätskultur (Wessen Interessen sollen im Konflikt um begrenzten Straßenraum mehr zählen?)
7. … zwischen notwendiger Veränderungsgeschwindigkeit und Pfadabhängigkeiten (Wie abrupt darf und kann das Umsteuern sein?)
8. … zwischen globaler Veränderungsdynamik und nationaler Wettbewerbsfähigkeit (Wie gewährleistet man den Gleichklang nationaler Anpassungsprozesse?)

Quelle: Wuppertal Institut

Politik, Zivilgesellschaft, Gewerkschaften, die betroffenen
Branchen und die Wissenschaft sind hier in gleicher Weise
gefordert. Es gilt, Dialogprozesse zu starten, sich über unterschiedliche Szenarien frühzeitig auszutauschen, internationale Erfahrungen systematisch auszuwerten und selbst
Experimente zu neuen Mobilitätsformen auf den Weg zu
bringen, um daraus zu lernen.

15. Ernährungswende – Umwelt und Gesundheit zusammenbringen

Die Nahrungsmittelproduktion ist für einen wichtigen Anteil der globalen Ressourcen- und CO_2-Belastungen verantwortlich. Mit wachsendem globalem Wohlstand und der Veränderung der Ernährungsgewohnheiten steigt dieser Anteil kontinuierlich an. Ohne eine Ernährungswende sind die globalen Nachhaltigkeitsziele nicht zu erreichen. Bei einer nachhaltigen Ernährung geht es um mehr als ökologische Leitplanken und physisches Überleben. Ernährung ist zentral für ein gelingendes und gesundes Leben und tief eingebettet in die kulturelle Praxis. Das macht die Transformation des Ernährungssektors so herausfordernd.

Heute steckt die Ernährungswende (vgl. Eberle & Hayn, 2007) in einer zweifachen Herausforderung: (1) einer technologisch-ökonomischen Falle der Ernährungs- und Agrarwirtschaft und (2) einer kulturellen Falle westlicher Ernährungskultur. (1) Die technologischen Fortschritte und Produktivitätsgewinne der Landwirtschaft in den letzten 200 Jahren haben es überhaupt erst in Reichweite rücken lassen, zehn Milliarden Menschen auf diesem Planeten ausreichend ernähren zu können. Getrieben durch liberalisierte Weltmärkte sowie machtvolle Abnehmer im Handel, der Lebensmittelindustrie und der Systemgastronomie, steckt die Landwirtschaft aber in einer Produktivitätsfalle, die zu Lasten von Ökologie und Tierwohl geht. (2) Das Ernährungsverhalten in fast allen ent-

wickelten Ländern spiegelt Lifestyle-Trends der Moderne
wider – von Individualisierung bis Convenience. Dadurch
werden viele ökologisch und gesundheitlich bedenkliche Er-
nährungstrends stabilisiert. Die Lock-ins im Agrarbereich
und in der Ernährungskultur können nur über konzertiertes
Handeln der relevanten Akteure in der Lebensmittelwert-
schöpfungskette sowie eine engagierte Agrar- und Verbrau-
cherpolitik aufgebrochen werden.

Zur Ressourcenrelevanz von Ernährungsmustern

Herstellung, Konsum und Entsorgung von Lebensmitteln haben vielfältige ökologische, ökonomische, soziale und gesundheitliche Auswirkungen (Leitzmann, 2003; Speck, 2016). Etwa
30 % des Ressourcenverbrauchs der Konsumenten in Europa
gehen auf die Ernährung zurück (Buhl, Liedtke & Bienge,
2017). Der Anteil der Ernährung in einer 8-Tonnen-Gesell-
schaft ist maßgeblich (vgl. Kap. 10), da dieses Handlungsfeld
ca. ein Drittel des gesamten ökologischen Rucksacks ausmacht.

Aktuell geht die Veränderung der Ernährungsstile mit einer
Steigerung des Konsums tierischer Lebensmittel und gleichzeitig der Kalorienaufnahme pro Person einher, was weltweit
zu einem überproportionalen Anstieg des Ressourcenverbrauches sowie zu einer wachsenden Anzahl an ernährungs-
assoziierten Erkrankungen wie Diabetes und Adipositas
führt. Diese Entwicklung steht exemplarisch für eine Reihe
gravierender, sich gegenseitig verstärkender Herausforderungen. Laut Rockström & Sukhdev (2016) sind alle globalen
Nachhaltigkeitsziele (SDGs) direkt oder indirekt mit dem
Produktions-Konsum-System Lebensmittel verknüpft. In den

Unterzielen der SDGs wird dies immer wieder adressiert: So
postuliert das Ziel 12 »Für nachhaltige Konsum- und Produktionsmuster sorgen« ressourcenschonendes Wirtschaften und
die Halbierung der Lebensmittelverluste bis 2030 (UN, 2015).

Die aktuelle Transformationsdebatte im Ernährungssektor
verliert sich dabei oft in symbolische Nebenfelder: Ein Beispiel ist die aktuelle Diskussion um To-go-Einweg-/Mehr-
wegbecher oder die Kampagne zum Plastiktütenverzicht im
deutschen Einzelhandel. Diese sind gesellschaftlich lobens-
wert. Aus ökologischer Sicht viel relevantere Stellschrauben
wie die Eindämmung ressourcenintensiver Tierhaltung, die
Förderung tiergerechter und biologischer Anbaumethoden
sowie die Weiterentwicklung von Ernährungsstilen treten
dabei aber oft in den Hintergrund.

Gesundheit, Umwelt und Lebensqualität in der Ernährung zusammenbringen – Den Nutritional Footprint verringern

Gesundheit und Umweltschutz sind der grundlegende Kompass für eine nachhaltige Ernährung. Um beide Dimensionen
in einer kompakten Form zu messen, hat das Wuppertal Institut den »Nutritional Footprint« entwickelt (Lukas u.a., 2016).
Er misst jeweils vier relevante gesundheitliche Indikatoren
(Energiegehalt in Kalorien, Salzgehalt, Ballaststoffgehalt und
gesättigte Fettsäuren) sowie ökologische Indikatoren (Material Footprint, CO_2-Fußabdruck, Wasserverbrauch, Landnutzung) von Lebensmitteln und Gerichten und setzt diese in Bezug zu Nachhaltigkeitszielen. Der Nutritional Footprint stellt
diese acht Bewertungen grafisch übersichtlich dar. Damit wird
auf einen Blick deutlich, welches Produkt oder welche Mahl-
zeit die nachhaltigere Alternative ist (vgl. Abb. 15.1).

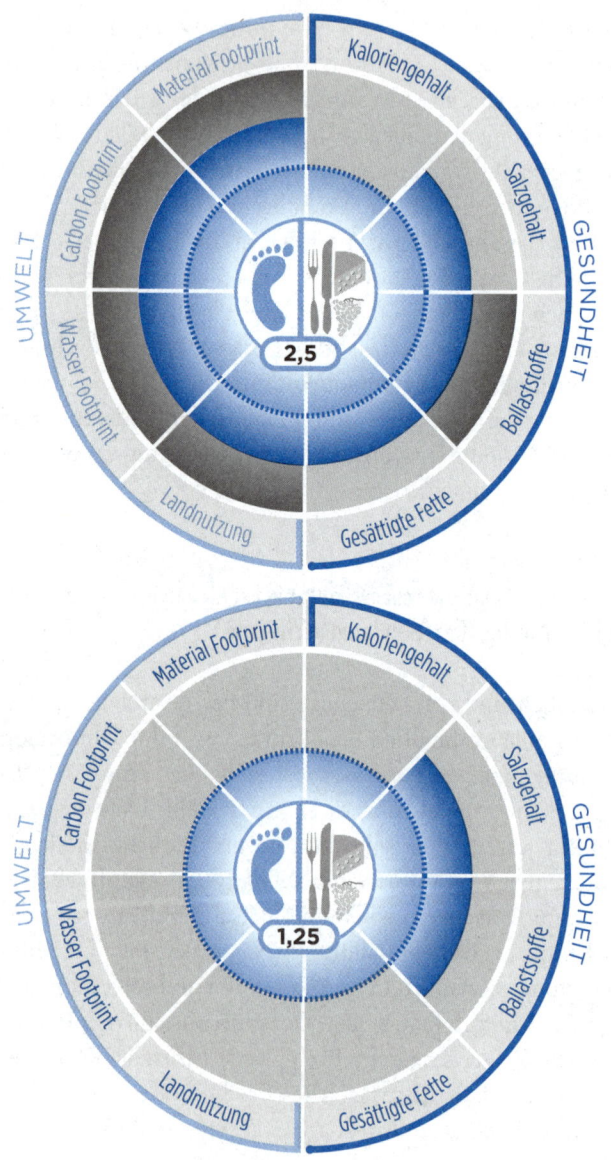

Letztlich geht es darum, den Weg zu Ernährungsmustern zu weisen, die eine gesunde und ausgewogene Ernährung der Menschen gewährleisten und dabei die ökologischen Wirkungen reduzieren. Nimmt man das Ziel einer 8-Tonnen-Gesellschaft als Orientierungspunkt (vgl. Kap. 10), dann muss sich der ökologische Rucksack in der Ernährung von 6 auf 3 Tonnen halbieren. Für die Reduktion des ökologischen Rucksacks steht dabei ein breites Spektrum von Ansatzpunkten zur Verfügung (Lettenmeier u.a., 2014): die Zusammensetzung unserer Lebensmittel und Mahlzeiten, die Art ihrer Produktion, die Vermeidung von Lebensmittelabfällen.

Eine solche Veränderung ist eine große Aufgabe, weil das Ernährungsverhalten in kulturelle Gewohnheiten und in persönliche Sozialisationserfahrungen eingebettet und zudem durch ökonomische Dynamiken getrieben ist. Die Zukunftskunst für die Gestaltung einer nachhaltigen Ernährung ist daher in besonderer Weise auf die Verknüpfung von technologischen, ökonomischen, institutionellen und kulturellen Veränderungen angewiesen.

Abb. 15.2 illustriert, dass auf dem Weg zu einer nachhaltigen Ernährung zwei Blockaden aufzubrechen sind: (1) eine technologisch-ökonomische Blockade, die das globale Ernährungssystem alleine unter eindimensionalen Produktivitätsaspekten optimiert und so von nachhaltigen Bewirtschaftungs- und Produktionsformen wegführt, sowie (2) eine kulturelle Blockade, die die globale Verallgemeinerung nichtnachhaltiger Lebensstile befördert und damit die Vielfalt von

Abb. 15.1: Beispiele für Nutritional Footprints: Roulade mit Kartoffeln und Gemüse in Rotweinsauce (oben) sowie eine vegetarische Zucchini-Spinat-Feta-Lasagne (unten). *Quelle: Nach Lukas u.a., 2016, S. 165 ff.*

Abb. 15.2:
Herausforderungen
und Ansatzpunkte
für eine nachhaltige
Ernährungswende.
Quelle: Eigene

Ernährungsmustern sowie deren ökologische Nachhaltigkeit
bedroht.

Bei der Auflösung dieser Blockaden sind einmal die Akteure der Wertschöpfungsketten wie Produzenten, Verarbeiter,
Handel und auch die Gemeinschaftsgastronomie sowie zum
anderen eine aufgeklärte internationale und nationale Agrar-
und Ernährungspolitik gefordert. Nur im Zusammenspiel
sind sie in der Lage, die bestehenden Blockaden aufzulösen.

Technologisch: Den Produktivitäts-Lock-in überwinden

Das Ernährungssystem hat in den letzten 150 Jahren eindrucksvolle Produktivitätssteigerungen erlebt: Waren Mitte
des 19. Jahrhunderts in Deutschland noch knapp 60 % der

Menschen in der Landwirtschaft beschäftigt und gab der durchschnittliche Haushalt damals über 60 % seines Einkommens für Lebensmittel aus, so haben sich die Verhältnisse bis heute radikal verändert: Nur knapp 2 % der Menschen arbeiten heute noch in der Landwirtschaft, und gerade einmal 14 % unseres Haushaltseinkommens werden für Lebensmittel verwendet, deren Qualität und Vielfalt sich seit Mitte des 19. Jahrhunderts massiv vervielfacht hat (Statista, 2017 b, 2018).

Grund für diese Entwicklung sind beeindruckende technologische und organisatorische Fortschritte in der Landwirtschaft und der Ernährungsproduktion: Die heutige Landwirtschaft arbeitet in der Pflanzen- und Tierzucht weitgehend maschinell und wird durch Dünge- und Pflanzenschutzmittel sowie Tiermedizin unterstützt. Moderne Verfahren der Lebensmittelverarbeitung und des Lebensmitteltransportes ermöglichen es, heute ganzjährig und saisonunabhängig Lebensmittel aus der ganzen Welt zu erschwinglichen Preisen zu kaufen.

Dabei werden die ökologischen Folgen dieser ökonomischen Erfolgsgeschichte immer deutlicher: steigende Klimagasbelastungen durch eine fleischintensive Ernährung und globale Transportströme, wachsende Grundwasserbelastungen insbesondere durch Nitrateinträge und die Gefahr von Antibiotikaresistenzen durch eine intensive Massentierhaltung, der Rückgang der Artenvielfalt durch Monokulturen und Pestizideinsatz.

Verantwortlich für diese wachsenden Nebenfolgen sind dabei nicht einzelne Akteure: Konsumenten, Landwirte, Handel und Industrie sind vielmehr gefangen in einem Ernährungssystem, in dem die durch einen intensiven internationalen Wettbewerb niedrig gewordenen Preise den Ökonomisie-

WERTSCHÖPFUNGSSTUFE	AKTUELLE TRENDS	PERSPEKTIVEN/ POTENTIALE
Landwirtschaft	▪ Größere Strukturen ▪ Land-Grabbing ▪ Automatisierung/Mechanisierung der landwirtschaftlichen Produktion ▪ Vermehrter Einsatz von gentechnisch verändertem Saatgut/Pflanzenschutzmitteln	▪ Know-how-Steigerung kleinbäuerlicher Landwirtschaft statt reiner Chemie ▪ Precision Farming ▪ Community Supported Agriculture (CSA), Urban Gardening
Produktion/ Industrie	▪ Weltweite Vermarktung/ globale Marken ▪ Ressourcensicherung ▪ Processed Food	▪ Regionalisierungsstrategien, saisonale Produkte
Handel	▪ Konzentration des Lebensmittelhandels ▪ Globale logistische Strukturen	▪ Einflussnahme auf die Wertschöpfungsketten durch veränderte Standards ▪ Community Supported Agriculture (CSA) ▪ Re-Regionalisierung von Handel
Gastronomie/ Gemeinschafts-Gastronomie	▪ Wachsende Bedeutung der Systemgastronomie und Gemeinschaftsverpflegung	▪ Gemeinschaftsverpflegung als nachhaltiger Pionier des Wandels
Konsum	▪ Trend zur Außer-Haus-Verpflegung ▪ Weniger Zeit für Ernährung	▪ Trends zu »saisonal«, »bio«, »vegetarisch«, »vegan« ▪ Food-Sharing ▪ Slow-Food-Bewegung

Tab. 15.1: Dynamiken des Produktivitäts-Lock-ins in der Ernährungsproduktion und ausgewählte Perspektiven zu seiner Überwindung. *Quelle: Eigene*

rungsdruck für alle Akteure in der Wertschöpfungskette hochhalten. Ein Entrinnen aus dieser Spirale erscheint schwierig.

Schlimmer noch: Die Spirale scheint sich auf einer globalen Ebene weiter zu verstärken: Mit vielen hundert Millionen von Menschen in Afrika, Asien und Südamerika, die einen neuen Wohlstand erreichen und deren Lebensstil sich an europäische und nordamerikanische Standards anpasst, wächst der Druck auf Landflächen und eine global effizientere Lebensmittelproduktion, um diese Nachfrage zu befriedigen.

Dabei wäre es rein technologisch-ökonomisch möglich, auch für eine wachsende Weltbevölkerung eine qualitativ hochwertige Lebensmittelversorgung mit einer ökologischeren und tiergerechteren Landwirtschaft zu verknüpfen (Muller u.a., 2017). Wichtige Bausteine dabei wären eine Know-how-Steigerung gerade in der kleinbäuerlichen Landwirtschaft der Länder des Südens, die Verschiebung der Proteinproduktion in neue Felder wie ökologisch optimierte Hydro- und Aquakulturen, die Nutzung von Möglichkeiten des Precision-Farming, eine stärker regionale und saisonale Ausrichtung der Ernährungsproduktion. Es geht jedoch auch einher mit der Weiterentwicklung der Lebens- und Ernährungsstile sowie der Bereitschaft, künftig wieder einen etwas höheren Anteil des Haushaltseinkommens für Lebensmittel auszugeben.

Zehn-Punkte-Plan
der ökologischen Handlungsoptionen
in der Ernährungsbranche

Studien des Wuppertal Instituts zusammen mit Kooperationspartnern haben eine Reihe ökologischer Handlungsoptionen für die Ernährungsbranche untersucht. Als Quintessenz ist ein Zehn-Punkte-Plan entstanden, der allen – vom Weltkonzern bis zum Kunden an der Theke – als Leitfaden für Entscheidungen zur Förderung einer nachhaltigen Ernährung dienen kann.

1. Reduktion des Fleischanteils
2. Verstärkte Saisonalität
3. Reduktion von Lebensmittelabfällen
4. Optimierung von Lagerung, Kühlung, Zubereitung
5. Vermeidung ressourcenintensiver Mobilität
6. Einsatz und stärkere Nutzung biologischer Lebensmittel und Zutaten
7. Reduktion von Verpackungen
8. Verringerte Nutzung verarbeiteter Produkte
9. Verstärkter Rückgriff auf regionale Produkte
10. Förderung und Kauf von Fair-Trade-Ware

Quelle: Eigene Darstellung, basierend auf Rohn, Lettenmeier, Pastewski & Fraunhofer-Institut für Arbeitswirtschaft und Organisation, 2013; Speck u.a., 2017

Kulturell: Das Erlernen veränderter Ernährungsstile erleichtern

Das Aufbrechen des technologisch-ökonomischen Lock-ins geht stark einher mit der kulturellen Transformation unserer Ernährungsgewohnheiten. Auf den ersten Blick erscheint das als ein äußerst schwieriges Unterfangen: Ist doch die Tatsache, ob Menschen lieber eine Currywurst oder ein veganes Gericht mögen, ob man lieber ein Pils oder einen Rotwein trinkt, ein Ausdruck persönlicher Identität. Dies erklärt auch die massiven Abwehrreaktionen, wenn der Eindruck entsteht, dass Politik in das Ernährungsverhalten eingreifen will. Die Reaktionen auf den Vorschlag eines »Veggie-Days« im Bundestagswahlkampf 2013 haben das deutlich gemacht.

Auf den zweiten Blick ist es hilfreich, sich bewusstzumachen, wie sich individueller Geschmack und Ernährungspräferenzen entwickeln. Diese sind nicht angeboren oder genetisch fixiert, sondern Ausdruck eines kulturellen und sozialen Lernprozesses. Was man gerne isst, was einem schmeckt und was nicht, entwickelt sich im Laufe der persönlichen Sozialisation, der Einbettung von Ernährungserfahrungen im sozialen und kulturellen Kontext. Das ist der Grund, warum es auch erhebliche geschlechterspezifische Unterschiede im Ernährungsverhalten gibt (Bourdieu, 1982). Dass Ernährungsverhalten durch persönliche Erfahrungen sowie soziale und kulturelle Einflüsse beeinflusst und erlernt wird, sollte durchaus optimistisch stimmen: Heißt es doch, dass sich über die Zeit veränderte und angepasste Ernährungsmuster und -präferenzen entwickeln können. Dies ist in der Vergangenheit immer wieder passiert und lässt sich auch aktuell beobachten.

Viele Studien weisen darauf hin, dass die Esskultur einem kontinuierlichen Wandel unterliegt – gerade in der jüngeren Generation ist der Anteil derjenigen, die sich vegetarisch oder vegan ernähren, am höchsten (RKI, 2016) – und dabei sehr unterschiedliche Tendenzen zu beobachten sind: Zum einen gibt es zunehmend bewusste Käuferinnen und Käufer, die auf gesundheitliche und ökologische Aspekte Wert legen, wobei für Frauen Bioqualität und vegetarische Ernährung eine wichtigere Rolle spielen als für Männer (TK, 2017). Dies zeigt u. a. der stetige Umsatzzuwachs der Biolebensmittel. Der Umsatz deutscher Bio-Großhandelsunternehmen stieg von 2010 bis 2016 von 0,95 auf 1,66 Mrd. Euro (BOELW, 2018). Umfragen zur Wertschätzung von Lebensmitteln und gesunder Ernährung im Alltag zeigen eine leichte Erhöhung der Bedeutung gesunder Ernährung beim Verbraucher. Während im Jahr 2013 ca. 35 % der Befragten gesundes Essen wichtig war, ergibt die neue Umfrage für das Jahr 2016, dass ca. 45 % der Befragten den Gesundheitsaspekt als Hauptkriterium für die Ernährung ansehen (TK, 2017). Das schlägt sich aber nur

zum Teil im tatsächlichen Ernährungsverhalten nieder: Ungefähr 85–90 % der Deutschen verzehren regelmäßig und
nahezu täglich Fleisch (BUND & Heinrich-Böll-Stiftung,
2016). Was erklärt das Auseinanderfallen von vermeintlichen
Ernährungspräferenzen und realem Ernährungsverhalten?
Ernährungswissen und die eigenen Vorlieben spielen oft nur
eine geringe Rolle, wenn es um die Wahl des Mittagessens
geht. Auch wenn Menschen angeben, sie seien an einer nachhaltigeren Ernährung interessiert, so sind doch viele von den
Gegebenheiten rund um den Arbeitsplatz etc. abhängig. Je
näher und besser auch nachhaltigere Angebote verfügbar
sind, desto besser werden diese in den Alltag eingebaut. Aber
genauso schnell werden die Ideen zu einer nachhaltigeren Ernährung »über Bord« geworfen, wenn diese nicht verfügbar
ist (Pfeiffer, Speck & Strassner, 2017).

Ein kultureller Wandel in den Ernährungsgewohnheiten
muss daher einhergehen mit wachsenden Angeboten nachhaltiger Ernährung. Hier kommt der Systemgastronomie
und der Gemeinschaftsverpflegung (wie z. B. in Kantinen,
insbesondere auch in der Gemeinschaftsverpflegung in öffentlichen Einrichtungen; Göbel u. a., 2017), aber auch dem
Handel eine hohe Bedeutung zu, die Transformation von Er-
nährungskulturen zu flankieren (vgl. auch Kasten).

Change Agent Gemeinschaftsverpflegung?

Die Außer-Haus-Gastronomie ist hinter dem Lebensmitteleinzelhandel der zweitgrößte Absatzweg für Lebensmittel und mit
einem Umsatz von knapp 75,8 Mrd. Euro (2016) in Deutschland
(Vergleich: 176 Mrd. Euro Lebensmitteleinzelhandel in 2016)
eine wichtige und gleichzeitig sehr unterschätzte Größe. Der
Sektor reicht von der Imbissbude bis zum Sternerestaurant, von
der Kindertagesstätte bis zur Fußballgroßveranstaltung.

Und immer mehr Menschen gehen in Deutschland außer Haus essen und das mit einer interessanten Tendenz: Die Mittagsmahlzeit ist die wichtigste »Außer-Haus-Mahlzeit«, aber auch das Frühstück nehmen mehr Personen außerhalb der eigenen vier Wände ein. Ein Besuch dient dabei nicht mehr nur dem Sattwerden, die Geselligkeit ist mittlerweile ein wichtiger Grund für einen Restaurantbesuch. Gleichzeitig zeigt ein weiterer Trend seine Wirkung: Eltern arbeiten zunehmend gleichberechtigt, und so verlagern sich die Mahlzeiten für alle Familienangehörigen verstärkt nach draußen. Die Gemeinschaftsgastronomie bietet ein breites Spielfeld für die Veränderung von Essgewohnheiten und das Setzen von Trends, die idealerweise ökologisch und sozial vorteilhafter sind als die Gewohnheiten heute (Speck u.a., 2017; Göbel u.a., 2017).

Ökonomisch: Folgen globaler Produktivitätszwänge begrenzen

Ökonomische Zwänge setzen dem Kulturwandel im Ernährungssektor Grenzen. Die Nahrungsmittelproduktion ist heute einer der am stärksten globalisierten Wirtschaftssektoren. Es ist völlig selbstverständlich, dass Futtermittel für die Fleischproduktion in Deutschland aus Südamerika kommen, dass jederzeit Weintrauben aus Indien oder Bananen aus Costa Rica zu kaufen sind oder dass russischer und US-amerikanischer Weizen in allen Teilen der Welt verkauft wird. (vgl. Grefe, 2016). Die gleichen Muster finden sich in der Zulieferindustrie. Die Pflanzenschutzmittel vieler globaler Agrarkonzerne werden in Indien und Afrika genauso eingesetzt wie in Europa oder in den USA. Schweinemastanlagen aus dem Südoldenburgischen Land werden in China genauso wie in Europa installiert.

Die konsequente Globalisierung ist der Grund für die gewaltigen Produktivitätsfortschritte in der Lebensmittelproduktion in den letzten Jahrzehnten. Insbesondere deutsche Verbraucher profitieren von extrem niedrigen Lebensmittelpreisen. Nur noch ein geringer Teil des Haushaltseinkommens muss für die tägliche Ernährung ausgegeben werden (ca. 11–12 %), PC und Auto nehmen einen höheren Anteil am Haushaltsbudget ein als Lebensmittel.

Möglich wird dies dadurch, dass die Unternehmen entlang der Wertschöpfungskette ständig unter dem Druck weiterer Produktivitätssteigerungen stehen. Dies führt zu wachsenden Betriebsgrößen in der Landwirtschaft. So hat sich die Zahl der Höfe in Deutschland seit der Jahrtausendwende etwa halbiert (Statista, 2017b). Es forciert auch die Konzentration im Lebensmittelhandel mit der Ballung von Einkaufsmacht bei einigen wenigen Handelsketten oder die Etablierung weltweiter Marken durch Lebensmittelkonzerne, aber auch die Konzentration großer Unternehmen in der Systemgastronomie (wie McDonald's oder Burger King), um die internationale Vermarktung möglichst effizient zu gestalten. Gleiches gilt für die Entwicklung und die Produktion von Agrarchemikalien, wie sich zuletzt bei der beabsichtigten Übernahme des Monsanto-Konzerns durch das Unternehmen Bayer zeigte. Noch unklar ist, ob die zunehmende Digitalisierung im Lebensmittelhandel (z. B. Angebote wie »Amazon Fresh«) zu ökologischen Entlastungen führen kann oder die ökologischen Rucksäcke unserer Lebensmittelversorgung nochmals erheblich vergrößert (Nestlé, 2016; TK, 2017).

Vielfalt in der Ernährung, Regionalität, Saisonalität und eine nachhaltige Ausrichtung der Lebensmittelproduktion fallen dieser Produktivitätsdynamik weitgehend zum Opfer. Sie besteht nur in wenigen Nischen, in denen Konsumenten

heute schon entsprechende Qualitäten Preisprämien wert
sind. Doch sind diese Segmente bezogen auf den gesamten
Ernährungssektor eher gering. Der Anteil der Biolebensmittel
am Umsatz im Lebensmitteleinzelhandel in Deutschland
betrug im Jahr 2017 5,9 % (BOELW, 2018). Verbraucher sind
heute in den meisten Fällen nicht bereit, von den liebgewonnenen
niedrigen Lebensmittelpreisen Abschied zu nehmen.

Ökologische und soziale Mindeststandards setzen sich immer
nur dort durch, wo gesetzliche Rahmenbedingungen (wie
z. B. in einzelnen Bereichen der Tierzucht) dem Produktivitätsdiktat
Grenzen auferlegen.

**Landwirte – Schlüsselakteure für eine Nachhaltige
Entwicklung in der Zwickmühle**

Die Landwirtschaft spielt nicht nur eine wichtige Rolle für
eine nachhaltige Ernährungswende. Die nachhaltige Bewirtschaftung
von Agrarflächen hat viele darüber hinausgehende
ökologische und kulturelle Funktionen. Landwirte genießen in
der Gesellschaft unter anderem deswegen ein hohes Vertrauen
(DBV, 2017). 78 % aller Deutschen vertrauen den deutschen
Bauern, zwei von drei Bundesbürgern haben ein positives Bild
von der deutschen Landwirtschaft, obwohl 72 % der Befragten
angeben, eher wenig bis gar nichts über die moderne Landwirtschaft
zu wissen.

Landwirte sind daher in vielerlei Hinsicht Schlüsselakteure für
einen nachhaltigen Wandel in der Ernährungs- und Landwirtschaft.
Deswegen ist es von hoher Bedeutung, dass Bauern auch
mit kleineren Hofgrößen die Chance haben, die vielfältigen
ökonomischen und ökologischen Funktionen unter angemessenen
Rahmenbedingungen zu erfüllen. Insbesondere die Ausgestaltung
der EU-Agrarpolitik ist hierfür ein zentraler Hebel.

Institutionell: Die Ernährungswende als mehrdimensionales Politikfeld

Die Lock-ins im Ernährungssektor lassen sich daher in letzter Konsequenz nur institutionell, d. h. durch politische Rahmensetzung auflösen. Nur durch geeignete institutionelle Randbedingungen ist zu gewährleisten, dass der Produktivitätswettbewerb in der Ernährungswirtschaft nicht zu Lasten nachhaltiger Entwicklungsziele geht.

Die institutionellen Ansatzpunkte liegen auf sehr unterschiedlichen Ebenen: Sie umfassen auf globaler Ebene einmal die Regeln der Welthandelsordnung sowie internationaler Handelsabkommen. Auf europäischer Ebene ist neben der eigentlichen Agrarpolitik durchaus auch die Chemie- und Umweltpolitik hochrelevant – wenn es z. B. um Grenzwerte für Agrarchemikalien oder Grundwasser geht. Und sie reichen schließlich zu den konkreten politischen Rahmenbedingungen der nationalen und regionalen Landwirtschaftspolitik.

In den letzten Jahren sind die Informationsrechte für Verbraucher und Informationspflichten für Lebensmittelhersteller konsequent verbessert worden. Sie ermöglichen Verbrauchern heute bewusstere Entscheidungen mit Blick auf die ökologischen und sozialen Folgewirkungen ihres Konsums. Diese Verbraucherrechte gilt es auch künftig weiter zu stärken. Sie werden alleine für ein nachhaltiges Umsteuern des Ernährungssystems nicht ausreichen, steigern aber das allgemeine Bewusstsein für Veränderungen.

Weit effektivere Hebel für eine nachhaltige Ernährungswirtschaft liegen in der Ausgestaltung von Agrarsubventionen sowie von Haltungs- und Anbaubedingungen in der Landwirtschaft. Sie bestimmen, unter welchen Bedingungen in Europa landwirtschaftliche Produkte angebaut werden und ob europäische Agrarexporte Lebensmittelmärkte in Ländern des globalen Südens massiv beeinträchtigen. Eine angemessene Umweltbesteuerung wäre ein weiterer wichtiger Hebel, um ein stärker regionales und saisonales Kaufverhalten bei Lebensmitteln zu befördern. Durch die niedrigen Transportkosten, die die ökologischen Folgewirkungen des Transportes nicht abbilden, ist bei gleichem Preis der Carbon Footprint eines südafrikanischen Weins um ein Vielfaches höher als der eines Weins von der Mosel (Colman & Päster, 2009).

Perspektiven für die Ernährungswende

Die Ernährungswende ist möglich! Gerade durch die großen Produktivitätsfortschritte im Ernährungssektor in den letzten Jahrzehnten lässt sich eine gesunde Ernährung auch für eine wachsende Weltbevölkerung mit den Anforderungen einer Nachhaltigen Entwicklung verknüpfen.

Um das zu erreichen, gilt es aber, aktuelle, insbesondere ökonomische Entwicklungsdynamiken zu verändern. Wenn der Imperativ moderner Ernährungsproduktion heißt, immer globaler, immer zeitloser, immer uniformer und immer kostengünstiger zu werden und sich alleine auf die bestehenden und neu entstehenden globalen Mittelschichten zu konzentrieren, dann wird die Ernährungswende nicht gelingen. Das Umsteuern in der Ernährung muss sich auf mehrere Pfeiler gründen:

• Auf eine Anpassung der nationalen und insbesondere der EU-Agrarpolitik sowie der globalen Welthandelsordnung, die lokale und nachhaltige Lebensmittelproduktion stärkt und sicherstellt, dass die Preise für Nahrungsmittel die ökologische Wahrheit sagen, d. h. die ökologischen und so-

zialen Nebenfolgen globalisierter Produktionsbedingungen
mit abbilden.

- Auf neue Bündnisse zwischen einer fortschrittlichen Agrarpolitik und Vorreiterunternehmen, die zeigen, wie sich
gesunde und nachhaltige Ernährungsproduktion verbinden
lassen und damit auch die Chancen für ein innovatives
Umsteuern ermöglichen.

- Auf mehr Transparenz und die Weiterentwicklung von
Informationsinstrumenten für Verbraucher (wie Nutritional Footprints), um diese in ihrer Rolle als mündige Konsumenten und Bürger zu stärken.

- Auf neue Formen der Suffizienzpolitik, die nachhaltige und
global verallgemeinerungsfähige Lebens- und Ernährungsstile unterstützen und damit Impulse für eine veränderte
Ernährungskultur in globaler Verantwortung geben.

16. Urbane Wende – Stadtentwicklung zwischen Quartier und Region

Rund 80 % der Menschen werden 2050 in Städten leben. Dort laufen Wohlstands-, Energie-, Ressourcen-, Mobilitäts- und Ernährungswende zusammen. Die Urbane Wende ist damit ein Knotenpunkt der Großen Transformation. Städte sind in ihrer Vielfalt und Eigenart zugleich Experimentierorte für die Große Transformation. Die Zukunft nachhaltiger, »smarter« Städte entscheidet sich aber weniger technologisch als vielmehr ökonomisch, institutionell und kulturell. Das Kapitel gibt einen Einblick in die Zukunftskunst urbanen Wandels.

Hinführung – Warum sich Nachhaltige Entwicklung in Städten entscheidet

Städte sind in vielerlei Hinsicht ein Schmelztiegel der Großen Transformation. Die meisten Nachhaltigkeitsherausforderungen zeigen sich hier in aller Intensität und Vielfalt. Im Jahr 2050 werden 80 % der Menschen in Städten leben. Insbesondere in Asien und Afrika werden in den kommenden gut 30 Jahren nochmals rund drei Milliarden Menschen zusätzlich in Städte ziehen.

Was das ökologisch bedeutet, lässt sich heute schon in vielen Bereichen beobachten: Verkehrsinfarkt und massive Luftbelastungen in (Mega-)Citys. Verknappung von Wasser in vielen urbanen Weltregionen, massive Nutzung und Versiegelung fruchtbarer Landflächen bei gleichzeitig global ansteigendem Landverbrauch durch veränderte Lebensstile in Städten. Eine Kennziffer macht die aktuelle »Wucht der Urbanisierung« (WBGU, 2016a) plastisch deutlich: In China wurde alleine in den Jahren 2008–2010 mehr Zement verbaut als in den USA im gesamten 20. Jahrhundert (Smil, 2016) – mit massiven Folgen für den Klimawandel, da die Zementherstellung ein äußerst CO_2-intensiver Prozess ist.

Gleichzeitig sind Städte in allen Gesellschaften seit jeher Orte der kulturellen und sozialen Innovation. Gesellschaftlicher Wertewandel und neue Ideen nehmen von hier ihren Ausgangspunkt: Von genossenschaftlichen Ansätzen über Initiativen der Sharing Economy, Urban Gardening, veränderte Ernährungsmuster bis hin zu einer automobilfreien Mobilitätskultur entstehen derzeit die Bausteine einer neuen Nachhaltigkeitskultur in vielen Experimenten von Pionieren insbesondere im urbanen Raum.

Dies ist der Grund, warum die Transformation der Städte so zentral für die Nachhaltigkeitsdebatte ist. Der Wissenschaftliche Beirat der Bundesregierung Globale Umweltveränderungen WBGU hat dies schon in seinem Gutachten zur »Großen Transformation« im Jahr 2011 betont (WBGU, 2011, S. 63) und hat 2016 konsequenterweise ein umfassendes Urbanisierungsgutachten vorgelegt. Unter dem Titel »Der Umzug der Menschheit. Die transformative Kraft der Städte« (WBGU, 2016a) liefert der WBGU dort einen Kompass für die Urbane Wende zu einer Nachhaltigen Entwicklung.

Nachhaltigkeit, Teilhabe, Eigenart – Die Trias urbaner Zukunftskunst

In seinem Urbanisierungsgutachten unterscheidet der WBGU drei grundsätzliche Zugänge zum besseren Verständnis der urbanen Transformation zu einer Nachhaltigen Entwicklung (vgl. Abb. 16.1):

(1) Er betont, dass wir es im globalen Maßstab mit drei sehr unterschiedlichen Formen« urbaner Transformationsprozesse zu tun haben:

(a) In Europa und den USA dominiert der Typus der »reifen Stadt«. Das sind Städte und Stadtteile, die bereits seit Jahrzehnten, z.t. seit Jahrhunderten, in ihrer räumlichen Struktur, ihrer Bausubstanz und ihren zentralen Infrastrukturen bestehen. Reife Städte sind zudem Städte, in denen sowohl potentiell handlungsfähige als auch demokratisch legitimierte Stadtregierungen und -verwaltungen existieren. Diese Städte und Stadtteile gilt es unter Berücksichtigung ihrer bestehenden Substanz in Richtung Nachhaltigkeit zu verändern. Das ist mit besonderen Chancen, aber auch mit besonderen Herausforderungen verbunden, weil sich die gegebenen Strukturen durch viele Pfadabhängigkeiten oft nur langfristig verändern lassen.

Ganz anders sieht es mit »geplanten« Städten aus. Damit sind Städte oder große neue Stadtteile – aktuell insbesondere in Asien – gemeint, die komplett am Reißbrett entstehen. Hier liegen große Potentiale, mit der Neukonzipierung hohe ökologische Standards zu setzen. Neben der ökologischen Ebene ist in neu geplanten Städten und Stadtteilen aber insbesondere die Einhaltung sozialer und politischer Teilhabestandards und die Ermöglichung der Selbstorganisation der Zivilgesellschaft von großer Bedeutung. Aussagekräftige

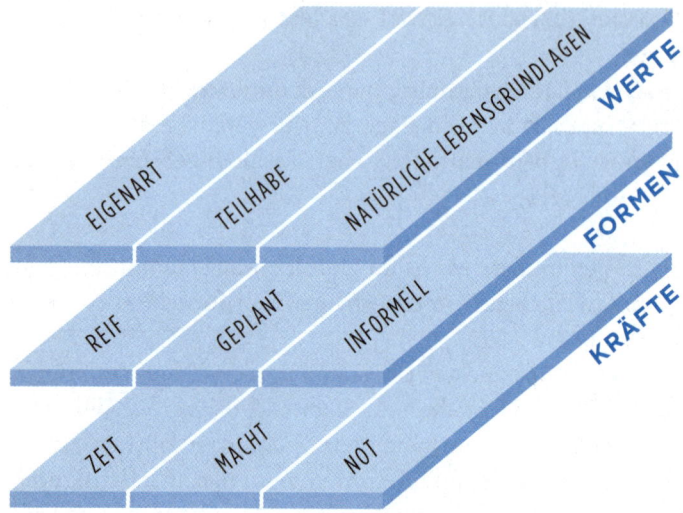

Abb. 16.1: Die drei WBGU-Zugänge zum Verständnis der Urbanen Wende zur Nachhaltigkeit. *Quelle: Nach WBGU, 2016a, S. 360*

Leitplanken und Standards können schon frühzeitig in den Planungsprozess implementiert werden.

Schließlich wird der Typus der »informellen Stadt« in den kommenden Jahrzehnten hohe Bedeutung haben. Damit sind informelle Siedlungen an Stadträndern bestehender Städte gemeint, aber auch große Flüchtlingslager und -siedlungen. Schätzungen gehen davon aus, dass in den kommenden 30 Jahren mehr als eine Milliarde Menschen in informelle »Städte« ziehen werden (WBGU, 2016a). Die Herausforderungen der künftigen Stadtgestaltung liegen hier stärker auf einer sozialen Ebene im Sinne eines auf eine möglichst hohe Lebensqualität zielenden Ansatzes zur Nachhaltigkeit, da der ökologische Fußabdruck von Menschen in informellen Siedlungen bisher eher gering ist. Die Herausforderung der informellen Städte ist, die Lebensqualität ihrer Bewohner auch ohne massiven Anstieg des ökologischen Verbrauchs zu verbessern.

(2) Die unterschiedlichen Formen der Städte sollten sich an Werten orientieren, die die Stadtgestaltung der Zukunft prägen. Hier hat der WBGU in seinem Urbanisierungsgutachten einen Kompass vorgelegt, der drei Wertedimensionen umfasst: (a) »Natürliche Lebensgrundlagen« (N) als Ausdruck der ökologischen Nachhaltigkeit, (b) »Teilhabe« (T) als Ausdruck der sozialen, politischen und ökonomischen Integrationskraft von Städten und (c) »Eigenart« (E) als Ausdruck der naturräumlichen, historischen, ökonomischen und kulturellen Spezifika, die jede Stadt bei ihrem Weg zu einer Nachhaltigen Entwicklung berücksichtigen muss (vgl. WBGU, 2016a, S.137 mit vertieften Erläuterungen zu den drei Dimensionen).

Dieser sogenannte N-T-E-Kompass liefert wichtige Impulse für die Diskussion über eine Nachhaltige Entwicklung in Städten. Er steht dafür, dass die Einhaltung planetarer Grenzen (»N«) ein Eckpunkt jeder künftigen Stadtentwicklung sein muss. Sie muss aber einhergehen mit der Gewährleistung breiter sozialer und ökonomischer Teilhabechancen (»T«). Dabei geht es auch um Fragen der Energie- und Umweltgerechtigkeit (Schüle, 2017). Überall, wo Nachhaltigkeit und Teilhabe auseinanderfallen, erhöht sich die Gefahr von Populismus – mit der doppelten Bedrohung von Demokratie und ökologischen Zielen.

Diese Kombination von Nachhaltigkeit und Teilhabe braucht je nach Stadt, nach räumlichen Gegebenheiten, nach ökonomischer Situation, nach kultureller Prägung, nach historischen Bezügen, nach konkreten Akteuren und Gestaltungsmöglichkeiten ganz individuelle und spezifische Wege.

Dafür steht die Dimension Eigenart (»E«). Nachhaltige Entwicklung insbesondere in Städten muss als ein Prozess verstanden werden, der in vielen Tausenden urbanen Laboren
erprobt wird: So gab es allein im Jahr 2014 fast 1700 Städte
weltweit mit über 300 000 Einwohnern (UN DESA, 2014). Es
muss darum gehen, diese Lernprozesse eng miteinander zu
vernetzen und voneinander in der Verschiedenartigkeit zu
lernen. Erst über die »Eigenart« wird Nachhaltigkeit zu einem
kulturoffenen und mit lokalen Qualitäten aufgeladenen Prozess, der Akteure mitnimmt und motiviert.

(3) Schließlich kennzeichnet der WBGU drei »Kräfte« urbaner Transformationsprozesse. Er bezeichnet diese pointiert
als »Zeit«, »Macht« und »Not«. Dahinter steht die Erkenntnis, dass die Veränderungsprozesse in Städten grundlegende
soziale Dynamiken berücksichtigen müssen: Gerade die oft
nur langfristig anpassbaren städtischen Infrastrukturen, aber
auch eingespielte Prozesse und Routinen führen zur hohen
Bedeutung des Faktors »Zeit«. Nicht alles lässt sich so schnell
durchführen, wie es ökologisch oder sozioökonomisch notwendig und wünschenswert wäre. »Macht« weist darauf hin,
dass Transformation immer auch Gestaltungsmacht braucht.
Die ist je nach Stadt, Land und Weltregion sehr unterschiedlich verteilt. Die Gestaltungsmacht von Stadtverwaltung und
-politik variiert erheblich. Sie kann durch nationale Politik,
aber auch durch informelle und ökonomische Machtstrukturen überlagert sein. Gerade die ökonomische Dynamik bei
der Stadtgestaltung kommt im Begriff der »Not« zum Ausdruck. Sie bezeichnet nicht nur die materielle Not derjenigen,
die dadurch in Städte gezogen werden, sondern auch die ökonomische Not vieler Städte, die ihre Gestaltungsmöglichkeiten erheblich begrenzt.

Anhand dieser drei Kräfte wird deutlich, wie wichtig eine Zukunftskunst für die Urbane Wende ist, die sich nicht nur auf technologische Fragen stützt. Denn ähnlich wie die anderen Wenden vollziehen sich auch Urbane Wenden im Spannungsfeld von Technologie, Ökonomie, institutioneller Gestaltung und kultureller Dynamik. In Städten kommt dem Zusammenspiel dieser Dimensionen eine besondere Bedeutung zu. Dies soll im Folgenden an den urbanen Herausforderungen in entwickelten Industrieländern deutlich werden.

Technologien und urbaner Wandel: Nachhaltige »Smart Citys«

In jede Urbane Wende sind Fragen der Energie- und Mobilitätswende eingebettet (vgl. auch Abb. 11.0). Alleine dadurch hat die Große Transformation immer auch eine technologische Dimension. Es geht um Fragen CO_2-freier Energieversorgung und Mobilität. Der Technologiemix, der dafür benötigt wird, lässt sich heute schon gut definieren (vgl. z.B. die Studie des Wuppertal Instituts zu einem CO_2-neutralen München aus dem Jahr 2008, Kap. 9; Lechtenböhmer, 2010). Eine erneuerbare Energieproduktion mit dezentraler Wärmeversorgung spielt dabei eine genauso wichtige Rolle wie Gebäude im Passiv- oder Niedrigenergiehausstandard und eine intelligente Verbrauchssteuerung. Sie werden begleitet von Mobilitätskonzepten, die auf Mobilitätsplattformen zur intelligenten Kopplung von Fuß-, Rad- und öffentlichen Verkehr sowie auf Sharing-Lösungen setzen. Diese Entwicklungen werden verstärkt durch die Möglichkeiten autonomer Mobilität und digitaler Sharing-Plattformen und weitgehend elektrobetriebener Fahrzeuge.

Die technologischen Lösungen in den einzelnen Sektoren finden Widerhall in weiteren Möglichkeiten der Smart City. Dazu gehören nicht nur die Potentiale der intelligenten Energiesteuerung einer Stadt oder einer zunehmend digitalisierten Kreislaufwirtschaft (Wilts & Berg, 2017a), sondern die Smart City umfasst auch ganz neue Informations- und Beteiligungsangebote für zivilgesellschaftliches Engagement (Couldry u.a., 2014; de Waal & Dignum, 2017; March, 2016). Allerdings gibt es in Deutschland und Europa bisher in der Regel nur Smart-City-Insellösungen und faktisch keine umfassenden Entwicklungskonzepte (Libbe, 2014).

Trotz all dieser notwendigen technologischen Bausteine ist die urbane Nachhaltigkeitswende im Kern jedoch keine technologische Wende: Städte sind Orte des Zusammenlebens von Menschen unterschiedlicher sozialer und kultureller Herkunft. Technologische Optionen, gerade die Lösungen einer Smart City, erreichen insbesondere in Ländern des Südens zumeist nur einen kleinen Teil der Bevölkerung. Sie sind oft sozial exklusiv (beispielsweise das indische Smart-City-Programm, vgl. Housing and Land Rights Network, 2017). Smarte Lösungen, die die gesamte Stadtgesellschaft umfassen, sind oft LowTec und basieren nur auf einzelnen technologischen Bausteinen (wie z.B. mobiltelefonbasiertes Banking in Afrika oder Ride-Sharing-Lösungen in afrikanischen Megacitys). Oft haben zudem infrastrukturelle Maßnahmen weit mehr Effekte als ausgereifte technologische Lösungen: Eine abgetrennte Bus- oder Radspur auf einer Hauptverkehrsstraße oder eine restriktive Parkraumbewirtschaftung verändern urbane Mobilität oft nachhaltiger und effektiver als ein elaboriertes elektronisches Parkleitsystem. Eine kluge Gestaltung von Stadtgrün kann und muss eine komplexe Haustechnik bei einzelnen Gebäuden für eine integrierte Klimastrategie ergänzen.

Technologische Lösungen müssen daher immer eingebettet sein in umfassendere räumlich-strukturelle und gesellschaftliche Transformationsdesigns. Erst daraus ergibt sich die sinnvolle Reichweite technologischer Lösungen.

Wem gehört die Stadt?
Zur Notwendigkeit neuer urbaner Wohlstandsverständnisse

Wenn heute dennoch oft technologische Lösungen die Diskussionen über die Zukunft der Stadt dominieren, dann hat das zumeist ökonomische Gründe: Städte sind nicht nur gesellschaftliche und soziale Zentren, sondern sie sind auch Zentren in ökonomischer Hinsicht. Städte sind ein Motor für ökonomisches Wachstum, materiellen Wohlstand sowie Arbeit, individuelle Entwicklungschancen und ökonomische Teilhabe. Das erklärt die Attraktivität und den Zuzug in wirtschaftlich verheißungsvolle Städte.

Die *Bedeutung* des Ökonomischen schlägt dabei sehr häufig in ein *Primat* des Ökonomischen um: Längst wird die Gestaltung vieler Städte durch die Dynamik von nicht oder nur schwach reglementierten Immobilienmärkten geprägt, und schon in den 1920er und 1930er Jahren wurden US-amerikanische Städte nach den ökonomischen Interessen der großen Automobilhersteller gestaltet (Bottles, 1987; Wachs, 1984). Die Folgen sind weitreichend: verödete Innenstädte mit sterilen Bürozentren, generische und global austauschbare Fußgängerzonen und Shopping-Center, Gentrifizierung vieler Stadtteile und Verdrängung sozialer Randgruppen in ghettoähnliche Stadtteile an den Stadträndern und eine autogerechte Stadtgestaltung, die in schlecht strukturierten Stadträumen motorisierter Mobilität sichere Bewegungsfähigkeit gewährleisten soll.

All diese Entwicklungen sind aus einer gesellschaftlichen und aus einer ökologischen Nachhaltigkeitsperspektive bedenklich. Sie gefährden die Teilhabe und soziale Kohäsion in Städten mit vielfältigen Nebenfolgen für alle Bewohner in Bezug auf Lebensqualität, Bewegungsmöglichkeiten und Sicherheit. Sie haben indirekt auch ökologische Auswirkungen: Wenn ein sicheres Fortbewegen in der Stadt z.B. nur noch mit dem Auto möglich ist, sind ressourcen- und CO_2-intensive Lebensstile der einzige Garant für eine hohe Lebensqualität.

Kapitel 5 hat die Bedeutung der doppelten Entkopplung für eine Nachhaltige Entwicklung betont. Es wurde deutlich, dass sich ein »gutes Leben« für zehn Milliarden Menschen innerhalb der planetaren Leitplanken auf der Erde nur dann realisieren lässt, wenn sich Ansätze der technologischen Entkopplung (weniger Energie- und Ressourcenverbrauch pro Einheit Bruttoinlandsprodukt) mit Ansätzen einer Entkopplung 2. Ordnung (mehr gutes Leben pro Einheit Bruttoinlandsprodukt) verbinden.

In den Städten liegen die Potentiale für diese Entkopplung 2. Ordnung: Lebenswerte Innenstädte mit hoher Natur- und Aufenthaltsqualität, soziale Durchmischung in den Städten, intelligente urbane Designs zur Kopplung von Arbeit, Leben, Erholung und kulturellem Ausdruck, lebensqualitäts- und gesundheitsfördernde Formen der Mobilität, die den Stadtraum wieder für Menschen zugänglich machen (durch autofreie Zonen, Verstärkung des Fuß- und Radverkehrs), Rückbau von Angsträumen in Städten: All das sind Bausteine eines erweiterten urbanen Wohlstandes.

Um eine solche Stadtgestaltung zu erreichen, braucht es jedoch ein anderes Verständnis von Stadtökonomie. Diese darf sich nicht alleine messen am investierten Immobilien-

kapital, am Durchschnittseinkommen seiner Bewohner oder
dem Umsatz von Shopping-Centern, sondern muss Wohlstand und Lebensqualität breiter verstehen: Die von der
OECD entwickelten Indikatoren für ein gutes Leben sind
Ausdruck einer solchen erweiterten Wohlstandsdefinition
(vgl. Kap. 11). Statt konventioneller städtischer Wirtschaftsförderung bedarf es einer »Wirtschaftsförderung 4.0« im
Sinne einer Stadtwohlstandspolitik, die die unterschiedlichen
Wohlstandsdimensionen aktiv fördert (Kopatz, 2015). Auf
eine solche erweiterte urbane Lebensqualität zielen derzeit
viele Initiativen weltweit. Am deutlichsten zeigt sich dies an
urbanen »Reallaboren«: Reallabore sind Transformationsräume, in denen Akteure vor Ort eng mit der Wissenschaft zusammenwirken (Bierwirth u. a., 2017, S. 77, vgl. auch Kap. 21).
In Deutschland hat sich die Stadt Wuppertal in den letzten
Jahren zu einem solchen Reallabor für erweiterten urbanen
Wohlstand entwickelt (vgl. Kasten).

»Mehr Wuppertal wagen«[9]

Die Stadt Wuppertal verfügt mit ihren über 350 000 Einwohnern als siebzehntgrößte Stadt Deutschlands über besondere
Potentiale als Transformationslabor. Sie ist eine typische Stadt
im ökonomischen Strukturwandel mit einer breiten kulturellen
und sozialen Schichtung. Als klassisch autogerecht überformte
Stadt steht sie vor vielen typischen Transformationsherausforderungen »reifer Städte«.
Dabei kann Wuppertal historisch auf eine imposante Trans-
formationsgeschichte zurückblicken: In der zweiten Hälfte des
19. Jahrhunderts galt Wuppertal (sich auf die beiden damals noch
unabhängigen Städte Barmen und Elberfeld erstreckend) als das
»Manchester Kontinentaleuropas«. Die Stadt war als florierende
Textilmetropole Ausgangspunkt für zahlreiche technologische,

ökonomische (u. a. Gründung des Unternehmens Bayer), soziale
(Wuppertaler Sozialmodell, größte Genossenschaftsbewegung
im Reich, Adolph Kolping wirkte lange in Wuppertal, Friedrich
Engels war der Sohn eines Wuppertaler Textilfabrikanten) und
kulturelle Impulse (umfassendes bürgerliches und zivilgesellschaftliches Engagement, Hochburg des Pietismus, aber auch
der Religionsvielfalt), die weit über die Stadt hinauswirkten.

Begreift man – dem WBGU folgend – die industrielle Revolution als die zweite »große« Transformation der Menschheitsgeschichte (nach dem Neolithikum, d. h. dem Übergang
von Jäger- und Sammlergesellschaften zu Agrargesellschaften,
als erster »großer« Transformation), dann kann Wuppertal als
eine der Hauptstädte dieser zweiten großen Transformation
verstanden werden. Es ist hochinteressant, die Transformation
dieser Stadt in der aktuell stattfindenden Großen Transformation (wissenschaftlich) aktiv zu begleiten: Inwiefern gelingen die
großen Wenden in der Stadt? Was oder wer sind die Motoren
für die Transformation? Wo liegen Hindernisse? Wie lassen sie
sich überwinden?

Der Begleitung und der Beantwortung dieser Fragen hat sich das
Wuppertal Institut als mitten in der Stadt liegendes Forschungsinstitut zusammen mit der Bergischen Universität in Wuppertal verschrieben (transzent.uni-wuppertal.de). Das Institut
begleitet und unterstützt die vielfältigen Quartiersinitiativen:
vom mehrfach ausgezeichneten »Klimaquartier Arrenberg«
(www.aufbruch-am-arrenberg.de) über die Utopiastadt-Initia-
tive in der Wuppertaler Nordstadt direkt an der durch bürger-
schaftliches Engagement entstandenen Nordbahntrasse (Fahr-
radtrasse entlang der gesamten Wuppertaler Talachse) bis zu
sozialen Transformationsprozessen in Oberbarmen, Wichling-
hausen und anderen Quartieren. Dort werden neue Formen der
Mobilität, des Urban Farming, der dezentralen Produktion und
Energieversorgung, von Open-Data-Strategien und kollabora-
tiver Flächenentwicklung aktiv erprobt und die Diffusion in die
Gesamtstadt vorangetrieben.

Das TransZent hat im Rahmen eines großen Projektes im Jahr 2017 einen – auf den elf OECD-Dimensionen basierenden – alternativen urbanen Wohlstandsindex auf den Weg gebracht. Ergänzend misst eine »Glücksapp« seitdem in einem über 1000 Wuppertalerinnen und Wuppertaler erfassenden Panel die subjektive Lebenszufriedenheit in unterschiedlichen Wuppertaler Stadtteilen. Mit einer vom Institut angestoßenen Initiative »Autofreies Elberfeld« (Reutter, 2017a) treibt das Institut die Diskussion über alternative Mobilitätsformen in der Stadt voran.

Durch diese Aktivitäten ist in den letzten Jahren ein urbanes Reallabor im Sinne des WBGU entstanden, das auf langfristige Transformationsprozesse hin ausgelegt ist und sich in eine intensive Lernpartnerschaft mit anderen führenden Reallaboren auf nationaler und internationaler Ebene einbringt (WBGU, 2016c).

Stadtentwicklung zwischen Quartier und Region –
Die institutionelle Dimension der Urbanen Wende

Eine zentrale Rolle in den urbanen Transformationsprozessen spielt die Frage nach einer veränderten »Governance«, d.h. der institutionellen Gestaltung: Wer treibt die Entwicklung der Stadt? Mit welcher Macht und mit welcher Legitimation? Formal ist das meistens geklärt. In Gesetzen und Kommunalordnungen ist festgelegt, wer wie die Stadt regiert. In Zeiten angespannter kommunaler Haushalte, starker ökonomischer Interessen, neuer Formen zivilgesellschaftlichen Engagements sehen die faktischen Verhältnisse oft anders aus: Da bestimmt der finanzstarke Investor, wie die Innenstadtgestaltung rund um ein Einkaufszentrum auszusehen hat. Da setzen kommunale und gemeinnützige Unternehmen

genauso wie zivilgesellschaftliche Akteure neue Akzente in
der Stadtgestaltung, bringen sich wissenschaftliche Akteure
in die Urbane Wende ein (vgl. Kasten). Da geht zunehmend
Kraft von Quartieren mit hoher Identität aus, obwohl ihnen
gar keine formalen Gestaltungsmöglichkeiten zukommen.
Schließlich hängen die städtischen Gestaltungsmöglichkeiten
auch von der Umlandeinbettung ab: Wo kaufen die Menschen
in der Region ein? Wohin pendeln sie zur Arbeit? Wo halten
sie sich in ihrer Freizeit auf? Wie bestimmen die bestehenden
Verkehrsnetze die Stadt-Stadt- und Stadt-Umland-Einbin-
dung?

Dabei ist es notwendig, dass Städte alle Phasen der Gestaltung urbaner Transformationen zur Nachhaltigkeit adressieren und darin Unterstützung erfahren:

Wie sieht z. B. eine nachhaltige Stadt im Jahr 2050 aus? Wie
wird dort gelebt, gewohnt, gearbeitet oder sich (fort-)bewegt?
Die Übersetzung abstrakter quantitativer CO_2-Reduktions-
ziele in positive Visionen urbanen Lebens ist ein wichtiger
Ansatzpunkt, die soziale Akzeptanz für Nachhaltigkeit zu
schaffen. Anspruchsvolle integrierte Stadtentwicklungskon-
zepte wie in Kiel, Leipzig, Ludwigsburg, Schwerin, Bottrop,
Speyer oder Stuttgart zeigen die Möglichkeiten bereits exis-
tierender Instrumente auf, die räumliche und städtebauliche
Entwicklung mit der sozialen und infrastrukturellen Entwicklung einer Kommune zu verbinden. Visionen von Städten
und Regionen wie z. B. Amsterdam, Hamburg oder Köln weisen eine starke Verschränkung klassischer Nachhaltigkeits-
und Klimaschutzthemen mit dem Trend der Digitalisierung
auf (Smart City). Es steht allerdings aus, diese Konzepte für
eine künftige CO_2-Freiheit und lokale Nachhaltigkeit weiter
mutig zu entwickeln.

Wie kann eine solche Vision erreicht werden? Hier ist (neben vielen anderen Städten) die Stadt Bottrop ein Vorreiter, denn diese betreibt durch den 2018 abgeschlossenen Ausstieg aus dem Kohlebergbau seit Jahren eine präventive, auf Nachhaltigkeit bezogene Strukturpolitik. Die ehemalige Bergbaustadt muss sich komplett neu erfinden: Ökonomisch, sozial und in ihrer Identität. Einen wichtigen Impuls zur Neuerfindung der Stadt gab der im Jahr 2010 ausgelobte Wettbewerb zur »InnovationCity Ruhr«, in der in einer Zeitspanne von zehn Jahren 50 % der lokalen CO_2-Emissionen gesenkt werden sollten. Die Stadt setzte sich in diesem ambitionierten Wettbewerb zahlreicher Ruhrgebietskommunen mit ihrem integrierten Entwicklungskonzept für ein Modellgebiet im südlichen Stadtraum durch. Im Fokus stehen dabei nicht nur technische Innovationen in der Energieinfrastruktur, sondern deren Verknüpfung mit der integrierten Stadtentwicklung. Indes sind über 200 Projekte im Modellquartier umgesetzt. Zur Steuerung des Prozesses wurde eine »InnovationCity Management Gesellschaft« gegründet, die auch die enge Zusammenarbeit der Akteure vor Ort aus Politik, Wirtschaft und Wissenschaft koordiniert. Ein zentrales Element des Gesamtprozesses ist die Erarbeitung eines Masterplans, bestehend aus einer umfangreichen Potentialanalyse und einem daran angesetzten Projektkatalog.

Das Handlungsfeld der Klimafolgenanpassung ist in diesen Prozess systematisch integriert und wird durch ein Netzwerk von weit über 50 wissenschaftlichen Partnern begleitet. Das Quartier im Bottroper Süden ist mittlerweile ein umfassender urbaner Laborraum, in dem Handlungsmöglichkeiten von Kommunen experimentell erprobt werden. Ergänzend stieß die Stadt einen umfassenden Partizipationsprozess an, um Projekte zur Nachhaltigkeit und Energiewende zu initiieren und soziale Akzeptanz zu gewährleisten.

An diesen Beispielen wird deutlich, dass sich das institutionelle Gefüge in Städten im Wandel befindet. Es gilt, neue Gleichgewichte zu finden für eine Stadtgestaltung »von unten« und »von oben«, »von innen« und »von außen«, zwischen Quartier und Region. Noch stärker als technologisches Experimentieren braucht die nachhaltige Stadt der Zukunft eine institutionelle Experimentierkultur, um ihren eigenen Weg zu einer urbanen Transformation zu finden. Durch neue Formen der Partizipation gilt es, die unterschiedlichen Transformationsfelder (Energie, Mobilität, Ernährung, Kreislaufwirtschaft) intelligent miteinander in Beziehung zu setzen.

Es bedarf darüber hinaus eines Analyseinstrumentariums, das es Städten und Regionen ermöglicht, den Stand ihres Wandels zur Nachhaltigkeit zu erfassen und zu messen (Schüle, Kaselofsky, Roelfes & Venjakob, 2018)

Ortsidentität und die kulturelle Kraft urbaner Transformation

Die Verschiedenheit und Vielfalt von Städten wird besonders in der kulturellen Dimension sichtbar. Baukulturelle Epochen prägen die Erscheinung reifer Städte, städtebauliche Konzepte und architektonische Entwürfe bestimmen das Bild geplanter Städte und Quartiere auf Jahre hinaus.

Vielfalt zeigt sich aber auch in den unterschiedlichen Kulturen der Menschen, die hier zusammenkommen und die gebaute Stadt beleben. Aus den verschiedenen Mentalitäten, dem Leben im öffentlichen Raum, kulturellen Angeboten und Veranstaltungen ergibt sich im Zusammenspiel mit der gebauten Umwelt die besondere Atmosphäre und Lebensqualität einer Stadt oder eines Quartiers.

Gerade in Zeiten von Globalisierung und Beschleunigung

erhält die lokale Ebene eine neue Bedeutung, schafft sie neue
Anknüpfungspunkte für (Orts-)Identität. Diese kulturellen
Impulse müssen für die Urbane Wende genutzt werden. Es ist
daher nicht ohne Grund so, dass es oft Kulturschaffende sind,
die am Anfang von Neubewertungsprozessen von Quartieren und ganzen Städten stehen. Die Urbane Wende zu mehr
Teilhabe und Nachhaltigkeit ist im Kern ein kultureller Prozess. Nur mit einem genauen Verständnis dieser kulturellen
Dimension werden die entsprechenden Transformationsprozesse gelingen. Einen besonderen Ausdruck findet das z. B. in
dem im Jahr 2016 an der Bergischen Universität Wuppertal
gestarteten Studiengang Public Interest Design: In diesem
Studiengang werden Aspekte des Designs und der urbanen
Intervention innovativ miteinander verknüpft.

Wie weiter mit der Urbanen Wende?

Wo steht die urbane Transformation zu nachhaltigen Städten?
Sie befindet sich an einem Scheidepunkt. Gerade global betrachtet ist sie ein Fundus hochinteressanter technologischer,
ökonomischer, institutioneller und kultureller Experimente
zur Gestaltung der Stadt der Zukunft.

Zur Unterstützung und Stärkung dieser Prozesse ist meh-
reres notwendig (Schneidewind u. a., 2015):

Urbane Prozesse benötigen Bilder möglicher Zukünfte, die
ihre Entwicklung treiben. Solche Zukunftsbilder und Szenarien sind Motivation für engagierte Akteure in den Städten,
sie sind aber auch Grundlage für Verhandlungsprozesse unterschiedlicher Gruppen in der Stadt über genau solche Zukünfte (Reutter, 2017a; Schüle u. a., 2018).

Es gilt, neue Partizipationsmuster zu erproben. Stadtentwicklung braucht das Engagement der Zivilgesellschaft, der Menschen in den Quartieren, neuer Akteure wie wissenschaftlicher Einrichtungen oder kommunaler und gemeinwohlorientierter Unternehmen. Im Zusammenspiel dieser Gruppen kann eine hohe Transformationsdynamik auch in Städten mit schwierigen finanziellen und politischen Voraussetzungen entstehen.

Zudem gilt es, die Chancen und Plattformen für globales Lernen zu verbessern. Urbane Wenden finden heute tausendfach auf der Welt statt – getrieben durch neue Ideen und engagierte Akteure. Daher ist es wichtig, von Mustern des Gelingens zu lernen. Genau das steht hinter der Idee des WBGU, mindestens 50 globale urbane Reallabore auf 50 Jahre aufzubauen, die in engem Austausch stehen und sich durch ihre jeweiligen Transformationserfahrungen inspirieren lassen (WBGU, 2016a, S. 36).

17. Industrielle Wende –
Grundstoffindustrien zukunftsfest machen

**Die energieintensiven Grundstoffindustrien sind für rund 20 %
der globalen CO_2-Emissionen verantwortlich. Gleichzeitig sind
Grundstoffe die Basis für industrielle Produktion und moderne Zivilisation. Die nachhaltigkeitsorientierte Transformation
der Grundstoffindustrien markiert daher eine relevante eigenständige Wende im Kontext der Großen Transformation. Die
Zukunftskunst dieser industriellen Wende besteht in einem geeigneten Zusammenspiel von technologischer Innovation, branchenübergreifender Kooperation und innovativer politischer
Rahmensetzung.**

Sektortransformationen wie in der Mobilität, aber auch in
der Ernährung werfen grundsätzliche Fragen für die Zukunft
ganzer Branchen auf: Wie viel Automobile werden im Jahr
2050 weltweit produziert? Wird es die Automobilindustrie in
der heutigen Form in 50 Jahren überhaupt noch geben? Oder
werden die Kernwertschöpfungen im Bereich der Mobilität
durch völlig andere Unternehmen z.B. aus der Digitalisierungsbranche erbracht? Wie sieht die Produktion und Distribution von Nahrungsmitteln in 50 Jahren aus? Werden
globalisierte Produktionsstrukturen und globale Unternehmen noch dominant sein? Oder wird es zu neuen, dezentralen
Produktions- und Verteilmustern kommen? (vgl. dazu auch
die Kap. 14 und 15 zur Mobilitäts- und Ernährungswende). In

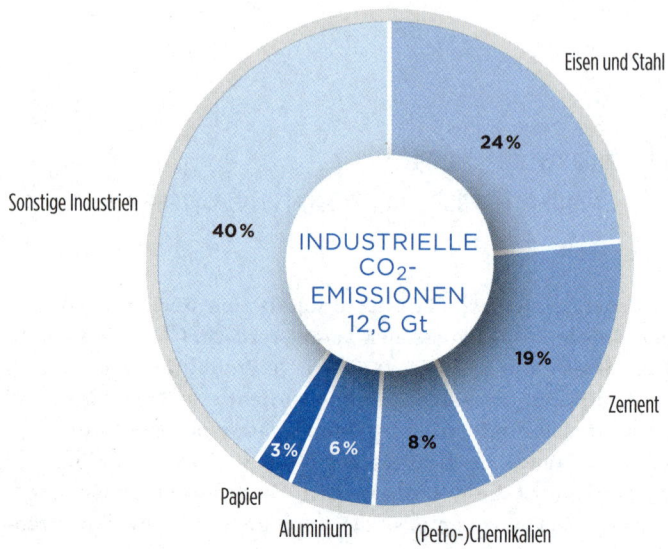

Abb. 17.1: Anteil wichtiger Grundstoffbranchen an den CO_2-Emissionen der Industrie im Jahr 2014 weltweit (einschließlich indirekter Emissionen durch Strombezug). *Quelle: Nach IEA, 2017*

all diesen Sektoren besteht eine hohe Unsicherheit über die Zukunft der heute dominierenden Industriestruktur.

Im Bereich der Grundstoffindustrien stellt sich die Situation anders dar: Unabhängig von allen sektoralen Umbrüchen steht außer Frage, dass die globale Weltwirtschaft des Jahres 2100 und auch lange danach auf einer physischen, d.h. energetischen und durch Menschen geschaffenen stofflichen Grundlage fußen wird. Für die chemische Stoffumwandlung, die Bereitstellung von Grundstoffen wie Stahl, Aluminium, Zement, Glas, Papier und anderen gilt: Auch künftig wird es Grundstoffindustrien zur Bereitstellung und den Umgang von und mit Stoffen und Energie geben. Der Grundstoffsek-

tor insgesamt wird daher ein zentraler Baustein auch künftiger Volkswirtschaften bleiben. Die entscheidenden Fragen für
dieses Feld lauten vielmehr: Welche Stoffe werden für eine
nachhaltige Zivilisation in welchen Mengen benötigt? Welche
Materialien werden durch andere substituiert? Welche Mengen dieser Stoffe kommen noch aus einer Primärproduktion,
welche lassen sich in Kreisläufen zurückgewinnen?

Zudem führt die Grundstoffindustrie die notwendige che-
misch-physikalische Umwandlung von Rohstoffen (Erze,
Kalkstein, Mineralien, Kohlenwasserstoffe, Holz und Biomasse) in Grundstoffe wie Stahl oder Papier mit energieintensiven Prozessen durch. Die überwiegende Verwendung
fossiler Energieträger in diesen Industrien, also Kohle, Erdöl
und Erdgas, sorgte dafür, dass sie 2014 über 20 % der globalen CO_2-Emissionen ausstießen (Fischedick u. a., 2014; IEA,
2017). In der Transformation der Grundstoffindustrie spielt
neben der Dekarbonisierung der Energieträger eine erhöhte
Energieeffizienz daher eine zentrale Rolle. Stoffliche und
energetische Herausforderungen sind eng miteinander verbunden.

Insgesamt stellt die Grundstoffindustrie viel mehr als einen
singulären Sektor dar. Sie ist eine industrielle Infrastruktur,
auf deren Leistungen die Wertschöpfungsprozesse anderer
Sektoren aufbauen. Die nachhaltige Ausgestaltung dieser
Arena unter Berücksichtigung ihrer ökonomischen Dynamik
ist ein zentraler Baustein der Großen Transformation. Hierin liegt die Herausforderung der im Folgenden skizzierten
Industriellen Wende. Gerade weil die Grundstoffindustrien
das energieintensive und ressourcenumwandelnde Rückgrat
einer globalen Wirtschaft darstellen, kommt ihrer Transformation eine besondere Bedeutung zu.

Ziele der industriellen Wende: Dekarbonisierung und Kreislaufführung

Ziel der Industriellen Wende ist es, ein Maximum an Wertschöpfung und Wohlstand auf einer stofflichen und energetischen Basis zu erzeugen, die die planetaren Grenzen berücksichtigt (vgl. Kap. 8). Oder andersherum gewendet: Grundstoffindustrien müssen die benötigten stofflichen Grundlagen für Wohlstand und gutes Leben in unseren Gesellschaften mit möglichst geringem Einsatz neuer, »jungfräulicher« Stoffe und weitestgehend ohne die Emission von CO_2 und anderen Treibhausgasen bereitstellen. Zwei Ziele sind dabei leitend: die Dekarbonisierung und die Kreislaufwirtschaft.

Die Dekarbonisierung steht bei den Grundstoffindustrien für »Treibhausgasneutralität«, d.h. den Verzicht auf die Verbrennung fossilen Kohlenstoffs insbesondere für die Energieerzeugung. Sie schließt zentrale Prozesse wie die CO_2-Nutzung mit ein. Das heißt, auch bei der Dekarbonisierung geht es in den Grundstoffindustrien letztlich um die Schließung von Kreisläufen, hier des Kohlenstoffkreislaufs. In wenigen Bereichen, wie z.B. der Zementherstellung, sind allerdings fossile CO_2-Emissionen nur sehr schwer völlig vermeidbar. Hier kann es gegebenenfalls auch sinnvoll sein, abgeschiedenes CO_2 dauerhaft zu lagern (CCS).

Wie sehen Grundstoffindustrien aus, die eine weitgehend dekarbonisierte und in Kreisläufen geführte globale Ökonomie ermöglichen? Was sind geeignete globale Konfigurationen für diese Industrien (vgl. dazu R. Wagner, 2000)? Welche Transformationen müssen die bestehenden Grundstoffindustrien dabei durchlaufen? Welche Infrastrukturen werden für die Bereitstellung entsprechender regenerativer Energien benötigt? Wie werden die Wertschöpfungsketten der Grundstoffindustrien in einer stärker zirkulären Wirtschaft ausgestaltet? Welche technologischen, ökonomischen, institutionellen und kulturellen Herausforderungen stellen sich dabei? Antworten auf diese Fragen stehen im Mittelpunkt der folgenden Abschnitte, die die zentralen Bausteine einer erfolgreichen Industriellen Wende entlang der Dimensionen einer Zukunftskunst beschreiben.

Technologisch: Technologische Innovation und industrielle Synergien verknüpfen

Die wesentliche technologische Herausforderung in der Transformation der Grundstoffindustrien liegt in der Kopplung stofflicher und energetischer Optimierung. Letztlich gilt es, Kreislaufführung und Dekarbonisierung in geeigneter Form miteinander zu verknüpfen und dabei die ökologischen Wirkungen sowohl in der Produktion und Wiedergewinnung von Grundstoffen und Gütern (»Fußabdruck«) als auch während der Nutzungsphase von Gütern (»Handabdruck«) im Blick zu behalten.

Entlang des Stoffkreislaufes existieren in den Grundstoffindustrien unterschiedliche technologische Optionen, um dieses Ziel zu erreichen:
- **Dekarbonisierungstechnologien**. Sie dienen dazu, die Treibhausgasintensität der Grundstoffindustrien erheblich zu reduzieren. Dabei gibt es prinzipiell folgende Optionen zur Umsetzung, die sich je nach Branche in verschiedene technologische Optionen aufgliedern . (Lechtenböhmer, Nilsson, Åhman & Schneider, 2016).
  - Direkte Elektrifizierung von Prozessen (auf der Basis erneuerbarer Energien).

○ Indirekte Elektrifizierung über Elektrolyse und Wasserstoff sowie daraus hergestellte synthetische Energieträger (meist mit Einbindung von Kohlenstoff, aus der Ab-
  trennung von Prozessen oder der Atmosphäre). Dabei ist
  zu beachten, dass man bei der Verwendung von CO_2 und
  Kohlenstoff aus der Luft einen Kreislauf erzeugt (später
  emittiertes CO_2 entspricht dem vorher der Atmosphäre
  zur Erzeugung des synthetischen Energieträgers entzo-
  genem CO_2). Wird der Kohlenstoff dagegen z. B. aus der
  Müllverbrennung oder aus Zementwerken, d. h. fossilen
  Quellen, gewonnen, wird es strenggenommen nur für
  den Zeitraum bis zur Verbrennung des Energieträgers
  »zwischengespeichert«, nicht aber dauerhaft der Atmosphäre entzogen.
○ Power to Chemicals (technisch weitgehend identisch mit
  indirekter Elektrifizierung, die erzeugten synthetischen
  Kohlenwasserstoffe oder Synthesegase werden dann
  aber stofflich z. B. zu Kunststoffen umgewandelt und
  nicht ausschließlich energetisch genutzt).
○ Biobasierte Stoffe (z. B. Bioraffinerien).
○ Carbon Capture and Use (Speicherung und Kreislaufführung von Kohlenstoff – fossil oder biobasiert).

• **Chemisches Produkt- und Prozessdesign**. Die Art des
  Designs chemischer Stoffe und der Produktionsprozesse
  hat erhebliche Auswirkungen auf deren Energie- und
  CO_2-Intensität. Insbesondere bestimmt sich aber über das
  chemische Design die Möglichkeit, Stoffe später in technischen oder in biologischen Kreisläufen zu führen. Gerade
  umweltoffene Anwendungen (d. h. Stoffe, die nach ihrer
  Verwendung in Ökosysteme eingehen) sind so zu gestalten, dass ihre Abbaubarkeit in überschaubaren Zeiträumen
  gewährleistet ist. Hier haben sich neue Ansätze der chemi-

schen Produktentwicklung unter dem Stichwort »Benign by Design« (Leder, Rastogi & Kümmerer, 2015) etabliert.

- **Nutzung industrieller Synergien.** Ein weiteres hohes technologisches Potential liegt in cross-industriellen Kooperationen, die eine Nutzung von Reststoffen und Beiprodukten über Branchen hinweg ermöglichen. In den letzten 20 Jahren sind eine Reihe von Blaupausen für solche industriellen Ökosysteme entstanden (Graedel & Allenby, 2003). Entsprechende Systeme benötigen dabei in der Regel eine geeignete institutionelle Flankierung, denn der Trend weg von Verbundindustrien hin zu »Pure Players« (d. h. auf einzelne Produktbereiche konzentrierte Unternehmen) wirkt diesen technologischen Potentialen eher entgegen.

- **Digitalisierung.** Gerade für die Umsetzung einer Kreislaufwirtschaft birgt die Digitalisierung erhebliche Potentiale, da sie die Informationskosten für die Schließung von Kreisläufen erheblich reduziert (Wilts & Berg, 2017a). Digitalisierung steht aber auch in engem Zusammenhang mit einer weitergehenden *Elektrifizierung* der Grundstoffindustrien. Zumindest die direkte Elektrifizierung erfordert eine erhebliche Flexibilisierung und stellt die Unternehmen damit vor große Herausforderungen, für die neue digitale Dienstleistungen entwickelt werden müssen.

Technologisch existieren mithin noch erhebliche Innovationspotentiale für eine weitergehende Dekarbonisierung und Kreislaufwirtschaft im Bereich der Grundstoffindustrien.

Ökonomisch: Innovation und Exnovation verknüpfen

Besondere Herausforderungen für eine nachhaltige Grundstoffindustrie liegen auf ökonomischer Ebene: Auch wenn
Grundstoffindustrien als Ganzes und im weltweiten Maßstab
ein zentraler Baustein künftiger globaler Wertschöpfung bleiben, stehen einzelne Sektoren und nationale Industrien unter
erheblichem Wettbewerbsdruck: Denn es ist bei weitem nicht
gesichert, dass auch die Städte der Zukunft weitgehend aus
Beton und Transportmittel aus Stahl und Aluminium produziert werden – und es stattdessen zur Substitution durch neue
(Hochleistungs-)Werkstoffe kommt. Durch unterschiedliche
nationale Wettbewerbsbedingungen (z. B. im Hinblick auf
Energiepreise oder Umweltschutzauflagen) ist nicht ausgeschlossen, dass sich die Produktion bestimmter Grundstoffe
zunehmend in einzelnen Ländern bzw. Weltregionen konzentriert.

Einen Teil dieser Herausforderungen können und müssen
Unternehmen dabei durch eigenes strategisches Handeln auffangen. Dazu gibt es eine Reihe von Ansatzpunkten:
• Konsequente Umsetzung von Kreislaufstrategien, mit der
  sich massive Verbesserungen bei der Ressourcen-, aber
  auch bei der Energie- und Emissionseffizienz erreichen lassen. Eingebettet in solche Kreislaufstrategien sind unternehmerische Kooperationsstrategien: Engere Kooperationen zwischen Abnehmern und Anbietern von Altstoffen
  insbesondere in regionalen Kooperationsstrukturen eröffnen zum Beispiel Potentiale für Recycling-Kooperationen.
• Entwicklung von Geschäftsmodellen als »Solution Provi-
  der«, d.h. als Angebot von Stoffdienstleistungen statt der
  Stoffe selbst. Hierzu gibt es in der Chemieindustrie (Stich-

wort: »Chemical leasing«, vgl. Meghan O'Brien & Soren
Steger, 2015) heute schon Beispiele. Aber auch in der Stahlindustrie existieren Ansätze, Teile der Weiterverarbeitung
an die Primärproduktion zu koppeln und auf diese Weise
die Energieeffizienz zu erhöhen.

- Strategien der Sektorkopplung und der branchenüber-
greifenden Kooperation, z.B. zum Aufbau adäquater Infrastrukturen zur Kopplung regenerativer Strom- und
Primärstofferzeugung (Power-2-X).
- Langfristige Vorbereitung von Exnovationsstrategien dort,
wo die fehlende ökologische und ökonomische Zukunftsfähigkeit bestimmter Grundstoffe abzusehen ist.

Je stärker Unternehmen der Grundstoffindustrie entsprechende Strategien umsetzen, desto größer werden die Rückwirkungen auf die Marktbedingungen der verwendeten
Stoffe sein: So wird ein vermehrtes Recycling und die Dekarbonisierung industrieller Prozesse die Kostenstrukturen von
Stoffen verändern: Die Kostenstrukturen des Einsatzes von
Aluminium oder Stahl im Vergleich zu Kunststoffen könnten
dadurch entscheidend beeinflusst werden (vgl. Lechtenböhmer u.a., 2016).

Es ist weiterhin zu erwarten, dass die »traditionelle«, an
einzelnen stofflichen Inputs orientierte Branchenstruktur der
Grundstoffindustrien vermehrt aufbrechen wird. Materialien
werden stärker konvergieren (z.B. biobasierte und biologisch
abbaubare Kunststoffe mit einer Haptik von Papier vs. Papiere
mit Eigenschaften, die heute noch Plastikfolien vorbehalten
sind). In konvergierten Grundstoffindustrien werden (End-
kunden-)Bedürfnisse leitend sein, die es mit ökonomisch und
ökologisch optimal dafür »maßgeschneiderten« Stoffen zu
bedienen gilt.

Damit würde die Industrie auch der Herausforderung begegnen, dass es stoffumwandelnden Industrien heute nur selten gelingt, sich hohe Anteile der mit ihrem Produkt erzeugten Wertschöpfung zu sichern (Allwood, 2016; VIK, 2017).

Institutionell: Industriepolitik neu denken

Um zu einer globalen ökologischen Optimierung des Grund-
stoffsektors zu kommen, werden strategische Maßnahmen
auf Unternehmensebene nicht ausreichen. Zu stark werden
die ökonomischen Entscheidungen in Grundstoffindustrien
heute durch nationale Subventions- und Protektionsmaßnah-
men beeinflusst. Standort und Art der Produktion sind daher
oft nicht durch ökonomische und ökologische Optima bestimmt, sondern vielmehr durch nationale wirtschafts- oder
sicherheitspolitische Interessen.

Dies ist eine große Sorge, die gerade die Grundstoffindustrien in Deutschland umtreibt. Trotz häufig schon hoher
ökologischer Standards ist das ökonomische Überleben dieser Industrien in Deutschland aufgrund der globalen Wett-
bewerbsverzerrungen gefährdet. Es kommt zur Gefahr des
»Carbon Leakage«, d. h. die Schließung (CO_2-)effizienter
deutscher Standorte führt parallel zum Aufbau von Kapazitäten an Standorten mit sehr viel geringer Energie- und CO_2-
Effizienz. Insgesamt erhöht sich damit global der CO_2-Aus-
stoß.

Die politische Herausforderung liegt daher darin, einen
institutionellen Rahmen zu schaffen, der ein »Level Playing
Field« erzeugt. Damit sind ökonomische Randbedingungen
gemeint, die für alle Wettbewerber vergleichbare Anreize
zur ökologischen Optimierung ihrer Unternehmen schaffen

(Nilsson, Ahman, Vogl & Lechtenböhmer, 2017; VIK, 2017; Wesseling u.a., 2017).

Gerade im globalen Maßstab ist dies eine große Herausforderung politischer Zukunftskunst (vgl. Kapitel 19). Sie umfasst dabei sehr unterschiedliche Politikbereiche:

- die Energie- und Klimapolitik, insbesondere die geeigneten Formen der Energie- und CO_2-Bepreisung,
- Ansätze einer Kreislaufwirtschaftspolitik (vgl. auch Kap. 13),
- die Chemiepolitik.

Viele dieser Politikbereiche fließen dabei immer enger zusammen (vgl. zur Übersicht der relevanten Politikbereiche Abb. 17.2): Beispiel sind z.B. Ansätze für eine integrierte europäische Kunststoffpolitik, die bestehende chemiepolitische Ansätze (mit Blick auf Schadstofforientierung), Ansätze zum Recycling und der Kreislaufwirtschaft (u.a. mit Blick auf den Ozeanschutz) mit Fragen der Energie- und Klimapolitik zusammenführt.

Da globale Übereinkünfte nur schwer zu erreichen sind, spielen neue Ansätze einer auf die Grundstoffindustrien zielenden Industriepolitik eine wichtige Rolle (Nilsson u.a., 2017; Abb. 17.2). Solche Industriepolitiken koppeln Ansätze der Innovations- und Handelspolitik mit ökologischen Politiken der Dekarbonisierung und Kreislaufführung. Durch die Kombination schaffen sie Anreize und ein »Level Playing Field« für die Grundstoffindustrien, eine Vorreiterrolle bei der Ökologisierung ihrer Sektoren auch ohne schon bestehende globale CO_2-Regime zu spielen.

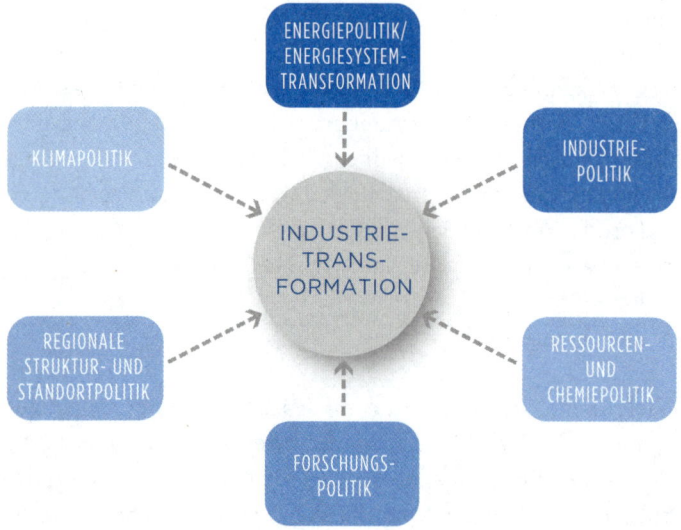

Abb. 17.2: Politikbereiche, die auf die Industrietransformation einwirken.
Quelle: Wuppertal Institut

Kulturell: Neue industrielle Narrative

Die vorangegangenen Abschnitte haben gezeigt: Die nachhaltigkeitsorientierte Weiterentwicklung der Grundstoffindustrien stellt eine große technologische und ökonomische
Herausforderung dar. Aufgrund ihrer Energie- und Ressourcenintensität standen diese Industrien oft im Brennpunkt
ökologischer Debatten und haben sich in die Defensive ge-
drängt gefühlt.

Angesichts der Bedeutung der Grundstoffproduktion für
die Wertschöpfung der Zukunft und die erheblichen technologischen Potentiale zu einer dekarbonisierten und kreislauf-
orientierten Weiterentwicklung ist es von hoher Bedeutung,

diese Grundhaltung zu wenden. Die Grundstoffindustrien und deren Schwerpunktstandorte (Industrieregionen wie NRW) können zum technologischen und ökonomischen Motor einer erfolgreichen Energie- und Ressourcenwende werden.

Dies erfordert einen Kulturwandel. Es bedarf starker Narrative dieser Neuorientierung, einer Öffnung gegenüber Stakeholdern und das proaktive Sich-Einbringen in Roadmap-Prozesse zur klimafreundlichen Weiterentwicklung der Industrieländer und der Grundstoffindustrie.

Wie weiter bei der industriellen Wende?

Die Transformation der Grundstoffindustrien stellt einen wichtigen Baustein der Großen Transformation dar. Um diesem Potential gerecht zu werden, bedarf es einer Kultur des Aufbruchs, die sich an folgenden Prinzipien orientieren sollte:

(1) *Transformation als Innovationschance.* Die Große Transformation sollte nicht als Bürde für die Industrie gedacht werden, die entwickelte Industriestandorte wie Deutschland gefährdet, sondern als Innovationsprogramm, das Industriestandorten auf lange Sicht eine Perspektive ermöglicht. Das Pariser Klimaabkommen hat gezeigt, dass mittelfristig auch an Industriestandorten, die heute kostengünstiger zu sein scheinen, die Anforderungen an Treibhausgasminderungen und damit Prozess- und Produktinnovationen steigen werden. Innovative Industrien in Industrieländern können heute daher Vorsprünge gegenüber Industrien in anderen Ländern herausarbeiten.

(2) *Ein systemisches Verständnis von Industrieprozessen.* Zur Mobilisierung der Innovationspotentiale bedarf es eines neuen Verständnisses von Industrieprozessen. Die-

se sind eingebettet in größere systemische Zusammenhänge. In Bezug auf das Energiesystem könnten sie an
fluktuierende Einspeisungen in einem erneuerbaren
Energiemarkt angepasst werden. Durch eine solche Flexibilisierung wird der Wandel des Energiesystems auch in
der Industrie nachvollzogen. Das systemische Verständnis von Industrieprozessen legt zudem die Grundlage für
neue industriebasierte Geschäftsmodelle wie die Nutzung
stromintensiver Industrieproduktionen als virtuelle Speicher. Ebenso sind Industrieprozesse eingebettet in ein zirkuläres Verständnis industrieller Wertschöpfungsketten.
Durch eine integrierte Betrachtung der Produktkette sind
nicht nur erhebliche Material- und Emissionseinsparun-
gen möglich, sondern zugleich neue Wertschöpfungs-
potentiale denkbar.

(3) *Stärkung des Innovationsklimas in den Unternehmen.*
Die Optimierung von Prozessen erfordert innerhalb der
Unternehmen eine breite Innovationskultur, bei der es
das Know-how der Belegschaft zu nutzen gilt. Gute Ar-
beitsstrukturen und Anreizsysteme ermutigen die Belegschaft, ihre Ideen einzubringen, und fördern Innovationen.

(4) *Branchen- und Unternehmenskooperationen.* Viele Potentiale zur Optimierung von Energie- und Ressour-
cenflüssen existieren an den Schnittstellen zwischen
verschiedenen Industriebranchen oder Industrieunternehmen, beispielsweise durch die Nutzung von Abwär-
me oder Gasströmen anderer Betriebe. Die Verzahnung
solcher Ströme wird als industrielle Symbiose bezeichnet.
Erfolgreiche Beispiele gelungener Kooperationen wie z.B.
im dänischen Kalundborg (Domenech & Davies, 2011)
zeigen, dass es dazu nicht nur technische Verknüpfungen,

sondern auch ein Vertrauens- und Kooperationsklima zwischen den beteiligten Unternehmen braucht.

(5) *Förderung regionaler Kooperation durch ein Regionalmanagement als Bindeglied zwischen Branchen.* Eine zentrale Aufgabe regionaler Wirtschaftsförderung in Industriecluster-Regionen sollte es sein, das Kooperationsklima zwischen Branchen zu verbessern und branchenübergreifende Innovationsagenden zu entwickeln. Einrichtungen wie CleanTechNRW in Nordrhein-Westfalen sind z. B. ein Ansatz in diese Richtung. Auch bestehende Strukturen, wie z. B. die LandesCluster NRW, sollten sich stärker auf branchenübergreifende Fragen fokussieren. Parallel dazu ist es wichtig, dass Industrieunternehmen auch mit Akteuren aus verschiedenen gesellschaftlichen Gruppen in einen ernsthaften Dialog über ihre Produktionsprozesse und Produkte treten. Industrieunternehmen verbessern damit die Chance, als Teil der Lösung und nicht des Problems wahrgenommen zu werden. Die schwedische Stahlindustrie ist ein Vorreiter einer solchen Strategie (vgl. jernkontoret.se).

(6) *Industrie- und innovationspolitische Begleitung.* Industriepolitik ist heute oft noch auf regulatorische Eingriffe oder auf die Förderung von Forschung & Entwicklung in der Industrie beschränkt. Sie sollte noch stärker als ein integriertes Innovationsmanagement zwischen Wissenschaft und Industrie verstanden werden: Damit ist eine enge Verzahnung von Hochschulen und Wirtschaft, der Aufbau von dualen Studiengängen in Zusammenarbeit von Unternehmen und Universitäten, die Stärkung von Gründungszentren und Gründungskompetenzen an den Universitäten gemeint.

Diese Prinzipien, die das Innovationshandeln in den Schlüsselbranchen mit flankierender Regulierung begleiten, weisen in eine ressourcen- und klimaleichte Zukunft industrieller Schlüsselbranchen auch an entwickelten Industriestandorten.

TEIL C:
Akteure

Transformation in
geteilter Verantwortung

Dieses Buch ist von einem Optimismus getragen: Wir gehen davon aus, dass eine bessere Zukunft für die heute und die künftig auf dem Planeten lebenden Menschen möglich ist. Wir sind davon überzeugt, dass sich die menschliche Zivilisation weiterentwickeln und auch mit der Herausforderung eines globalen Wohlstands innerhalb planetarer ökologischer Grenzen umgehen kann. Die vorangegangenen Kapitel haben die Eckpunkte einer solchen Entwicklung skizziert. Um die Vision einer Nachhaltigen Entwicklung voranzutreiben, um diese »Utopie zu ermöglichen« (»Making Utopia possible« ist die Leitorientierung der wissenschaftlichen Arbeit des Wuppertal Institutes), bedarf es engagierter Akteure – kollektiver und individueller Pioniere des Wandels: Unternehmen, Regierungen, Umwelt- und Entwicklungsorganisationen, Forschungseinrichtungen sowie Managerinnen, Politiker, Wissenschaftlerinnen und Aktivisten in diesen Organisationen.

In einer zunehmend komplexeren Welt sind all diese Akteure darauf angewiesen, die »Kunst des gesellschaftlichen Wandels« zu verstehen, d.h. eine spezifische Kunstfertigkeit (»Literacy«) der Zukunftsgestaltung zu entwickeln. Kapitel 4 und 6 haben einen Blick in die grundsätzlichen Transformationsdynamiken einer Welt im 21. Jahrhundert geworfen. Die folgenden Kapitel schauen sich die konkreten Rollen und Möglichkeiten einzelner Akteure an: der Zivilgesellschaft, der Unternehmen, der Wissenschaft, der Politik und jeder ein-

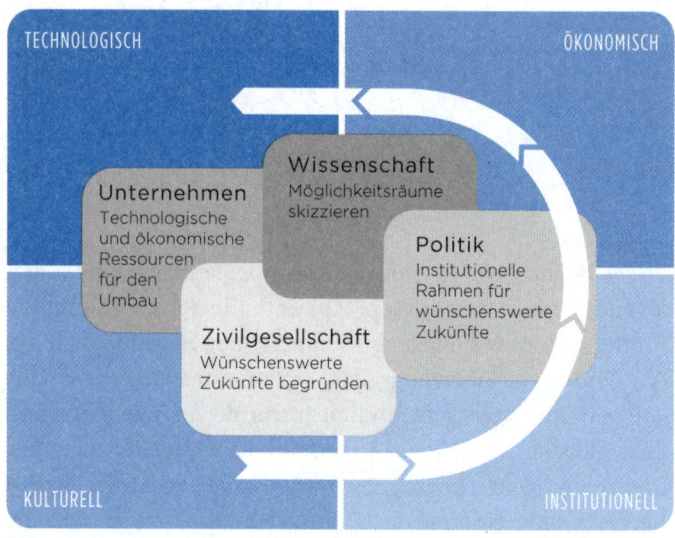

Abb. 18.0: Idealtypische Rollen unterschiedlicher Akteursgruppen in der Großen Transformation. *Quelle: Eigene*

zelnen Pionierin des Wandels, die sich in diesen Umfeldern bewegt.

Die Überlegungen zur Zukunftskunst haben dafür sensibilisiert, dass die Große Transformation ein Prozess ist, der von einer grundlegenden kulturellen Neuorientierung ausgeht. Im Kern handelt es sich um eine »moralische Revolution«. Diese Orientierung muss sich in institutionelle Rahmen übersetzen, in denen sich dann die ökonomischen und technologischen Möglichkeiten moderner Zivilisation entfalten, um ein aufgeklärtes Zivilisationsmodell für das 21. Jahrhundert zu etablieren (vgl. Abb. 18.0).

In diesem Prozess kommen einzelnen Akteursgruppen besondere Rollen zu. In den kommenden Kapiteln wird deut-

lich, dass die Beiträge der Akteursgruppen besondere Schwerpunkte haben und sich dabei gegenseitig beeinflussen und
verstärken können.

(1) Letztlich ist die Zivilgesellschaft der Motor jeder Großen Transformation. In ihr reifen neue Wertvorstellungen,
ohne die sich nichts verändert. Das macht Umwelt- und Entwicklungsorganisationen, Grassroots-Bewegungen, aber auch
Glaubensgemeinschaften so wirkungsmächtig, auch wenn sie
häufig machtlos scheinen. (2) Unternehmen sind Dreh- und
Angelpunkte der Großen Transformationen – in ihnen bündeln sich Konsumwünsche, Technologien und Ressourcen.
Eine Große Transformation wird nur gelingen, wenn die
Rolle unterschiedlicher Unternehmen und Branchen besser
verstanden wird. GEPA und McDonald's, Slow Travel und
Google – alle Unternehmen besitzen andere Transformations-
hebel, die es zu verstehen gilt. (3) Auch die Wissenschaft ist
in einer Großen Transformation neu gefordert. In modernen
Wissensgesellschaften kann sie sich nicht auf eine einfache
Beobachterrolle zurückziehen. Vielmehr muss sie sich einem
neuen »Vertrag zwischen Wissenschaft und Gesellschaft«
stellen. (4) Erst vor dem Hintergrund des Wirtschaftssystems
und der Kraft der Zivilgesellschaft, der Unternehmen und
der Wissenschaft lassen sich die heutigen Möglichkeiten und
Grenzen von Politik verstehen – ob auf lokaler, regionaler, nationaler oder globaler Ebene. Politik bleibt bedeutsam, muss
sich aber auf neue Mechanismen stützen.

Wenn die Große Transformation eine moralische Revolution ist, dann macht am Ende jeder Einzelne einen Unterschied – aber nicht reduziert auf seine Konsumentenrolle.
Transformation ist eine Haltungsfrage, die in jedem Kontext
zur Geltung kommt – als Bürger, als Engagierter in der Zivilgesellschaft, als Mitarbeiterin oder Manager im Unterneh-

men, als Lehrer oder Professorin. Das Buch will daher zur »Selbst-Transformation« ermuntern, denn jede Transformation beginnt mit individuellen Pionieren des Wandels.

18. Zivilgesellschaft als Taktgeber der Großen Transformation

Zivilgesellschaftliche Organisationen sind in Gesellschaften jenseits staatlicher und wirtschaftlicher Instanzen die zentrale Kraft. Ihnen kommt in Transformationsprozessen eine besondere Bedeutung zu. Sie weisen auf Gefahren aktueller Entwicklungen, aber auch auf alternative Zukünfte hin. Sie mobilisieren moralische Ressourcen. Sie begründen, erkämpfen und erproben konkrete alternative Handlungsstrategien. In dieser Hinsicht sind sie Mahner, Motor und zunehmend auch Mittler in gesellschaftlichen Diskursprozessen. Sie schaffen damit die Grundlagen für die Große Transformation und die ihr zugrundeliegenden kulturellen Wenden. Diese Funktion wird in diesem Kapitel an vier Typen von zivilgesellschaftlichen Organisationen des globalen Nordens verdeutlicht: 1. großen Umweltverbänden, 2. den Kirchen, 3. den Gewerkschaften und 4. an Bottom-up-Bewegungen wie den Transition Towns.

Kapitel 2 hat unter Bezug auf Kwame Anthony Appiah (Appiah, 2011) für die Phasen moralischer Revolutionen sensibilisiert. Die Gestaltung einer Nachhaltigen Entwicklung ist im Kern eine Zivilisationsaufgabe. Es geht bei ihr um die menschliche Entwicklung auf Basis eines sowohl humanistisch als auch ökologisch zukunftsfähigen Kompasses. Diesen normativen Kompass gilt es immer wieder auszurichten und Ressourcen zu mobilisieren, um die ihm zugrundeliegenden Werte umzusetzen. Vor diesem Hintergrund ist die Bedeu-

tung zivilgesellschaftlichen Engagements für die Große
Transformation zu verstehen: Die Fähigkeit, sich lokal und
global in einer großen Vielfalt von Formen zu organisieren,
äußerst effektiv Ressourcen für eigene Legitimationsansprü-
che zu mobilisieren, macht die Bedeutung von (organisierter)
Zivilgesellschaft aus. Dies gilt umso mehr in einer Zeit, in der
klassische nationalstaatliche Politikmuster an ihre Grenzen
geraten. Die liberale und progressive Zivilgesellschaft als
Ausdruck eines gelebten »Weltbürgertums« (WBGU, 2011,
2014) wird auf diese Weise zu einem Motor moralischer Revolutionen, ist beständige Mahnerin und stellt als Macher und
Mittler Erprobungsräume für neue Formen des Wirtschaftens
und gesellschaftlicher Praxis zur Verfügung (vgl. z.B. Transition Towns, Bürgerenergiegenossenschaften, studentische
Initiativen).

Zivilgesellschaftliches Engagement zwischen Kompassfunktion und gesellschaftlicher Ermächtigung

In Teil A des Buches haben wir herausgearbeitet, dass hinter
einer Nachhaltigen Entwicklung letztlich eine moralische Revolution (Appiah, 2011) steht: Damit ist ein Sprung in der
menschlichen Zivilisationsgeschichte gemeint, in der grundlegende humanistische Werte eine weitergehende Geltung erfahren. Der Historiker Kwame Anthony Appiah untersuchte
den Verlauf moralischer Revolutionen an Beispielen wie der
Abschaffung der Sklaverei oder der Einführung des Frauenwahlrechtes. Auch in diesen Fällen ging es darum, der Anerkennung des gleichen Maßes an Würde für jeden Menschen
– unabhängig von Herkunft und Geschlecht – eine größere
faktische Geltung zu verschaffen.

Die Idee einer Nachhaltigen Entwicklung erweitert den Gestaltungsraum dieses humanistischen Kompasses nochmals in Raum und Zeit (vgl. Kap. 2): Geht es doch darum, allen Menschen, die heute – egal wo auf der Welt – leben, und denen, die erst in vielen Generationen geboren werden, die gleichen Chancen auf Entwicklung und Befriedigung ihrer Bedürfnisse zu geben. Dieser moralische Kompass steckt hinter der ursprünglichen Definition einer Nachhaltigen Entwicklung aus dem Brundtland-Bericht des Jahres 1987. Die Einhaltung der ökologischen planetaren Grenzen ist eine wichtige Voraussetzung für die Gewährleistung solcher gerechten Entwicklungschancen für alle Menschen.

Die Idee einer Nachhaltigen Entwicklung ist damit von einem humanistischen Optimismus getragen. Sie geht davon aus, dass in der Menschheit die Möglichkeit zu solchen Zivilisationssprüngen angelegt ist. Der Blick auf die Zivilisationsentwicklung in den letzten Jahrhunderten nährt – trotz aller niederschmetternden Rückschläge – diese Hoffnung genauso wie der empirische Blick auf die Wertesysteme von Menschen im globalen Maßstab. Der World Values Survey (vgl. www. worldvaluessurvey.org und Inglehart & Welzel, 2005), der die Werte von Menschen im globalen Maßstab regelmäßig wissenschaftlich erhebt, zeigt die hohe und wachsende Bedeutung humanistischer Werte in den meisten Kulturen.

Diese grundlegenden Überlegungen zu moralischen Revolutionen sind wichtig, um die Rolle von zivilgesellschaftlichen Akteuren für die Große Transformation zu einer Nachhaltigen Entwicklung richtig einzuordnen. Wenn Nachhaltige Entwicklung letztlich von einer grundlegenden ideen- und wertegeleiteten Transformation aus beginnt, dann steht die Herausarbeitung dieses normativen Kompasses und des damit verbundenen »Mindshift« am Anfang einer solchen

moralischen Revolution. Kwame Anthony Appiah hat dies
in den Mustern bisheriger moralischer Revolutionen sehr
plastisch aufgezeigt. Die Umsetzungen dieser grundlegenden
Ideen und Werte in konkrete institutionelle Regelungen, in
die ökonomische Ordnung und in Technologien zu ihrer Be-
förderung sind dann sich daraus ergebende weitere Schritte.

Die Zukunftskunst, die Kunstfertigkeit, moralische Revolutionen einzuleiten, startet mit dem kulturellen Wandel,
dem dann ein institutioneller, ökonomischer und technologischer Wandel folgen. So stehen nicht selten auch Kunst,
Musik und Theater am Beginn politischer Umwälzungen.
Das ist der Grund, warum das Kapitel zu den konkreten Akteuren der Großen Transformation mit der (organisierten)
Zivilgesellschaft beginnt. Denn es sind zivilgesellschaftliche
Akteure, die neue (Wert)-Vorstellungen in Gesellschaften
tragen und damit die Basis für moralische Revolutionen legen. Dabei verfügen zivilgesellschaftliche Organisationen
über unterschiedliche Mechanismen, diesen Prozess des kulturellen Mindshifts auch faktisch wirksam werden zu lassen
(vgl. Tab. 18.1).

Zivilgesellschaft und das »Great Turning« –
Zur Bedeutung und den Wirkmechanismen der Zivilgesellschaft
in der »moralischen Revolution« des 21. Jahrhunderts

Wenn die Große Transformation eine moralische Revolution
ist, d.h. ein gesellschaftlicher Veränderungsprozess, der von
einer erweiterten Idee menschlicher Zivilisation getragen
wird, dann folgt er dem Muster »Ideen verändern die Welt«.
Doch wie gelangen die Ideen in gesellschaftliche Prozesse?
Wie werden sie wirksam? Welche Akteure spielen dabei eine

Abb. 18.1: Die drei Ansatzpunkte der Zivilgesellschaft im »Great Turning«. *Quelle: Eigene Darstellung, in Anlehnung an Korten, 2007; Macy, 2009*

Rolle? Bei der Beantwortung dieser Fragen spielen zivilgesellschaftliche Akteure eine Schlüsselrolle.

Joanna Macy, eine der prägenden amerikanischen Umweltaktivistinnen und Vordenkerinnen zivilgesellschaftlichen Widerstands, unterscheidet in ihren Arbeiten im Kontext des »Great Turning« (Korten, 2007; Macy, 2009), d. h. des »großen Wandels« der industriellen Wachstumsgesellschaft hin zu einer lebenserhaltenden Zivilisation, drei grundlegende Strategien eines zivilgesellschaftlichen Engagements (vgl. Abb. 18.1): 1. Am Anfang steht die Funktion des Widerstandes gegen problematische aktuelle Entwicklungen, der Hinweis auf ökologische Gefahren, wachsende Ungleichheit, kulturelle Verwerfungen. Im weiteren Verlauf des Kapitels soll dies als die **Mahner**-Funktion der Zivilgesellschaft bezeichnet wer-

den. 2. Eine zweite zentrale Funktion organisierter Zivilgesellschaft ist es, Ort für ein neues und erweitertes Bewusstsein zu
sein. Zivilgesellschaftliches Engagement schafft dafür Räume
und Plattformen. Dies sei im Folgenden als **Mittler**-Funktion
adressiert. 3. Schließlich sind es oft zivilgesellschaftliche Organisationen, die Beispiele für neue Lösungen und Strukturen schaffen und damit grundlegende Veränderungsprozesse
vorantreiben. Dies wird im Folgenden als die **Motor**-Funktion
der Zivilgesellschaft bezeichnet.

In einem normativen Verständnis steht die Zivilgesellschaft
für das »zivile«, d.h. demokratische, humanistische Zusammenleben von Menschen in Gesellschaften und für den kritischen Umgang mit bestehenden Entscheidungsinstanzen in
Politik, Wirtschaft und Verwaltung (Gosewinkel, Rucht, van
den Daele & Kocka, 2004; Kneer, 2000) im Ringen um die Umsetzung einer solchen Zivilität. Zivilgesellschaft hält damit zivilisatorische Werte in der gesellschaftlichen Debatte hoch, sie
ist Mahner für die Möglichkeit einer zivileren Zukunft. Aus
diesem Impuls heraus sind Bürgerrechts-, Umwelt-, Entwick-
lungsbewegungen entstanden. In der gleichen Weise können
in modernen Gesellschaften – basierend auf den von ihnen
getragenen Grundwerten – auch Kirchen und Gewerkschaften verstanden werden (vgl. Tab. 18.1). In diesem normativen
Sinn sind organisierte Gruppen, die antiaufklärerische, fun-
damentalistische, rassistische, demokratiefeindliche und/oder
diskriminierende Ideologien in die Gesellschaft tragen, nicht
als »Zivil«gesellschaft zu sehen. Sie mögen organisiert sein,
aus ihrer Sicht Widerstand leisten und versuchen, alternative
Strukturen aufzubauen. Ihre Denkmuster und Handlungen
stehen jedoch im Widerspruch zu einer auf Humanismus
gründenden Idee von Zivilisation. Aus diesem Grund wird im
folgenden Kapitel unter dem Begriff »Zivilgesellschaft« nicht

näher auf derartige Gruppen eingegangen, auch wenn sie in den letzten Jahren im globalen Norden an Einfluss gewonnen haben und wenn z. T. auch ökologische Gedanken von rechts vereinnahmt werden (Politische Ökologie 131, 2012).

Über die (organisierte) Zivilgesellschaft werden übergeordnete Leitideen in den gesellschaftlichen Diskurs hineingetragen und wachgehalten. Die Wirksamkeit ihres Handelns hängt dabei von unterschiedlichen Faktoren ab:

- Zivilgesellschaftliche Organisationen sind Katalysatoren für humanistische Werte. Sie bringen sie auf den Punkt, sie fordern sie ein, erkämpfen und erproben sie. Dabei sind sie aber darauf angewiesen, dass für diese Ideen ein Resonanzboden in der Gesellschaft vorhanden ist. Denn letztlich überzeugt Zivilgesellschaft mit dem »eigentümlich zwanglosen Zwang des besseren Argumentes« (Habermas, 1995, S. 49). Wir haben alle die Bilder solcher Prozesse vor Augen: sei es der Marsch Mahatma Gandhis, die Civil-Rights-Bewegung und Martin Luther Kings Wirken in den USA oder die Friedens- und Antiatomkraft-Demonstrationen in den 1980er Jahren.
- Um ihre kommunikativen Ziele zu erreichen, wenden zivilgesellschaftliche Organisationen ein weites Spektrum an Aktivitäten an. Sie decken auf, sie schaffen Transparenz, sie leisten durchaus auch Widerstand. Sie müssen sich oft einen Platz in der Aufmerksamkeitsökonomie moderner Kommunikationsgesellschaften schaffen. Das kann durch bildliche Inszenierungen passieren (vgl. z. B. die über Symboltiere umgesetzten Tier- und Naturschutzaktionen des WWF), über geeignete Testimonials oder über Aufmerksamkeit erzeugende Aktionen (vgl. Greenpeace).
- Ihre Kraft und Glaubwürdigkeit entwickeln zivilgesellschaftliche Initiativen darüber, dass sie mit ihrem Handeln

nicht für Eigen- und Partialinteressen einstehen, sondern
für übergeordnete Anliegen der Gesellschaft.

• Dennoch benötigen sie für ihr Handeln und ihre Kommunikation auch materielle Ressourcen. Der Zugang zu diesen
Ressourcen eröffnet sich je nach zivilgesellschaftlicher Organisation auf unterschiedliche Weise. Wichtig ist bei aller
Professionalität ihrer ökonomischen Reproduktion, dass
dabei ihr glaubwürdiger Einsatz für Allgemeininteressen
nicht gefährdet wird. Dies ist ein herausfordernder und
schmaler Grat für zivilgesellschaftliche Organisationen
und hängt eng mit der Glaubwürdigkeit und Authentizität
der handelnden Akteure zusammen (siehe auch Kap. 22).

• Auch das Potential bzw. die Gefahr der Erschöpfung zivilgesellschaftlichen Engagements bestimmt dessen Wirksamkeit. Wenn die Ressourcen versiegen und die Möglichkeiten zur Teilhabe die Zivilgesellschaft überfordern,
könnte man von einem »Participation Overkill« (Spangenberg, 2012) sprechen.

• Neben der Mahnung für und der Einforderung von humanistischen Werten nehmen zivilgesellschaftliche Organisationen heute im Vorantreiben moralischer Revolutionen
oft noch eine weitere wichtige Funktion wahr: Sie illustrieren, dass die von ihnen eingeforderten Werte nicht
nur erstrebenswert, sondern auch im konkreten Handeln
umsetzbar sind (Motor-Funktion). Gerade für den Übergang von Phase 3 in Appiahs Phasenschema moralischer
Revolutionen (vgl. Kap. 2; Probleme werden erkannt, auch
sich selbst zugeschrieben, aber keine Handlungsmöglichkeiten gesehen) hin zur Phase 4 des konkreten Handelns
ist dies von besonderer Bedeutung. Wenn Umweltschutzorganisationen mit Vorreiterunternehmen 3-Liter-Autos
oder FCKW-freie Kühlschränke herstellen oder Kirchen-

gemeinden zeigen, wie sich ihre Energieversorgung komplett auf regenerative Energien umstellen lässt, wird der
moralische Impuls durch das Handeln zivilgesellschaftlicher Organisationen noch machtvoller.

Betrachtet man das Wirken zivilgesellschaftlicher Organisationen aus einer strukturationstheoretischen Perspektive,
so sind sie Schöpfer neuer Regeln und Ressourcen für eine
Große Transformation. Sie ändern Regeln der Bedeutung
und Legitimation für individuelles und öffentliches Handeln.
Sie ermuntern uns zum »Selbst denken« (Welzer, 2013) und
werden »Change Agents« für verändertes Handeln (vgl. dazu
auch Kap. 22). Das ist der Kern des in Kapitel 6 beschriebenen Mindshifts, mit dem jeder umfassende Transformationsprozess beginnt. Zivilgesellschaftliche Akteure erfüllen eine
wichtige Funktion, indem sie aufzeigen, dass die Welt auch
unter aktuellen Rahmenbedingungen in einem guten, auf
das Allgemeinwohl zielenden Sinne gestaltbar bleibt. Sie
können Vertrauen vermitteln, dass in einer komplexen Welt
nicht nur angeklagt, sondern auch konkret gehandelt werden
kann; dass Hoffnung und Gestaltungsmöglichkeiten für eine
bessere Welt bestehen. Mit dem Aufzeigen konkreter Handlungsoptionen schaffen sie weiterreichende Ressourcen für
die konkrete Umsetzung durch das Handeln anderer Akteure: sei es durch Konsumenten, die anders einkaufen, durch
Unternehmen, die anders produzieren und andere Produkte
konzipieren, durch eine Politik, die Rahmenbedingungen im
Sinne einer Nachhaltigen Entwicklung weiterentwickelt. Eine
am Gemeinwohl ausgerichtete Zivilgesellschaft ist deswegen
heute ein zentraler Garant für offene und zukunftsfähige demokratische Gesellschaften.

ZIVILGESELL-SCHAFTLICHE GRUPPEN	STEHT FÜR WAS IM NORMATIVEN KOMPASS?	MECHANISMEN DER »ERMÄCH-TIGUNG«
Umwelt-verbände	▪ Mitweltschutz ▪ Globale Gerechtigkeit	▪ Einfluss auf politische Diskurse ▪ Sanktionierung unter-nehmerischen Handelns ▪ Orientierung und Empowerment
Kirchen	▪ Universeller Humanismus	▪ Einfluss auf gesellschaftliche Diskurse ▪ Ausstrahlung gelebter Nach-haltigkeitspraxis
Gewerk-schaften	▪ Teilhabe/Soziale Gerechtigkeit	▪ Einfluss auf politische Diskurse ▪ Co-Gestaltung unter-nehmerischer Prozesse
Soziale Bewegungen von unten	▪ Teilhabe ▪ Handlungsermächtigung	▪ Ermächtigung von unten auch als politische und unter-nehmerische Ressource

Tab. 18.1: Wichtige zivilgesellschaftliche Gruppen, ihr normativer Kompass und ihre Wirkmechanismen. *Quelle: Eigene*

Vier zivilgesellschaftliche Gruppen und ihre besonderen Ressourcen

Der folgende Abschnitt widmet sich exemplarisch vier großen Strömungen zivilgesellschaftlicher Gruppen, die insbesondere im Globalen Norden wichtige Impulse für eine Nachhaltige Entwicklung geben: Umweltverbände, Kirchen, Gewerkschaften und soziale Basisbewegungen.

Die folgenden Abschnitte zeichnen nach, mit welchen Strategien unterschiedliche Arten zivilgesellschaftlicher Organisationen / Bewegungen die in Tabelle 18.1 aufgezeigten Ansprüche einlösen.

Umweltverbände

Umweltverbände spielen im Kontext einer an globalen ökologischen Leitplanken orientierten Nachhaltigen Entwicklung eine besondere Rolle und blicken auf eine inzwischen jahrzehntelange Geschichte erfolgreichen Engagements zurück.

Die großen Umwelt- und Naturverbände sind oft als Plattformen für Naturinteressierte entstanden (vgl. z. B. in Deutschland die größten Umweltverbände BUND und NABU). Mit den immer sichtbarer werdenden negativen ökologischen Folgen moderner Zivilisationsentwicklung wurden sie zu Mahnern. Einzelne Umweltschutzorganisationen wie Greenpeace entstanden von vornherein aus einem solchen Mahner- und Widerstandsimpuls und entwickelten schon sehr früh erfolgreiche Kampagnenformen.

Viele Erfolge des nationalen und zunehmend auch internationalen politisch-institutionellen Umweltschutzes wären ohne das zivilgesellschaftliche Engagement von Umweltverbänden nicht möglich gewesen. Dabei kamen alle drei Handlungsansätze organisierter Zivilgesellschaft zur Anwendung:

(1) Mahner. Umweltverbände weisen heute wie in der Vergangenheit noch immer auf Umweltgefahren hin, bevor diese in Politik und Wirtschaft gesehen und als relevant eingestuft werden: Waldsterben, Gefahren der Ökosystemdiffusion chemischer Substanzen, ökologischer Raubbau im Rahmen globaler Produktionsketten oder aktuell das Bienensterben sind nur einige von vielen Beispielen. Die Umweltverbände spielen damit eine wichtige Rolle im politischen Agenda Setting. Umweltverbände können dies in der Regel nur in einem engen Schulterschluss mit der Wissenschaft tun. Aus diesem Grund ist eine kritische und freie Wissenschaft für ihre Arbeit von

zentraler Bedeutung und hat gerade in den letzten Jahren auch
zu einem stärkeren wissenschaftspolitischen Engagement der
Umweltverbände geführt (vgl. www.forschungswende.de und
BUND, 2012). Mit Aufkommen des Widerstandes gegen die
Folgen der Atomkraftnutzung Ende der 1970er Jahre waren
es die damaligen ökologischen Bewegungen selbst, die in
Deutschland zum Entstehen unabhängiger ökologischer For-
schungsinstitute wie dem 1978 gegründeten Öko-Institut
führten. Grund dafür war, dass in der etablierten Wissenschaft faktisch keine unabhängige Forschung zu den Gefahren der Atomkraft stattfand bzw. möglich war.

Um ihre Mahner-Funktion erfolgreich einzulösen, haben
Umweltverbände über die letzten Jahrzehnte ihre Formen zi-
vilen Widerstands erfolgreich ausdifferenziert und weiterentwickelt: Die Umweltschutzorganisation Greenpeace war lange
Zeit Vorreiter in medial und international besonders sichtba-
ren Formen der Inszenierung von Resistenz gegen ökologisch
bedenkliche Entwicklungen. Die Nutzung der neuen Medien
ermöglicht heute neue effektive Formen des ökologischen
Widerstandes. Ein schönes Beispiel dafür ist die ToxFox-App
des BUND in Deutschland (www.bund.net/chemie/toxfox).
Unter Rückgriff auf die Auskunftspflichten der EU-REACH-
Chemikalienverordnung ermöglicht sie es, die Existenz von
Schadstoffen in inzwischen über 80 000 Körperpflege- und
weiteren Alltagsprodukten nachzufragen. Durch die App
wurde der Druck auf Hersteller und Handelsunternehmen
zur Umstellung auf schadstoffärmere Produktvarianten stark
gefördert. Das Beispiel macht zudem deutlich, wie effektiv
erfolgreiche Kampagnenideen von Umweltorganisationen
mit politisch verbesserten Transparenzpflichten (hier in der
REACH-Chemikalienverordnung) Hand in Hand gehen.

(2) Mittler. Natur- und Umweltverbände führten in ihrer Entstehungsphase Naturfreundinnen und Naturfreunde zusammen und schufen damit ein gemeinsames Bewusstsein für eine schützenswerte Umwelt. Auch heute spielt dieses naturbezogene Engagement in den Verbänden eine zentrale Rolle – insbesondere in Feldern wie dem Natur- und Tierschutz. Lebenskraftspendende Naturerfahrungen erneuern die Motivations- und Bewusstseinsbasis für das ökologische Engagement und dienen jungen Menschen als Resonanz- und Sozialisationsinstanz.

(3) Motor. Im Rahmen ihres Engagements haben Umweltschutzorganisationen ihre Motor-Funktion immer weiter ausdifferenziert. Auch hier war Greenpeace in den 1990er Jahren Vorreiter. So hat der von Greenpeace 1993 mit einem alten ostdeutschen Unternehmen produzierte erste FCKW-freie Kühlschrank entscheidend zum Ausstieg aus FCKW als Kühlmittel beigetragen (Gunkel, 2013). Auch wenn andere aktive Produktentwicklungen wie z. B. das von Greenpeace auf Basis eines Standardmodells entwickelte 3-Liter-Auto nicht die gleiche Bewegung ausgelöst haben, waren sie dennoch ein Impuls für erhöhte Innovationsanstrengungen in der Industrie (Greenpeace, 2018).

In einem ganz anderen Feld engagiert sich der BUND mit seinem Engagement für Suffizienz und Suffizienzpolitik (www.bund.net/ressourcen-technik/suffizienz). Hier schafft der Verband konkrete Lösungen und Ansatzpunkte für eine Konsum- und Lebensstilwende – nicht nur auf individueller Ebene, sondern auch in Form ganz konkreter Politikansätze für lokale Politik (BUND, 2016), die von BUND-Gruppen vor Ort eingefordert und umgesetzt werden.

Kirchen als Akteure in der Transformation

Gerade weil die Idee der Großen Transformation von einem
zutiefst humanistischen Wertekanon getragen wird, der sich
in fast allen Weltreligionen findet (vgl. exemplarisch Küng,
2001), kommt Kirchen und Religionsgemeinschaften im Prozess der Großen Transformation eine besondere Bedeutung
zu (vgl. zum Überblick oekom 2016).

Die christlichen Kirchen stellen sich dieser Herausforderung sowohl auf globaler als auch auf nationaler Ebene (vgl.
hierzu das Engagement des ökumenischen Rates der Kirchen
www.oikoumene.org/de sowie insbesondere dessen 10. Voll-
versammlung 2013 in Busan). Doch finden sich vergleichbare
Ansätze auch bei anderen Weltreligionen (für den Islam vgl.
IFESS, 2015, für den Buddhismus vgl. One Earth Sangha,
2015). Hermann E. Ott und Wolfgang Sachs identifizieren insbesondere drei Aspekte, die Religionsgemeinschaften eine besondere Kraft bei der Gestaltung der Transformation zu einer
Nachhaltigen Entwicklung verleihen (vgl. Ott/Sachs 2016):
(1) In fast allen Weltreligionen gilt Immaterielles mehr als
Materielles. Fast alle Weltreligionen sind von einer Wertebasis der Gerechtigkeit, der Bescheidenheit, der Brüderlichkeit
getragen. Das Sein steht vor dem Haben und eröffnet damit
ein gutes Leben auch ohne unbegrenztes materielles Wachstum. (2) Fast alle Weltreligionen sind von der Überzeugung
getragen, dass jede Veränderung der äußeren Welt von einer
inneren Veränderung getragen ist. Religionen sind daher eine
wichtige Kraftquelle für innere Transformationsprozesse (vgl.
die Prinzipien einer transformativen Spiritualität weiter unten sowie auch Kapitel 22). (3) Religionen besitzen eine in-
trinsische Autorität. Ihre Wirkungskraft entsteht nicht über
einen äußeren materiellen Erfolg. Das verleiht ihnen das Po-

tential, auch eine Stimme gegen rein materielle Orientierungen zu sein.

Die folgenden Abschnitte werfen vor diesem Hintergrund insbesondere einen Blick auf das Engagement der christlichen Kirchen. Im Zentrum kirchlicher Arbeit steht dort zuallererst die Mittler-Funktion. Kirchen erfüllen eine zentrale Aufgabe darin, den ihnen zugrundeliegenden Wertekanon unter ihren Mitgliedern immer wieder erneut zu bekräftigen und in die Gesellschaft einzubringen. Sie leisten damit einen wichtigen Beitrag für die Aufrechterhaltung einer humanistischen Wertebasis in modernen Gesellschaften. In Deutschland bieten hierfür die Katholikentage und der Deutsche Evangelische Kirchentag herausragende Plattformen. Der seit 1949 in der Regel alle zwei Jahre stattfindende Evangelische Kirchentag wird von einer Laienbewegung getragen und ist institutionell unabhängig von der Evangelischen Kirche in Deutschland. Er führt alle zwei Jahre für fünf Tage rund 100 000 Menschen im Engagement für Kirche und Welt zusammen und bietet während seiner Veranstaltungstage ein breites Spektrum an politischen, gesellschaftlichen und theologischen Diskussionen zu aktuellen Fragen der Zeit. Die evangelische Kirche in Deutschland (EKD) verfügt zudem über eine eigene »Kammer für Nachhaltige Entwicklung« (www.ekd.de/Kammer-fur-nachhaltige-Entwicklung-14786.htm), die im Auftrag des Rates der Evangelischen Kirche Positionen für den gesellschaftlichen und innerkirchlichen Diskurs zu Fragen Nachhaltiger Entwicklung erarbeitet und damit auch die gesellschaftlichen und politischen Diskussionen zum Thema in den letzten Jahren immer wieder bereichert hat.

Im Kontext der Transformationsarbeit der Evangelischen Kirche und des sogenannten konziliaren Prozesses auf internationaler Ebene sind in den letzten Jahren zudem Ansätze zu

einer »Theologie der Transformation« (EKIR, 2016), insbesondere aber zu konkreten Prinzipien einer »transformativen
Spiritualität« (vgl. Kasten) entstanden, die in ihrem grundlegenden Charakter eine individuelle Orientierungsfunktion für Menschen in Transformationsprozessen haben. Sie
machen deutlich, warum Glauben eine wichtige Kraftquelle
für die Haltung von »Pionieren des Wandels« (vgl. dazu auch
Kap. 22) sein kann und sich »Glauben« und »Selbst denken«
für eine Große Transformation nicht ausschließen, sondern
sich durchaus ergänzen (vgl. Schneidewind, 2018). Theo-
logisch begründete Perspektiven liefern damit einen Kompass auch unabhängig von der individuellen Verbindung zum
christlichen Glauben.

**14 Prinzipien »transformativer Spiritualität«
als Kompass für individuelle Haltung
in Transformationsprozessen**

1. **Lebensfreude.** Ansatzpunkt transformierender Kraft in
westeuropäischen Gesellschaften kann eine in der Spiritualität wurzelnde Werteverschiebung sein, die von den Kirchen ausgehen kann und die Transformation bzw. Umkehr
dann nicht als Verlust, sondern als Konzentration und Gewinn erlebbar macht.
2. **Verwurzelung.** Transformierende Spiritualität lebt aus der
richtungsweisenden Orientierung an der Bibel. Darauf beziehen sich alle ihre Einzelaspekte.
3. **Personalität.** Eine transformierende Spiritualität beginnt
bei der leiblichen, persönlichen Erfahrung einzelner Menschen. Dort muss sie auch verwurzelt bleiben. Sie kann darum keine allgemeine, objektive, vorgeblich interesselose
Perspektive einnehmen. Sie hat immer einen konkreten,
benennbaren »Sitz im Leben«.

4. **Regionalität**. Wenn eine transformierende Spiritualität bei der leiblichen, persönlichen Erfahrung einzelner Menschen beginnt, kann sie nie »immer« und »überall« und »unbezweifelbar« dieselbe sein und auch nie »für alle« und »an allen Orten« und »zweifellos« dieselbe Veränderung hervorbringen. Sie wird nach dem »gemeinsamen Nenner« in einer Region oder einem Land, einem Milieu oder einer Kultur fragen und genau dafür Wege zu einem anderen Leben suchen.

5. **Solidarität und Subsidiarität**. Eine transformierende Spiritualität legt jegliche Haltung der Herablassung ab, sie erkennt alle Menschen als Subjekte an und als fähig, selbst zu wissen, was für sie das Beste ist. Sie agiert nicht für andere, sondern mit anderen.

6. **Teilhabe**. Transformierende Spiritualität ist sensibel für Marginalisierung und Bevormundung. Sie tritt für eine vielfältige Sicht auf die Wirklichkeit ein und wendet sich gegen Diskriminierung und Ausschluss.

7. **Repräsentanz**. Eine transformierende Spiritualität wird die Grundbilder für wirtschaftliche, theologische und gesellschaftliche Zusammenhänge verändern und neue Bilder suchen, die besser als die heute vorherrschenden Bilder geeignet sind, erkenntnisleitende Interessen aufzudecken, die Beteiligung von Akteuren und Opfern auszudrücken sowie Gottes schöpferisches, absichtsvolles Handeln nicht undenkbar zu machen.

8. **Demut**. Obwohl transformierende Spiritualität erfahrungsbezogen ist und bleibt, kann sie »von anderen her« denken und ist nicht individualistisch. Sie wird eine Balance suchen zwischen aktivem Handeln und aktivem Wahrnehmen, zwischen Agieren und Aktionsverzicht, zwischen Aktion und Kontemplation. Sie wird das Subjekt dahingehend verändern, dass es nicht immer Mittelpunkt sein will und muss.

9. **Hingabe**. Transformierende Spiritualität verändert, weil

sie lehrt, sich in von Gott herkommenden Missions- und
Veränderungsprozessen zu begreifen, und nicht, weil Menschen hier oder da Veränderung beschließen. Transformation meint, dass alle sich von Gott auf einen verwandelnden
Weg rufen lassen, und nicht, dass sich die einen den anderen anpassen müssen.

10. **Prophetie und Widerstand.** Transformierende Spiritualität benennt lebenzerstörende Kräfte und Werte, wo immer
sie in der Wirtschaft, der Politik und selbst in den Kirchen
am Werk sind, und stellt sich ihnen prophetisch entgegen.

11. **Gegenseitigkeit.** Transformierende Spiritualität verändert
das Bildungs- und Erziehungshandeln hin zu einer Bildung
für nachhaltige Entwicklung: Sie begreift Bildungshandeln
als gegenseitige Bereicherung von Lehrenden und Ler-
nenden und verwurzelt Bildung in regionalen, vielfältigen
Bezügen.

12. **Genügsamkeit.** Transformierende Spiritualität ermöglicht
eine Haltung des »Genug Habens«. Sie durchbricht damit
den Perfektionierungsdruck in den westeuropäischen Gesellschaften und fördert gleichzeitig die Bereitschaft, anderen zu gönnen, was man für sich beansprucht. Sie führt zu
einer Ethik des Genug: Es ist genug (da).

13. **Sehnsucht.** Transformierende Spiritualität wird die maß-
lose Selbstüberschätzung der Welt in den Dialog mit Gottes
maßvoller Liebe bringen. Dabei weckt sie die Hoffnung
nach einem gelingenden Leben in Fülle innerhalb der Grenzen eines materiellen Wohlstandes.

14. **Reformation**: Gnade – Gerechtsprechung – Glaube. Transformierende Spiritualität verweist auf reformatorische Einsichten: Befreiung von Selbstinszenierungsnöten (Gnade),
Erlösung aus Wertlosigkeitsängsten (Gerechtsprechung),
Vergnügtsein durch Gottvertrauen (Glaube).

(EKIR, 2016)

Warum eine päpstliche Enzyklika
auch so viele Nichtkatholiken erfreut –
Die Mahner-Funktion von Kirchen

Neben der Mittler-Funktion haben Kirchen in Gesellschaften auch immer wieder eine Mahner-Funktion. Diese gewinnt vor dem Hintergrund der globalen Klima- und Nachhaltigkeits-debatte an neuer Bedeutung. Als globale Institution mit besonderer Ausstrahlung in viele Länder des globalen Südens sind die mit dem Klimawandel verbundenen Gerechtigkeits-verwerfungen für die christliche Kirche ein hochrelevantes Thema.

Mit der im Jahr 2015 von Papst Franziskus veröffentlichten Enzyklika »Laudato Si'« (Papst Franziskus, 2015) hat diese Verantwortung für das »gemeinsame Haus« einen besonders starken und eindrucksvollen Ausdruck gefunden. Die Enzyklika verbindet die Erkenntnisse moderner Klimawissenschaft mit vielfältigen spirituellen Bezügen und übersetzt sie in einen Handlungskompass für Menschen im 21. Jahrhundert. Sie leistet damit eine Form der Wissensintegration, für die insbesondere Kirchen prädestiniert sind. Nach langer Zeit hat sich damit ein Oberhaupt der katholischen Kirche wieder prominent zu Umweltfragen geäußert und die enge Verbindung von ökologischen und sozialen Herausforderungen deutlich gemacht. Der Enzyklika wird eine durchaus hohe Bedeutung dabei zugemessen, dass es im Dezember 2015 zum erfolgreichen Pariser Klimaabkommen kam und dieses auch von katholischen Ländern unterstützt wurde, die – z. B. durch die starke Abhängigkeit von der Kohleverstromung und anderen fossilen Energieträgern – in der Klimafrage lange eher zurückhaltende Positionen vertraten (Ott & Sachs, 2015). Auch im nichtkirchlichen Umfeld wurde die Enzyklika des Papstes offen aufgenommen und begrüßt, was die über die Kirche selbst hinausgehende Orientierungskraft theologischer Schriften demonstrierte. Dies baut Brücken zum Diskurs mit ganz anderen gesellschaftlichen Akteuren – wie sich zuletzt bemerkenswert in einem Interview mit dem Geschäftsführer des Verbandes der Chemischen Industrie in Deutschland (VCI) mit Pfarrer Klaus Breyer auf der Titelseite des Branchen-Magazins »CHEManager« zeigte (CHEManager, 2017).

Als Eigentümer großer landwirtschaftlicher Flächen, als Betreiber von Gotteshäusern, Kindergärten, Schulen, Krankenhäusern und Pflegeeinrichtungen sind Kirchen in vielfältige Handlungskontexte eingebunden, die konkrete Möglichkeiten für nachhaltiges Handeln eröffnen. Hier können Kirchen durchaus auch eine Motor-Funktion erfüllen. Sie können aufzeigen, wie die Umsetzung einer regenerativen Energieversorgung, einer nachhaltigen Beschaffung, einer vegetarischen Ernährung oder einer ökologischen Mobilität auch unter herausfordernden ökonomischen Randbedingungen funktionieren kann. Viele Kirchengemeinden stellen sich dieser Herausforderung (Diefenbacher, 2015). Eine glaubwürdige Umsetzung der Motor-Funktion stärkt letztlich auch die Kraft der Kirchen in ihrer Rolle als Mahner und Mittler.

Gewerkschaften

Gewerkschaften sind eine geradezu idealtypische »Mahner«-Institution für Fragen der sozialen Gerechtigkeit mit Blick auf Arbeitnehmerbelange. Ohne die ab der zweiten Hälfte des 19. Jahrhunderts erstarkende Arbeiter- und Gewerkschaftsbewegung wäre es nicht zur Ausprägung eines sozial abge-

federten marktwirtschaftlichen Kapitalismus in vielen Teilen
der Welt gekommen. Gewerkschaften haben immer wieder
auf Missstände bei Arbeitsbedingungen, Arbeitnehmerrech-
ten, Fragen der sozialen Absicherung und fairen Entlohnung
hingewiesen und diese gesellschaftlich und politisch erstrit-
ten. In den modernen Marktdemokratien besitzen Gewerkschaften heute einen fest institutionalisierten Status, der sich
in Deutschland z. B. in der Institution der Tarifautonomie
ausdrückt. Auf globaler Ebene spielt die International Labour
Organization (ILO) eine wichtige Rolle in der Durchsetzung
globaler Arbeitnehmerrechte und sozialer Mindeststandards.

Durch die massiven ökonomischen Veränderungen in den
letzten Jahrzehnten hat sich die Kraft dieser Mahner-Funktion von Gewerkschaften in den meisten Volkswirtschaften
verändert: Massive Globalisierung, ein abnehmender Anteil
an Industriearbeitsplätzen und die Zunahme prekärer Be-
schäftigungsverhältnisse mit geringerem Organisationsgrad
haben nicht nur die Zahl der Mitglieder, sondern auch die
Gestaltungskraft der Gewerkschaften beeinträchtigt.

Gerade angesichts der Ausprägungen eines globalisierten,
digitalen Kapitalismus (vgl. Kap. 6) sind mahnende Stimmen
für soziale Gerechtigkeit jedoch drängender denn je. Sie entwickeln sich z. T. in neuen Protestformen der »Abstiegsgesellschaft« (vgl. Nachtwey, 2016, S. 14), oft unabhängig von ge-
werkschaftlichem Engagement. Im Hinblick auf ökologische
Herausforderungen finden sich Gewerkschaften häufig in
besonderen Spannungsfeldern wieder – insbesondere in solchen Branchen, in denen der ökologische Strukturwandel mit
erheblichen Arbeitsplatzverlusten in einer spezifischen Industrie verbunden sein kann. Diese Situation droht nicht nur
in der fossilen Energieindustrie, sondern durchaus auch in
der Automobilindustrie. Gewerkschaften sind daher aktuell

gefordert, neben der sozialen Mahner- insbesondere ihre
Mittler-Funktion für die Organisation sozialer Interessen in
modernen Industriegesellschaften neu zu definieren.

Kreatives gewerkschaftliches Engagement kann Gewerkschaften durchaus auch in eine Motor-Funktion für ökologische Anliegen bringen. Ein Beispiel ist die Verknüpfung von
sozialen und ökologischen Anliegen auf betrieblicher Ebene
(vgl. Blanke, 2016).

Gerade weil eine Große Transformation auf einen klugen
Austausch zwischen ökologischen und sozialen Belangen
zielt, ist die Existenz von starken zivilgesellschaftlichen Stimmen für soziale Gerechtigkeit von essentieller Bedeutung
(vgl. dazu auch die Ausführungen zu Kooperationsstrategien
zivilgesellschaftlicher Organisationen weiter unten).

Soziale Bewegungen von unten

Nicht nur die Gewerkschaften spüren, dass zivilgesellschaftliche Organisationsformen sich derzeit in einem erheblichen
Wandel befinden. Sie werden vielfältiger, konzentrieren sich
auf einzelne spezifische Themen und/oder Protestformen und
sie sind oft weit weniger langlebig als die bisherigen Organisationen der Umwelt- und Gewerkschaftsbewegung (vgl. Tab.
18.2).

Viele der neuen Organisationen entwickeln effektive Mah-
ner-Strategien, oft in eventorientierten Protestformen und
unter Nutzung der globalen Vernetzungsmöglichkeiten im
digitalen Zeitalter (vgl. 350.org, Occupy-Bewegung).

Daneben ist aber auch die Vielfalt der Motor-Initiativen
gewachsen, d.h. zivilgesellschaftliches Engagement, das auf
das Vorantreiben konkreter Lösungsalternativen zielt: Im

PRIMÄRE FUNKTION	BEISPIELE FÜR ORGANISATIONEN MIT DIESEM SCHWERPUNKT
Mahner-Organisationen	▪ Attac, TTIP-Bewegung, Occupy-Bewegung, 350.org, Ende Gelände, Anti-Atomkraft-Bewegung, Via campesina
Mittler-Organisationen	▪ Transition Towns, Studentische Gruppen wie Oikos, Sneep, AIESEC, Plurale Ökonomik / Exploring Economics, gaia education
Motor-Organisationen	▪ Bürgerenergiegenossenschaften, Divestment-Bewegung, Transition Towns, foodsharing, OuiShare, Global ecovillage network, Permakultur-Bewegung, Slum dwellers international

Tab. 18.2: Beispiele neuer sozialer Bewegungen und ihre spezifischen Schwerpunkte. *Quelle: Eigene*

Kontext der deutschen Energiewende sind Bürgerenergiegenossenschaften hierfür ein Beispiel (Yildiz u.a., 2015). Auf globaler Ebene hat die Divestment-Bewegung, die auf den Beteiligungsausstieg bei Unternehmen im Bereich fossiler Energieträger zielt, in den letzten Jahren große Erfolge erzielt (Ayling & Gunningham, 2017; WBGU, 2014).

Eine interessante zivilgesellschaftliche Entwicklung lässt sich im journalistischen Bereich beobachten. Sie verknüpft eine Motor- und eine in die konstruktive Gestaltung gewendete Mahner-Funktion: der konstruktive Journalismus, in Deutschland z.B. prominent vertreten durch das Projekt »Perspective Daily« (https://perspective-daily.de/). Durch Geschichten des Gelingens, mutmachender Beispiele der Transformation zeigt konstruktiver Journalismus konkrete Gestaltungsperspektiven auf und stabilisiert diese. Darüber hinaus existieren Konzepte, einen solchen Journalismus zu einem konkreten Transformationsjournalismus weiterzuentwickeln (Ronzheimer, 2018).

Die Transition-Town-Bewegung als Zivilgesellschaft neuen Typus

Einen besonderen Typus international erfolgreichen zivilgesellschaftlichen Engagements stellt die im Jahr 2006 in Eng-
land initiierte Transition-Town-Bewegung dar, die inzwischen
zu weltweit über tausend Initiativen, davon über 450 offiziell
registrierte, angewachsen ist (https://transitionnetwork.org/).
In Transition Towns verbinden sich in besonderer Weise Mitt-
ler-, Motor- und Mahner-Funktion: Motiviert durch das Ziel,
konkrete Beiträge zu einer Großen Transformation zu leisten
und damit gleichzeitig auf bestehende globale Missstände
hinzuweisen, engagieren sich die Transition-Towner in ihren
Kommunen in konkreten Projekten zum Übergang in eine
postfossile und stärker regionalisierte Wirtschaft. Genutzt
wird die positive Energie kraftvoller Visionen für eine lebens-
wertere Welt, die bereits vor der eigenen Haustüre gestaltet
werden kann. Zu dem Erfolg der Transition-Town-Initiativen
haben sowohl die professionellen Trainingsangebote und Medien, der schnelle Aufbau eines internationalen Netzwerks
als auch die konstruktiv-lösungsorientierte Grundhaltung
beigetragen (vgl. Maschkowski & Wanner, 2014). Der saluto-
genetische Ansatz setzt an den Gestaltungsmöglichkeiten an
und möchte dazu beitragen, die Resilienz von Individuen und
Gemeinschaften zu erhöhen (Henfrey, Maschkowski & Penha-Lopes, 2017). Durch die kontinuierliche Reflexion und
Evaluation der Aktivitäten (z.B. Feola & Nunes, 2013) und
die globale Vernetzung verbindet sich das konkrete lokale Engagement vor Ort mit einer beeindruckenden internationalen
Ausstrahlung.

Zivilgesellschaftliche Kooperation und Bündnisstrategien

Die vorangegangenen Abschnitte haben einen Einblick in die Vielfalt zivilgesellschaftlichen Engagements für eine Große Transformation gegeben. Mit ihrer Mahner-, Mittler- und Motor-Funktion sind zivilgesellschaftliche Organisationen zentrale Katalysatoren für die moralische Revolution im 21. Jahrhundert (vgl. dazu zum Überblick Abb. 18.1).

Die Vielfalt des Engagements und der Ansatzpunkte unterschiedlicher zivilgesellschaftlicher Organisationen ist dabei eine zentrale Ressource. Nur dadurch ist gewährleistet, dass Zivilgesellschaft auf neue Themen reagiert, möglichst unterschiedliche Bevölkerungskreise mit ihrem Engagement anspricht und auch in ihren Aktionsformen innovativ bleibt.

Dennoch haben sich Kooperationen zwischen unterschiedlichen zivilgesellschaftlichen Organisationen in der Vergangenheit durchaus als nützlich erwiesen, um Transformationsimpulse des zivilgesellschaftlichen Sektors zu stärken. Dies sei an einigen Beispielen illustriert.

Breite zivilgesellschaftliche Bündnisse. Die Mahner-Funktion der Zivilgesellschaft gewinnt mit der Breite der Unterstützung oft an Kraft. Die breiten Bündnisse gegen die transatlantischen Handelsabkommen, insbesondere das TTIP-Abkommen, haben dies in jüngster Zeit wieder unterstrichen. Ohne den engen Schulterschluss von Umweltbewegung, Gewerkschaften und vielen sozialen Bottom-up-Bewegungen wären die effektiven und am Ende erfolgreichen Proteste gegen die Verabschiedung der transatlantischen Handelsabkommen im Jahr 2015 und 2016 nicht möglich gewesen.

Im Jahr 2012 haben sich Gewerkschaften, Umweltverbände und evangelische Kirche sogar um die Schaffung einer auf Dauer angelegten Kooperationsplattform für die Diskussion über eine Große Transformation im Rahmen des sogenannten Transformationskongresses bemüht (www.transformationskongress.de). Im Nachgang zu dem Kongress wurde deutlich, dass eine konstante Kooperationsarbeit immer wieder an Grenzen der organisationsinternen Eigenlogiken gerät und sich gegenüber anlassbezogener Zusammenarbeit als schwieriger erweist.

Ökonomische Bündnisse. Im Abschnitt zu den Umweltbewegungen wurde auf die erfolgreiche Kampagne von Greenpeace zum FCKW-Ausstieg hingewiesen. Sie wurde möglich durch die Kooperation mit einem ostdeutschen Kühlschrankhersteller, der zusammen mit Greenpeace den ersten FCKWfreien Kühlschrank entwickelte. Die Motor-Funktion zivilgesellschaftlichen Engagements verstärkt sich, wenn sie sich mit ökonomischer Kraft und Machbarkeit verbindet. Ähnliches zeigte sich bei der Divestment-Bewegung. Ihren Durchbruch erhielt sie, als sie von US-amerikanischen (Privat-)Universitäten und Colleges auf große Staatsfonds, Investmentgesellschaften und Versicherungen übersprang (Ayling & Gunningham, 2017).

Bündnisse mit der Wissenschaft. Der Abschnitt zu den Umweltverbänden ging darauf ein, wie stark zivilgesellschaftliches Engagement auf eine freie und kritische Wissenschaft angewiesen ist. Erst in dieser Kombination lassen sich komplexe naturwissenschaftliche, technische, ökonomische und soziale Zusammenhänge in modernen Wissensdemokratien in eine aufgeklärte Mahner-Funktion übersetzen. Dies ist einer der Gründe, warum z. B. die organisierte Zivilgesellschaft in Deutschland im Jahr 2012 eine eigene zivilgesellschaftliche Plattform »Forschungswende« (www.forschungswende.de) geschaffen hat, um aktiv für eine Wissenschafts- und Forschungspolitik einzutreten, die die Bedingungen für eine solche Form der Wissenschaft erhält. Schon ab den 1970er Jahren haben in einem ähnlichen Sinne die Gewerkschaften an einer Reihe von Hochschulen gewerkschaftliche Kooperationsstellen aufgebaut, die den Austausch zwischen gewerkschaftlicher Arbeit und universitärer Wissenschaft stärken sollten (vgl. Büsing & Schencke, 2016).

Der Umweltverband BUND und die kirchlichen Missionswerke Misereor und Brot für die Welt (in der Neuauflage 2008 war nur noch Brot für die Welt vertreten) haben im Jahr 1996 eine besondere Kooperation zwischen Zivilgesellschaft und Wissenschaft gesucht: Sie beauftragten damals das Wuppertal Institut für Klima, Umwelt, Energie mit der Erarbeitung einer Studie »Zukunftsfähiges Deutschland« (BUND & Misereor, 1996). Sie erarbeitete in Anlehnung an ein niederländisches Vorbild eine ganzheitliche Vision für eine Nachhaltige Entwicklung in Deutschland. Begleitet von vielfältigen Vorträgen und Veranstaltungen aller Trägerverbände erzielte diese Studie eine massive Resonanz und belebte die Nachhaltigkeitsdebatte in Deutschland. In abgeschwächter Form spielen solche Zusammenarbeiten zwischen Wissenschaft und Zivilgesellschaft auch heute noch eine wichtige Rolle, um z. B. Perspektiven des Kohleausstiegs (Wehnert u. a., 2017) oder der Verkehrswende (Rudolph u. a., 2017) in die öffentliche Debatte zu tragen.

19. Politik bewegen

Politik übersetzt sich verändernde Wertvorstellungen in einen institutionellen Rahmen: Ohne Politik gibt es keine wertorientierte Große Transformation. Bei dieser Aufgabe steht Politik vor vielen Herausforderungen: 1. Es geht darum, geeignete inhaltliche Politiken (»Policies«) zu entwickeln. 2. Es bedarf politischer Prozesse (»Politics«), um diese Politiken durch- und umzusetzen. Diese Aufgabe ist gerade in den letzten Jahren schwerer geworden, weil sich Partialinteressen immer machtvoller organisieren und gleichzeitig nationale Regulierungsmöglichkeiten und internationale Regulierungsnotwendigkeiten zunehmend auseinanderfallen. 3. Nachhaltigkeitspolitik bedarf durch ihren humanistischen Kern einer demokratischen Ordnung (»Polity«), deren Partizipations- und Beteiligungsanforderungen in den letzten Jahren gestiegen sind.
Das Kapitel beleuchtet alle drei Aspekte. Es zeigt auf, wie eine politische Zukunftskunst für die Gestaltung einer Großen Transformation aussehen kann, und illustriert sie an Beispielen aus unterschiedlichen Politikfeldern.

Scheitert die Große Transformation an politischem Versagen? Politik zwischen Policy, Politics und Polity

Seit rund 30 Jahren sind die globalen ökologischen Herausforderungen und die Aufgaben einer Großen Transformation klar beschrieben. Die technologischen Lösungsbausteine zur Umsetzung liegen vor. Der »Stern-Report«, eine vom ehemaligen Weltbank-Chefökonomen Nicholas Stern (Stern & Great Britain, 2007) im Jahr 2006 im Auftrag der britischen Regierung vorgelegte Untersuchung zu den ökonomischen Folgen des Klimawandels, hat festgestellt, dass es volkswirtschaftlich viel günstiger ist, den Klimawandel möglichst schnell und konsequent zu bekämpfen, als später die Kosten der Klimafolgen zu tragen. Auch sind viele Politikbausteine für einen effektiven Klimaschutz in den unterschiedlichen Bereichen längst definiert. Dennoch scheint die Politik wenig unternommen zu haben. Schlimmer noch: Viele Entwicklungen weisen in die falsche Richtung: Die USA, der nach China größte Klimagasemittent, steigt aus dem Weltklimaabkommen aus und beginnt, wieder verstärkt auf fossile Energien zu setzen. Selbst in Deutschland – lange Zeit globaler Klima- und Energiewendevorreiter – kommt die Dynamik ins Stoppen: Die Entwicklung der Energiewende wird politisch abgeschwächt, mit dem konsequenten Ausstieg aus der Braunkohle tut man sich schwer. Und selbst grüne Ministerpräsidenten erheben im Automobilland ihre Stimme zur Rettung fossiler Verbrennungsmotoren. 2017 sind nach langer Zeit in Deutschland die CO_2-Emissionen wieder gestiegen. Das deutsche 40%-Minderungsziel für 2020 wird voraussichtlich deutlich verfehlt werden.

Scheitert die Große Transformation an politischem Versagen? Diese Vorwürfe werden angesichts der beschriebenen Entwicklungen schnell laut – insbesondere von Menschen, die sich seit vielen Jahren und Jahrzehnten für Umwelt- und Klimaschutz engagieren.

Kann man die Verantwortung für fehlende Konsequenz im Klimaschutz so einfach auf »die Politik« schieben? Für die Beantwortung der Frage hilft es, näher zu betrachten, was »Politik« eigentlich ist und was sie leisten kann.

Wenn von »Politik« gesprochen wird, dann sind damit
eigentlich immer drei Dimensionen gemeint (vgl. Abb.19.1
sowie stellvertretend Rohe, 1994):

(1) Eine *inhaltliche* Dimension (»Policy«): Hier geht es um
konkrete inhaltliche Politiken. Und es ist richtig: Für die
meisten konkreten Probleme existieren konkrete Politikvorschläge (»Policies«): Eine CO_2-Steuer oder der Emissionshan-
del – richtig ausgestaltet – können ein zentrales Instrument
der Emissionsminderung sein. Es ist klar, dass eine solche
CO_2-Regulierung auch beim Umstieg auf eine klimaneutrale Mobilität helfen würde; dass andere Mobilitätsmuster
aber auch mit Geschwindigkeitsbegrenzungen, dem Ausbau
des öffentlichen Verkehrs, fahrradfreundlichen Städten und
Parkraum-Bewirtschaftung auf lokaler Ebene gefördert werden müssen. Es existieren auch die politischen Instrumente,
um Anreize für Hersteller zu schaffen, Geräte mit höherer
Energieeffizienz zu produzieren, und Politiken, die den Weg
in eine Kreislaufwirtschaft fördern können.

Kurzum: Ähnlich wie die technischen liegen auch die meisten »politischen« Lösungen für eine Große Transformation
vor. Warum hapert es dann bei der Umsetzung?

Das hängt damit zusammen, dass Politik auf verbindliche
Regelung öffentlicher Anliegen zielt. Im politischen Prozess
geht es darum, die Vielfalt von Wertvorstellungen und Interessen einer Gesellschaft mit Blick auf konkrete gesellschaftliche Probleme zu einem Ausgleich zu bringen. Politische Entscheidungen haben jeweils unterschiedliche Konsequenzen für
die Menschen und Gruppen einer Gesellschaft. Eine effektive
Umweltpolitik trifft die einen ökonomisch, die anderen sozial
stark oder weniger stark. Was passiert mit den Beschäftigten in
Bergbau und Kohlekraftwerken, wenn aus der Kohle ausgestie-

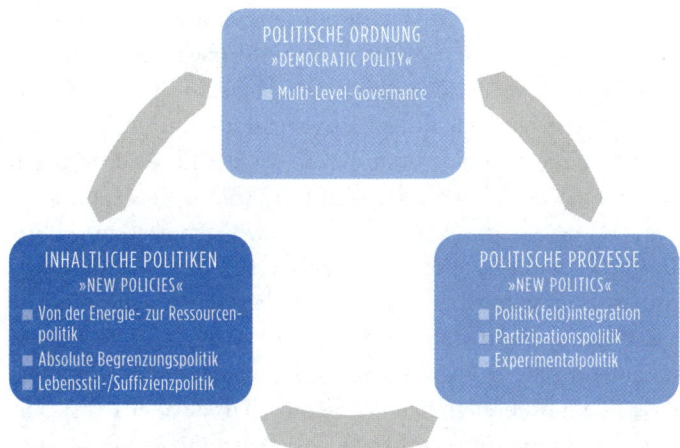

Abb. 19.1: Die drei Gestaltungsebenen einer Politik der Großen Transformation. *Quelle: Eigene*

gen werden soll? Wer darf nicht mehr in Innenstädte fahren, wenn es zu einem Einfahrverbot für Dieselfahrzeuge kommt? Welche Arbeitsplätze sind bei Umsatzeinbrüchen in der Automobilindustrie betroffen? Wie sind solche Arbeitsplatzverluste und Mobilitätseinschränkungen abzuwägen gegen die Gesundheitsbeeinträchtigungen und höheren Sterberisiken von Menschen, die in besonders durch Stickoxide belasteten Stadtteilen wohnen, und gegen die Arbeitsplatzgewinne bei Bussen, Bahnen, Carsharing und Fahrradverleihfirmen?

Diese Abwägungen machen Politik so herausfordernd. An ihnen wird deutlich, warum das Vorliegen selbst umfassender und effektiver Politikvorschläge für Umwelt- und Klimafragen (im Sinne von »Policies«) nicht automatisch zur Umsetzung führt. Dafür ist es notwendig, auf die weiteren beiden Dimensionen von Politik zu schauen:

(2) Die *institutionelle Dimension von Politik* (»Polity«) definiert das politische System, in dem die obengenannten Abwägungen und Entscheidungen vollzogen werden. Die institutionelle Dimension legt sozusagen die Regeln fest, nach denen politische Fragen und Interessenkonflikte ausgetragen werden. Auch die Einrichtungen und Arenen, in denen diese Fragen und Konflikte verhandelt werden, gehören zur Polity. In immer mehr Ländern der Welt werden diese Abwägungsprozesse demokratisch – mit jeweils unterschiedlichen Detailausprägungen der demokratischen Ordnung – ausgetragen. Demokratische Systeme sind von der Grundidee getragen, dass jedem Menschen in einer Gesellschaft die gleichen Rechte zukommen, seine Anliegen und Perspektiven in den politischen Prozess einzubringen, und dass jede Regierung sich regelmäßig der Kontrolle zu unterwerfen hat, ob die von ihr umgesetzte Politik von einer Mehrheit in der Bevölkerung getragen wird. Das Ringen um diese Mehrheiten, das Abwägen von Wert- und Interessenkonflikten und unterschiedlicher politischer Optionen erfolgt mit der Kraft von Argumenten und entscheidet sich in regelmäßigen Abständen an der Wahlurne immer wieder neu. Manche Beteiligte an diesem Prozess haben allerdings – durch ihre besseren materiellen Ressourcen oder einen exklusiveren Zugang zu politischen Entscheidungsträgern – größere Möglichkeiten als andere, ihren Argumenten Geltung zu verschaffen.

Letztlich sind die Ideale einer demokratischen Gesellschaft genau die, die auch das Konzept einer Nachhaltigen Entwicklung tragen (vgl. Kap. 7): Denn auch eine Nachhaltige Entwicklung ist von der Idee der gleichen Rechte aller Menschen auf persönliche Entfaltung getragen und erweitert dieses Ideal auf alle auf diesem Planeten lebenden Menschen sowie auf die erst in Zukunft hier lebenden Generationen. Nachhaltige

Entwicklung wird moralisch getragen vom Respekt vor der Würde des anderen. Normativ muss daher jedes Ringen um eine Nachhaltige Gesellschaft in eine demokratische Ordnung eingebettet sein.

Und dennoch wird von einigen Umwelt- und Klimabewegten gelegentlich mit etwas Neid auf einzelne autokratische Systeme, in letzter Zeit häufig auf China (Randers, 2012, S. 252), geblickt: Gelingt es dort vermeintlich nicht sehr viel schneller, den Umstieg auf eine regenerative Energieversorgung, eine klimafreundliche Mobilität oder nachhaltige Städte umzusetzen? Wäre etwas mehr Öko-Autokratie nicht hilfreich angesichts der nur noch geringen Zeit zur Abwendung des Klimawandels? Es kommt sogar die grundsätzliche Frage auf, ob Demokratien strukturell in der Lage sind, mit einer globalen Herausforderung wie dem Klimawandel angemessen umzugehen (Adam, 2009; Beeson, 2010). Die mit der Wahl Donald Trumps zum US-Präsidenten verbundenen Entwicklungen seit Ende 2016 scheinen diesen Skeptikern recht zu geben.

Aber in solchen Überlegungen liegt eine riesige Gefahr: Unabhängig davon, dass die Umweltbelastungen in autokratischen Systemen meistens sehr viel höher sind als in demokratischen, würde ein Verrat demokratischer Prinzipien den Verrat am Respekt vor der Würde des anderen im Hier und Jetzt bedeuten (vgl. Kasten). Ein Verrat demokratischer Werte führte in der Geschichte langfristig fast immer zu humanitären Katastrophen. Wer Nachhaltigkeit als die konsequente Idee der Verlängerung der Menschenrechte versteht (vgl. Kap. 2), der kann und muss für sie im demokratischen Wettbewerb streiten.

Demokratischer Optimismus –
Warum die Große Transformation demokratisch gedacht werden muss

Ist es angesichts der heute beobachtbaren Schwierigkeiten moderner Demokratien nicht naiv, zu glauben, die im Buch skizzierte zivilisatorische Vision könnte sich demokratisch entwickeln? Sind viele demokratische Gesellschaften nicht längst in einer »Postdemokratie« angekommen, wie sie der englische Politikwissenschaftler Colin Crouch (Crouch, 2008) beschreibt? Eine Scheindemokratie, in der die eigentliche politische Gestaltung längst in den Händen weniger Interessenvertreter und Kapitalinteressen liegt? (vgl. auch Kap. 6). Abnehmende Wahlbeteiligungen, zunehmende Politikverdrossenheit, das Erstarken antidemokratischer Parteien scheinen diesen Befund zu belegen. Schaffen sich in nicht immer mehr Ländern Demokratien selbst ab? Ein ernüchterter Blick auf die Entwicklungen in der Türkei, in Ungarn oder Polen, aber auch in den USA nährt diesen Verdacht.

Sind Wohlstandssicherung, Sicherheit und neue Formen nationaler oder ethnischer Identitätsstiftung für viele Menschen nicht längst wichtiger als der Erhalt freiheitlich-demokratischer Werte?

Diese Sorgen sind berechtigt. Doch sie begründen keine Alternative zu einer demokratischen Durchsetzung Nachhaltiger Entwicklung. Denn wenn schon heute das aktive Eintreten für freiheitlich demokratische Gesellschaften scheitert, dann besteht erst recht keine Hoffnung für eine Welt, in der gleiche Entfaltungsmöglichkeiten für alle Menschen weltweit das moralische Fundament einer humanen Weltgemeinschaft bilden. Wenn »America first« siegt und durch ein »China first«, »Ungarn first«, »Brasilien first« und »Kapital first« begleitet wird, dann ist das auch die Absage an die Idee einer Nachhaltigen Entwicklung.

Der Kampf für freiheitlich-demokratische Ordnungen und für

eine Nachhaltige Entwicklung gehen Hand in Hand. Sie sind
aufs engste miteinander verbunden. Der Blick in die Geschichte
kann durchaus Mut machen: Die letzten 300 Jahre Zivilisations-
und Aufklärungsgeschichte haben gezeigt, dass die Menschheit
zivilisatorisch in der Lage ist, das Projekt einer globalen, gleich-
berechtigten menschlichen Gesellschaft zu denken. Sie hat es
nicht nur in globalen Übereinkommen wie der UN-Menschenrechtscharta oder den Nachhaltigen Entwicklungszielen definiert. Sie hat es auch zur dominanten Lebensform für immer
mehr Menschen auf diesem Planeten gemacht. Nie lebten auf
der Welt mehr Menschen mit weitgehenden materiellen Entfaltungsmöglichkeiten unter freiheitlich-demokratischen Gesell-
schaftsbedingungen auf der Welt wie zu Anfang des 21. Jahrhunderts.
Es lohnt daher, mit allem Elan für eine demokratische Politik
Nachhaltiger Entwicklung zu streiten und dabei die Chancen zu
nutzen, die ein vielschichtiges politisches System (Polity) und
die Dynamik politischer Prozesse (Politics) bieten.

Dies führt automatisch zur dritten Dimension von Politik:

(3) Den konkreten *Politik-Prozessen* (»Politics«), in denen
sich Politik in einem politischen System vollzieht. Politikprozesse beantworten die Frage, wie konkrete Anliegen und
Interessen in den politischen Prozess eingebracht und durchgesetzt werden. Wer die Große Transformation vorantreiben
will, muss diese Prozesse verstehen. Sie sind der Schlüssel
dafür, den Anliegen einer Nachhaltigen Entwicklung im politischen Prozess Schwung zu geben. Sie machen den Kern
der politischen und institutionellen »Literacy« für die Große
Transformation aus.
   Der »Politik-Zyklus« ist dabei ein in der Politikwissenschaft idealtypisch etabliertes Schema, um systematisch zu

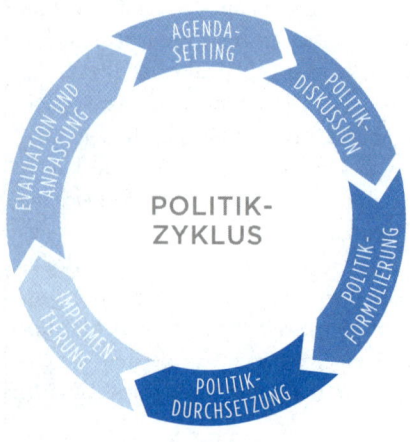

Abb. 19.2: Der Politik-
zyklus – Idealtypisches
Bild zur Beschreibung
des Politikprozesses, der
zu inhaltlichen Politiken
führt. *Quelle: Eigene
Darstellung, in Anlehnung
an Jann & Wegrich, 2006,
und Lasswell, 1956*

betrachten, wo Politikprozesse überhaupt ansetzen können
(vgl. Abb. 19.2). Er unterscheidet in der Regel sechs Stufen:
(1) das Agenda-Setting, in dem Probleme erkannt und für die
politische Diskussion gerahmt werden, (2) die Politikdiskus-
sion, in der unterschiedliche politische Handlungsoptionen
erzeugt werden, (3) die konkrete Politikformulierung (z. B.
in Form eines konkreten Gesetzesvorhabens), (4) die Politik-
durchsetzung (durch die Organisation von Akzeptanz und
Mehrheiten), (5) die Politikumsetzung und Implementierung
und schließlich (6) die Evaluation und Anpassung der Politiken.

Auch wenn sich in der Realität die Phasen oft überschnei-
den und die Prozesse z. T. wiederholend und zyklisch durchlaufen werden, so liefert der Politikzyklus dennoch einen
guten Überblick über den Ablauf von Politikprozessen: Ob bei
der Gestaltung von Gesetzen zur Förderung neuer Energien,
zur Umstellung auf alternative Mobilitätsformen oder für
eine ökologisch gerechtere Landwirtschaft. All diese Phasen

werden nicht von Politikerinnen und Politikern alleine gestaltet. Sie geschehen in engem Zusammenspiel mit gesellschaftlichen Gruppen. So sind es oft Umwelt- und Entwicklungsorganisationen, die Themen auf die politische Agenda bringen.
Die Formulierung von Politikoptionen wird durch Wissenschaft, durch Unternehmen und Branchen, aber auch durch
Gewerkschaften und andere Interessengruppen beeinflusst.
Medien und Journalismus wirken als wichtiger Katalysator in
diesen Phasen (vgl. Kasten). Erst in diesem Wechselspiel entsteht das Wissen über grundlegende politische Handlungsmöglichkeiten und deren Folgen.

Dabei spielt die unterschiedlich ausgeprägte Einflussmacht
der einzelnen Gruppen eine wichtige Rolle: Denn bei jedem
ökologischen Strukturwandel geht es auch um Verteilungs-
fragen. So bedeutet effektiver Klimaschutz, dass Unternehmen und ganze Branchen, deren Geschäftsmodelle bislang auf
der Nutzung fossiler Brennstoffe basieren, sich fundamental
umstrukturieren müssen – oder von anderen verdrängt werden, die mit weniger Emissionen denselben gesellschaftlichen
Nutzen erbringen. Global bedeutet das Einschlagen einer mu-
tigen 2-Grad-Klimapolitik, den Großteil der fossilen Brenn-
stoffvorräte faktisch zu entwerten. Laut der International
Energy Agency (IEA) (2012) müssen mindestens zwei Drittel
der globalen Vorräte an fossilen Brennstoffen unter der Erde
bleiben, um den globalen Temperaturanstieg unter zwei Grad
zu halten. Eine Analyse der Bank HSBC ergab, dass die Einführung von Politiken, die das 2-Grad-Ziel verfolgen, den
Marktwert der fossilen Förderunternehmen um bis zu 60 %
reduzieren könnte (Spedding, Mehta & Robins, 2013, vgl. zu
dieser Argumentation auch Sterk, 2013, als Antwort auf Radermacher, 2013).

In der Vergangenheit zeigte sich häufig, dass etablierte Un-

ternehmen mehr Energie in das politische Lobbying für eine
weniger ambitionierte Umweltpolitik als in die Anpassung
ihrer Geschäftsmodelle investieren: Die Energiepolitik der
letzten Jahre und aktuell die Mobilitätspolitik sind z.T. ein
Beleg dafür.

Dies ist auch der Grund, warum im vorliegenden Buch der
Themenkomplex »Politik« nicht gleich am Beginn der Akteursgruppen für eine Große Transformation stand, sondern
eingebettet in die Rollen von Zivilgesellschaft, Unternehmen
sowie der Wissenschaft behandelt wird. Diese Akteursgruppen schaffen das Feld und die Ressourcen, in und mit denen
sich Politikprozesse erst gestalten lassen. Dies schmälert die
Rolle von Politik für die Große Transformation nicht. Ganz
im Gegenteil: Es macht die Einbettung deutlich, in der sich
politische Prozesse vollziehen.

Die folgenden Abschnitte gehen auf die besondere Rolle
von »Politik als Akzentsetzer und Katalysator« ein. Sie beleuchten die herausfordernde institutionelle Dimension für
eine Politik der Nachhaltigkeit, die die unterschiedlichen Politikebenen vom Globalen bis zum Lokalen im Blick behalten
muss. Vor diesem Hintergrund entwirft sie das »Programm
einer demokratischen Politik der Großen Transformation«
und illustriert es u.a. an der Energie- und der Klimapolitik.

Politik als Akzentsetzer und Katalysator

Nimmt man die gerade skizzierten grundlegenden politikwis-
senschaftlichen Erkenntnisse als Ausgangspunkt, wird klar:
Politikerinnen und Politiker sind nicht autonome Gestalter
einer Großen Transformation. Ihre Zukunftskunst besteht
vielmehr darin, gesellschaftlich aufkommende Herausforde-

rungen im Geflecht unterschiedlicher Interessen und Wertvorstellungen in allgemein verbindliche Regelungen zu übersetzen.

Die Handlungsspielräume der Politik hängen immer auch
entscheidend vom Handeln anderer gesellschaftlicher Akteure im politischen Prozess ab: von der Wissenschaft und Umweltorganisationen, die gesellschaftliche Probleme überhaupt
erst auf die politische Tagesordnung bringen; von Medien und
deren Rahmung gesellschaftlicher Diskurse; von der Entwicklung neuer Lösungsoptionen, die helfen, Interessenkonflikte
zu überwinden. In diesem Spannungsfeld entstehen Spielräume für »Policies«, die sich mehrheitsfähig organisieren lassen.

Die Kunst demokratischer Politikgestaltung besteht im
Umgang mit diesen Dynamiken, um förderliche Rahmenbedingungen für ein gutes Leben für möglichst viele Menschen
zu schaffen. Was sind die neuen inhaltlichen Politiken (»New
Policies«) für die Gestaltung der Großen Transformation? Vor
welchen Herausforderungen in der aktuellen politischen Ordnung (»New Polity«) stehen sie? Und mit welchen Formen
politischer Prozesse (»New Politics«) lassen sie sich beherrschen? Die Antworten auf diese Fragen konstituieren die politische Zukunftskunst im Zeichen Nachhaltiger Entwicklung.

New Policies – Die Politikfelder der Großen Transformation

Was sind die relevanten inhaltlichen Politiken der Großen
Transformation? Die heutigen politischen Diskussionen ver-
lieren sich häufig im »Klein-Klein«: Die Frage »Diesel oder
Elektromotor?« dominiert die Debatte und lässt vergessen,
dass es eigentlich um völlig neue Mobilitätskonzepte geht.
Es wird politisch fast ausschließlich über den Anteil erneu-

erbarer Energien an der Stromerzeugung diskutiert, und dabei werden effektive Politiken vernachlässigt, die helfen, die
Potentiale der Energieeffizienz und der Wärmedämmung zu
mobilisieren. Einzelne Abfallthemen wie Plastiktüten oder
Lebensmittelabfälle dominieren die Medien, die sehr viel
grundlegenderen Herausforderungen einer umfassenden
Kreislaufwirtschaft geraten dabei schnell aus dem Blick.

Vor diesem Hintergrund ist es wichtig, in die Zukunft zu
schauen. Um welche inhaltlichen Politikfelder muss es in den
nächsten 20–30 Jahren gehen? An welchem Kompass sollen
sich künftige Policies und politische Prozesse orientieren?

Im Folgenden seien sieben Politikfelder skizziert, die auch
die Arbeit des Wuppertal Instituts leiten. Sie machen deutlich,
in welche Richtung Nachhaltigkeitspolitik inhaltlich (»New
Policies«) und mit Blick auf die Politikprozesse (»New Politics«) zu denken ist.

**Sieben Orientierungen für eine Nachhaltigkeitspolitik
2047 – Ein Ausblick**

**»New Policies« – Künftige inhaltliche Stoßrichtungen der
Nachhaltigkeitspolitik**
1. Von der Energie- zur integrierten Ressourcenpolitik
2. Absolute Begrenzungspolitik – Umweltpolitik jenseits der
   Effizienz
3. Von Produkt- und Produktionspolitiken zu Lebensstilpolitiken – Die Arbeit am »One World-Lifestyle«

**»New Politics« – Wichtige Elemente der Politikprozesse
für eine Nachhaltigkeitspolitik**
4. Politikintegration von Wirtschaftspolitik, Finanzpolitik, Sozialpolitik, Demographiepolitik, Gesundheitspolitik, Digita-
   lisierungs- und Wissenschaftspolitik

5. Partizipationspolitik – neue Prozesskompetenz in der Partizipation
6. Experimentalpolitik – zur Wiederentdeckung des Lokalen
7. Nachhaltigkeitspolitik als Identitäts- und Freiheitspolitik

Quelle: Schneidewind, 2017d

Mit Blick auf die inhaltlichen Politiken (»New Policies«) sind drei Entwicklungslinien von zentraler Bedeutung:

(1) Von der Energie- zur integrierten Ressourcenpolitik. In der politischen Diskussion wird Umweltpolitik heute im Wesentlichen auf Energie- und Klimapolitik reduziert. Durch die Bedeutung der Herausforderung des Klimawandels ist das durchaus nachvollziehbar. Darin liegt eine Gefahr. Es nährt die Illusion, dass eine Komplettumstellung der Energieproduktion auf regenerative Energien (vgl. Kap. 12) zur Beherrschung der globalen Nachhaltigkeitsherausforderungen insgesamt beiträgt. Doch das ist bei weitem nicht so. Die in Kapitel 8 gezeigte Rockström-Grafik zu den »planetaren Grenzen« zeigt, dass die Menschheit im Anthropozän bei weitem nicht nur die Klimagrenze als planetare Grenze überschreitet, sondern durch ihren Ressourcenverbrauch und ihre Abfallproduktion auch viele andere ökologische Grenzen. Eine Welt mit beliebig frei verfügbarer regenerativer Energie könnte daher geradezu in einen ökologischen Kollaps führen, weil sie die Belastungen in anderen ökologischen Feldern erst recht vorantreibt.

Schon heute deuten sich diese Herausforderungen in unterschiedlichen Bereichen an: Vor wenigen Jahren hoffte die europäische Politik, das Klimaproblem des Straßenverkehrs durch die Beimischung von Biosprit in den Griff zu bekom-

men, und erließ eine entsprechende Verordnung. Die Idee dahinter: Sprit, der aus Pflanzen gewonnen wird, erzeugt nur so
viel CO_2, wie vorher im Pflanzenwachstum absorbiert wurde. Auf den ersten Blick ein überzeugender Ansatz, auf den
zweiten Blick entpuppte sich der Ansatz als eine ökologische
Katastrophe. Denn was ist geschehen? Da in Europa nicht
genügend Biosprit erzeugt werden konnte, um die Quoten zu
erfüllen, stellten viele, insbesondere südostasiatische Länder
(Indonesien, Philippinen, Malaysia) auf die Biospritproduk-
tion um und trieben die Umwandlung von Regenwäldern in
Palmölplantagen voran – mit katastrophalen Auswirkungen
auf die Biodiversität, aber auch auf das Klima. Statt einer Lösung der Energieherausforderung kam es zu einer massiven
Problemverschiebung. Die Formel »Tank oder Teller« innerhalb der planetaren Leitplanken charakterisiert diese Debatte
(vgl. Kap. 10).

Solche Problemverschiebungen zeigen sich auch in vielen
anderen Feldern: wenn Energiesparlampen (wie bei der ersten
Generation der Fall) oder Dämmstoffe nur mit erheblich wachsenden Schadstoffmengen produziert werden oder wenn bei
der Umstellung auf Elektromobilität die Ressourcenknappheit
und die erheblichen Ressourcenbelastungen beim Abbau von
Lithium oder Seltenen Erden aus dem Blick geraten, die für
diese neuen Antriebstechnologien benötigt werden.

Die Lösung ist eine konsequente und integrierte Ressourcenpolitik, die nicht nur den Energieverbrauch und CO_2-
Emissionen im Blick hat, sondern den gesamten Ressourcen-Rucksack, der mit unseren wirtschaftlichen Tätigkeiten
verbunden ist (vgl. Kap. 10). Eine solche Ressourcenpolitik
gewinnt auf nationaler und europäischer Ebene zunehmend
an Kontur. Einer ihrer zentralen Bausteine ist die Politik einer
ressourceneffizienten Kreislaufwirtschaft (vgl. Kap. 13).

(2) Absolute Begrenzungspolitik – Umweltpolitik mit mehr als nur Effizienz. Eng mit den gerade skizzierten Problemverschiebungen hängt eine andere politische Neuorientierung zusammen: die von einer reinen Effizienzpolitik hin zu einer absoluten ökologischen Begrenzungspolitik. Lange war die Umweltpolitik von einer Effizienzhoffnung geprägt. Auch die Arbeiten des Wuppertal Instituts vom »Faktor 4« oder gar dem »Faktor 10« waren davon getrieben: »Doppelter Wohlstand bei halbem Umweltverbrauch« war die Formel, die Ernst Ulrich von Weizsäcker 1995 in seinem Buch »Faktor 4« prägte. Sie barg das verlockende Versprechen, dass sich ökonomisches Wachstum und die Lösung der Umweltfrage nicht nur vereinbaren, sondern durch viele innovative Effizienzlösungen sogar miteinander verknüpfen lassen. Gut 20 Jahre später ist deutlich, dass die Entkopplung eines Faktors 4 nur als »doppelte Entkopplung« möglich ist (vgl. Kap. 5): Reine Effizienzpolitiken reichen nicht aus, um eine zukunftsfähige Nachhaltigkeitspolitik auf den Weg zu bringen. Es gilt vielmehr, über absolute ökologische Begrenzungspolitiken nachzudenken, die einen effektiven Schutz knapper ökologischer Ressourcen gewährleisten: Dazu gehören die schon bestehenden Zielwerte für den absoluten Energieverbrauch – vor allem die Halbierung des Primärenergieverbrauchs in Deutschland bis 2050 – und die Treibhausgasemissionen, die es vollständig zu vermeiden gilt. Hinzu müssen beispielsweise Moratorien zum Abbau fossiler Energien, der Ausweis von umfassenden Schutzgebieten auf dem Land, aber insbesondere auch in den Meeren, und absolute Mengenbegrenzungen treten.

Absolute ökologische Grenzen sind keine Absage an eine Innovations- und ökonomische Wachstumspolitik. Sie ermöglichen auch weiterhin vielfältige ökonomische Entwicklungspfade, stellen aber sicher, dass nicht ökologische Effizienzge-

winne durch ein noch stärkeres Wachstum oder ökologische
Problemverschiebungen überkompensiert werden.

*(3) Von Produkt- und Produktionspolitiken zu Lebensstilpoli-
tiken – Die Arbeit am »OneWorld-Lifestyle«.* Eng verknüpft
mit der Notwendigkeit absoluter Begrenzungspolitiken und
der Idee einer doppelten Entkopplung ist eine weitere Poli-
tikverschiebung: die von reinen Produkt- und Produktionspolitiken (die im Kern auf eine höhere ökologische Effizienz
zielen) hin zu ergänzenden »Lebensstilpolitiken«. Damit sind
Politiken gemeint, die es im täglichen Leben erleichtern, eine
erhöhte Lebensqualität nicht nur bei steigendem materiellem
Wachstum zu erreichen. Dabei werden insbesondere auch
alle Formen der Eigen- und Versorgungsarbeit mit in den
Blick genommen. »Damit gutes Leben einfacher wird«, hat
das Wuppertal Institut im Jahr 2013 das Ziel in der zusammen mit Angelika Zahrnt vorgestellten »Suffizienzpolitik«
(Schneidewind u.a., 2013) formuliert. Eine solche Suffizienzpolitik umfasst eine Vielzahl an inhaltlichen Politikbaustei-
nen (vgl. dazu auch Kap. 11 zur Wohlstands- und Konsumwende). Für den Energiebereich liegt zudem das Konzept für
eine »Energiesuffizienzpolitik« vor (Thema, Thomas, Kopatz,
Spitzner & Ekardt, 2017; Thomas, Brischke, Thema & Kopatz,
2015; Spitzner & Buchmüller, 2016). Innovationen verschieben sich dadurch von der rein technischen hin zur sozialen
Seite. Die Innovationslandschaft wird vielfältiger, nicht ärmer.
    Das Aufgreifen einer solchen Suffizienzpolitik als Frei-
heits- und Ermöglichungspolitik (vgl. Spitzner & Buchmüller,
2016) stellt im aktuellen gesellschaftlichen Klima eine besondere Herausforderung an die Politik dar, an die sich die politischen Parteien in Deutschland bisher kaum herantrauen. Zu
schnell wird im politischen Streit daraus der Vorwurf einer

Bevormundungspolitik. Der Streit um den »Veggie-Day« im Bundestagswahlkampf 2013 hat das verdeutlicht. Dabei sind Suffizienzpolitiken in anderen Politikbereichen längst etabliert und wir daran gewöhnt, dass Randbedingungen unserer Lebensgestaltung einfachere und bessere Lebensentwürfe ermöglichen (vgl. Übersicht bei Linz, 2015). Die Arbeit an »One World-Lifestyles« (Hicks, Groezinger & Thorne, 2012), d.h. an Lebensstilen, die weltweit verallgemeinerbar sind, und die Schaffung von politischen Voraussetzungen, die solche Lebensstile in besonderer Weise bevorzugen, ist dabei eine der großen und faszinierenden politischen Aufgaben dieses Jahrhunderts. So wie es gelungen ist, Gesellschaften zu formen, in der friedliche, liberale und antirassistische Lebensweisen bevorzugt und geschützt werden, so besteht der nächste Zivilisationsschritt darin, Lebensweisen politisch zu stärken, die global verallgemeinerbar sind.

New Politics

Die vier weiteren grundlegenden Orientierungen einer Nachhaltigkeitspolitik 2047 betreffen nicht die Ebene inhaltlicher Politiken (Policies), sondern beziehen sich vielmehr auf Politikprozesse (Politics), um erfolgreiche Nachhaltigkeitspolitik voranzutreiben: Politikfeldintegration, neue Beteiligungsprozesse, das Experimentieren, das Schaffen von Identität sind die Elemente neuer »Politics« der Großen Transformation.

(4) Nachhaltigkeitspolitik als eigentliche Zukunftspolitik – Auf dem Weg zur Politikintegration von Wirtschafts- und Finanzpolitik, Sozialpolitik, Demographiepolitik, Gesundheitspolitik, Digitalisierungspolitik und Wissenschaftspolitik. Blickt

man auf die Herausforderungen des 21. Jahrhunderts und die
gerade beschriebenen Politikverschiebungen, wird eines klar:
Nachhaltigkeitspolitik, die Politik der Großen Transformation, ist die eigentliche Zukunftspolitik. Hier werden die zentralen Impulse für die zivilisatorische Weiterentwicklung im
21. Jahrhundert gesetzt. Hatte lange Zeit die Wirtschaftspolitik diese Funktion inne, so verschiebt sich dies immer stärker
zur Nachhaltigkeitspolitik. Dies hat automatisch auch Konsequenzen für die Integration unterschiedlicher Politikfelder.
Es gilt, die »Co-Benefits«, aber auch die Konflikte zwischen
Nachhaltiger Entwicklung und anderen Politikbereichen, aktiv zu adressieren und zum integralen Bestandteil einer Nachhaltigkeitspolitik zu machen. Die Dynamik der Digitalisierung
und die Rückwirkung auf sehr unterschiedliche Politikfelder
bietet hier eine besondere Chance: Digitalisierung benötigt
einen langfristigen Kompass, damit sich die technologischen
Potentiale am Ende wirklich in einen gesamtgesellschaftlichen
Wohlstand übersetzen lassen. Die 17 Nachhaltigen Entwicklungsziele der UN bieten einen solchen Kompass.

Sie sind auch ein Dach für die Politikfeldintegration insgesamt. Ansätze dafür finden sich z. B. in der Nachhaltigkeitsstrategie der Bundesregierung, die unterschiedliche Politikfelder auf eine gemeinsame Nachhaltigkeitsstrategie bezieht.
Dennoch sind erst Anfänge gemacht. Von konsequenten integrierten Nachhaltigkeitspolitiken ist die politische Praxis noch
weit entfernt. Doch nur wenn Nachhaltigkeitspolitik eng zu-
sammengedacht wird mit Wirtschafts-, Finanz-, Sozial-, Ge-
sundheits-, Digitalisierungs- und Wissenschaftspolitik, kann
sie diesen federführenden Anspruch einlösen. Dann werden
Nachhaltigkeitsministerien zu den eigentlichen Fortschritts-
ministerien. Daher ist es wichtig, mit unterschiedlichen Formen der inhaltlichen, aber auch der institutionellen Politik-

integration (z. B. durch neue Formen von Ressortzuschnitten)
zu experimentieren.

Dass es bei der Politikintegration auch um die geeignete
Form der Integration über die unterschiedlichen Politikebenen (international, national, regional, lokal; vgl. unten) geht,
das zeigen die Anforderungen an eine zukunftsfähige Energiepolitik (vgl. Kasten).

**Energiepolitik – Den technologischen Wandel
berechenbar gestalten**

Sowohl auf nationaler als auch auf europäischer Ebene sind
Energie- und Klimapolitik heute zwei eng miteinander ver-
knüpfte Politikfelder und wichtiger politischer Motor für die
Nachhaltigkeitspolitik insgesamt: Es gibt eine Zieltrias aus absoluter Reduktion der Treibhausgasemissionen – in Deutschland
80–95 % bis 2050 gegenüber 1990 –, absoluter Reduktion des
Energieverbrauchs durch Effizienz und Suffizienz – Deutschland will ihn bis 2050 gegenüber 2008 halbieren – und Ausbau
der erneuerbaren Energien – in Deutschland auf einen Anteil
von 60 % im Jahr 2050. Um diese Ziele zu erreichen, hat die
Energiepolitik die Aufgabe, die vier Säulen der Energiewende
simultan und abgestimmt zu stützen:
1. *Energiesuffizienz* heißt, so viel Wohn- und Arbeitsfläche
   pro Person und so viel technischen Nutzen aus Energie wie
   nötig zu beanspruchen, aber nicht mehr.
2. *Energieeffizienz* heißt, diesen Nutzen mit so wenig Energie
   wie technisch möglich bereitzustellen.
3. *Erneuerbare Energien* müssen und können ab ca. 2050 die
   noch nötige Energie sogar zu 100 % bereitstellen.
4. Der *Ausstieg aus der Kernenergie* ist beschlossen, der sozial
   abgefederte, schnellstmögliche *Ausstieg aus fossilen Energien* ist im Rahmen einer vollständigen Dekarbonisierung
   erforderlich.

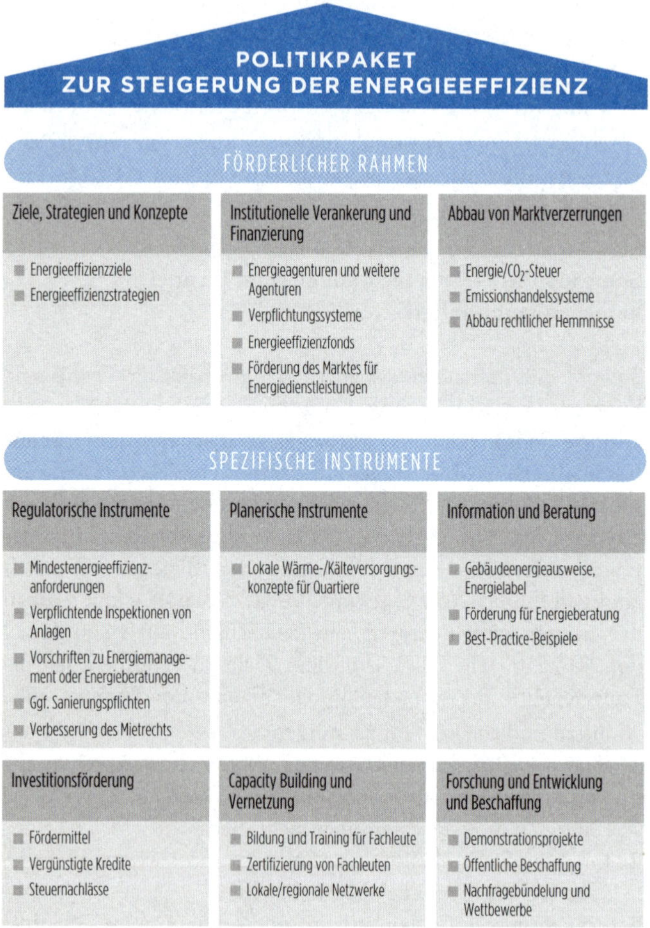

POLITIKPAKET ZUR STEIGERUNG DER ENERGIEEFFIZIENZ

FÖRDERLICHER RAHMEN

Ziele, Strategien und Konzepte
- Energieeffizienzziele
- Energieeffizienzstrategien

Institutionelle Verankerung und Finanzierung
- Energieagenturen und weitere Agenturen
- Verpflichtungssysteme
- Energieeffizienzfonds
- Förderung des Marktes für Energiedienstleistungen

Abbau von Marktverzerrungen
- Energie/CO_2-Steuer
- Emissionshandelssysteme
- Abbau rechtlicher Hemmnisse

SPEZIFISCHE INSTRUMENTE

Regulatorische Instrumente
- Mindestenergieeffizienzanforderungen
- Verpflichtende Inspektionen von Anlagen
- Vorschriften zu Energiemanagement oder Energieberatungen
- Ggf. Sanierungspflichten
- Verbesserung des Mietrechts

Planerische Instrumente
- Lokale Wärme-/Kälteversorgungskonzepte für Quartiere

Information und Beratung
- Gebäudeenergieausweise, Energielabel
- Förderung für Energieberatung
- Best-Practice-Beispiele

Investitionsförderung
- Fördermittel
- Vergünstigte Kredite
- Steuernachlässe

Capacity Building und Vernetzung
- Bildung und Training für Fachleute
- Zertifizierung von Fachleuten
- Lokale/regionale Netzwerke

Forschung und Entwicklung und Beschaffung
- Demonstrationsprojekte
- Öffentliche Beschaffung
- Nachfragebündelung und Wettbewerbe

Abb. 19.3: Policy-Ansätze zur Steigerung der Energieeffizienz. *Quelle: Wuppertal Institut*

Die Technologien und Politikbausteine (Policies) dafür sind vorhanden, und der wirtschaftliche Nutzen ist mittelfristig höher
als die Kosten: Immer deutlicher wird, dass es wirtschaftlich ist,
den Weg einer ökologischen Energiepolitik zu gehen. Dennoch
sind die Hemmnisse und die teilweise auch durch Einzelinteres-
sen motivierten Widerstände dagegen groß. Es erfordert daher
berechenbare Rahmenbedingungen durch mittel- und langfristige Politik-Roadmaps, mit denen die Ziele erreicht werden
können. Für die Effizienz und Suffizienz gibt es dabei ein klares
Bild: Es braucht integrierte Politikpakete mit Anreizen (finan-
zieller Förderung), Sanktionen (Grenzwerte des Verbrauchs für
Gebäude, Geräte, Anlagen, Fahrzeuge) und Information (z. B. individuelle Beratung, Label: vgl. Abb. 19.3, Thema, Suerkemper
u. a., 2017; Thomas u. a., 2015). Ähnliches gilt für erneuerbare
Energien zur Wärmeerzeugung. Der regenerative Ausbau der
Stromerzeugung wird aufgrund des schon erreichten Ausbau-
grades und der Kostenstrukturen zunehmend durch Ausschrei-
bungen gesteuert. Für die Einbindung in den Strommarkt, die
Förderung von Lastmanagement und Speichern und die Kopplung des Stromsektors mit dem Wärme- und Verkehrssektor
lassen sich ähnliche Pakete schnüren. Gleiches gilt für einen
nachhaltigen Strukturwandel der Kohleregionen (Wehnert u. a.,
2017). Übergreifend wirken Energie- oder CO_2-Steuern und der
EU-Emissionshandel. Das geeignete Schnüren solcher Pakete
oder Bündel von »Policies« kann helfen, Widerstände im Poli-
tikprozess (»Politics«) zu verringern. In diesen Bündeln können
unterschiedliche Interessen gleichzeitig berücksichtigt werden,
Politik kann sich längerfristiger binden als bei Einzelmaßnah-
men und damit Investitionssicherheit für Unternehmen schaffen. Politische Strukturen (»Polity«), die die Entwicklung und
Umsetzung solcher Politikpakete fördern, sind unter anderem
eigenständige fachspezifische Institutionen wie Bundesagen-
turen. Eine Bundesagentur für Energieeffizienz (BAEff) könnte mit einem entsprechenden Mandat auch über Politikzyklen
hinweg Politikbündel umsetzen (vgl. Thomas u. a., 2013).

(5) Partizipationspolitik – Neue Prozesskompetenz in der Partizipation. Die skizzierten Politikverschiebungen sind heute alles andere als Allgemeingut. Sie stoßen in der politischen Debatte oft noch auf Widerstände – gerade wenn es um ökologische Begrenzungs- oder Suffizienzpolitiken geht. Daher kann ein demokratischer Politikwandel nur durch neue und umfassende Formen der Partizipation gelingen. Denn Ablehnung und Reaktanzen gegen Formen zukunftsorientierter Politik haben Ursachen oft auf ganz anderen, sehr viel tiefer liegenden Ebenen. Diesen »politischen Stimmungen« (Bude, 2016) lässt sich nicht allein durch vermeintlich bessere Argumente begegnen, sondern nur durch Kommunikation auf Augenhöhe, durch Glaubwürdigkeit und Authentizität. Eine andere Form von Politik muss in den Wirkungen und den Perspektiven für den Einzelnen als Beitrag zu seinen zentralen Lebensherausforderungen erfahrbar sein.

(6) Experimentalpolitik – Zur Wiederentdeckung des Lokalen. Das führt unmittelbar zum stärkeren Experimentalcharakter von Politik. Während es im Technologischen längst etabliert ist, dass ein guter Motor lange erprobt werden und viele Male zurück ins Entwicklungslabor muss, fehlt diese Perspektive im Bereich der politischen Gestaltung fast völlig. Dabei geht es bei der Politikgestaltung in der heutigen Welt oft um sehr viel komplexere Herausforderungen als den Bau eines leistungsfähigen Motors. Es bedarf daher einer umfassenden Experimentierkultur auch im Politischen. Selten sind alle Nebenwirkungen einer politischen Maßnahme im Vorhinein abzuschätzen. Es muss selbstverständlich sein, dass auch bei politischen Instrumenten nachgesteuert wird, dass politische Regelungen so etwas wie Verfallsdaten haben können. Die Wissenschaft diskutiert diese Möglichkeiten unter der Überschrift »re-

flexiven Rechts« und »reflexiver Politik / Governance« (Voss, Bauknecht & Kemp, 2006) und zeigt, wie sich eine solche Form stärker experimenteller Politik konkret umsetzen lässt.

Dabei kommt gerade der lokalen Ebene eine zentrale Bedeutung zu. Im Quartier, im Dorf, in einzelnen Städten, lassen sich unter hoher Partizipation neue Formen von Lebensstilen und Entkopplung erproben. Aber es macht durchaus auch Sinn, diese Form der politischen Experimentierkultur auf Bundesländerebene zu fördern – wo sie z.B. mit Länderhoheit in vielen Fragen wie der Schul-, Wissenschafts- und Kulturpolitik durchaus schon umgesetzt ist. Im Feld der Klimapolitik war die Erarbeitung des Klimaschutzplanes in Nordrhein-Westfalen in den Jahren 2013–2016 ein Beispiel (vgl. Fischedick, Richwien, Lechtenböhmer, Zeiss & Espert, 2015) für ein Experiment mit neuen Partizipationsformen genauso wie die Arbeit der Regierungskommission Klimaschutz in Niedersachsen (vgl. Regierungskommission Klimaschutz Niedersachsen, 2012), deren Ergebnisse auch einen Regierungswechsel ohne Probleme überdauert haben. Experimentierkultur lässt sich aber auch auf der Ebene von Nationalstaaten etablieren. Die ausgewählten nationalen Modellexperimente zu einem bedingungslosen Grundeinkommen sind ebenfalls Beispiele (Kangas, Simanainen & Honkanen, 2017; Parijs & Vanderborght, 2017), die helfen, international von entsprechenden Politikinnovationen zu lernen. Ähnlich wie es Deutschland mit dem Erneuerbaren-Energien-Gesetz vorgemacht hat, das als politisches Pilotbeispiel in viele andere Länder, die es übernommen haben, ausstrahlte.

(7) Nachhaltigkeitspolitik als Freiheits- und Identitätspolitik. Eine Experimentierkultur braucht Vielfalt. Das eröffnet ein letztes, zentrales Gestaltungsfeld von Nachhaltigkeits-

politik, das der Wissenschaftliche Beirat der Bundesregierung für Globale Umweltveränderungen (WBGU) in seinem
Urbanisierungs-Hauptgutachten im Jahr 2016 mit dem Begriff der »Eigenart« auf den Punkt gebracht hat. Die Große
Transformation ist nicht ein homogener globaler Plan, der
gleichförmig international umgesetzt werden kann. Er ist
ein Experimentierfeld unterschiedlicher Wege, die von einem
gemeinsamen Ziel einer menschengerechten Zivilisation im
21. Jahrhundert getrieben wird. Jeder Einzelne, jedes Quartier,
jede Stadt, jede Nation, jedes Unternehmen, jede Branche
ist daher aufgefordert, eigene Stärken und Identitäten mit
diesem Transformationsprojekt zu verknüpfen. Erst dadurch
kann die Politik der Großen Transformation Menschen motivieren und auf den Weg in eine solche Zukunftsgestaltung
mitnehmen.

New Polity – Politik in einer globalisierten Welt / Multi-Level-Governance – Zwischen Weltregierung und einer Regierung der Bürgermeister

Was Politik im internationalen Maßstab so herausfordernd
macht, ist die Vielstufigkeit ihrer institutionellen Organisation. Aber gerade darin stecken für eine Politik Nachhaltiger
Entwicklung besondere Chancen.

Politik für eine Nachhaltige Entwicklung wird auf vielen
Ebenen gemacht: lokal vor Ort, als Landespolitik in einzelnen
Bundesländern, als nationale Politik, auf europäischer Ebe-
ne und auf der Ebene internationaler Klima- oder Handels-
abkommen. Entscheidungen und Regelungen auf all diesen
Ebenen beeinflussen sich gegenseitig und haben konkrete
Auswirkungen auf die Transformationsfelder einer Nach-
haltigen Entwicklung (vgl. Tab. 19.1).

Ein wichtiger Baustein einer politischen Zukunftskunst ist
es, diese institutionellen Verknüpfungen zu verstehen, die
»Polity« des politischen Systems zu beherrschen, um sie für
eine Politik Nachhaltiger Entwicklung weiterzuentwickeln
und zu nutzen: So haben es die im Nachgang zur UN-Konferenz für Umwelt und Entwicklung in Rio de Janeiro 1992
geschaffenen globalen politischen Instrumente wie die Klimarahmenkonvention oder die Biodiversitätskonvention überhaupt erst geschafft, bestimmte globale Umweltherausforderungen auf die internationale politische Agenda zu bringen
und ihnen eine Chance auf Umsetzung zu verschaffen. Die
kontinuierliche Weiterentwicklung dieser Rahmen ist deswegen von zentraler Bedeutung.

Gleichzeitig sind sie oft das fragilste Instrument der politischen Architektur, weil kraftvolle Durchsetzungsmechanis-
men fehlen und die Verschiebung der politischen Agenda in
einzelnen wichtigen Staaten ein multilaterales Gesamtgefüge
ins Wanken bringen kann. Der im Jahr 2017 für das Jahr 2020
erklärte Ausstieg der USA aus dem Weltklimaabkommen hat
das deutlich gemacht.

Umso bedeutender ist es, dass Politiken einer Nachhaltigen
Entwicklung heute längst auch auf den anderen politischen
Ebenen stabilisiert werden: Auch hierfür ist der vom US-amerikanischen Präsidenten Trump 2017 erklärte Ausstieg aus
dem Weltklimaabkommen ein gutes Beispiel: Trotz dieser bedeutenden symbolischen Geste bedeutet er bei weitem nicht
das Ende US-amerikanischer Klimaanstrengungen: Denn eine
große Zahl insbesondere ökonomisch starker US-Bundes-
staaten wie Kalifornien und Städte wie New York ließen sich
dadurch in ihrer konsequenten Klimaschutzpolitik (z. B. mit
Blick auf die Energieeffizienz, die Erzeugung erneuerbarer
Energien oder den Umstieg auf klimafreundliche Mobilitäts-

	WOHLSTANDS-/ KONSUMWENDE	ENERGIE-WENDE	RESSOURCEN-WENDE
Global	▪ Sustainable Development Goal 12 (Responsible Consumption) ▪ Marrakesch-Prozess zu nachhatiger Produktion/ Konsum	▪ Klimarahmenkonvention ▪ Sustainable Development Goals (Nr. 7/13) – »Affordable clean energy«, »Climate Action«	▪ Berücksichtigung von Abfall-/Wertstoffströmen in internationaler Handelspolitik unter ökologischen Vorzeichen
Europäisch	▪ Erweiterte Wohlstands-Indikatoren auf europäischer bzw. OECD-Ebene ▪ Konsequente CO_2-Besteuerung ▪ Gestärkte Verbraucherinformationsrechte	▪ Energie- und Klimaziele ▪ Europäischer Emissionshandel und Energiesteuerrichtlinie ▪ Richtlinien und Regeln zur Energieeffizienz und zu erneuerbaren Energien ▪ EU-Binnenmarkt für Energie	▪ Europäische Kreislaufwirtschaftspolitik ▪ Europäische Chemikalienpolitik ▪ Ressourcen-Effizienz-Politik
National	▪ Erweiterte Wohlstandsindikatoren auf nationaler Ebene	▪ Nationaler Klimaschutzplan ▪ Energiekonzept der Bundesregierung ▪ Gesetzeswerk zu Energieeffizienz, erneuerbaren Energien und Energiemarkt ▪ Atomausstieg	▪ Nationale Kreislaufwirtschaftspolitik
Regional/ Landes-Ebene	▪ Regionale Wohlstandsindikatoren	▪ Energie- und Klimakonzepte (Landes-Klimaschutzplan) ▪ Aufbau Energieagenturen ▪ Vernetzung, freiwillige Vereinbarungen ▪ Förderung kommunaler Aktivitäten	▪ Landes-Ressourcen-Effizienzstrategien ▪ Ressourcen-Effizienz-Agenturen
Lokal	▪ Gemeinwohlorientierte Stadtentwicklung ▪ Lokale Verkehrspolitik (Tempolimits, Parkraumbewirtschaftung)	▪ Lokale Energie- und Klimakonzepte ▪ Strategien Stadtwerke, Wohnungsunternehmen ▪ Lokale Energieagenturen ▪ Lokales Energiemanagement ▪ Energiestandards in der Siedlungs- und Gewerbeentwicklung	▪ Unterstützung lokaler (Wieder)-Verwertungscluster ▪ Lokale Anreize zur Abfallvermeidung ▪ Aufbau von Reparaturinfrastrukturen ▪ Lokale Entsorgungsstrategien

MOBILITÄTS-WENDE	ERNÄHRUNGS-WENDE	URBANE WENDE	INDUSTRIELLE WENDE
▪ Globale Kerosin-, Schiffs-diesel-Besteuerung ▪ Initiativen von Vorreiter-ländern (z. B. E-Auto-Quoten in China)	▪ Welthandelsabkommen ▪ Globale Regeln zur Gen-Patentierung ▪ Globaler CO_2-Preis (Transporte) ▪ Sustainable Development Goal Nr. 2 (Zero Hunger)	▪ UN Habitat Prozess ▪ Sustainable Development Goal Nr. 11 (Sustainable Cities and Communities)	▪ Globale Branchenregeln für »Level Playing Fields«
▪ Flottenverbrauchs-Regeln ▪ Regeln zur Luftqualität in Innenstädten	▪ Europäische Agrarpolitik ▪ Chemie-/Pflanzenschutz-politik ▪ Rahmenregeln für Lebensmittelqualität	▪ Gebäudeeffizienz-standards	▪ Europäische CO_2-Politik ▪ Europäische Industrie-politik
▪ Bundesverkehrswege-plan/-politik ▪ Nationale Pakte für nach-haltige Mobilität ▪ Ökologische Ausgestal-tung Kfz-Steuer	▪ Verbraucher-Politik (u.a. Informations- und Kennzeichnungs-pflichten) ▪ Nationale Agrarpolitik	▪ Nachhaltigkeitsorien-tierte Ausgestaltung der Kommunalfinanzen	▪ Nationale Industrie-politik für die Grundstoff-industrien
▪ Landesverkehrspolitik und Verkehrswege-planung (insb. Nahver-kehr, Radschnellwege) ▪ Flächennutzungs-planungen	▪ Schulpolitik/Ernährungs-aufklärung ▪ Landesagrarpolitik	▪ Landes-Entwicklungs-planung ▪ Landesinitiativen für nach-haltige Stadtgestaltung ▪ Stadt-Land-Politiken (Kopplung Siedlungs- und Verkehrsplanung)	▪ Landesbezogene Industriepolitik
▪ Lokale Verkehrsplanung ▪ Autofreie Zonen, Einfahr-einschränkungen, lokale Geschwindigkeitsbegren-zungen	▪ Nachhaltige Schul-ernährung	▪ Urbane integrierte Nach-haltigkeitsstrategien ▪ Lokale Klimaschutzpläne und -strategien	▪ Aufbau globaler Industrie-cluster für Ressourcen/Energiesynergien

Tab. 19.1: Exemplarische Gestaltungsansätze in den sieben im Buch dargestellten Wenden auf unterschiedlichen Politikebenen. *Quelle: Eigene*

formen) nicht irritieren. Die Mehrebenen-Architektur von
Politik schafft auf diese Weise zwar einerseits gelegentlich
Trägheit und langfristigere Anpassungszeiträume, andererseits ist sie auch ein Stabilitätsgarant für eine Politik Nachhaltiger Entwicklung, die einmal Fahrt aufgenommen hat.
Und genau das ist international längst der Fall. Hier verbinden
sich Fragen der politischen Architektur mit innovativen Politikprozessen: So gewinnen auf internationaler Ebene Überlegungen zu »Klimaclubs« zur Stabilisierung der multilateralen
Klimapolitikprozesse an Bedeutung (vgl. Ott, 2015). Zudem
eröffnet die Verknüpfung von klassischer Klimapolitik z. B.
mit globaler Finanzpolitik neue Perspektiven (vgl. Edenhofer,
Flachsland & Brunner, 2011). Der Wunsch von Finanzminis-
tern nach einer steuerfluchtsicheren Besteuerungsbasis verbindet sich hier mit dem Interesse von Klimapolitikerinnen
an wahren ökologischen Preisen für die Verbrennung fossiler
Energieträger (vgl. Kasten).

Auf regionaler Ebene ist für viele Staaten und Bundes-
länder sowie Kommunen längst klar, dass die Zukunft dieses Planeten letztlich nur auf erneuerbaren Energien, einer
klimagerechten Mobilität, nachhaltigen Städten und neuen
Wohlfahrtsmodellen beruhen kann. Sie machen sich auf allen
diesen Ebenen mit ihren jeweiligen Gestaltungsmöglichkeiten auf, die Rahmenbedingungen für entsprechende Transformationsprozesse auf den Weg zu bringen. Dies gibt einer
Politik der Nachhaltigkeit auch auf internationaler Ebene zunehmende Stabilität – unabhängig von Politikabweichungen
in einzelnen Staaten. Neue Formen des Journalismus können
politische Prozesse auf lokaler Ebene dabei erheblich stärken
(vgl. Kasten).

Auf dem Weg zu einem transformativen Journalismus? Zur Rolle des Journalismus in der Großen Transformation

Ähnlich wie einer (freien) Wissenschaft kommt auch dem Journalismus und den Medien eine besondere Rolle in der politischen Governance (Polity) von Demokratien zu. Journalismus als »Vierte Gewalt« im Staat hat Informations-, Transparenz-, Kontroll- und auch Initiativfunktionen. Journalismus trägt dazu bei, dass gesellschaftlich relevante Themen und ihr politischer Umgang damit öffentlich thematisierbar und verhandelbar werden. Journalismus erfüllt damit essentielle Funktionen in Demokratien und genießt deswegen in vielen Ländern besonderen Verfassungsschutz.

Journalismus steht jedoch immer stärker unter ökonomischem Druck – durch den Wegfall von Anzeigenmärkten und ein sich veränderndes Informationsverhalten im Digitalzeitalter. Unabhängige journalistische Kompetenz nimmt in den meisten Demokratien eher ab. Medien fügen sich durch ökonomischen Druck einer kurzfristigen Aufmerksamkeitsökonomie.

In den letzten Jahren sind neue Formate entstanden, um auf diese Entwicklungen zu reagieren. Eine für die Begleitung von Transformationsprozessen wichtige Strömung ist der »konstruktive Journalismus« (in Deutschland z.B. die Netzzeitung »Perspective Daily«). Er zielt nicht auf den kurzfristigen Nachrichteneffekt, sondern auf eine Handlungsbefähigung von Leserinnen und Lesern. In der Großen Transformation muss konstruktiver Journalismus letztlich zum »Transformativen Journalismus« (Ronzheimer, 2013) werden, der – analog zu einer Transformativen Wissenschaft (vgl. Kap. 21), Pionierinnen und Initiativen des Wandels ermutigt, orientiert, informiert und vernetzt. Gerade die Begleitung und die überregionale Vernetzung lokaler Transformationsprozesse könnte ein transformativer Journalismus erheblich stärken.

Gleichzeitig ist es wichtig, auch die »Polity«, d.h. die politischen Strukturen auf der internationalen Ebene weiterzuentwickeln.

Klimapolitik – Politikstrategien der unterschiedlichen Geschwindigkeiten

Ein wesentlicher Faktor für die Zähigkeit der Fortschritte in der internationalen Klimapolitik ist das Einstimmigkeitsprinzip. Während bei anderen Umweltverträgen wie z.B. dem Montreal-Protokoll Beschlüsse mit Mehrheitsentscheidungen getroffen werden konnten, haben in der UNFCCC Saudi-Arabien und andere Staaten seit 1994 die Möglichkeit von Mehrheitsbeschlüssen in der Geschäftsordnung blockiert. Staaten können nun sehr einfach Fortschritte verhindern. Aktuell besteht durch den klimapolitischen Schwenk der USA das Risiko, dass die Erfolge des Pariser Abkommens doch noch unterminiert werden, denn das Abkommen hat viele wichtige Details offengelassen. Sehr dringlich ist insbesondere die Annahme von Regeln für den »Transparenzmechanismus«: Da es kein echtes Compliance-Verfahren für die Kontrolle der Vertragserfüllung gibt, soll ein Verfahren des »Naming and Shaming« die Staaten dazu anhalten, ihren Worten auch Taten folgen zu lassen. Die USA könnten im Rahmen eines Obstruktionskurses diesen Prozess bzw. die Annahme eines Verfahrens blockieren.

Sollten die USA oder andere Staaten die effektive Umsetzung des Pariser Abkommens behindern, könnten fortschrittswillige Staaten verstärkt Aktivitäten außerhalb der UNFCCC entfalten. Mehrere Möglichkeiten des koordinierten Handelns kommen in Betracht:

- Ein Pionier-Club ambitionierter Staaten und subnationaler Akteure. Ambitionierte Staaten könnten sich ein eigenes, paralleles Forum schaffen. Eine »Klimapolitik der unterschiedlichen Geschwindigkeiten« ist bisher mit Rücksicht

auf das Pariser Klimaabkommen nicht als Option erschienen.
Doch wenn die USA oder andere Staaten tatsächlich den Prozess aktiv blockieren oder die Staatengemeinschaft sich nur
auf Minimal-Kompromisse einigt, wäre eine Pionier-Allianz
der Ambitionierten eine wichtige Alternative. Ein solcher
Dekarbonisations-Club könnte auf vertraglicher Basis ambitionierte Ziele mit verbindlichen Pflichten verbinden und
eine kooperative Zusammenarbeit auf Grundlage des Rechts
und der Gerechtigkeit beschließen.

• Sektorale ergänzende Abkommen zum Klimaschutz. Bei
einer möglichen Obstruktionspolitik innerhalb des Pariser
Klimaabkommens könnte zudem die Bildung von Pionier-
Allianzen für bestimmte Fragestellungen sinnvoll sein, zum
Beispiel im Bereich der Anpassung oder für die nachhaltige
Nutzung von Biomasse. Eine Pionier-Allianz für Carbon-
Pricing-Mechanismen könnte die Nutzung von klimarele-
vanten Steuern oder von Emissionshandelssystemen vorantreiben, die auf absehbare Zeit nicht global vereinbart werden
können und deshalb zunächst eine Vorreiterkoalition erfordern. Vordringlich ist auch eine aktive Gestaltung des Strukturwandels in Ländern und Regionen, die stark von der Förderung und Nutzung fossiler Energieträger abhängen. Falls ein
gesteuerter Wandel dieser Wirtschaftsstrukturen verzögert
wird, kommt es über kurz oder lang zu einem Strukturbruch,
der voraussichtlich sehr viel schmerzhafter sein wird.

• Entwicklung von Handelsmaßnahmen. Sollten z.B. die USA
jeden Fortschritt im Rahmen des Pariser Klimaabkommens
verhindern, sind sogar noch drastischere Maßnahmen möglich. In einem neuen Vertrag könnten beispielsweise auch
Regeln für den Umgang mit Nichtvertragsstaaten getroffen
werden. Ein Beispiel dafür findet sich im Montreal-Protokoll
zum Schutz der Ozonschicht: Es verbietet den Handel mit
ozonzerstörenden Stoffen mit Ländern, die nicht Vertragsstaaten des Protokolls sind. Für den Klimaschutz wurden in
der Vergangenheit häufig »carbon border tax adjustments«

diskutiert, also Einfuhrzölle, die den CO_2-Rucksack der importierten Waren widerspiegeln. Bisher gab es wenig politischen Rückhalt für solche Maßnahmen, vielmehr wurden sie als schädlich für den Welthandel erachtet. Diese Haltung könnte sich jedoch ändern, sollten die USA – wie von der neuen Regierung geplant – internationale Handelsverträge aufkündigen und Schutzzölle erlassen, um die heimische Industrie zu unterstützen. Bricht die US-Regierung einen solchen Handelsstreit vom Zaun, wären Ansätze zum steuerlichen Grenzausgleich zum Zwecke des Klimaschutzes zumindest nicht mehr völlig undenkbar.

Quelle: Weitgehend entlehnt dem WI-In-Brief »Trumping Trump«
(Ott u.a., 2017, S. 6)

Politische Zukunftskunst

Ohne Politik keine Große Transformation. Politische Zukunftskunst bedeutet, zu verstehen, wie innovative inhaltliche Politikvorschläge in einem zunehmend herausfordernden Umfeld in klugen Politikprozessen die Chance für eine Durchsetzung erhalten. Dabei spielt die gute Kenntnis der politischen Strukturebene vom Globalen bis zum Lokalen eine zentrale Rolle. Dieses Zusammenspiel zu beherrschen kennzeichnet politische Zukunftskunst.

20. Auf dem Weg zum nachhaltigen Unternehmertum – Die Rolle von Unternehmen in der Großen Transformation

Unternehmen können ein wichtiger Treiber einer Nachhaltigen Entwicklung sein. Dies ist möglich, wenn sie ihre Strategien neu definieren und ihre Wertschöpfungsketten reorganisieren, aber auch dann, wenn neue Unternehmen entstehen, die Lösungen für gesellschaftliche Herausforderungen anbieten. Unternehmen mobilisieren in diesen Fällen Innovations- und Investitionskraft für die Große Transformation. Um die globalen Nachhaltigkeitsziele (Sustainable Development Goals) zu erreichen, gilt es, die Rolle von Unternehmen in diesen Transformationsprozessen besser zu verstehen. Dieses Kapitel wirft einen Blick in die Werkstatt der Selbsttransformation des Wirtschaftssystems. Es zeigt die Chancen und Grenzen unternehmerischer Transformation auf und gibt Hinweise, wie die Handlungsräume erweitert werden können. Dabei geht das Kapitel auf wichtige Schlüsselsektoren ein: den Energiesektor, die Mobilitätsindustrie, die Nahrungsindustrie, die Branchen des Urbanen Wandels, die IT-Industrie und den Finanzsektor.

Lange galt im Hinblick auf die Rolle von Unternehmen in der Gesellschaft das einprägsame Diktum nach Milton Friedman: »The Business of Business is Business« (nach NZZ 2016). Indem sich Unternehmen auf ihren einzelwirtschaftlichen Erfolg konzentrieren, dienen sie auch dem Gemeinwohl. Der Staat setzt soziale und ökologische Leitplanken für ihr

Tun. Darum sollen sich Unternehmen nicht kümmern. Diese
Rollenteilung löst sich in einer globalisierten Weltwirtschaft
zunehmend auf, weil »der Staat« mit einer angemessenen
Rahmensetzung im globalen Wettbewerb immer stärker
überfordert ist: So steigt der Shareholdervalue (Aktionärswert) von Unternehmen durch die Ausbeutung billiger ökologischer Ressourcen und sozial inakzeptabler Arbeitsver-
hältnisse, vermeiden internationale Konzerne weitgehend
Steuerzahlungen, erfolgen sublime Formen der Kunden-
beeinflussung. Zudem sind viele Branchen vom Staat nicht
so unabhängig, wie sie vorgeben. Vielmehr gibt es eine Reihe
nationaler Bündnisse von Regierungen mit ihren Schlüsselindustrien, die im Namen nationaler Wettbewerbsfähigkeit
Innovationen in Richtung einer Nachhaltigen Entwicklung
behindern statt befördern. Die enge Kopplung der US-Regierung mit den fossilen Energieindustrien ist dafür ein genauso
aktuelles Beispiel wie die enge Verbindung des deutschen
Staates mit der Automobilindustrie.

Die heutige Kapitalismuskritik (vgl. Kap. 6) gründet sich
auch in den weiter wachsenden globalen ökologischen und
sozialen »Landnahmen« durch wichtige Schlüsselindustrien.
Im Kontext Nachhaltiger Entwicklung bedarf es daher einer
neuen »Theorie der Firma«, die zeigt, wie Unternehmen zum
Motor für eine nachhaltigere Welt werden können. Das Kapitel skizziert die Perspektiven eines solchen nachhaltigen Unternehmertums.

Zwei Ebenen sind dabei von zentraler Bedeutung:
1. Im Zentrum zukunftsfähigen Unternehmertums steht
   ein grundlegender unternehmerischer Perspektivwechsel
   (»Corporate Mindshift«). In der aktuellen Management-
   debatte wird er als »Business Sustainability 3.0« diskutiert.

Er beschreibt eine Form der Unternehmensführung, die gesellschaftliche Herausforderungen als Ausgangspunkt für das unternehmerische Handeln nimmt und ihre Strategien darauf ausrichtet. Dieser Perspektivwechsel hat Auswirkungen darauf, wie sich Unternehmen technologisch, ökonomisch, institutionell, aber auch kulturell aufstellen. Die neue Orientierung markiert die unternehmerische »Zukunftskunst« im Sinne dieses Buches. Letztlich ist sie von einem individuellen Umdenken oder »Mindshift« von Managerinnen und Unternehmern getragen, auf den im Kapitel 22 des Buches vertieft eingegangen wird.

2. Die Umsetzung des gerade skizzierten Perspektivwechsels unterscheidet sich durchaus nach Form des Unternehmens und nach der Branche, in denen sich Unternehmen bewegen. Die Vielfalt von »Unternehmen« ist groß: Sie reicht vom multinationalen, börsennotierten Konzern bis zur Sparkasse oder dem Stadtwerk in öffentlicher Hand. Damit spannt sich ein breites Spektrum an Eigentumsverhältnissen und Unternehmenszwecken auf. Gerade in dieser Vielfalt liegt ein besonderes Potential für nachhaltigkeitsorientierte Transformationsprozesse. Die Umsetzung unternehmerischer Zukunftskunst wird an unterschiedlichen Branchensituationen beleuchtet.

Business Sustainability 3.0 als neuer Kompass für nachhaltiges Unternehmertum

Veränderungen von Infrastrukturen, von Technologien, von Produkten, von Dienstleistungen, aber auch von Konsumgewohnheiten und täglichen Routinen sind zentrale Bausteine einer Großen Transformation. In der Gesellschaft des

21. Jahrhunderts werden diese Faktoren insbesondere durch Unternehmen täglich und global gestaltet: Neue Automobile, neue Gebäude- und Heizungstechnologien, der Aufbau globaler Kommunikations- und Logistiknetze oder alternativer Restaurantketten: All das liegt in der Hand von Unternehmen. Eine Große Transformation ist daher ohne die Rolle von Unternehmen nicht zu verstehen.

In der Wirtschafts- und Managementtheorie, aber auch im Selbstverständnis vieler Managerinnen und Manager existierte lange die Vorstellung, dass Unternehmen einen solchen Einfluss nicht wirklich besitzen, im Grunde »machtlose Riesen« seien: Alles Unternehmenshandeln sei letztlich durch externe Kundenwünsche – ergänzt durch einige staatliche Rahmenbedingungen – beeinflusst. Unternehmen versuchten täglich, diesen Kundenwünschen im ständigen Wettbewerb mit anderen Unternehmen möglichst gerecht zu werden.

Die weiter oben zitierte Überzeugung von Milton Friedman spiegelte zudem ein weitverbreitetes Grundverständnis in Unternehmen in der Phase ab den 1980er Jahren wider: Unternehmen hätten nur einen Auftrag: Sich um die Maximierung ihres Profites zu kümmern. Durch die möglichst optimale Befriedigung von Kundenbedürfnissen leisteten sie auch ihren wesentlichen Beitrag zum gesellschaftlichen Wohl. Die Sorge um ökologische und soziale Anliegen lenke von diesem eigentlichen Auftrag für Unternehmen ab. Ökologische und soziale Fragen seien alleine Anliegen des Staates, der für entsprechende (und möglichst schlanke) Rahmenbedingungen zu sorgen habe. Unternehmen seien die zentralen Wohlstandsmotoren in modernen Gesellschaften. Daher sollten sie ihre Aktivitäten möglichst ungehindert von staatlichen und gesellschaftlichen Einflüssen entfalten können.

Heute wird immer deutlicher, wie eng und eindimensional

dieser Blick auf die Rolle und Funktion von Unternehmen
war:

• Längst zeigt sich in gesättigten Wohlstandsgesellschaften,
  dass die materielle Befriedigung von Kundenbedürfnissen
  nur eine Komponente gesellschaftlichen Wohlstands ist und
  viele nichtmaterielle Dimensionen wieder an Bedeutung
  gewinnen – und durch übertriebene Kommerzialisierung
  und Konsumismus sogar gefährdet werden (vgl. Kap. 11).

• Es ist deutlich, dass nationale Staaten in einer globalisierten
  Weltwirtschaft oft damit überfordert sind, durch schlanke
  Randbedingungen die Einhaltung ökologischer und sozialer Randbedingungen zu gewährleisten. Unternehmen
  sind längst »strukturpolitische Akteure« (Schneidewind,
  1998) geworden, die selber Einfluss auf gesetzliche Rahmenbedingungen nehmen, aber auch fehlende gesetzliche
  Rahmenbedingungen durch eigene ökologische und soziale
  Standardsetzung kompensieren.

Auch Unternehmen im 21. Jahrhundert bedürfen daher eines
»Great Mindshift«. Gesucht ist eine neue »Theorie der Firma«, die das eindimensionale, neoliberale Unternehmensver-
ständnis aus der zweiten Hälfte des 20. Jahrhunderts ablöst.

In den meisten Unternehmen selbst ist die Botschaft längst
angekommen: Es existiert kaum noch ein Unternehmen, das
sich nicht auch um ökologische und soziale Anliegen küm-
mert. Begriffe wie »Corporate Social Responsibility« (CSR)
und »Corporate Citizenship« gehören heute zum Selbstverständnis der meisten großen Unternehmen. Viele Unternehmen haben zudem erkannt, dass durch ökologische Optimie-
rungen oft auch erhebliche Kosteneinsparungen möglich
sind (vgl. Kristof & Hennicke, 2010). Und dass der Trend zu
Ökologie und Sozialem interessante neue Marktnischen er-

öffnet, um entsprechende Kundengruppen zu bedienen. Der Soziologie Niko Stehr (Stehr, 2007) spricht in diesem Zusammenhang von der »Moralisierung der Märkte«. Er meint damit, dass ökologische Ansprüche heute bei vielen Kunden und Kundengruppen längst angekommen sind (Dyllick, Belz & Schneidewind, 1997, und die damit verbundene über zwanzigjährige Debatte).

Auch unabhängig von einem unmittelbaren ökonomischen Nutzen ist Unternehmen heute klar, dass sie ökologischen und sozialen Folgen ihres Handelns Aufmerksamkeit schenken müssen. Denn jenseits gesetzlicher Regelungen wird der Blick der Öffentlichkeit und kritischer Umwelt- und Sozialorganisationen immer genauer. Insbesondere für Großunternehmen ist es heute an der Tagesordnung, umfassende Nachhaltigkeitsberichte oder integrierte Geschäftsberichte, die neben dem ökonomischen auch über die ökologischen und sozialen Leistungen berichten, vorzulegen und über eine Corporate Social Responsibility (CSR)-Strategie zu verfügen.

Die Managementforscher Katrin Muff und Thomas Dyllick (Dyllick & Muff, 2016) bezeichnen die heute beobachtbaren Nachhaltigkeitsstrategien in Unternehmen als eine »Business Sustainability 1.0« (wenn sich unternehmerische Nachhaltigkeit auf die mit ökonomischen Vorteilen verbundenen Maßnahmen konzentriert) bzw. »Business Sustainability 2.0« (wenn ökologische und soziale Anliegen als eigenständige Dimensionen neben die eigentliche Geschäftstätigkeit gestellt werden). Dyllick und Muff machen aber deutlich, dass diese Formen unternehmerischer Nachhaltigkeit zu kurz greifen. Denn die bestehenden Strategien gehen von einer »Inside-out«-Perspektive aus: Sie nehmen die bestehende Geschäftstätigkeit als Ausgangspunkt und bringen Fragen der Nachhaltigkeit dazu in Beziehung.

Wenn sich Technologien, Infrastrukturen und Lebensstile in einem radikalen Wandlungsprozess befinden, wenn sich die Grundlagen der Energieversorgung, der Mobilität oder das Leben in Städten vollständig neu organisieren, dann reichen der Nachhaltigkeitsbericht eines Ölkonzerns oder die Energieeffizienzstrategien eines Internetkonzerns für eine »echte Nachhaltigkeit« nicht aus. Es geht in diesen Fällen vielmehr darum, die eigenen Geschäftsstrategien konsequent und kontinuierlich im Hinblick auf bestehende gesellschaftliche Herausforderungen zu hinterfragen.

Genau dieser Wechsel hin zu einer »Outside-in«-Perspektive, die die externen gesellschaftlichen Herausforderungen als Ausgangspunkt für die Weiterentwicklung der eigenen Geschäftsstrategie nimmt, kennzeichnet nach Dyllick eine »True Business Sustainability«, die Business Sustainability 3.0 (Dyllick, 2015b) (vgl. Abb. 20.1).

Sie geht weit über die von der bestehenden Geschäftstätigkeit startenden Form der Business Sustainability 1.0 und 2.0 hinaus. True Business Sustainability stellt den gesellschaftlichen Nutzen jeglicher Geschäftstätigkeit in das Zentrum von Geschäftsstrategien im 21. Jahrhundert. »The business of business is not pure business, it is sustainability« – so müsste die Orientierung in Anlehnung an die von Milton Friedman geprägte Formel lauten.

Im Zentrum unternehmerischer Tätigkeit steht demnach der gesellschaftliche Mehrwert, den Unternehmen erbringen. So weit ist das gar nicht von dem entfernt, was viele große Unternehmer im 19. Jahrhundert getrieben hat, seien es Werner von Siemens, Thomas Edison, Henry Ford, Friedrich Bayer oder Carl Duisberg: Sie wollten mit ihren technologischen Entwicklungen und ihren Unternehmen Beiträge für einen gesellschaftlichen Fortschritt leisten. Nicht die Einkom-

	ANLIEGEN (WAS?)	GESCHAFFENE WERTE (FÜR WEN?)	PERSPEK-TIVE (WIE?)
Business as usual	Ökonomische Anliegen	Shareholdervalue	Von innen nach außen
Unternehmerische Nachhaltigkeit 1.0	Ökonomische, ökologische und soziale Anliegen	Verfeinerter Shareholdervalue	Von innen nach außen
Unternehmerische Nachhaltigkeit 2.0	Ökonomische, ökologische und soziale Anliegen	Dreidimensionale Wertschöpfung	Von innen nach außen
Unternehmerische Nachhaltigkeit 3.0	Ökonomische, ökologische und soziale Anliegen	Schaffen gesellschaftlichen Nutzens	Von außen nach innen
Drei zentrale Entwicklungs-schritte	SCHRITT 1: Verbreiterung der relevanten Anliegen	SCHRITT 2: Ausweitung der Wertschöpfung	SCHRITT 3: Veränderung der Perspektive

Abb. 20.1: True Business Sustainability (Outside-in). *Quelle: Nach Dyllick, 2015 b*

mens- oder Aktionärswert-(Shareholdervalue-)Maximierung war ihr Antrieb, sondern ein gesellschaftlicher Impetus. Der ökonomische Erfolg war Mittel zum Zweck dieser Ursprungs-motivation, war eher Treiber und Schmiermittel für den ge-sellschaftlichen Fortschritt. Die Verbindung zur gesellschafts-orientierten Ursprungsmotivation ist in den letzten 30 bis 40 Jahren immer brüchiger geworden.

Zu Beginn des 21. Jahrhunderts liegt mit den in Kapitel 7 vorgestellten und im Jahr 2015 verabschiedeten Nachhaltigen Entwicklungszielen (Sustainable Development Goals – SDGs) der UN ein Kompass für die Gesellschaftsorientierung von Unternehmen vor. Die systematische Analyse, zu welchen der

Entwicklungsziele das eigene Unternehmen in positiver, aber auch in negativer Weise beiträgt, wäre ein geeigneter Ausgangspunkt für eine Business-Sustainability-3.0-Strategie. Eine Reihe von Unternehmen legen heute solche Analysen schon vor (BASF, 2016; SAP, 2016). Das Wuppertal Institut hat in diesem Zusammenhang einen »SDG-Check« entwickelt, mit dem sich Unternehmen dieser Frage systematisch nähern können (Geibler u.a., 2016).

Insbesondere in der zweiten Hälfte des 20. Jahrhunderts ist das ursprüngliche Mittel zum Selbstzweck geworden: Die Aktionärswertorientierung fragt nicht nach gesellschaftlichem Mehrwert, sondern nur nach der Einkommensmaximierung von Anteilseignern. Egal, ob sie durch losgelöste virtuelle Finanzprodukte, zweifelhaften Produktnutzen, moralisch fragwürdige Produkt- und Dienstleistungsangebote, überzogene Marketingaktivitäten, ökologischen Raubbau oder soziale Ausbeutung erreicht werden. Wachsender ökonomischer Erfolg bedeutet oft nur noch geringen gesellschaftlichen Fortschritt bei wachsenden Umweltbelastungen und steigender sozialer Ungleichheit.

Der gesellschaftliche Unmut darüber wächst und raubt Unternehmen zunehmend die gesellschaftliche und politische Legitimation für ihr Handeln. Eine Business Sustainability 3.0 ist daher die adäquate Antwort auf diese Herausforderungen.

Doch können sich Unternehmen konsequent auf gesellschaftliche Herausforderungen ausrichten? Gelingt das insbesondere in solchen Märkten, in denen sich Kunden und Wettbewerber noch unnachhaltig verhalten? Wie sieht eine »True Business Sustainability« in Automärkten aus, wenn Kunden weiterhin nach Sport Utility Vehicles (SUVs) verlangen, wie in der Außerhaus-Gastronomie, wenn der Gyros oder Burger

Abb. 20.2:
Unternehmerische
Zukunftskunst in vier
Dimensionen. *Quelle:*
Eigene

auf die Hand weiterhin das beliebte Essen zwischendurch ist, oder in der Aluminiumbranche, wenn ausländische Wettbewerber mit günstigem Kohlestrom produzieren?

Das Konzept der unternehmerischen Zukunftskunst zeigt die Ansatzpunkte auf, mit denen Unternehmen auf diese Herausforderungen Antworten geben können.

Unternehmerische Zukunftskunst in vier Dimensionen

Die vier Dimensionen einer unternehmerischen Zukunftskunst zeigen die Ansatzpunkte, die zu einem differenzierteren Verständnis von Unternehmen im 21. Jahrhundert beitragen und letztlich zu einem neuen Kompass für eine moderne Unternehmensführung hinleiten (vgl. Abb. 20.2).

Das disruptive Potential neuer Technologien
richtig nutzen

Neben den großen gesellschaftlichen Trends (demographischer Wandel, Individualisierung, Dynamik neuer Mittelschichten in Schwellenländern, zunehmendes ökologisches Bewusstsein) werden viele Branchen heute insbesondere durch rasante technologische Entwicklungen getrieben. Es gibt wenige Branchen und Unternehmen, die keine »Digitalisierungsstrategie« ganz oben auf ihrer strategischen Agenda haben.

Die technologischen Entwicklungen in der Informations- und Kommunikationstechnologie, aber auch in der Materialforschung oder den Lebenswissenschaften definieren Geschäftsmodelle z.T. vollständig neu. Sie bringen neue, oft branchenfremde Wettbewerber in etablierte Branchen, verändern Kostenstrukturen und erfordern neue Kompetenzen von Unternehmen und Mitarbeiterinnen und Mitarbeitern.

Dieses »disruptive« Potential neuer Technologien birgt Möglichkeiten für eine Große Transformation, wenn es von Unternehmen richtig eingesetzt wird. Ob sie genutzt werden, hängt vom Kompass ab, von dem sich Unternehmen leiten lassen: Gelingt es ihnen, die Potentiale der neuen Technologien konsequent aus einer Business-Sustainability-3.0-Perspektive heraus zu betrachten, oder führen die Technologien nur zu Verlängerungen und sogar Verstärkungen aus Nachhaltigkeitssicht problematischer Geschäftslogiken? Das sei an einigen Beispielen illustriert:

(1) Logistikbranche: Werden die Möglichkeiten der Digitalisierung für eine noch weitere Beschleunigung logistischer Prozesse, einer damit induzierten Zunahme von Transporten und oft verstopften Innenstädten genutzt,

oder sind sie der Motor für ein intelligentes Flottenmanagement und dezentrale Produktion?

(2) Automobilhersteller: Führt die Digitalisierung zu mit Internetkinos und Homeoffices aufgerüsteten selbstfahrenden SUVs, oder ist sie der Motor für einen intelligenten, vernetzten Verkehr, der die Umweltbelastungen massiv reduziert?

(3) Gebäude und Energie: Führt die Digitalisierung zu hochkomplexen und sicherheitsanfälligen »Smart-Homes« mit hoher Datentransparenz, oder wird sie zum Motor für eine intelligente Sektorkopplung, die z. B. Batterien von Elektrofahrzeugen privater Haushalte in den Lastausgleich der Stromversorgung einbringt?

(4) Landwirtschaft: Führen die Fortschritte bei Bio- und Gentechnik sowie der Digitalisierung zu einer gesteigerten Produktion von Futtermitteln für die Massentierhaltung sowie neuen Abhängigkeiten von genmodifiziertem Saatgut in Entwicklungsländern, oder werden sie Grundlage für intelligente Informationsangebote, die das landwirtschaftliche Know-how und gute Farmpraktiken auch für Kleinbauern in Ländern des Südens eröffnen?

Entwicklungen in die Richtung beider Pole sind in allen beschriebenen Sektoren zu beobachten. Schon diese wenigen Beispiele machen klar: Neue Technologien eröffnen Unternehmen auch erweiterte strategische Gestaltungsoptionen. Business Sustainability 3.0 bedeutet, diese konsequent im Sinne einer Nachhaltigen Entwicklung zu nutzen.

Das Geschäftsmodell anpassen

Ökonomisch geht es für Unternehmen bei Veränderungs-
und Transformationsprozessen um die Weiterentwicklung
ihrer Geschäftsmodelle (vgl. auch Palzkill, 2018).

Das Geschäftsmodell eines Unternehmens beschreibt, wie
die Elemente der Wertschöpfung und die Schaffung von
Kundennutzen zusammenwirken, so dass das Unternehmen
langfristig Ertrag erzielen kann. Der Begriff des Geschäftsmodelles gewann mit dem Entstehen der »New Economy«
ab der Jahrtausendwende an Bedeutung. Das Internet re-
volutionierte die Geschäftsmodelle vieler Branchen. Galt es
davor, innovative Produkte zu entwickeln, diese zu verkaufen
und darüber seinen langfristigen Erfolg zu sichern, stellten
Unternehmen wie Google, Facebook, aber auch Mobilfunk-
betreiber diese Selbstverständlichkeiten auf den Kopf: Die
eigentliche Leistung musste gar nicht mehr bezahlt werden,
die »Bezahlung« bestand plötzlich aus individualisierten
Nutzerdaten, die für eine Werbevermarktung eingesetzt
wurden. Teure Handys wurden dafür im Gegenzug »ver-
schenkt«, um Kunden an bestimmte Mobilfunkprovider zu
binden.

Im Zuge dieser Umbrüche begann ein neuer Blick auf Geschäftsmodelle. Auch andere Branchen dachten nun darüber
nach, wie Kundennutzenversprechen, die Architektur der
Wertschöpfung sowie die Finanzierungslogik (vgl. Abb. 20.3)
neu aufeinander bezogen werden können. Dies eröffnet auch
einen Blick auf die Ausgestaltung von Nachhaltigkeitsstrategien: Wie müssen sich Geschäftsmodelle in Zeiten der Großen Transformation weiterentwickeln (Palzkill & Schneidewind, 2014; A. Sommer, 2012, Boons & Lüdeke-Freund, 2013;
Schaltegger, Hansen & Lüdeke-Freund, 2016)?

Die Herausforderungen einer Nachhaltigen Entwicklung eröffnen auf der einen Seite vielfältige Chancen für Unternehmen. Sie können diese im Sinne einer Business Sustainability 3.0 dafür nutzen, bestehende Geschäftsmodelle anzupassen oder auch neue auf den Weg zu bringen. Carsharing-Plattformen, die E-Scooter-Produktion der RWTH Aachen, das Unternehmen Fairfone: Dies sind einige Beispiele dafür, wie in einer durch neue gesellschaftliche Anforderungen im Mobilitätsbereich geprägten Welt neue Unternehmen mit veränderten Geschäftsmodellen erfolgreich sind und die Art und Weise revolutionieren, wie wir uns fortbewegen (vgl. Janasz, 2018). Sie betreiben im besten Sinne etwas, was der Ökonom Josef Schumpeter »schöpferische Zerstörung« nannte.

Eine besondere Herausforderung stellt sich für solche Unternehmen, die mit etablierten Geschäftsmodellen schon lange in einer Branche aktiv sind und sich jetzt an neuen Herausforderungen orientieren müssen: Gelingt es großen Energieversorgern, sich auf eine Welt regenerativer Energien einzustellen? Wird die deutsche Automobilindustrie mit ihrer weltweit führenden Stellung in Verbrennungsmotoren auch führend in einer Zukunft dekarbonisierter Mobilität sein? Wie kann sich ein Unternehmen wie McDonald's auf Märkte mit stärker an Gesundheit und Nachhaltigkeit orientierten Ernährungsgewohnheiten einstellen?

Geschäftsmodell-Resilienz

Wie gehen bestehende Unternehmen mit solchen Herausforderungen um? Wie gelingt es ihnen, in den eigenen Geschäftsmodellen künftige Entwicklungen einer nachhaltigen Gesellschaft zu antizipieren und gleichzeitig unter den

Abb. 20.3: Elemente eines Geschäftsmodelles. *Quelle: Eigene Darstellung in Anlehnung an Palzkill, 2018, in Anlehnung an A. Sommer, 2012*

Marktbedingungen des Hier und Heute zu bestehen? Wie können große Energieversorger die regenerativen Energiemärkte der Zukunft vorbereiten und gleichzeitig die Transformation von heute noch fossil dominierten Produktionsstrukturen meistern? Wie können sich Automobilhersteller auf verteilte Mobilitätsdienstleistungen der Zukunft einstellen, wenn margenträchtige Luxuslimousinen heute immer noch erfolgreich in europäischen, amerikanischen und asiatischen Märkten verkauft werden? Wie ist es möglich, nachhaltige Fastfood-Unternehmen der Zukunft vorauszudenken, wenn der 1-Euro-Burger am Tresen immer noch der Verkaufsschlager ist?

Dies sind Herausforderungen, die am Wuppertal Institut mit der Formel der »Business Model Resilience« bezeichnet werden (Palzkill, 2018). Resiliente Geschäftsmodelle sind dabei solche, die Zukunft antizipieren und dabei dennoch ökonomische Stabilität unter aktuellen Marktbedingungen gewährleisten können. Gerade für Branchen und Unternehmen in massiven Umbruchs- und Transformationsphasen stellt die Geschäftsmodell-Resilienz eine zentrale Herausforderung dar.

Für die Umsetzung solcher resilienten Geschäftsmodelle ist der Blick über den Tellerrand des eigenen Unternehmens wichtig. Sie lassen sich oft nur im Rahmen neuer Kooperationen mit anderen Unternehmen und Branchen, insbesondere aber auch mit Politik und zivilgesellschaftlichen Akteuren realisieren. Unternehmen sind hier in besonderer Weise als strukturpolitische Akteure gefragt.

Wichtig ist es, sich beim Nachdenken über künftige Geschäftsmodelle keine Denkgrenzen aufzuerlegen. Denn ein näheres Hinblicken zeigt, dass sogar Suffizienzstrategien, d. h. Strategien des »Weniger«, »Langsamer«, »Regionaler« und selbst der »Entkommerzialisierung«, Chancen für neue Geschäftsmodelle bieten (Palzkill, Wanner & Markscheffel, 2015). All dies steckt den Rahmen für Geschäftsstrategien der Zukunft ab (vgl. dazu auch Kap 11).

Unternehmen als strukturpolitische Akteure

Unternehmen waren und sind keine hilflosen »Opfer« externer Strukturen und diesen bedingungslos ausgeliefert, auch wenn einzelne Branchen es häufig so erscheinen lassen: Man fühlt sich getrieben von neuen Kundenpräferenzen, von sich verändernden Marktstrukturen, von einer externen Gesetzgebung, von neuen gesellschaftlichen und technologischen Trends. Es bleibt nur, sich »anzupassen«: mit seinen Produkten und Dienstleistungen, seinen Produktionsprozessen, seinen Geschäftsmodellen.

Management und Unternehmertum wird häufig als eine solche ständige Anpassungsaufgabe beschrieben. Doch ist das nur ein Teil der Wahrheit. Schon immer haben Unternehmen und Branchen – durchaus erfolgreich – Einfluss genommen: Unternehmen greifen in Marktstrukturen ein, indem sie wachsen oder Wettbewerber aufkaufen oder durch Setzung technischer Standards Markteintrittsbarrieren erzeugen. Branchen wirken aktiv auf politische Prozesse ein – durch die Beteiligung an Gesetzgebungsprozessen, durch Lobbyarbeit, durch Wahlspenden, durch öffentliche Äußerungen. Sie machen latente Bedürfnisse zum neuen Konsumtrend, sie treiben neue Technologien mit Kraft voran.

Kurzum: Unternehmen sind immer auch »strukturpolitische Akteure« (Schneidewind, 1998). Das ist nichts Verwerfliches. Es ist Ausdruck der komplexen politökonomischen Strukturen, nach denen moderne Gesellschaften funktionieren. Entscheidend ist jedoch, dass diese strukturpolitische Dimension von Unternehmen bewusst und verantwortungsvoll angenommen wird und nicht im Verborgenen abläuft. Denn die Wahrnehmung einer »ordnungspolitischen Mitverantwortung« (Ulrich, 1997) ist in vielen Branchen von zentraler Bedeutung, um die Prozesse einer Großen Transformation voranzutreiben (vgl. dazu auch die branchenbezogenen Beispiele in den kommenden Abschnitten).

Eine in diesem Sinne oft in Branchen und gesellschaftlichen Bündnissen wahrgenommene Strukturpolitik wird dann zu einem wichtigen Baustein verantwortungsvollen Unternehmertums. Beispiele für Unternehmen, die sich proaktiv für eine ökologische Steuerreform einsetzen, um bessere und faire Randbedingungen für ökologisches Wirtschaften zu schaffen, gibt es (manager magazin, 2017c; Stiftung 2 Grad, 2018). Oder Brancheninitiativen wie der »Roundtable on Sustainable Palmoil«, der Anbaustandards für Rohstoffe auch für Länder definiert und als Abnehmer durchsetzt, in denen das durch die nationale Politik nicht erfolgt (RSPO, 2018).

Warum Unternehmen auch kulturprägende Akteure sind

Unternehmen sind nicht nur politische, sondern auch kulturschaffende Akteure. Unternehmen wirken mit ihren Produkten und ihren Kommunikationsmaßnahmen auf Wertvorstellungen, Lebensstile und die bestehende Konsumkultur ein. So macht sich der westliche und zunehmend globale Konsumstil an kulturellen Ikonen fest: vom Camel-Man über McDonald's bis zum iPhone. Wer sich Automobilwerbung ansieht, spürt sofort, dass hier mehr als ein Fahrzeug zum Transport von A nach B auf vier Rädern verkauft wird. Es geht um ein Lebensgefühl, um spezifische Formen der Ästhetik und der Selbstinszenierung. In vielen anderen Produktfeldern ist das nicht anders.

Ähnlich wie bei der politischen Rolle gilt auch für die kulturschaffende Rolle von Unternehmen: Sie bietet vielfältige Potentiale zu Beiträgen für eine Nachhaltige Entwicklung. So waren es hippe Label, die Biolimonaden und -getränke zu einem neuen Lifestyle-Trend gemacht haben. Outdoormarken wie Vaude oder Patagonia verbinden die Naturverbundenheit ihrer Zielgruppen in neuer Selbstverständlichkeit mit einem nachhaltigen Textildesign. Verantwortungsvolle Unternehmensführung im 21. Jahrhundert nutzt die kulturstiftende Rolle von Unternehmen für die Prägung nachhaltiger Konsumkulturen.

Im kulturellen Bereich geht es aber um weit mehr als nur um Produktkulturen und deren Kommunikation. Unternehmen prägen auch Management- und Organisationskulturen. Welche Werte und Haltungen werden durch Führungskräfte eines Unternehmens vorgelebt und strahlen in die gesellschaftliche Debatte aus? Wie werden bestimmte Haltungen durch Anreiz- und Karrieresysteme sowie die unternehmerische Kommunikation gestützt?

Diese kulturprägenden Dimensionen sind in der modernen Managementlehre stark unterbelichtet. Das ist einer der Gründe, dass um die Jahrtausendwende im Fachbereich Wirtschaftswissenschaften der Universität Oldenburg die »Forschungsgruppe Unternehmen und gesellschaftliche Organisation« (FUGO, 2017) entstand, deren zentrales Anliegen die Schaffung einer kulturalistisch aufgeklärten Managementlehre war. Das Wuppertal Institut greift in seiner Arbeit auf viele der damals entwickelten Ansätze zurück.

Den Kompass richtig ausrichten und alle Dimensionen unternehmerischer Gestaltung nutzen: Wie weiter auf dem Weg zum nachhaltigen Unternehmertum?

Die vorangegangenen Abschnitte haben deutlich gemacht, wie vieldimensional unternehmerisches Handeln ist. Es umfasst nicht nur technologische und ökonomische Dimensionen, sondern immer auch politische und kulturelle.

Aufgeklärtes Unternehmertum im 21. Jahrhundert bedeutet, alle diese Dimensionen ernst zu nehmen und am Kompass einer Business Sustainability 3.0 auszurichten. Dann werden Unternehmen wichtiger Motor für eine positive gesellschaftliche Entwicklung bleiben und nicht zum zentralen Verursacher ökologischer und sozialer Probleme.

Die konsequente Verbreitung eines solchen Unterneh-

mensverständnisses braucht einen breiten »Mindshift« auf
vielen Ebenen: in den Führungsetagen von Unternehmen,
in der Politik, aber insbesondere auch in der Management-
und Entrepreneurausbildung an den Hochschulen (Dyllick,
2015a; FGF, 2018; GRLI, 2018). Kapitel 22 wird sich dieser individuellen Ebene und Ansatzpunkten zum ganz persönlichen
Umdenken von Managerinnen und Managern widmen.

Warum Unternehmen nicht gleich Unternehmen ist

Die Konzepte der Business Sustainability 3.0 und ihre Umsetzung in Form einer unternehmerischen Zukunftskunst haben
Ansatzpunkte für einen grundlegenden unternehmerischen
Perspektivwechsel aufgezeigt. Doch wie sieht eine Umsetzung konkret aus?
    Um diese Frage zu beantworten, bedarf es eines genaueren
Blickes (1) auf einzelne Branchen und Sektoren und (2) eines
differenzierten Verständnisses von Unternehmensformen.
Erst diese Sicht ermöglicht die Etablierung einer neuen Un-
ternehmenstheorie im 21. Jahrhundert.

(1) Je nach Branche stellt sich die Herausforderung nach einer
»True Business Sustainability« in anderer Form: Auch im
Jahr 2100 werden wir in einer Welt leben, die aus chemisch
umgewandelten Stoffen besteht, in der sich Menschen ernähren und in Gebäuden leben werden. Chemische Industrie,
Ernährungsbranche, die Bereitsteller urbaner Infrastrukturen
werden daher auch am Ende des Jahrhunderts große Märkte
vorfinden, müssen aber ihre Produktangebote nachhaltig weiterentwickeln. Ob es am Ende des Jahrhunderts noch Öl- und
Kohlekonzerne, große Energieversorger oder Automobilher-

steller in der heutigen Form gibt, ist mehr als fraglich. Die Transformationsherausforderungen sind daher je nach Branche und Unternehmen höchst unterschiedlich. Weiter unten wird auf die Herausforderungen in einzelnen Branchen eingegangen.

(2) Ein Blick auf die Unternehmenslandschaft zeigt, dass diese aus mehr besteht als aus börsennotierten Aktienkonzernen, die einer abstrakten Aktionärswertorientierung unterworfen sind. In den letzten Jahren hat sich der Blick für die Vielfalt von Unternehmen wieder geöffnet: Familienunternehmen mit langfristiger Unternehmensvision gehören genauso dazu wie Wohnungsbaugenossenschaften oder Sparkassen, staatliche Unternehmen oder neue Hybridformen des Social Business, die schon konzeptionell gesellschaftliche Anliegen als Ausgangspunkt nehmen. Business Sustainability 3.0 wird vermutlich in den kommenden Jahrzehnten eine wachsende Vielfalt von unternehmerischer Wertschöpfung und die Verschiebung heutiger Gleichgewichte befördern.

Fasst man beide Dimensionen zusammen, so entsteht eine »Matrix unternehmerischer Transformation« (vgl. Tab. 20.1). Sie zeichnet das bunte Bild der möglichen Rollen von Unternehmen in der Großen Transformation. Gleichzeitig werden dabei auch die Grenzen von Unternehmen deutlich. Dies unterstreicht die Analyse des Kapitels 6: Nur wenn sich Wirtschaftspolitik und unternehmerisches Engagement für und in einer solchen Wirtschaftsordnung Hand in Hand entwickeln, kann die Große Transformation gelingen.

Eine Unternehmenstypologie

Bei der Suche nach Nachhaltigkeitsstrategien in Phasen Großer Transformation dürfen Unternehmen nicht über einen Kamm geschoren werden. Einmal gibt es erhebliche Unterschiede in verschiedenen Branchen. Jede Branche erfordert anders gelagerte Transformationsstrategien (vgl. dazu den folgenden Abschnitt). Andererseits kommen unterschiedlichen Typen von Unternehmen auch unterschiedliche Rollen in der Transformation zu: Der »Global Player« in Form eines an den Börsen orientierten Weltmarktkonzerns mit hoher öffentlicher Sichtbarkeit hat andere Möglichkeiten und Grenzen der Gestaltung als der in Familienbesitz agierende Mittelständler, der als »Hidden Champion« ein Branchensegment bedient. Abb. 20.4 unterscheidet vier zentrale Formen von Unternehmen und ihre besonderen Rollen in einer Großen Transformation.

Shareholdervaluegetriebene multinationale Unternehmen

Diese Unternehmen stehen oft im Zentrum der Nachhaltigkeitsdebatte, seien es Exxon, Nestlé, Unilever, Daimler, die Deutsche Bank, McDonald's, BASF, Siemens oder Google. Mit ihren Umsätzen, die das Bruttoinlandsprodukt vieler Nationalstaaten übersteigen, mit zumeist mehr als 100000 Mitarbeiterinnen und Mitarbeitern sowie Marken, die weltweit bekannt sind, wirken sie im Hinblick auf eine Nachhaltigkeitstransformation besonders stark. Über ihre Produkte und Dienstleistungen, über die Produktionsbedingungen an ihren weltweiten Standorten und jährliche Investitionen in oft zweistelliger Milliardenhöhe nehmen sie tatsächlich um-

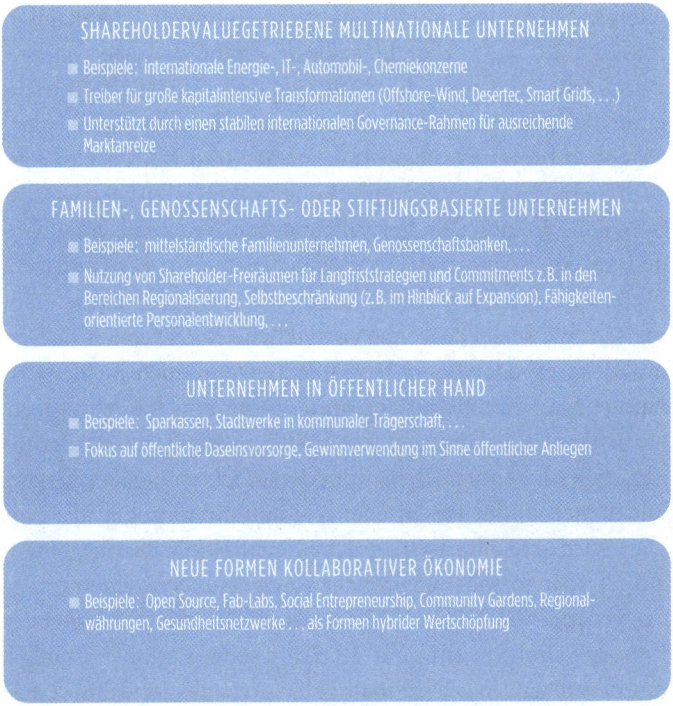

Abb. 20.4: Typologie unterschiedlicher Unternehmensformen in der Nachhaltigkeitstransformation. *Quelle: Eigene Darstellung in Anlehnung an Schneidewind & Palzkill, 2011*

fassend Einfluss auf eine nachhaltige Produktion und nachhaltigen Konsum.

Dies ist die eine Seite der Medaille. Die andere Seite ist der Blick auf die Einbettung dieser Konzerne in globale Kapitalmarktstrukturen. Die Entscheidungen dieser Unternehmen werden zumeist von angestellten Managerinnen und Managern verantwortet, die im Wesentlichen nach dem Aktio-

närswert, d.h. den von ihnen erwirtschafteten Eigenkapital-
renditen auf das vorhandene Aktienkapital bewertet werden.
Unmittelbarer Vergleichspunkt sind dabei die von vergleichbaren Wettbewerbern erwirtschafteten Erfolge. Fallen diese
erheblich hinter Wettbewerber zurück und führen zu Kurs-
verlusten, dann besteht eine hohe Neigung zur Auswechs-
lung der Führung. Die Verweildauer von Vorstandsvorsitzenden an der Spitze von DAX-Konzernen liegt bei rund fünf
Jahren. Es bestehen daher hohe Anreize, kurzfristige, ökologisch und sozial durchaus bedenkliche Renditepotentiale zu
mobilisieren oder heute bestehende, wenn auch nicht nachhaltige Markttrends für den Unternehmenserfolg zu nutzen.
Unsichere, weil langfristige Nachhaltigkeitsherausforderungen, die sich heute noch nicht in den Märkten niederschlagen,
bilden sich in der beschriebenen Kapitalmarktlogik nicht ab.
Dies wird sehr plastisch an dem Nachhaltigkeitsengagement
ausgewählter global agierender Konzerne, von denen einige
exemplarisch in Tabelle 20.1 wiedergegeben sind: So zeigt der
Konzern Unilever (im Jahr 2012 für seine Zukunftsstrategie
mit dem Deutschen Nachhaltigkeitspreis ausgezeichnet), wie
das Unternehmen unter vergleichbaren Finanzierungs- und
Wettbewerbsbedingungen im Hinblick auf die nachhaltige
Optimierung seiner Wertschöpfungsketten, die Einbindung
von Stakeholdern sowie die Mobilisierung von Mitarbeiterinnen und Mitarbeitern ein sehr viel höheres Engagement als
unmittelbare Wettbewerber umsetzt. Gerade große Marken-
unternehmen reagieren damit auf die entsprechenden Anforderungen in den Absatzmärkten, aber zunehmend auch bei
der Gewinnung neuer und der Motivation bestehender Mitarbeiterinnen und Mitarbeiter. Wie brüchig solche Ausrich-
tungen im Lichte von Kapitalmarkt-Entwicklungen sein können, dafür ist das Unternehmen Siemens ein gutes Beispiel.

Es wurde ein Jahr vor Unilever (2011) für seine Zukunftsstrategie mit dem Deutschen Nachhaltigkeitspreis ausgezeichnet. Besondere Anerkennung erhielt damals die Schaffung eines integrierten Konzernsektors »Infrastrukturen und Städte«, um die Kompetenz des Konzerns mit Blick auf die künftigen (Nachhaltigkeits-)Anforderungen von Städten zu bündeln. Knapp sieben Jahre später existiert dieser Bereich nicht mehr, und der Konzern reagiert unter der Leitung eines neuen Vorstandsvorsitzenden auf den zunehmenden Druck der Finanzmärkte, sich in möglichst klar umrissene Produkt- und Technologiefelder aufzuspalten, um den Aktionärswert zu optimieren (manager magazin, 2017e).

Eine Transformation der großen multinationalen Konzerne kann daher immer nur als eine »Co-Transformation« aus Gesellschaft, Politik und den betroffenen Unternehmen gedacht werden: Die großen kapitalmarktorientierten Unternehmen werden nie der alleinige Motor für eine Nachhaltigkeitstransformation sein. Genauso wird es keine Nachhaltigkeit ohne transformationsfähige Konzerne geben. Nur durch gesellschaftliche Mobilisierung und politische Rahmensetzung wird es gelingen, die massiven Hebelwirkungen dieser großen Unternehmen für eine Nachhaltige Entwicklung wirklich zu entfalten. Und gleichzeitig müssen diese ihre nachhaltige Transformationsfähigkeit konsequent entwickeln. Dann kann eine Große Transformation in von diesen Unternehmen geprägten Sektoren gelingen. Es braucht ein »Doppelpass-Spiel« zwischen unternehmerischem Nachhaltigkeitsengagement, zivilgesellschaftlicher Mobilisierung und politischer Rahmensetzung. Die deutsche Energiewende oder das für 2025 in Norwegen vorgesehene Verbot benzinbetriebener Autos sind Beispiele dafür, wie solche Co-Transformationskulissen aussehen können.

Familien-, genossenschaftliche und
stiftungsbasierte Unternehmen

Ein hochinteressanter Typus von Unternehmen für eine
Nachhaltigkeitstransformation wird neben den großen multinationalen Konzernen immer wieder übersehen: Es sind die
Unternehmen, die im Besitz von Familien, von Stiftungen,
dem Staat oder in einer genossenschaftlichen Struktur organisiert sind. Dazu gehören große Unternehmen wie Bosch
oder Oetker, Genossenschaftsbanken, große Wohnungsbaugenossenschaften und viele kleine und mittlere Unternehmen
(vgl. B.A.U.M. e.V., 2018; future e.V., 2018).

Diese Unternehmen handeln nicht losgelöst von Markt-
gesetzen. Auch sie müssen sich mit ihren Produkten und
Dienstleistungen im Wettbewerb behaupten, müssen sich
über Banken und Kreditunternehmen fremdfinanzieren.
Dennoch können sie es sich erlauben, ihre Unternehmensstrategien zu Lasten kurzfristiger Renditeeinbußen langfristig auszurichten. Einige der Unternehmen sind sogar aufgefordert, keine Gewinne zu machen, die nicht wieder der
Allgemeinheit zugute kommen – vgl. z.B. den Auftrag der
Sparkassen in Deutschland.

Viele grundlegende Nachhaltigkeitsinnovationen kommen
daher immer wieder von diesem Typus von Unternehmen.
Biosupermarktketten oder das Fair-Handelsunternehmen
GEPA sind genauso wie das Unternehmen Tesla von Gründe-
rinnen und Gründern auf den Weg gebracht wurden, die von
einer persönlichen Vision und nicht durch Aktienmärkte getrieben waren.

Insbesondere die Finanzkrise hat ein Umdenken ausgelöst.
Eine gesunde Ökonomie in Transformationsphasen braucht
viele Unternehmen, die Freiräume besitzen, ihre Strategien

unabhängiger von kurzfristigem Eigenkapitaldruck an langfristigen Zukunftsprojekten auszurichten.

Unternehmen in öffentlicher Hand

Ein weiterer besonderer Typus von Unternehmen sind diejenigen im Eigentum der öffentlichen Hand. Noch weit bis in die 1970er Jahre war es völlig selbstverständlich, dass Post- und Telekommunikationsunternehmen, Eisenbahnen, Fluglinien, Flughäfen, Energie- und Wasserversorger, oft auch Banken und andere Unternehmen, öffentliche Unternehmen waren. Es bestand ein Einvernehmen darin, dass Aufgaben der öffentlichen Daseinsvorsorge als öffentliche Aufgabe wahrzunehmen sind.

Im Rahmen der Liberalisierungswellen ab den 1980er Jahren ist in den meisten westlichen Volkswirtschaften (beginnend mit den USA und Großbritannien) ein großer Teil dieser Sektoren privatisiert worden. Von der Energieversorgung bis zur Telekommunikation, von Bahngesellschaften bis zu Fluglinien wurden vorher öffentliche zu privaten Unternehmen. Dennoch gibt es auch in Deutschland heute noch eine Reihe von Unternehmen in staatlicher Hand oder mit umfassender staatlicher Beteiligung: von der Bahn bis selbst zu Automobilkonzernen wie Volkswagen (an denen das Land Niedersachsen rund 20 % der Anteile hält). Eine wichtige Gruppe dieser Unternehmen sind u.a. viele Stadtwerke, die sich noch in öffentlicher Hand befinden, aber auch hier wurden in den letzten Jahren eine Reihe von Stadtwerken durch die bis dahin kommunalen Anteilseigner an private Unternehmen verkauft oder teilverkauft.

Die ökonomische Logik der Privatisierungswellen in den

1980er Jahren nährte sich aus der Überzeugung, dass erst durch private Eigentümer und Wettbewerb Produktivitäts-potentiale mobilisiert werden können. Wer noch mit alten Wählscheibentelefonen in drei Farben aus alten Post-Zeiten vertraut ist, hat das Gefühl, dass das Kalkül aufgegangen ist. Hätte man sich die Entwicklung der neuen Kommunikations-möglichkeiten ohne eine Privatisierung und Wettbewerb in einer solch rasanten Entwicklung durch Staatsunternehmen vorstellen können?

Doch gilt die positive Einschätzung nicht für alle Sektoren: In vielen Staaten mit z. B. privatisierten Eisenbahngesell-schaften gibt es ein großes Klagen über vernachlässigte In-frastrukturen, da das Investment in die Infrastruktur oft privatwirtschaftlichen Renditeüberlegungen zuwiderläuft. Kommunen, die ihre Wasserversorgung privatisiert haben, leiden heute unter der damit entstandenen ökonomischen Abhängigkeit. Ähnliches gilt für Städte mit privatisierten Stadtwerken, bei denen eine engagierte Klimastrategie fast unmöglich ist, wenn das Stadtwerk aus privatwirtschaftlichen Überlegungen daran kein Interesse hat.

Wenn über Unternehmertum in der Großen Transfor-mation nachgedacht wird, ist es daher wichtig, den Typus öffentlicher Unternehmen nicht aus dem Auge zu verlieren. Sie können einen wichtigen Beitrag leisten zum Ausgleich öffentlicher Interessen und unternehmerischer Produktivität.

Neue Formen kollaborativer Ökonomie

Schließlich ist gerade in den letzten Jahren eine hohe Dynamik bei einem dritten Typus von Unternehmen zu entdecken, die sich noch konsequenter einer Nachhaltigkeitstransformation im Sinne einer »True Business Sustainability« verpflichtet fühlen: Unter dem Stichwort von »Social Business« und »Social Entrepreneurship« (Praszkier & Nowak, 2012; Volkmann, 2012) sind damit Unternehmerinnen und Unternehmer gemeint, die die Lösung sozialer und ökologischer Herausforderungen zum Kern ihrer unternehmerischen Tätigkeit machen und die Frage der damit verbundenen Erträge nur als nachgelagertes Ziel betrachten. Dadurch entstehen neue Wertschöpfungshybridformen, die marktbezogene Anteile haben, dieses aber oft mit ehrenamtlichem Engagement und Wertschöpfung verbinden, die sich klassischer marktlicher Verwertungslogik entziehen: Reparatur-Cafés und Mikrokreditinitiativen gehören ebenso dazu wie »Urban Gardening«-Projekte oder solche zur Flüchtlingsintegration.

Die Differenzierung macht deutlich: Nur durch einen Mix, d.h. die stärkere Entfaltung der spezifischen Potentiale der Unternehmensformen, wird eine Große Transformation gelingen, auch unter den Bedingungen eines sich weiter entwickelnden Kapitalismus (vgl. Kap 6).

Mehr Mut, eine »gemischte Ökonomie« zu denken

Der Charme des neoliberalen Paradigmas ab den 1980er Jahren lag darin, das Bündel komplexer ökonomischer, sozialer und gesellschaftlicher Herausforderungen durch eine einfache Formel aufzulösen: Mehr Markt und mehr Privatwirtschaft stärken die Produktivität jeder Volkswirtschaft. Der damit geschaffene höhere materielle Wohlstand schafft nicht nur ökonomische Prosperität, sondern löst auch die meisten sozialen Herausforderungen. Je weniger Märkte reguliert werden und je mehr sich der Staat aus der ökonomischen

Aktivität herauszieht, desto größer die entsprechenden Effekte.

Dieser faszinierende ökonomische Reduktionismus hat ein gewaltiges globales Wirtschaftswachstum entfesselt. Er hat jedoch zur gleichen Zeit ein ständig wachsendes Ausmaß an nicht beabsichtigten sozialen, ökologischen und gesellschaftlichen Nebenfolgen erzeugt, die das 21. Jahrhundert immer stärker prägen (vgl. dazu auch Kap. 6).

Man muss daher konstatieren: Die Idee der neoliberalen Problemlösungen war faszinierend klar und einfach gedacht, aber leider zu einfach! Schon Albert Einstein hat dafür sensibilisiert, dass Erklärungen komplexer Zusammenhänge so einfach wie möglich gestaltet sein sollten, aber auch nicht einfacher. Genau hier liegt die Herausforderung der künftigen Ausgestaltung der Wirtschaftsordnung. Der Blick auf die Vielfalt der Unternehmensformen kann dazu einen wichtigen Beitrag leisten.

Denn mit ihm besteht die Chance, je nach Bereich und Sektor abzuwägen, wo die volkswirtschaftlichen Effekte einer vollständigen Privatisierung mögliche negative gesellschaftliche Nebenfolgen eben genau einer solchen Privatisierung eindeutig überwiegen.

Es wird möglich, in einer neuen Offenheit über eine »gemischte Ökonomie« nachzudenken, die unterschiedliche Formen des Unternehmertums zulässt. So gewinnen alternative Ökonomien (Wuppertal Institut, 2017) an Gewicht. Gerade durch die ideologische Dominanz neoliberaler Überzeugungen war eine solche Offenheit lange nicht möglich. Sie weicht aber auch in der wissenschaftlichen Diskussion einer zunehmenden Ideologiefreiheit.

Je nach Unternehmensform haben Unternehmen unterschiedliche Potentiale für die Unterstützung von Transfor-

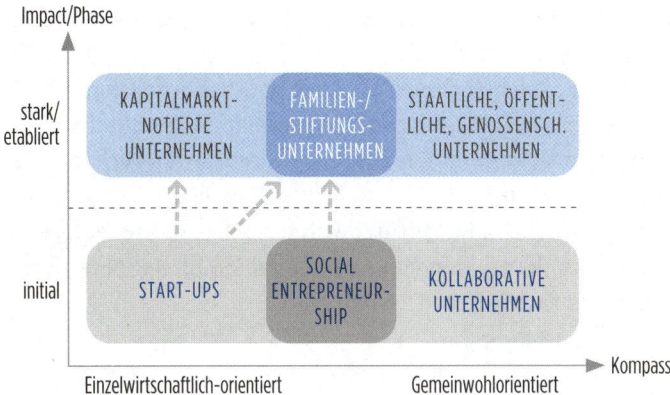

Abb. 20.5: Typologie und Entwicklungsdynamik unterschiedlicher Unternehmensformen in der Nachhaltigkeits-Transformation. *Quelle: Eigene*

mationsprozessen in Richtung einer Nachhaltigen Entwicklung. Erst der richtige Mix aus unterschiedlichen Formen des Impacts und einer Gesellschaftsorientierung (vgl. Abb. 20.5) wird die ökonomischen Transformationsprozesse insgesamt ermöglichen.

Dies hängt u. a. damit zusammen, dass heute ohnehin ein Kontinuum an »gemischten Ökonomien« existiert. »Mixed Economies« waren und sind immer schon Realität (Hacker & Pierson, 2017). Und selbst die Erfolge der weitgehend privatisierten US-amerikanischen Volkswirtschaft sind in ihren Schlüsselsektoren ohne die massiven staatlichen Interventionen insbesondere in den 1930er Jahren nicht zu erklären, wie Jacob Hacker und Paul Pierson in ihrem Buch »American Amnesia« (2017) eindrucksvoll aufgezeigt haben. Es geht daher vielmehr darum, die Mischung je nach Branche und Volkswirtschaft in geeigneter Weise auszutarieren – gerade auch vor dem Hintergrund der ganz neu entstehenden

Unternehmensformen der kollaborativen Ökonomie im Zeitalter der Digitalisierung.

In einer solchen Perspektive liegen erhebliche Chancen für eine Große Transformation. Sie machen die gesellschaftliche Rolle von Unternehmen wieder differenzierter verhandelbar und diskussionsfähig. Damit wird es auch leichter möglich, ihre politische und kulturelle Rolle aktiv zu thematisieren und sie in ihrem Handeln nicht auf reine Shareholdervalue-Produktionsmaschinen zu reduzieren.

Die Rolle unterschiedlicher Branchen in der Großen Transformation

Nachhaltiges Unternehmertum bedeutet, unternehmerisches Handeln von gesellschaftlichen Herausforderungen her zu konzipieren. Dabei unterscheidet sich die Rolle einzelner Unternehmen in der Großen Transformation nicht nur nach Unternehmensformen, sondern auch nach Branchen.

Weiter vorne im Buch wurde deutlich: Die Energiewende folgt anderen technologischen, ökonomischen, institutionellen und kulturellen Dynamiken als die Ernährungs- oder die Mobilitätswende. In jedem dieser Transformationsfelder liegen auch andere ökonomische Dynamiken vor. Das hat Einfluss darauf, welche Rolle Unternehmen in den Veränderungsprozessen spielen können.

In den folgenden Abschnitten wird ein Blick geworfen auf zentrale Transformationsfelder aus Unternehmenssicht: auf Mobilität, auf Ernährung, auf Städte / Infrastrukturen und auf Energie. Zudem werden ausgewählte Schnittstellenbranchen angeschaut, die in alle diese Felder hineinwirken: die Banken- und Versicherungs- und die Informations- und Kommunikationsbranche.

Wo spielt die ökonomische »Musik« in den jeweiligen Branchen und Wertschöpfungsketten? Woher kommen die Impulse? Wer sind die gestaltungsmächtigen Akteure in den jeweiligen Feldern? Was sind die problematischen ökonomischen Dynamiken, die es zu transformieren gilt? Was heißt das für das »Wie weiter?« und die Rolle der Unternehmen in der Branche? Das sind die Leitfragen, die die Analyse in den einzelnen Feldern und den zugrundeliegenden Systembranchen Industrie / Energie, IT, Finanzierung begleiten.

Tabelle 20.1 gibt dabei einen ersten Überblick über Transformations- und daraus abgeleitete Geschäftsherausforderungen in den einzelnen Feldern.

Ernährung zwischen Urban Gardening und Hightech-Agrarchemie

Ist eine globale Ernährungsproduktion mit erheblich reduziertem ökologischem Fußabdruck technologisch und ökonomisch möglich? Zehn Milliarden Menschen werden Mitte des 21. Jahrhunderts auf eine ausreichende Agrarproduktion und Lebensmittelversorgung angewiesen sein. Gleichzeitig ist die Nahrungsproduktion ein wichtiger CO_2-Emittent und nutzt global knappe Ressourcen: eine sich weiter reduzierende landwirtschaftliche Nutzfläche, aber auch nicht regenerierbare Rohstoffe wie Phosphor. Ihre nicht geschlossenen Stoffkreisläufe (z. B. Nitratzyklus) sind ein zentraler Brennpunkt bei der Einhaltung globaler ökologischer Grenzen.

Zwei Entwicklungen werden die Antwort auf diese Frage vermutlich entscheiden. (1) Zum einen die Produktionsfortschritte in der Agrar- und Lebensmittelproduktion. Waren um 1900 auch in Europa und den USA noch z. T. über die Hälfte

UNTERNEHMENS-FORM BRANCHE	SCHLÜSSEL-HERAUS-FORDERUNGEN	KAPITALMARKT-ORIENTIERTE UNTERNEHMEN
Energie-(intensive) Industrien	Umfassender Technologiewandel zu regenerativen Energien, Effizienz-/Einspar-Geschäftsmodelle	RWE/E.ON Energieversorger in der Transformation
Mobilität	Transformation zu Mobilitätsdienstleistungen und Verkehrssubstitution	Post/E-Scooter Konzerninternes Innovationsmanagement
Ernährung	Sicherung globalen Ernährungszugangs bei nachhaltigen Landnutzungsmustern, Transformation zu nachhaltigen Ernährungsregimen	Unilever Bayer/Monsanto (DNP 2012) Nachhaltigkeitsspielräume globaler Konzerne
Gebäude/Infrastruktur/Städte	Energie- und Ressourceneffizienzrevolution, Ermöglichung neuer urbaner Teilhabeformen	Siemens (DNP 2011) Zur Fragilität integrierter Konzernstrategien
Banken/Versicherungen	Umlenkung Investitionsströme/Divestment	Allianz, AXA Kapitalanlage-Strategien, die Dekarbonisierung verzögern
Informations-/Kommunikations-Technologie	Ermöglichung einer verstärkten Commons-Ökonomie, Beherrschung digitaler Rebounds	SAP Nachhaltigkeit als Business-Prozess Engineering-Dienstleistung

FAMILIEN-/ STIFTUNGS- UNTERNEHMEN	ÖFFENTLICHE UNTERNEHMEN	(SOCIAL) START UPS/ KOLLABORATIVE UNTERNEHMEN
EWS Schönau, Bürgerenergiegenossenschaften Pioniere der Energiewende	HEAG AG Kommunale Pioniere	Kiwigrid Plattform zum sektorübergreifenden intelligenten Energiemanagement
Bosch AG Potentiale großer Stiftungsunternehmen in automobiler Kette	Hamburger Hochbahnen Kooperation Kommunen – Konzerne	Clever Shuttle (DNP NE 2017) Neue Geschäftsideen für die mobile Vernetzung
GEPA Pionier globaler Wertschöpfungsketten	Studentenwerk Münster Nachhaltige Gemeinschaftsverpflegung	TunaTech (DNP NE 2015) Start-ups im Feld der Ernährung
Küpper Immobilien Vaillant Urbane Transformation in globalen und regionalen Maßstab	Howoge-Wohnungsbau-Gesellschaft (DNP 2013) Emscher-Genossenschaft Pioniere des urbanen Wandels	Mirker Bahnhof, Montags-Stiftung Entrepreneurship für die Gemeinwohlsicherung
GLS-Bank (DNP 2012) Barmenia (DNP 2008) Change-Management in der Finanzindustrie	Norwegischer Staatsfonds Sparkasse Wuppertal Investition ins globale und lokale Gemeinwohl	Chiemgauer Regionalwährung Experimentierräume für eine neue Finanzwirtschaft
Interseroh/Fudora Motor digitaler Kreislaufwirtschaft	Kommunale Open-Data-Portale Öffentlich bereitgestellte Daten für lokale Kooperationen	Sustainabill Informationen für die Nachhaltige Produkt- und Unternehmensgestaltung

Tab. 20.1: Unternehmen als Treiber des Wandels – Die Matrix unternehmerischer Transformation (»Corporate Transformation Matrix«) – ausgewählte, im Text angesprochene Unternehmensbeispiele (vgl. zu den energieintensiven Industrien Kapitel 17). *Quelle: Eigene*

TEIL C: Akteure

der Menschen in der Landwirtschaft tätig, so sind es heute in den entwickelten Industriegesellschaften unter 2 %. Diese 2 % ernähren dabei in der Regel nicht nur die eigene Bevölkerung, sondern erzeugen zusätzlich erhebliche Mengen für den Export. Die Entwicklung der Lebensmittelproduktion ist daher eine eindrucksvolle Produktivitätsgeschichte, die viel mit technologischen Entwicklungen zu tun hat: Mechanisierung der Landschaft, Optimierung von Saatgut, Einsatz von Dünger und Pflanzenschutzmitteln sowie Optimierung der Tiergesundheit mittels Medikamenten. Die Folge ist, dass Lebensmittel heute zu Preisen produziert werden können, die allen Bevölkerungsschichten einen Zugang zu äußerst günstiger, zumeist fleischbasierter Ernährung ermöglichen. Der durchschnittliche für Lebensmittel ausgegebene Anteil am Haushaltseinkommen betrug in Deutschland im Jahr 2016 nur noch 14,1 % (Statista, 2018). Durch die durch die Globalisierung nochmals verschärften Wirtschaftlichkeitsanforderungen befindet sich die Ernährungsbranche zudem unter einem andauernden Preisdruck. Statt wie in den Jahrhunderten und Jahrtausenden davor ist nicht mehr Hunger, sondern Überfluss und damit einhergehende Fehlernährung das prägende Kennzeichen der Ernährungssituation in entwickelten Ländern (vgl. dazu auch Kap. 15). (2) Zum anderen wird die Branche durch die Veränderungen von Lebensstilen gerade in den Industrieländern angetrieben: So führen Individualisierung und abnehmende Zeit für die Nahrungszubereitung zu einer steigenden Nachfrage nach schon weitgehend verarbeiteten Lebensmitteln sowie anderen Mustern bei den täglichen Mahlzeiten (abnehmende Zeit für die Lebensmittelzubereitung, wachsende Bedeutung von Außerhaus-Gastronomie, Fastfood).

In diesem Spannungsfeld entstehen aus Nachhaltigkeitssicht problematische betriebswirtschaftliche Dynamiken: Die für die Ernährungsbranche interessanten Märkte sind entwickelte Länder und Schwellenländer mit einer ausreichenden Kaufkraft. Die Ernährungsgewohnheiten in diesen Ländern treiben daher die Märkte. Die Kundenanforderungen in diesen Märkten lauten: fleischintensive und saisonunabhängige Ernährung, weitgehend verarbeitete Lebensmittel, Präferenz für vorgefertigte Lebensmittel sowie zur Außerhaus-Verpflegung. Dies wirkt von den Absatzmärkten auf die Landwirtschaft und ihre Zulieferbranchen (insbesondere die Agrochemie) zurück. Es entsteht ein durch den Lebensmittelhandel verstärkter intensiver Preiswettbewerb in der gesamten Wertschöpfungskette. Ein wichtiger Baustein dabei ist eine möglichst kostengünstige Fleischproduktion. Die hohe Klima-, Ressourcen- und Flächenintensität der Fleischwirtschaft und der vorgelagerten Futtermittelproduktion erzeugt viele ökologische Herausforderungen: hoher Anteil an Klimagasen, Überdüngung und Grundwassergefährdung, massiver Antibiotikaeinsatz in der Tierzucht, Land-Grabbing und Landnutzungskonflikte, um die Lebensmittelkonsumbedürfnisse der entwickelten Industrieländer zu befriedigen (vgl. dazu auch Kap. 15).

Wer besitzt in der Branche die Gestaltungsmacht, Veränderungen zu bewirken? Oder ist die Branche in einer Sandwich-Position zwischen Wettbewerbsdruck und vorgegebenen Konsumentenpräferenzen gefangen und kann wenig selbst dazu beitragen, sich daraus zu befreien?

Abb. 20.6 zeigt die wichtigsten Wertschöpfungsstufen der Ernährungsbranche auf.

Der Blick auf die Wertschöpfungskette zeigt, dass auf den meisten Stufen mächtige, oft global agierende Unternehmen existieren: große Agrarchemiekonzerne wie Bayer und Mon-

Abb. 20.6: Die Wertschöpfungskette in der Ernährungsbranche. *Quelle: Eigene*

santo, internationale Unternehmen der Lebensmittelproduktion wie Nestlé oder Unilever, auf nationaler Ebene dominierende Handels- und Discounterketten wie Aldi, Carrefour oder die Schwarz-Gruppe (Lidl) und global agierende Gastronomie-Unternehmen wie McDonald's, Starbucks oder Burger King. Landwirtschaft tritt international nur dann als ein starker ökonomischer Einzelakteur auf, wenn sie staatlich koordiniert ist (wie z. B. die chinesische Landwirtschaftsstrategie oder die einiger afrikanischer Staaten).

Es gibt mithin ökonomisch kraftvolle Unternehmen entlang der gesamten Wertschöpfungskette, die oft in oligopolistischen Strukturen agieren. Interessanterweise befinden sich darunter börsennotierte Konzerne genauso wie große Familienunternehmen (Aldi, Schwarz-Gruppe). Sind diese Unternehmen mächtig oder nur Getriebene? Können Bayer, Nestlé, McDonald's oder Aldi unser Ernährungssystem nachhaltig machen? Sie tun es gelegentlich in Nischen: Im Sortiment von Nestlé findet sich auch Bioschokolade und in den Regalen von Aldi oder Lidl auch Biomöhren und weitere Bioprodukte. Und selbst McDonald's Deutschland bot im Herbst 2015 einige Wochen einen Burger aus Biofleisch an. In der Breite verstärken alle diese Unternehmen jedoch in ihrem täglichen Geschäft die oben beschriebenen problematischen Trends: Mit massivem Druck halten die Discounterketten den Preis für Milch und Fleisch so niedrig, dass der Landwirtschaft kaum Raum für ökologische Verbesserungen

bleibt, sichern sich Unternehmen wie Nestlé weltweit verfügbare Wasserquellen und bauen das Sortiment vorgefertigter
Lebensmittelprodukte kontinuierlich aus, setzen Konzerne
wie Monsanto auf genmodifiziertes Saatgut und darauf angepasste Pflanzenschutzmittel (Kneen, 1999), um insbesondere
die Produktion von Futtermitteln wie Mais für die Fleischproduktion so günstig wie möglich zu machen.

In den beschriebenen Marktstrukturen kann man keinem
einzelnen, auch nicht den größeren Unternehmen, vorwerfen,
dass es nicht alleine die (Ernährungs-)Welt rettet. Aber insbesondere den großen Unternehmen lässt sich zur Last legen,
dass sie die dahinterliegenden Trends weiter verstärken statt
abschwächen und sich dabei hinter Sachzwangargumenten
zurückziehen.

Die Anforderung an große Unternehmen und ihre Füh-
rungen muss sein, den Spielraum für geschäftsstrategische
Synthesen, die Möglichkeiten einer Business Sustainability
3.0, in der sich ökonomische und ökologische Anforderungen
verbinden lassen, viel konsequenter zu nutzen. Einige wenige
Unternehmen wie z. B. der Unilever-Konzern haben sich in
den letzten Jahren in diese Richtung auf den Weg gemacht
(siehe oben) und geben einen Eindruck davon, welche Spielräume auch in umkämpften Wettbewerbsfeldern bestehen.

Noch wichtiger ist es aber, dass gerade die großen einfluss-
reichen und markenstarken Konzerne ihre ordnungspoliti-
sche und kulturprägende Wirkung für eine Veränderung des
Ernährungssystems einbringen. Denn letztlich wird sich der
Umbau des Agrar- und Ernährungssystems nur durch klare
politische Akzentsetzung umsetzen lassen. Gerade dort, wo
selbst die mächtigen Unternehmen kaum eigene betriebswirtschaftliche Handlungsspielräume für einen nachhaltigeren Umbau des Ernährungssystems sehen, sind sie als Bünd-

nispartner für eine avancierte Agrar- und Ernährungspolitik
gefragt, die bessere Rahmenbedingungen schafft.

Gutes Unternehmertum zeichnet sich auch in der Ernährungsbranche dadurch aus, dass es den individuellen unternehmerischen Vorteil sucht, um damit gesamtgesellschaftlich
einen Beitrag zu leisten, und nicht dadurch, dass es den eigenen betriebswirtschaftlichen Nutzen nur durch eine Ver-
schlechterung des Gesundheits- und Umweltzustandes auf
diesem Planeten erreicht. Insbesondere die großen Unternehmen der Ernährungsbranche sind in diesem Sinne längst
noch nicht bei den Möglichkeiten einer unternehmerischen
Zukunftskunst angelangt.

Wie kann und muss es in der Ernährungsbranche daher
weitergehen? Hier sind nicht nur die großen Unternehmen
gefragt. Denn der Umbau in der Branche vollzieht sich gerade im Spannungsfeld konventioneller Konzerne wie Nestlé
und von Branchenvorreitern wie dem Unternehmen GEPA,
dem Pionier und Marktführer im fairen Handel. Gerade den
Pionieren kommt eine hohe Bedeutung zu, um Nischen zu
entdecken und zu vergrößern und damit auch der gesamten
Branche vorzuführen, was heute an verantwortungsvoller Ernährungswirtschaft schon möglich ist. Das, was heute an Bio-
angeboten bei den Discountern zur Regel geworden ist, wurde
durch die Biopionierunternehmen in Produktion und Handel
in den letzten Jahrzehnten ermöglicht. Und neue Nischen
warten auf kreative Pionierunternehmen (z.B.: urbane Landwirtschaft, neue Eiweißquellen; Hardegger, 2017).

Noch wichtiger ist aber die Wahrnehmung der politischen
und kulturellen Mitverantwortung gerade durch die großen
Akteure in der Branche. Es bedarf langfristiger globaler Visionen einer nachhaltigen Ernährungswirtschaft für zehn
Milliarden Menschen auf diesem Planeten. Plattformen für

deren Aushandlung könnten durch die Industrie selber auf den Weg gebracht werden und würden Landwirtschaft, Industrie, Politik und Zivilgesellschaft an einen Tisch bringen.

Mobilität: Faktor-10-Mobilität zwischen Volkswagen, Uber und Google

Eine wichtige Vision im Mobilitätssektor lässt sich auf die prägnante Formel der »Faktor-10-Mobilität« bringen: Damit ist in den Industriestaaten die klimaneutrale und ressourcenleichte Befriedigung der Mobilitätsbedürfnisse mit nur noch einem Zehntel der heutigen Fahrzeuge gemeint. Eine solche Faktor-10-Mobilität ist eine Antwort sowohl auf die CO_2-Emissionen als insbesondere auch auf den Ressourcenverbrauch (Fläche, Ressourcen für die Fahrzeugproduktion) des Mobilitätssektors. Aufgrund sich verändernder Mobilitätskulturen und rasanter technologischer Entwicklungen (z.B. internetbasierte Sharing-Geschäftsmodelle, Fortschritte im autonomen Fahren) rückt diese Vision im urbanen Bereich in greifbare Nähe (Janasz, 2018). Dabei braucht eine zukunftsfähige Mobilität erst einmal kein Hightech. Im ersten Schritt geht es um die »Vermeidung« und »Verlagerung« von Verkehr: um gute Stadt- und Regionalplanung, kurze Wege, Attraktivität fürs Laufen und Radfahren, ein gutes System des öffentlichen Nahverkehrs. Erst dann greift das »Verringern« von Belastungen durch effiziente Motoren, neue Antriebe und insbesondere Ride-Sharing-Angebote.

Trotz der vielen Dimensionen der Mobilitätswende bleibt das Automobil in der öffentlichen Diskussion aus verständlichen Gründen im Zentrum der Diskussion: Mit Automobilen werden die meisten Personenkilometer zurückgelegt, dahin-

ter steckt einer der wichtigsten (deutschen) Wirtschaftssektoren mit jährlich über drei Millionen verkauften Neuwagen
und einer umfassenden Zuliefer- und Service-Industrie. Diese ökonomische Bedeutung hat Folgen: Unsere Städte, unsere
Infrastrukturen, unsere Mobilitätskultur entstanden in den
letzten Jahrzehnten rund um das Automobil, statt Automobile in eine nachhaltige Mobilitätskultur einzubetten.

Die Automobilindustrie besitzt nicht nur in Deutschland eine bedeutende ökonomische und politische Stellung.
Die ökonomischen Logiken des Automobilsektors treiben
das Mobilitätssystem. Und diese erfordern große Unternehmen mit globalen Entwicklungs-, Produktions- und Ver-
marktungsstrukturen, um das Produkt Automobil möglichst
jedem Menschen in entwickelten und zunehmend auch in
Schwellenländern verfügbar zu machen. Auf diese Weise
werden die großen Automobilhersteller für viele Volkswirtschaften »systemrelevant« und bestimmen entscheidend die
infrastrukturelle und politische Entwicklung des Mobilitätssektors.

Mit dem zunehmenden ökologischen Problemdruck (städti-
sche Luftbelastungen, Klimaemissionen) und der wachsenden
Bedeutung der Informations- und Kommunikationstechnologie ändert sich seit wenigen Jahren diese lange unveränderte
ökonomische Konstellation: Es treten neue machtvolle globale
Unternehmen, insbesondere aus der Informations- und Kommunikationstechnologie, auf und fordern die bestehenden
Unternehmen heraus.

Immer stärker deutet sich an, dass sich die Transformation
des Mobilitätssektors in einem Wechselspiel der Geschäfts-
transformation traditioneller Automobilkonzerne, ganz neuer Spieler in der Branche wie z.B. Tesla, Google oder Uber,
sich verändernden gesellschaftlichen Trends und einer be-

gleitenden Politikgestaltung (auf lokaler, aber auch nationaler Ebene) abspielen wird.

Eine der wichtigsten Herausforderungen in der anstehenden Transformation ist die Überwindung von Pfadabhängigkeiten der letzten Jahrzehnte. Diese Pfadabhängigkeiten im Mobilitätssektor hängen damit zusammen, dass auf sehr unterschiedlichen Ebenen autogerechte Gesellschaften geschaffen wurden: Sie schlagen sich im Erscheinungsbild unserer auf den Autoverkehr ausgerichteten Städte nieder, genauso wie in einer auf den Automobilsektor und seine Zulieferbranchen ausgerichteten Wirtschaftsstruktur, aber auch in mentalen »Infrastrukturen« wie einer »Automobilkultur«, in denen die Nutzung und der Umgang mit dem Auto ein wichtiger individueller und gesellschaftlicher Identifikationsfaktor ist (Sachs, 1984). Die Veränderung solcher Strukturen ist ein langwieriger Prozess. In den letzten Jahrzehnten liefen alle Anstrengungen darauf hinaus, diese Strukturen weiter zu verfestigen. In den kommenden Jahren besteht die Aufgabe darin, sie aufzubrechen: das Erscheinungsbild und die Infrastrukturen in unseren Städten für andere Formen der Mobilität attraktiv zu machen, andere Formen der Fortbewegung auch kulturell neu aufzuladen, die ökonomische Abhängigkeit von der Automobilität schrittweise zu verringern. International brechen immer mehr Länder und Städte auf diesen Weg des Strukturwandels auf.

Durch den mit dem Mobilitätsumbau verbundenen massiven investiven und infrastrukturellen Wandel wird dieser ohne Politik und ohne investitionsstarke Unternehmen nicht gelingen können. Auf der Unternehmensseite kamen bisher nur die traditionellen Automobilhersteller dafür in Frage. Das verschaffte ihnen auch einen so starken politischen Einfluss.

Durch das Auftauchen neuer großer ökonomischer Ak-

teure im Mobilitätssektor verschieben sich die Machtverhält-
nisse. Unternehmen wie Google, Tesla oder Uber erreichen
heute den Wert klassischer Automobilunternehmen oder
übersteigen diesen bei weitem (vgl. manager magazin, 2018).
Sie verfügen über erhebliche Investitionsmittel für neue
Technologien und Infrastrukturen. Die Frage ist nicht mehr,
ob die Wende zu einer stärker autonomen, geteilten und
schwerpunktmäßig elektrischen Mobilität kommt, sondern
von welchen Unternehmen und in welchen Ländern sie vorangetrieben werden wird.

Die Mobilitätswende wird sich in einem engen politisch-
ökonomischen Zusammenspiel zwischen europäischer, nationaler, aber insbesondere lokaler Politik und den Strategien
großer investitionsstarker Unternehmen vollziehen. Ein in-
teressantes Beispiel dafür ist die Kooperation zwischen der
im Eigentum der Stadt Hamburg befindlichen Hamburger
Hochbahn und der VW-Konzerntochter MOIA (Hochbahn,
2017). Hier kooperiert ein global tätiger Automobilkonzern
mit einem kommunalen Unternehmen, um Alternativen
für einen bald schon auf autonom fahrenden Fahrzeugen
aufbauenden Nahverkehr zu etablieren und damit die Dominanz globaler Konzerne wie Uber in diesem Segment zu
brechen.

Automobilkonzerne werden eine wichtige Rolle in der
Branchentransformation spielen. Wie stark diese Rolle ist,
wird davon abhängen, welche Geschäftsmodell-Resilienz (siehe oben) sie aufweisen und wie schnell und intensiv ihnen
die Transformation ihrer Geschäftsmodelle gelingt. Daneben
werden andere finanzstarke Unternehmen die Transformation treiben: die neuen Spieler aus der Informations- und
Kommunikationsbranche von Google bis Uber, Unternehmen
aus der Energiebranche gerade mit Blick auf den Aufbau der

Versorgungsinfrastrukturen mit Strom und gegebenenfalls synthetischen Kraftstoffen, aber durchaus auch Anbieter des öffentlichen Nah- und Fernverkehrs.

Die Zukunftskunst des Mobilitätssektors wird darin bestehen, richtungssichere Ordnungspolitik von nationaler bis zur lokalen Ebene mit zukunftsweisenden Unternehmensstrategien zu verknüpfen, um so möglichst eine Faktor-10-Mobilität ohne große Friktionen auf den Weg zu bringen.

Gebäude, Infrastruktur und Housing: Städte gestalten zwischen Siemens und Mirker Bahnhof

Rund 80 % der Menschen werden bis zum Jahr 2050 in Städten leben (vgl. auch Kap. 16). Die zentralen Urbanisierungsschübe finden dabei in Afrika und Asien statt. In den Jahren 2008–2010 hat China mehr Beton verbaut als die USA im gesamten 20. Jahrhundert.[10] Das macht die zentralen Herausforderungen für eine nachhaltige Stadtentwicklung deutlich: Energie- und Ressourceneffizienz, Dekarbonisierung und Kreislaufwirtschaft. Der Energieverbrauch in den Gebäuden der Städte bestimmt entscheidend die CO_2-Bilanz der Zukunft. Nur durch energieeffiziente Gebäude und eine dekarbonisierte Energieversorgung sowie durch einen klima- und ressourcenleichten Verkehr wird die Einhaltung der planetarischen Grenzen gelingen. Dabei genügt es nicht, den kontinuierlich anfallenden Wärme- und Kälteenergiebedarf in Gebäuden im Blick zu behalten, sondern auch die bei der Herstellung von Baustoffen (insbesondere Beton) entstehenden CO_2-Emissionen zu berücksichtigen. Hier sind neue Baustoffe und Strategien des Urban Recycling und Mining gefordert. All diese ökologischen Herausforderungen gilt es, mit einer

Stadtentwicklung zu kombinieren, die breite soziale Teilhabe
und individuelle Entfaltungsmöglichkeiten in Städten ermöglicht (WBGU, 2016a, vgl. Kapitel 16).

Diese Randbedingungen stecken den strategischen Rahmen für Unternehmen ab, die unmittelbar mit der urbanen
Entwicklung befasst sind: für Baukonzerne, für Immobilienentwickler und Wohnungsgenossenschaften, für die Anbieter
und Betreiber urbaner Infrastrukturen.

Wer baut die Stadt der Zukunft (um)? Das ist die Schlüsselfrage für die künftige urbane Entwicklung. Waren es bis zur
Beginn der Neuzeit in der Regel der Staat und z. T. die Kirche,
die in Europa mit ihren Investitionsmitteln die Form von
Städten prägten, ist moderne Stadtentwicklung im Wesentlichen privatwirtschaftlich getrieben.

Dies schafft große Herausforderungen für die nachhaltige
Stadtgestaltung. Denn nicht alles, was gut für die Stadt und die
Menschen ist, lässt sich kommerzialisieren. Ganz im Gegenteil: Oft führt die kommerzialisierte Stadtgestaltung zu hohen Dysfunktionalitäten für die Stadtgesellschaft als Ganzes:
sterile Einkaufszentren, Gentrifizierung, Gated Communities,
autogerechte Städte zu Lasten eines leistungsfähigen öffentlichen Nahverkehrs, technologisch überladene Visionen (wie
z. B. Hightech-Stadt-Visionen wie Masdar City oder auch viele
bestehende »Smart-City«-Ansätze) statt menschengerechter
Stadtgestaltung: All das sind Entwicklungen, die aus einem
betriebswirtschaftlichen Kalkül oft sinnvoll erscheinen, aber
den Wohlstand in der Stadt insgesamt schmälern.

Auch die ökologisch-nachhaltige Stadtgestaltung bewegt
sich in ähnlichen Spannungsfeldern: Hohe Energieeffizienzstandards in Gebäuden, recyclingfähige Baumaterialien,
»Smart Homes« – all das erfordert oft zusätzlichen Planungs-
und Investitionsaufwand und steht im Konflikt mit dem Ziel

vieler Städte, schnell und günstig neuen Wohn- und Büro-
raum zu schaffen.

In beiden Feldern ist ein gutes Zusammenspiel zwischen
staatlicher Impulssetzung und unternehmerischem Handeln
gefragt. Nachhaltige Stadtentwicklung braucht die Investi-
tions- und Innovationskraft von privaten Unternehmen und
Akteuren. Sie braucht gleichzeitig aber auch eine Rahmensetzung, durch die sich die Stadt in ihren öffentlichen Funktionen weiterentwickelt.

In diesem Zusammenwirken spielen eine Reihe sehr unterschiedlicher Unternehmen und Branchen eine wichtige Rolle:
Dazu gehört die gesamte Immobilienwirtschaft, die in ihrer
ökonomischen Struktur von globalen Immobilienunternehmen im Besitz von Hedgefonds über kleine und mittelstän-
dische Immobilienunternehmen bis zu gemeinnützigen oder
öffentlichen Wohnungsbaugenossenschaften reicht. Dies
macht die Immobilienbranche zu einem hochinteressanten
Akteur für die urbane Transformation. Nachhaltigkeitsakzen-
te werden dabei insbesondere von Unternehmen gesetzt, die
sich in öffentlicher Trägerschaft befinden, oder von privaten
Investoren mit einem Stadtentwicklungsengagement. Ein
Beispiel dafür ist das kommunale Berliner Wohnungsunter-
nehmen HOWOGE. Mit rund 59 000 Wohnungen gehört die
Wohnungsbaugesellschaft zu den zehn größten Vermietern
deutschlandweit. Sie wurde 2013 mit dem deutschen Nachhaltigkeitspreis für ihre Wohnungsbewirtschaftung ausgezeichnet, die ökologisch sanierten Wohnraum für breite
Bevölkerungsschichten zu tragbaren Mietkosten ermöglicht.
Geleitet durch die Philosophie »Wir wollen die Gesellschaft
mitgestalten« (www.firmengruppe-kuepper.de/philosophie)
ist die Firmengruppe Küpper in Wuppertal Beispiel für ein
privates Immobilienunternehmen, das in den letzten Jahren

durch eine gezielt an den Herausforderungen der Stadt Wuppertal angepasste Immobilienentwicklung wichtige Entwicklungsimpulse für eine nachhaltige Stadt- und Quartiersent-
wicklung gegeben hat. Die Stadt Wuppertal ist in diesem
Zusammenhang ohnehin ein Beispiel für die Bedeutung unterschiedlicher Formen unternehmerischen Engagements in
der Stadtentwicklung. Neben privatwirtschaftlichen Akteuren
geben derzeit soziale Entrepreneure Impulse für die Stadtentwicklung: Ein national und international ausgezeichnetes
Projekt ist dabei der »Mirker Bahnhof« in Wuppertal-Elber-
feld (www.clownfisch.eu/utopia-stadt/bahnhof-mirke). An
einer als Rad- und Ausflugstrasse reaktivierten alten Bahn-
trasse und getragen durch ein breites Netzwerk Aktiver, die
sich im gemeinnützigen Utopiastadt e.V. organisiert haben,
ist hier ein Projekt entstanden, das über die Entwicklung des
Bahnhofes und des ihn umgebenden Areals die Wuppertaler
Stadtentwicklung entscheidend prägt (vgl. Kasten »Mehr
Wuppertal wagen« in Kap. 16). Beispiele für entsprechende
gemeinwohlorientierte Formen der Stadtentwicklung finden
sich heute in vielen Städten. Stiftungen wie die Montag-
Stiftungen (www.montag-stiftungen.de) tragen dazu bei, entsprechende Initiativen zu fördern und den Wissensaustausch
untereinander zu stärken.

Auch bei der Bereitstellung urbaner Infrastrukturen und
Dienstleistungen findet sich eine ähnliche Vielfalt an Unternehmen. Die Energie-, Wasser-, Daten- und Mobilitätsver-
sorgung (vgl. Kap. 14) liegt in der Hand sehr unterschiedlicher Unternehmen: vom breit diversifizierten globalen
Anbieter von Infrastrukturen wie dem Unternehmen Siemens über nationale Energieversorger bis hin zum lokalen
Stadtwerk in kommunaler Trägerschaft. Auch hier ist die di-
verse ökonomische Struktur eine erhebliche Stärke. Ein be-

sonders eindrucksvolles Beispiel dafür, wie öffentlich geprägte Unternehmen die Stadt- und Raumstruktur einer ganzen Region prägen können, ist die Emschergenossenschaft. Mit dem Emscher-Umbau, einem über 25 Jahre laufenden Infrastrukturprojekt zur Neuorganisation der Abwasserentsorgung im Ruhrgebiet bei gleichzeitiger Renaturierung des Flusses Emscher, hat die Genossenschaft auch international breit wahrgenommene Entwicklungsimpulse für das Ruhrgebiet ausgelöst (Scheck & Wuppertal Institut für Klima, Umwelt, Energie, 2013; Schepelmann, Kemp & Schneidewind, 2016).

Die durchmischte Wirtschaftsstruktur und das immer schon existierende Zusammenspiel von politischer Steuerung und unternehmerischem Handeln in der Stadtökonomie sind gute Voraussetzungen für eine nachhaltige Transformation in Städten.

Die Zukunftskunst in den stadtbezogenen Branchen besteht darin, immer wieder das richtige Gleichgewicht zwischen privatwirtschaftlicher Dynamik und an öffentlichen Interessen orientierter Stadtgestaltung zu finden. Dafür bedarf es auf der einen Seite der richtigen politischen Instrumente und Aushandlungsplattformen. Auf der anderen Seite sind Unternehmen gefordert, ihre struktur- und stadtpolitische Funktion aktiv anzunehmen und wahrzunehmen.

Dort wo die Kommerzialisierung der Stadtentwicklung dysfunktional geworden ist, gilt es zu einem neuen Gleichgewicht zurückzufinden. Gerade neue Formen des sozialen Unternehmertums werden diese Form der Stadtgestaltung erweitern.

Banken und Versicherungen: Die Finanzwirtschaft
als Motor nachhaltiger Transformation?

Neben den Branchen, deren Nachhaltigkeitseffekte unmittelbar zuzuordnen sind (siehe oben) gibt es weitere Branchen,
die im Hinblick auf Nachhaltigkeitstransformationen eine
»Ermöglicher«-Funktion haben: Es sind Branchen, deren
direkter ökologischer Effekt eher überschaubar ist, die aber
durch ihre Dienstleistungen Nachhaltigkeitstransformationen in anderen Branchen erheblich beeinflussen: Dazu gehören insbesondere der Finanzsektor und der gesamte Sektor
der Informations- und Kommunikationstechnologie. Die
folgenden beiden Abschnitte werfen einen Blick darauf, wie
diese Branchen ihren Nachhaltigkeits-»Handabdruck«, d. h.
ihren positiven Nachhaltigkeitseffekt auf Veränderungen in
anderen Branchen gestalten können.

Moderner Kapitalismus ist heute im Kern globaler Finanzkapitalismus (vgl. auch Kap. 6). Die ökonomische Produktivität der Weltwirtschaft wird dadurch angetrieben, dass sich
Kapital weltweit frei bewegen kann und nach den attraktivsten
Anlageoptionen sucht. Durch welche Investitionen lassen sich
international die höchsten Renditen erreichen? Die Antwort
auf diese Frage entscheidet, ob die indische Elektroautoindus-
trie, die amerikanische Ölindustrie oder der kolumbianische
Staat Kredite oder auch Eigenkapital zu günstigen Konditio-
nen erhalten, um ihre Aktivitäten durch Investitionen in Infrastrukturen, neue Produktionsanlagen, in Forschung & Entwicklung oder ausgebaute Vertriebsaktivitäten zu verstärken.

Dies ist auf den ersten Blick ein durchaus produktiver Mechanismus. Er sichert ein globales Wachstum – und darüber
hinaus hohe Renditen für die Kapitaleigner. Getrieben wird
diese Dynamik dabei nicht nur von großen privaten Kapital-

eignern und Hedgefonds, sondern in gleicher Weise auch von (Kranken- und Lebens-)Versicherungen oder Pensionsfonds, die das ihnen anvertraute Geld vieler Kunden so anlegen müssen, dass spätere Renten- oder Pflegeversicherungszahlungen gewährleistet bleiben.

Die Gefahr dieser Organisation der Weltwirtschaft liegt darin, dass sie von einer alternativlos wirkenden Shareholder-value-Logik getrieben wird: Der zentrale Kompass für globale Investitionsentscheidungen sind die Renditeerwartungen der Kapitaleigner. Dabei kann der Kapitaleigner auch der VW-Mitarbeiter sein, der Geld für seine Alterssicherung in einem Pensionsfonds angelegt hat.

Die Folge ist, dass sich für alle Anlageoptionen, die im Vergleich zu anderen weniger Rendite erbringen, nur äußerst schwer Kapital mobilisieren lässt. Darum sind die Vorstände großer Kapitalgesellschaften so vom Ziel der »Eigenkapitalrendite« getrieben. Sie signalisiert für Kapitalanleger die Attraktivität, in ein spezifisches Unternehmen und seine Strategie zu investieren. Diese Logik schlägt unmittelbar auf die Strategien kapitalmarktnotierter Unternehmen durch, wenn Schlüsselinvestoren bestimmen, in welchen Produktbereichen sich ein Nahrungsmittelkonzern wie Nestlé engagiert und wo nicht, wenn der Kapitalmarkt bestimmt, wie die Umbaustrategien großer Energiekonzerne wie RWE und E.ON aussehen oder in welchen Bereichen ein BioTech-Engagement lohnt und wo nicht (manager magazin, 2017a, 2017b, 2017d).

Daraus können sich aus Nachhaltigkeitssicht sehr dysfunktionale Entwicklungen ergeben. Der Blick auf die letzten 20 Jahre Wirtschaftsentwicklung hat das gezeigt:

(1) *Wachstumsdruck.* In vielen Branchen lässt sich die Rendite durch Wachstum erhöhen – aufgrund von Skaleneffekten und Synergien. Der Druck der Kapitalmärkte

führt daher zu einem kontinuierlichen Wachstumsdruck
sowohl auf Unternehmen als auch auf Volkswirtschaften
insgesamt.

(2) *Entkopplung von der Realwirtschaft.* Renditeerwartungen werden monetär gemessen, sie sind sozusagen blind
gegenüber den konkreten wirtschaftlichen Aktivitäten,
die zu diesen Renditen führen. Das hat ab der Jahrtausendwende zu einer zunehmenden Virtualisierung von
Wertschöpfung geführt. Es entstand ein globaler Finanzsektor, der mit neuen Formen von Finanzprodukten das
Volumen ökonomischer Wertschöpfung erheblich erweiterte, ohne dass sich die Realwirtschaft in gleichem
Maße entwickelt. Bildlich gesprochen: Neben unserer
realen Wirtschaft entstand ein immer größer werdendes
Kasino, das für relevante Anteile der Wertschöpfung in
einzelnen Volkswirtschaften wie z.B. der britischen und
der US-amerikanischen verantwortlich war. Und wer in
dieses Kasino investierte, konnte zumindest einige Zeit
gewaltige Renditen erzielen. In der Finanzkrise von 2008
platzten dann viele der durch diese virtuelle Ökonomie
aufgebauten Blasen.

(3) *Ausblendung externer Effekte.* Aus Nachhaltigkeitssicht
z.T. noch problematischer ist die Tatsache, dass die Logik
globaler Kapital- und Finanzmärkte »externe Effekte«,
d.h. ökologische und soziale Nebenfolgen der wirtschaftlichen Aktivitäten, in die investiert wird, ausblendet. Dies
führt dazu, dass die Renditen aus dem Kapitalengagement
den Investoren zufließen, die ökologischen und sozialen
Folgen der wirtschaftlichen Aktivität aber von der Allgemeinheit getragen werden müssen. Dieser Mechanismus greift auf ganz unterschiedlichen Ebenen: Wer in
Öl- und Rohstoffunternehmen investiert, die unter hoch-

problematischen Bedingungen ihre Rohstoffe abbauen, der profitiert von florierenden Rohstoffmärkten. Die ökologischen Schäden muss die Allgemeinheit tragen. Wer sein Geld in profitablen Einkaufscenter-Entwicklungen anlegt, der profitiert davon, wenn sich künftig die Einkaufskraft an solchen Orten konzentriert. Die damit oft einhergehende Verödung von Innenstädten muss die Allgemeinheit tragen.

Globaler Finanzkapitalismus ist daher blind gegenüber ökologischen und sozialen Nebenfolgen. Und dies ist insbesondere deswegen der Fall, weil sich Kapital heute global bewegen kann und daher viele nationale Regierungen in Erpressungssituationen bringt: Wenn eine nationale Regierung besonders strenge Umwelt- und Sozialstandards umsetzt, riskiert sie, dass Kapital und z. T. auch Unternehmen in andere Länder abwandern.

Kann die Finanzbranche an diesen Dynamiken etwas ändern? Oder ist sie selber nur Getriebene eines Systems auf der Suche nach den höchsten globalen Renditen, denen sich weder ein Hedgefonds noch der Kleinsparer auf der Suche nach der besten Form der zusätzlichen Altersversicherung entziehen kann?

Um eine Antwort auf diese Frage zu geben, hilft ein Blick auf die Akteure des Finanzsektors. Es ist ein weites Spektrum: Es reicht von milliardenschweren Hedgefonds über große Banken und Versicherungsunternehmen, über betriebliche und staatliche Pensionsfonds bis hin zu großen Staatsfonds wie z. B. dem norwegischen Staatsfonds, der in den letzten Jahren immer wieder durch seine Anlageentscheidungen Aufmerksamkeit erregt hat (vgl. Steuer, 2017). Dazu gehören aber genauso reiche Einzelinvestoren wie der SAP-Gründer

Hopp (manager magazin, 2017b) und große Stiftungen wie
z. B. die Bill-und-Melinda-Gates-Stiftung.

Durch ihre Investitionsentscheidungen bestimmen gerade
große Finanzakteure, ob global mehr in regenerative Energien oder in Atomkraftwerke investiert wird, ob eher Elektroautos oder neue SUVs auf Dieselbasis produziert werden, ob
Medikamente für Malaria-Prophylaxe oder die Wohlstands-
krankheiten moderner Gesellschaften entwickelt werden. Die
Akteure des Finanzmarktes – wie z. B. private Investoren oder
Stiftungen –, die nicht auf die Erzielung maximaler Eigen-
kapitalrenditen angewiesen sind, haben durchaus Möglichkeiten, ökologische und soziale Entwicklungsakzente zu
setzen, die gegen den ökonomischen Mainstream laufen (vgl.
Kasten). Dennoch bleibt die Zahl der Finanzakteure, die ein
Renditeprimat antreibt, so groß, dass global gesehen für alles,
was – auch unabhängig von seinen ökologischen und sozialen
Nebenfolgen – die höchsten Renditen verspricht, ausreichend
Kapital zur Verfügung steht.

Wie sieht daher Zukunftskunst in globalisierten Finanz-
märkten aus? Welche Rolle kommt dabei den Finanzmarkt-
unternehmen zu?

Ein wichtiger Schlüssel für eine zukunftsfähige Gestaltung
des Handelns in Finanz- und Kapitalmärkten ist die Tatsache,
dass diese Märkte letztlich mit Erwartungen handeln. Haben
fossile Energien eine Zukunft? Wird sich die Elektromobilität
erfolgreich entwickeln? Welche Nahrungsmittel werden in
den nächsten 20 Jahren besonders konsumiert? Wer Geld in
unterschiedliche Branchen investiert und hohe Renditeerwartungen hat, der muss Antworten auf diese Fragen finden.

Die Antworten auf diese Zukunftsfragen sind dabei nicht
deterministisch vorgegeben. Sie hängen davon ab, wie sich
Werthaltungen und Konsumentenpräferenzen in Gesell-

schaften entwickeln, aber auch wie sich politische Rahmenbedingungen weiterentwickeln: Werden die meisten Länder
engagierte Klimapolitiken umsetzen? Wird die Sensibilität
gegenüber einem Fleischkonsum aus Massentierhaltung steigen?

Genau hier setzt der eigentliche Wirkungsmechanismus
einer Finanzbranche an. Er ist indirekter, als man auf den
ersten Blick vermutet, denn dadurch, dass Informationen zu
Finanz- und Kapitalmärkten eine ständige Präsenz in der öffentlichen Kommunikation und Debatte haben – man denke
nur an die täglichen Börseninformationen vor der Tages-
schau im deutschen Fernsehen, obwohl nur ein kleiner Anteil
Deutscher überhaupt Aktien besitzt –, ist das Verhalten von
Finanzakteuren auf dieser Ebene wirkmächtig:

Die »Divestment-Bewegung« war ein anschaulicher Beleg
dafür. Wenn erst renommierte US-amerikanische Privatuni-
versitäten mit ihrem großen Anlagevermögen, später dann
aber auch Institutionen wie der norwegische Staatsfonds und
große Versicherungsunternehmen erklären, dass sie ihre Investitionen aus Unternehmen fossiler Energieproduktion (d. h.
Öl-, Gas-, Kohleunternehmen) zurückziehen (Clark, 2015;
Steuer, 2017; UMass, 2016), dann ist der direkte Kapitalmarkt-
effekt eventuell sehr gering (weil z. B. rein renditeorientierte
Anleger die entsprechenden Positionen übernehmen). Aber
mit einem solchen Schritt wird den entsprechenden Branchen
eine Legitimation sehr sichtbar entzogen. Und genau dies
hat Auswirkungen auf Öffentlichkeit und Politik. Es bestärkt
Regierungen in engagierteren Dekarbonisierungsstrategien
und Konsumenten in einem veränderten Kaufverhalten. Und
diese Politik- und Konsumentscheidungen führen dann zum
realen Wertverlust der Unternehmen in den entsprechenden
Industrien.

Wie schwer es gerade börsennotierten Finanzkonzernen aus Ertragsüberlegungen fällt, trotz bestehender Nachhaltigkeitsstrategien (vgl. z. B. zum Nachhaltigkeitsengagement der Allianz-Gruppe: www.allianz.com/de/nachhaltigkeit/ansatz) ein Divestment konsequent umzusetzen, hat im Jahr 2018 eine Studie der NGO-Kampagne »Unfriend Coal« gezeigt: Danach haben europäische Versicherungsunternehmen, u. a. die Unternehmen AXA und die Allianz-Gruppe, trotz umfassender Divestment-Aktivitäten über deren polnische Tochtergesellschaften derzeit mehr als 1,3 Mrd. Euro in den polnischen Kohlesektor investiert und Dutzende polnischer Kohleprojekte versichert. Damit ermöglichen sie polnischen Unternehmen die Errichtung neuer Kohlekraftwerke und die Erschließung neuer Kohleminen, darunter auch besonders klimaschädliche Braunkohleminen (vgl. Pinson, 2018).

Es ist wichtig, diese Mechanismen und Dynamiken zu verstehen. Sie erklären, warum Initiativen wie die globale Divestment-Bewegung (WBGU, 2014) von solcher Bedeutung sind und gerade große Finanzunternehmen in besonderem Maße in ihrer strukturpolitischen Wirkung und in ihrer Wirkung auf öffentliche Wahrnehmungsprozesse gefordert sind.

Darüber hinaus können Finanzunternehmen über eine Reihe weiterer Mechanismen wichtiger Katalysator für Transformationsprozesse einer Nachhaltigen Entwicklung werden:

(1) (1) *Transparenz.* Das Wissen über ökologische und soziale Nebenfolgen des Handelns unterschiedlicher Branchen und Unternehmen, aber auch von Regierungen (bei der Anlage in Staatsanleihen) ist die Grundlage für verantwortungsvolles Investment. Jedes Finanzunternehmen sollte diese Transparenz seines Anlageportfolios sicherstellen, die Grundlagen dafür sind seit langer Zeit auch

durch die Entstehung entsprechender ökologischer Ratingagenturen gegeben.

(2) *Sondierung geschäftsstrategischer Synthesen.* Eng mit der Transparenz und Informationsfunktion von Finanzunternehmen hängt ein weiterer Mechanismus zusammen: Je besser es gelingt, zu verstehen, wo ökologisch und sozial verantwortliches Unternehmenshandeln positiv mit Renditeerwartungen zusammenhängt, desto schneller können entsprechende Bereiche wirtschaftlicher Aktivität befördert werden. Finanzinstitutionen kommt daher – durchaus auch im eigenen ökonomischen Interesse – eine frühe Aufklärungsfunktion zu, entsprechende Felder und Entwicklungen zu identifizieren. Das ist der Grund, warum es schon seit vielen Jahren bei den großen Rückversicherungsunternehmen Abteilungen gibt, die sich mit den (ökonomischen) Folgen des Klimawandels auseinandersetzen. Alternative Rating- und Anlageunternehmen wie die in der Schweiz entstandene Sustainable Asset Management (SAM) haben u. a. mit ihrem Sustainability Index früh zu entsprechender Aufklärung beigetragen (www.sustainability-indicies.com).

(3) *Direkte Einflussnahme auf das Management.* Dort wo Investoren über relevante Anteile von Unternehmen verfügen und im Aufsichtsrat vertreten sind, ist die unmittelbare Einflussnahme auf die geschäftsstrategische Ausrichtung der sehr viel effektivere Weg, nachhaltige Unternehmensentscheidungen zu beeinflussen, als ein einfacher Entzug oder Zufluss von Kapital.

(4) *Sektor sozialökologischer Alternativfinanzierungen ausbauen.* Ein wichtiger Ansatzpunkt für die Ausweitung sozialökologisch sinnvoller Unternehmensstrategien und -investments ist die Verbreiterung des Sektors, der An-

lagekapital verwaltet, das primär von der Lösung gesellschaftlicher Herausforderungen und erst sekundär von
einer Renditemaximierung getrieben ist. Dieser Sektor
ist breit und umfasst sehr unterschiedliche Akteure: Von
der auf das lokale Gemeinwohl zielenden Sparkasse über
spezifische Banken wie die GLS-Bank bis zur Bill-und-
Melinda-Gates-Stiftung mit ihrem Ziel, zur Ausrottung
spezifischer Krankheiten im globalen Süden beizutragen.

Auch im Finanzsektor lohnt der Blick auf Unternehmen mit
nichtklassischer privatwirtschaftlicher Eigentümerstruktur.
Es sind gerade diese Unternehmen, die wichtige Nachhaltig-
keitsimpulse setzen. Beispiele sind die GLS-Bank, die sich als
Genossenschaftsbank in der Hand von über 40 000 Eigentü-
mern von Genossenschaftsanteilen befindet, die mit ihrem
Engagement die Grundidee der Bank unterstützen. Auch
eine Reihe von Versicherungsunternehmen sind nicht im Eigentum von Finanzinvestoren, sondern letztlich in dem ihrer
Kunden: So ist z. B. die Barmenia-Versicherung als wichtiges
Lebens-, Kranken- und Sachversicherungsunternehmen ein
»Versicherungsverein auf Gegenseitigkeit«, bei dem die Ver-
sicherungsnehmer Mitglieder und Träger des Vereins sind.
Die Barmenia nutzt dieses Selbstverständnis für ein in der
Versicherungsbranche als führend geltendes Nachhaltigkeitsengagement und wurde dafür schon 2008 mit dem Deutschen Nachhaltigkeitspreis ausgezeichnet. Gerade der – z. T.
gesetzlich vorgeschriebene – Zwang zur Erwirtschaftung von
Kapitalrenditen (insbesondere im Bereich der Lebensver-
sicherung) setzt aber auch Unternehmen wie der Barmenia
Grenzen in der nachhaltigkeitsorientierten Ausgestaltung
ihrer Anlageentscheidungen. Hier sind lediglich Negativ-
ausschlüsse bestimmter Formen nichtnachhaltiger Anlagen

möglich. Eine noch proaktivere Gestaltung der Anlageentscheidungen würde die für die Kunden zu erwirtschaftenden
Renditeziele gefährden.

Unmittelbarer sind die Effekte bei Sparkassen als gemeinnützigen Kreditinstituten in öffentlich-rechtlicher Trägerschaft. Ihr Geschäftserfolg zielt unmittelbar auf Gemeinwohl.
Dies eröffnet ganz andere Möglichkeiten, die eigenen Geschäftsstrategien von vornherein auf nachhaltige Effekte im
jeweiligen Einzugsbereich der Sparkasse auszurichten. Damit
sind Strategien gemeint, die auf die Lebensqualität der Menschen vor Ort zielen und vielfältige gemeinnützige Aktivitäten vor Ort fördern. Weil ein solches Engagement das Vertrauen in die Institution stärkt, eröffnen sich für Sparkassen
hier besondere Potentiale, erfolgreiche Geschäftsstrategien
mit nachhaltigkeitsorientierter Regionalentwicklung zu verknüpfen (vgl. das Beispiel der Sparkasse Wuppertal, Wölfges,
2018). Dass diese Strategie auch ökonomisch erfolgreich ist,
zeigte sich nicht zuletzt in der Finanzkrise 2007/08. Anders
als die »Global Player« der Branche hatten die Sparkassen und
Genossenschaftsbanken in der Regel nicht in hochriskante
Derivate (»Sub-Prime«) investiert, sondern in Kreditnehmer
vor Ort, deren Kreditwürdigkeit und persönliche Integrität
sie einschätzen konnten.

Alle diese Ansätze können Impulse für die Verringerung
von Dysfunktionalitäten des heutigen globalen Kapital- und
Finanzsystems leisten. Sie können es aber nicht alleine. Ohne
eine staatliche Flankierung, die auch international ökologisch
und sozial bedenkliche Formen des Wirtschaftens zurück-
drängt, wird die Große Transformation nicht gelingen. Auch
hier bedarf es daher eines engen Zusammenspiels unternehmerischen und staatlichen Handelns.

Informations- und Kommunikationstechnologie – Digitaler
Katalysator für die Transformation?

Der Beginn des 21. Jahrhunderts markiert die Schwelle zu
einem digitalen Zeitalter, das mit neuen Logiken der Wertschöpfung und erheblichen Produktivitätssteigerungen einhergeht. Die Wirkungen lassen sich in vielen Sektoren spüren:
Verkehr mit autonom fahrenden Fahrzeugen, eine »Industrie
4.0«, »Smart Cities« oder eine digitale Kreislaufwirtschaft
(Wilts & Berg, 2017a) sind nur einige der Stichworte, die die
Zeitenwende markieren. Kaum eine Branche kommt ohne
Digitalisierung aus.

Die Digitalisierungsbranche selbst wird dadurch zu einem
zentralen Wertschöpfungstreiber. Ihr Anteil am Bruttoinlandsprodukt steigt kontinuierlich. Heute schon stammen die
wertvollsten Unternehmen der Welt aus der digitalen Welt
(vgl. Abb. 20.7).

Die in der Branche erzielten Renditen und das über die
Jahre aufgebaute Eigenkapital geben den großen Unternehmen in der Branche enorme Gestaltungsmöglichkeiten –
mit Blick auf Forschungs- und Entwicklungsanstrengungen
oder die Übernahme von Unternehmen aus konventionellen
Branchen: So experimentiert Google in seinen Laboren mit
eigenen autonom fahrenden Autos und neuen medizinischen
Behandlungsmethoden. Es entwickelt neue Geschäftsmodelle
für alle diese Branchen, die auf dem gewaltigen Datenschatz
aufsetzen, über den das Unternehmen verfügt. Der Kauf eines
großen Automobilherstellers oder Pharmaunternehmens
stellt für Google finanziell kein Problem dar. Bei Unternehmen wie Facebook, Amazon oder Apple verhält es sich nicht
viel anders.

Hinter der Informations- und Kommunikationstechnolo-

POS.	NAME	KURS	MARKTKAPITALISIERUNG
1	Apple Aktie	128,15 €	641,60 Mrd.
2	Microsoft Aktie	72,28 €	533,47 Mrd.
3	Amazon Aktie	1,10 Tsd. €	532,84 Mrd.
4	Alphabet Aktie	849,12 €	530,68 Mrd.
5	Tencent Holdings Ltd. Aktie	41,45 €	415,93 Mrd.
6	JPMorgan Chase Aktie	89,47 €	305,07 Mrd.
7	Johnson & Johnson Aktie	105,43 €	276,67 Mrd.
8	Exxon Aktie	62,26 €	262,69 Mrd.
9	Bank of America Aktie	24,66 €	249,34 Mrd.
10	Wal-Mart Aktie	80,85 €	241,48 Mrd.

Abb. 20.7: Unternehmen mit der weltweit höchsten Marktkapitalisierung, Stand 11.2.2018. *Quelle: Nach Börsennews, 2018*

gie und ihren Schlüsselunternehmen steckt damit ein Transformationspotential für fast alle Wirtschaftsbereiche. Das macht diese Branche auch aus Nachhaltigkeitsperspektive so interessant.

Blickt man auf das Verhältnis von Digitalisierung und Nachhaltigkeit, dann wird schnell deutlich, dass es sich hierbei um ein sehr ambivalentes Spannungsverhältnis handelt (vgl. Abb. 20.8): Einerseits birgt die Digitalisierung große Potentiale für eine Nachhaltige Entwicklung – auf sehr unterschiedlichen Ebenen. Andererseits sind Digitalisierungsprozesse in vielen Bereichen einer der wichtigsten Treiber für Nichtnachhaltigkeit. Die Zukunftskunst der Informations- und Kommunikationsbranche liegt darin, mit ihrer Kraft und ihren Möglichkeiten in diesem sensiblen Spannungsfeld zu navigieren.

Dies sei an einigen Beispielen illustriert:

(1) Wird die Digitalisierung zum Motor für eine neue Dimension der Aufklärung? Führen uns Google, Facebook und neue Informations- und Kommunikationsportale zu aufgeklärten Konsumentscheidungen, für die Informationen über ökologische und soziale Hintergründe von Produkten zur Verfügung stehen und berücksichtigt werden? Geben Sie uns in geeigneten Momenten Handlungsimpulse zu gesunden und nachhaltigen Lebensweisen? Schon heute gibt es eine große Zahl von Informationsangeboten, die in diese Richtung weisen (Wilts & Berg, 2017a). Oder entwickeln wir uns mehrheitlich zu einer Entertainment-Society, in der sich die Informationsangebote auf den kurzen Effekt und aktuelle Stimmung beeinflussende Unterhaltung reduzieren und sich unsere Informationsbeschaffung auf eng über soziale Medien definierte »Blasen« ähnlich Denkender reduziert, im ungünstigen Fall belastet durch viele Fake News? Auch hierfür finden sich heute viele Beispiele. Umso wichtiger ist die öffentliche Bereitstellung frei verfügbarer Informationen z. B. durch kommunal betriebene Open-Data-Portale.

(2) Eröffnet die Digitalisierung den Weg in eine völlig neue Form der Ökonomie? Eine Ökonomie, in der immer mehr Wertschöpfung in Open-Source-Communities entsteht und der Allgemeinheit frei zur Verfügung gestellt wird, in der Sharing und neue Formen sozialer Integration über die neuen Medien erleichtert werden? Eine Ökonomie, in der große Teile der Wertschöpfung automatisiert erbracht werden und die Wertschöpfungsgewinne über neue soziale Mechanismen einer breiten Bevölkerung zur Verfügung stehen? Entwürfe solcher Visionen liegen vor (Mason, 2016), neue kollaborative Unternehmensformen spielen darin eine wichtige Rolle. Oder ist die Digitalisierung der Treiber für einen »Turbo-« und

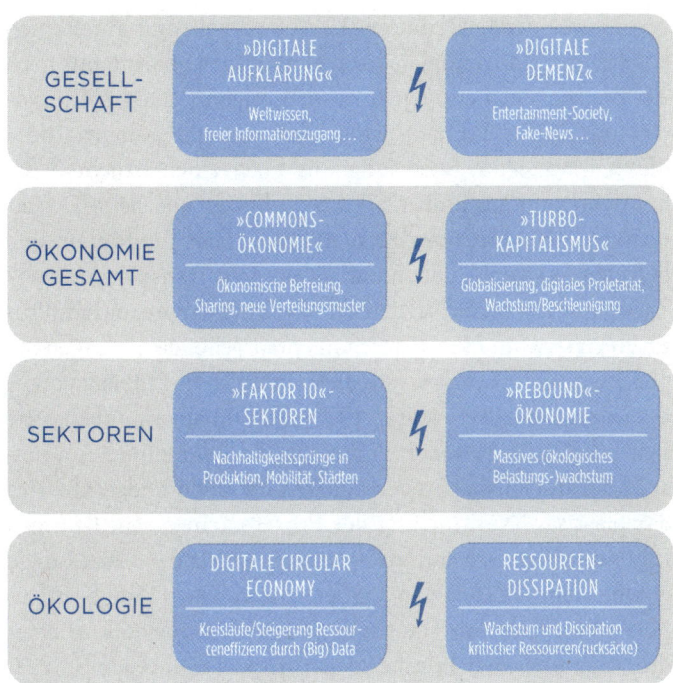

Abb. 20.8: Potentiale und Gefahren von Digitalisierungsprozessen. *Quelle: Eigene*

»Plattform«-Kapitalismus, in dem wenige Großunternehmen durch ihre Datenmonopole fast alle unsere Lebensbereiche durchdringen und beherrschen und die damit erzielten Gewinne sich bei ganz wenigen Menschen konzentrieren? Die ökonomische Entwicklung der letzten Jahre deutet durchaus in eine solche Richtung.

(3) Werden die neuen Informations- und Kommunikationstechnologien zum Treiber ökologischer Effizienz und führen

uns in eine grüne Ökonomie? Wird Verkehr mit autonomen Fahrzeugen und digital koordiniertem Ride-Sharing nur noch ein Zehntel der heutigen Autos benötigen (Janasz & Schneidewind, 2017)? Werden »smart homes« und »smart cities« durch intelligente Steuerung nur noch einen Bruchteil der heutigen Energie brauchen? Ermöglichen uns neue Drucktechnologien ganz neue Formen dezentraler Produktion und befreien uns von Abfällen und gewaltigen Transportströmen? Auch hier lassen sich in den Entwicklungslabors und im Prototyp vieler Unternehmen schon entsprechende Lösungen beobachten. Oder werden alle diese möglichen Effizienzpotentiale durch ein weit stärkeres Wachstum überkompensiert? Wird das 21. Jahrhundert eine Rebound-Ökonomie? Am Beispiel der in Haushalten verfügbaren digitalen Endgeräte wird das plastisch: Natürlich ist der Prozessor in einem heutigen iPhone energetisch um vieles effizienter als der Prozessor in einem Heim-PC aus den 1990er Jahren. Doch fand sich früher ein Rechner im Haushalt, so finden sich heute in einer durchschnittlichen Familie gleich mehrere Notebooks, iPads und Smartphones, die zudem intensiv genutzt werden. Die Tatsache, dass heute jeder Haushalt über eine Rechenleistung verfügt, die die der ersten Mondlande-Expeditionen um ein Vielfaches überschreitet, führt auch zu einer entsprechend stärkeren Nutzung. Genau diese Leistungssteigerung und die intensive Nutzung der Geräte sind das, was die Unternehmen in der Branche aus betriebswirtschaftlicher Perspektive treiben muss. Es ist daher nicht verwunderlich, dass der Stromanteil für Informations- und Kommunikationstechnologie am gesamten Stromverbrauch in den meisten Industrieländern seit Jahren steigt (vgl. Lange & Santarius, 2018).

(4) Nicht nur energetisch, sondern auch aus einer Ressourcen-perspektive sind die Projektionen ähnlich ambivalent: Sind die neuen Informations- und Kommunikationstechnologien der Treiber für eine völlig neue Dimension von Kreislauf-wirtschaft (Wilts & Berg, 2017b)? Oder führten das weitere Wachstum und die immer schneller aufeinanderfolgenden Generationswechsel in der IT-Technologie mit ihren Bedar-fen an sehr spezifischen Rohstoffen zu einer Ressourcenkata-strophe, weil nicht nur immer mehr Rohstoffe unter bedenk-lichen ökologischen Bedingungen abgebaut (Feil u.a. 2010), sondern nach ihrer Anwendung nicht mehr rückholbar in unserer Umwelt und der Technosphäre feinverteilt werden? Angesichts der geringen Kreislaufquoten bei den heutigen IuK-Endgeräten ist eine solche Entwicklung nicht unwahr-scheinlich (Nordmann u.a., 2015).

Gerade im Hinblick auf die neuen Informations- und Kom-munikationstechnologien ist Zukunftskunst daher in beson-derer Weise gefordert.

Wer besitzt Gestaltungsmacht, um in diesem Spannungs-feld zu navigieren? Auch bei der Digitalisierung handelt es sich um ein systemisches Feld, das ohne politische Rahmen-setzungen und Steuerungen nicht auskommt. Doch gerade durch den alle nationalen Grenzen überschreitenden Cha-rakter digitaler Prozesse kommt den global agierenden Un-ternehmen ein hohes Maß an ordnungspolitischer Mitverant-wortung zu. Die Diskussion über die Regulierung von Fragen des Datenschutzes auf Social-Media-Portalen wie Facebook hat das deutlich gemacht. Einzelne nationale Regierungen oder selbst die EU sind hier schnell regulatorisch überfordert, wenn es nicht ein geeignetes Zusammenspiel mit den jewei-ligen Unternehmen gibt.

Zudem bestimmen gerade die großen finanzstarken Unternehmen mit ihren Investitions- und F&E-Mitteln nicht nur erheblich über die weitere technologische Entwicklungsrichtung, sondern auch darüber, wie sich gesamte Branchen entwickeln. Ohne die Übernahme einer gesellschaftlichen Mitverantwortung wird die Beherrschung dieser Herausforderungen nicht gelingen.

Vor diesem Hintergrund ist die Informations- und Kommunikationsindustrie auf allen vier Ebenen einer Zukunftskunst gefordert:

(1) *Technologieentwicklung.* Die Branche ist Technologie-Ermöglicher. Sie treibt die technologischen Entwicklungen. Es ist für die Branche von zentraler Bedeutung, früh in eine offene und gesellschaftliche Debatte über die Verwendung und Einbettung neuer technologischer Optionen einzutreten. Diese Diskurse haben in einigen Feldern wie z. B. dem autonomen Fahren begonnen. Sie gilt es für weitere Bereiche zu stärken und vonseiten der Unternehmen und der Branche neue Formen des verantwortlichen Technologiediskurses zu erproben.

(2) *Geschäftsmodelle.* Technologie wird dann ökonomisch wirkmächtig, wenn sie sich in Geschäftsmodelle übersetzt. Die gesamte Branche, vom Internetgiganten bis zum kleinen Start-up, sucht nach neuen Geschäftsmodellen. Dabei ist das, was sich in ein profitables Geschäftsmodell übersetzen lässt, und das, was Gesellschaften insgesamt voranbringt, bei weitem nicht immer deckungsgleich. Hier bedarf es neuer Formen der Geschäftsmodell-Ethik. Eine Business Sustainability 3.0 sollte der Kompass, das Mindset für verantwortliche Geschäftsmodell-Entwicklung sein.

(3) *Strukturpolitischer Akteur.* Gerade die Informations-

und Kommunikationstechnologie ist als verantwortungsvoller strukturpolitischer Akteur gefordert. Sie stößt in
viele bisher kaum geklärte Regulierungsbereiche vor. Dabei zeigen sich viele positive (z. B. neue Informationsfrei-
heiten über soziale Medien in autokratischen Systemen)
und negative Effekte (z. B. optimierte Steuervermeidung
durch die Ortlosigkeit der Dienstleistungen, Unterminie-
rung von Datenschutz und Persönlichkeitsrechten). Angemessene Formen der politischen Rahmensetzung sind
auf das technologische und Geschäftsmodell-Know-how
der Branche angewiesen. Hier gilt es, neue Formen der
öffentlich transparenten Kooperationskultur zu entwickeln.

4. *Kulturalistische Wirkung.* Kaum eine andere Technologie
hat sich in den letzten Jahren als kulturprägender erwiesen
als die Informations- und Kommunikationstechnologie.
Die Branche ist sich dieser Wirkung bewusst und treibt
sie auch voran. Das Schaffen einer digitalen Kultur ist die
Grundlage für die Expansion ihrer Geschäftsmodelle. Daher muss sich die Branche auch mit ihrer kulturprägenden
Rolle transparent dem öffentlichen Diskurs stellen und
dafür Formate und Foren schaffen.

All dies zusammengenommen macht deutlich, dass die Infor-
mations- und Kommunikationstechnologiebranche eines der
interessantesten Anwendungsfelder für neue Formen verantwortungsvollen Unternehmertums sein wird.

Fazit: Auf dem Weg zu unternehmerischer Zukunftskunst

Die vorangegangenen Kapitel haben gezeigt: Unternehmen
spielen eine wichtige Rolle in der Gestaltung einer nachhaltigen Zukunft. Um diese Rolle auszufüllen, muss die Haltung, die unternehmerisches Handeln prägt, neu ausgerichtet
werden. Unternehmerisches Handeln ist wieder als etwas zu
verstehen, das zum gesellschaftlichen Gemeinwohl beiträgt
und beitragen muss. In vielen Bereichen ist diese Verbindung
verlorengegangen. Die Idee einer Business Sustainability 3.0
liefert hierfür einen Kompass.

Die konkrete Rolle, die Unternehmen in den Prozessen
einer Großen Transformation spielen können, unterscheidet
sich erheblich nach Unternehmenstyp und nach Branche. In
den vorangegangenen Abschnitten ist deutlich geworden, wie
Ansatzpunkte aussehen können – entlang der unterschiedlichen Dimensionen einer unternehmerischen Zukunftskunst,
d.h. der Mitgestaltung von Technologien, von Geschäftsmodellen, der Wahrnehmung ordnungspolitischer Mitverantwortung und dem Prägen von Konsumkulturen.

21. Auf dem Weg zur Möglichkeitswissenschaft – Konturen einer gesellschaftsorientierten Wissenschaft

In modernen Wissensgesellschaften beeinflusst Wissen den Verlauf von Transformationsprozessen. Ob Herausforderungen rechtzeitig erkannt werden, ob ein gemeinsames Verständnis über wünschenswerte Zukünfte entsteht, ob Lösungen für ein Umsteuern erarbeitet werden, wird letztlich auch durch akademische Wissensproduktion mitbestimmt. Wissenschaft nimmt eine zunehmend wichtigere Integrations- und Reflexionsfunktion in gesellschaftlichen Veränderungsprozessen ein. Diese Rolle gilt es künftig institutionell zu stärken und die Voraussetzungen für eine »Transformative Wissenschaft« zu schaffen. Wie muss eine Wissenschaft aussehen, die die Transformationsprozesse zu einer Nachhaltigen Entwicklung begleitet? Wo liegen die Defizite im heutigen Wissenschaftssystem? Was muss sich verändern? Diesen Fragen geht das folgende Kapitel nach.

In seinem Hauptgutachten aus dem Jahr 2011 widmet sich auch der Wissenschaftliche Beirat der Bundesregierung Globale Umweltveränderungen ausführlich der Rolle der Wissenschaft in einer Großen Transformation: Er fordert einen »neuen Vertrag zwischen Wissenschaft und Gesellschaft« (WBGU, 2011, S. 345), um mit den Herausforderungen umfassender Transformationsprozesse angemessen umzugehen.

Der WBGU unterscheidet einmal eine Bildung und Forschung *über* Transformation, d.h. eine zumeist interdiszipli-

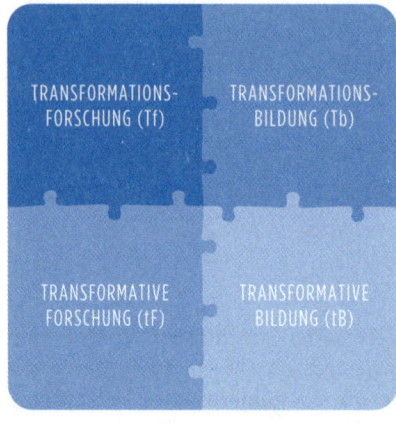

Abb. 21.1: Typen von Wissenschaft für die Große Transformation. *Quelle: Eigene*

näre Forschung und Bildung, die hilft, Transformationsprozesse besser zu verstehen. Viele Inhalte in anderen Kapiteln des Buches können als Bausteine einer solchen Transformationsforschung bzw. -bildung verstanden werden. Zum anderen spricht er von einer Forschung und Bildung, die *selbst transformativ* wirkt. Eine solche transformative Forschung oder Bildung bringt Wissen proaktiv in Veränderungsprozesse ein.

Aufbauend auf Vorgängerarbeiten (Schneidewind, 2009b) entstand im Sinne dieser WBGU-Forderungen am Wuppertal Institut das Konzept einer »Transformativen Wissenschaft« (Schneidewind & Singer-Brodowski, 2014). Transformative Wissenschaft ist eine Wissenschaft, die zusammen mit gesellschaftlichen Akteuren Veränderungsprozesse anstößt und begleitet und dabei auf ein verbessertes Verständnis (wissenschaftliche Verstehensfunktion) sowie eine Reflexion dieser Veränderungsprozesse (gesellschaftliche Reflexionsfunktion) zielt. Damit reagiert eine Transformative Wissenschaft auf die erweiterten Anforderungen an Wissenschaft in den Prozessen der Großen Transformation. Sie erfüllt neben der Erkenntnisfunktion auch eine Katalysator-, Integrations- und Reflexionsfunktion in gesellschaftlichen Veränderungsprozessen (Wissenschaftsrat, 2015).

Eine Transformative Wissenschaft zielt auf eine *Erweiterung* der Wissenschaftsfunktionen, jedoch nicht auf die vollständige gesellschaftliche Instrumentalisierung und Funktionalisierung von Wissenschaft (vgl. zur Debatte insbesondere Strohschneider, 2014 sowie die Repliken Grunwald, 2015; Schneidewind, 2015). Gerade Grundlagenforschung ohne unmittelbare Verwertungszusammenhänge bleibt auch weiterhin ein zentraler Baustein einer verantwortungsbewussten Wissenschaft. Zudem ist auf große Herausforderungen bezogene Grundlagenforschung in vielen Feldern längst etabliert, ohne die Forschungsfreiheit zu beschränken (z.B. in den grundlagenforschungsorientierten Max-Planck-In

Abb. 21.2: Der Transition Cycle und unterschiedliche Wissensformen. *Quelle: Eigene Darstellung in Anlehnung an Bierwirth u.a., 2017, S.31; Loorbach, 2010, S.173*

stituten für (1) Bildungsforschung, für (2) demographische Forschung, zur (3) Erforschung von Gemeinschaftsgütern oder zur (4) Erforschung multireligiöser und multiethnischer Gesellschaften).

Es geht darum, die inter- und transdisziplinären Kapazitäten der Wissenschaft zu stärken, um akademisches Wissen für umfassende Transformationsprozesse verfügbar zu machen. Eine Transformative Wissenschaft

- erhöht die Reflexivität im Wissenschaftssystem – insbesondere mit Blick auf die Rolle der Wissenschaftlerin in gesellschaftlichen Veränderungsprozessen,
- deckt werturteilsgeleitete Bezüge (schon bei der Wahl der Forschungsthemen) frühzeitig auf und verhandelt sie gesellschaftlich,
- praktiziert Formen der Wissensproduktion, bei denen früh auch die nichtwissenschaftlichen Akteure einbezogen werden (vgl. Schneidewind, Singer-Brodowski, Augenstein & Stelzer, 2016).

Die Forderung nach einer vermehrt Transformativen Wissenschaft zielt nicht auf die Abschaffung herkömmlicher wissenschaftlicher Wissensproduktion, ganz im Gegenteil: Sie ist ein Plädoyer für Vielfalt und für eine Re-Adjustierung des Wissenschaftssystems.

Angelehnt an den in der Transformationsforschung verwendeten »Transition Cycle« zielt eine Transformative Wissenschaft auf die Verbindung unterschiedlicher Formen des Wissens (CASS & ProClim, 1997; Schneidewind & Singer-Brodowski, 2014): Es geht einerseits um »Systemwissen« zum besseren Verständnis komplexer soziotechnischer Systeme, mit denen alle relevanten »Wenden« (vgl. Teil B) zu tun haben. Daneben wächst in Transformationsprozessen aber die

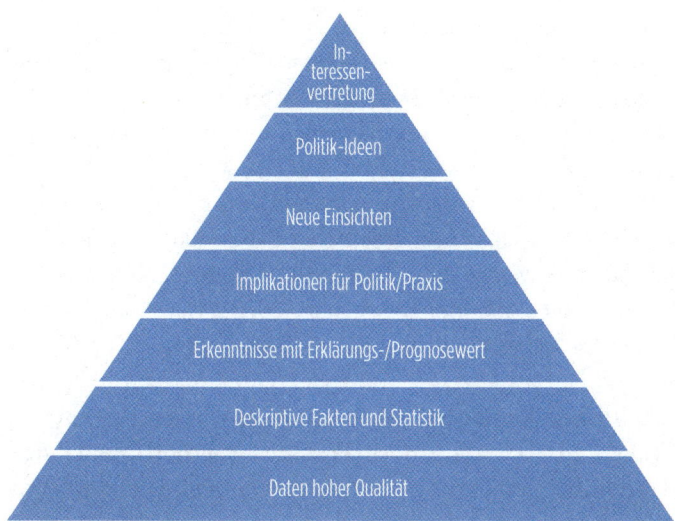

Abb. 21.3: Systematisierung von Wissensformen an der Schnittstelle zu Politik und Gesellschaft. *Quelle: Nach Patel, 2017*

Bedeutung von »Zielwissen«, d. h. dem Wissen über wünschenswerte und mögliche Zukünfte (vgl. dazu weiter unten), und schließlich von »Transformationswissen«, das auch das Wissen von nichtwissenschaftlichen Akteuren einbezieht. Denn gerade durch kontext- und situationsadäquates Wissen, das von konkret handelnden Akteuren stammt, können Veränderungsprozesse angestoßen und vorangetrieben werden.

Darum wird eine Transformative Wissenschaft auch als »transdisziplinär« bezeichnet. »Transdisziplinär« beschreibt eine Forschung, die sich an gesellschaftlichen Herausforderungen orientiert (konkreter Problembezug) und dabei nicht nur das Wissen unterschiedlicher Disziplinen, sondern auch das Wissen von handelnden Akteuren einbezieht (vgl. insbesondere Jahn, Bergmann & Keil, 2012, und Scholz, 2011).

Die Unterscheidung dieser Wissensformen schafft die
Grundlage dafür, die verschiedenen Beiträge besser zu verstehen, die Wissenschaft in der Unterstützung gesellschaftlicher und politischer Transformationsprozesse leistet (vgl.
Abb. 21.3).

Im Kern geht es darum, »produktive Interaktionen« zwischen Wissenschaft und gesellschaftlichen Akteuren über das
produzierte Wissen zu schaffen (vgl. Spaapen & Van Drooge,
2011; Stelzer, Wanner & Schäpke, 2015). Gesellschaftlichen
Akteuren soll ermöglicht werden, über akademisches Wissen
in einer informierteren und reflektierteren Form in gesellschaftlichen Veränderungsprozessen zu wirken. Es geht um
Wissen, das Akteure »informiert«, sie »inspiriert«, und ihnen
dabei hilft, Veränderungsprozesse zu »initiieren« und zu »im-
plementieren«. Die Wirkung, der »Impact« von Wissenschaft
ist in diesem Zusammenhang dann ein wichtiges Qualitäts-
kriterium, um die Bedeutung von Wissenschaft in gesellschaftlichen Veränderungsprozessen zu messen.

**Wissenschaft als Möglichkeitswissenschaft –
Warum moderne Wissensgesellschaften ein angepasstes
Wissenschaftsverständnis brauchen**

Wissenschaft, die Transformationsprozesse unterstützt, sollte die Idee der »Zukunftskunst« als Ausgangspunkt nehmen.
Damit ist im Sinne von Kapitel 3 gemeint, dass gesellschaftliche Zukünfte zuerst von ihren kulturellen und zivilisatorischen Perspektiven gedacht werden sollten. Ausgehend davon
sind dann geeignete institutionelle Rahmen zu konzipieren,
in denen sich technologische und ökonomische Potentiale
entfalten können. Vor diesem Hintergrund wird es wichtig,

dass sich Wissenschaft »nicht alleine auf Fakten reduziert« (Schneidewind, 2017e), sondern zur Möglichkeitswissenschaft (Pfriem, 2016) wird.

Angelehnt an Robert Musil, muss Wissenschaft den »Möglichkeitssinn« in Gesellschaften stärken (vgl. dazu Pfriem, 2016). Sie muss Wissen für mögliche Zukünfte aufzeigen. Eine ausdifferenzierte Transformative Wissenschaft löst das insbesondere auf zweierlei Weise ein:

1. Sie tut es in einer kritischen Funktion, in der sie Grundannahmen gesellschaftlicher Debatten immer wieder hinterfragt. Das Aufdecken von Wahrheit im Sinne von naturwissenschaftlichen Fakten und Zusammenhängen wie in der Klimaforschung ist ein Teil dieses kritischen Programmes: Es sensibilisiert für die naturwissenschaftlichen Folgen menschlichen Handelns. Genauso wichtig ist aber die Sensibilisierung für kulturelle und sozioökonomische Zusammenhänge sowie die oft impliziten Grundannahmen gesellschaftlicher Praxis, wie sie von einer (kritischen) Sozial- und Kulturwissenschaft geleistet wird. Dieser Zugang spielt im vorliegenden Buch eine wichtige Rolle, z.B. indem es sich mit den Grundannahmen und Dynamiken der aktuellen Wirtschaftsordnung kritisch auseinandersetzt.

2. Wissenschaft zeigt darüber hinaus Szenarien und mögliche Zukünfte auf. Dies ist der Kern von Zielwissen. Hier entwickelt Wissenschaft durchaus eine utopische Kraft, um das Handeln von Akteuren zu orientieren und zu inspirieren.

Um ein solches Programm einer Möglichkeitswissenschaft einzulösen, sind mehrere Bedingungen zu erfüllen: 1. Wissenschaft muss sich immer wieder auf Gesellschaft beziehen, um

ihre Resonanz zu überprüfen. 2. Sie muss inter- und transdisziplinär sein, um auch das Wissen von gestaltenden Akteuren
einzubeziehen.

Die heutige Organisation des Wissenschaftssystems ist der
Ausbildung einer solchen Möglichkeitswissenschaft eher ab-
träglich. Sie schafft im Wesentlichen Anreize für disziplinäre
und methodische Spezialisierung. Gesellschaftsorientierung
und Transdisziplinarität werden dagegen kaum mit Anreizen
und Reputationsmechanismen im System unterstützt.

Heute unterscheiden sich Disziplinen sehr stark darin, wie
sie den Anspruch einlösen, auch Möglichkeitswissenschaft
zu sein: Große Teile der Innovationsforschung konzentrieren
sich allein auf ökonomisch-technologische Zukünfte. Andere
Disziplinen entfernen sich zunehmend von relevanten Pro-
blemen und reduzieren damit insgesamt ihre Orientierungs-
potentiale. Besonders problematisch sind hier die Wirtschaftswissenschaften (vgl. zum Überblick Schneidewind, Pfriem,
u.a., 2016; Schneidewind, 2017b, sowie die Ausführungen
weiter unten). Auch in den Sozialwissenschaften bleibt die
Umsetzung einer »Public Sociology«, d.h. einer in aktuelle
gesellschaftliche Fragestellungen hineinwirkenden Soziologie
und Sozialwissenschaft, noch unterentwickelt (Nichols, 2011).
Einige Disziplinen liefern dagegen durchaus positive Beispiele
dafür, wie sich wissenschaftliche Erkenntnis- und die gesellschaftliche Impulsfunktion in produktiver Weise verbinden
lassen, wie z.B. die Medizin und die Gesundheitswissenschaf-
ten oder die inter- und transdisziplinäre Stadtforschung.

Eine analytische, Wirklichkeit rekonstruierende Wissenschaft und eine Wissenschaft, die im Sinne einer Möglichkeitswissenschaft alternative Zukünfte denkt, schließen sich
nicht aus. Sie ergänzen sich. Schon bei Platon und Aristoteles
findet sich die Unterscheidung zwischen dem Eikos-Logos

(dem Möglichen) und dem Akribes-Logos (dem Genauen) (vgl. zum Überblick Arnold, 2010, S. 66). Möglichkeitswissenschaften brauchen eine kritische analytische Begleitung. Denn letztlich zeichnet sich Wissenschaft durch das stringente und belastbare Argument aus. Aber einer Wissenschaft, die rein analytisch bleibt, droht die »Leblosigkeit« (Hochmann, 2016), sie beraubt sich der Möglichkeit und der Potentiale, Zukunftsgestaltung zu motivieren.

In diesem Sinne ist auch das vorliegende Buch Ausdruck einer Möglichkeitswissenschaft und steht in einer langen Tradition entsprechender Forschungsarbeiten am Wuppertal Institut (BUND & Misereor, 1996; Kopatz, 2016; Sachs, Santarius & Wuppertal Institut, 2006).

Was bedeutet dies für das Wissenschaftssystem selbst? Wie muss es sich transformieren, um die gerade skizzierten Anforderungen an eine Transformative Wissenschaft einzulösen? Diese Fragen stehen im Zentrum der folgenden Abschnitte. Fünf Brennpunkte werden uns genauer beschäftigen: (1) die notwendige Landkarte institutioneller Veränderungen im Wissenschaftssystem insgesamt, (2) die erforderliche Weiterentwicklung von Hochschulen – als Orte, in denen sich Forschung und Lernen verbinden, (3) die zivilgesellschaftliche Beteiligung an Wissenschaftspolitik als einem essentiellen, aber oft kontrovers diskutierten Aspekt einer zukunftsfähigen Wissenschaftspolitik, (4) die Neuorientierung der Wirtschaftswissenschaften als einer Kerndisziplin, wenn es darum geht, eine vom Kultur- und Zivilisationswandel her gedachte Zukunftskunst auf den Weg zu bringen und (5) die Relevanz von »Reallaboren« als neuer Forschungsinfrastruktur für die Große Transformation (vgl. auch Abb. 21.4).

Abb. 21.4: Im Buch thematisierte Reformbedarfe im Wissenschaftssystem im Kontext der Großen Transformation. *Quelle: Eigene*

Warum sich für eine Transformative Wissenschaft auch Universitäten, Forschungsinstitute und die Wissenschaftspolitik verändern müssen

Die Art und Weise, wie Wissenschaft ihr Wissen produziert, hängt auch davon ab, wie sich Wissenschaft organisiert: Wie sich Hochschulen strukturieren, wie sich wissenschaftliche Karrieren entscheiden, wie Wissenschaft finanziert und gefördert wird. Soll Wissenschaft gesellschaftliche Veränderungsprozesse zu einer Nachhaltigen Entwicklung besser unterstützen, muss sie sich daher auch institutionell weiterentwickeln.

Deswegen hat der Wissenschaftliche Beirat der Bundes-

regierung Globale Umweltveränderungen WBGU im Jahr
2011 einen »neuen Vertrag zwischen Wissenschaft und Gesellschaft« (WBGU, 2011) in Zeiten der Großen Transformation
gefordert. Wissenschaft selbst muss sich in einigen Bereichen
»transformieren«, um ihre Potentiale für eine Große Transformation zu entfalten. Es braucht eine »Modus 3«-Wissen-
schaft, die sich nicht nur ihrer (inter-)disziplinären (»Modus
1«) und transdisziplinären (»Modus 2«) Wissensproduktion
bewusst ist, sondern auch ihre eigene Organisation reflektiert
und weiterentwickelt (Schneidewind & Singer-Brodowski,
2014, S. 103).

Diese institutionellen Veränderungen betreffen die Orientierung und die Organisation von Wissenschaft, die Anreiz-
und Reputationsmechanismen von Disziplinen, von Hochschulen und von Wissenschaftseinrichtungen. Sie richten
sich auf neue Formen von Forschungsinfrastrukturen, aber
auch auf eine angepasste Form der Wissenschafts- und For-
schungsförderung sowie Fragen der gesellschaftlichen Beteiligung an der Wissenschaftspolitik. Einen guten Einblick in
die Vielfalt der institutionellen Herausforderungen gibt der
Kasten »31 institutionelle Reformvorschläge für eine Transformative Wissenschaft«.

**31 institutionelle Reformvorschläge für
eine Transformative Wissenschaft**

Im Buch »Transformative Wissenschaft« (Schneidewind / Singer-Brodowski 2014) formulieren wir basierend auf einer vorangegangenen Analyse (Schneidewind 2009) insgesamt 31
institutionelle – hier nur mit ihren Titeln wiedergegebene – Reformvorschläge, um die Bedeutung der institutionellen Weiterentwicklung des Wissenschaftssystems im Sinne einer Großen
Transformation zu unterstreichen.

---

1. Einforderung und Ermunterung hochschulpolitischer Leit-
   bilder bei möglichst vielen gesellschaftlichen Gruppen
2. Schaffung vermehrter Grenzgänger-Anreize im Wissenschaftssystem
3. Stärkung der empirischen Wissenschaftsforschung zu Ökologie und Nachhaltigkeit
4. Verstärkung der sozial- und geisteswissenschaftlichen
   Kompetenzen in den Wissenschaftsgemeinschaften
5. Nutzung von Innovationsministerien im Zeichen des Klimawandels
6. Schaffung eines Netzwerkes von Nachhaltigkeitshochschu-
   len als Angebot an Politik und Gesellschaft
7. Gründung eines Nachhaltigkeits-Wissenschaftsrates
8. Kultivierung von Inseln der Heterodoxie
9. Start einer sozial- und kulturwissenschaftlichen Förder-
   offensive für Nachhaltigkeit
10. Verankerung von Kriterien transdisziplinärer Forschung im
    Wissenschaftssystem
11. Auslobung eines alternativen Nobelpreises für transdis-
    ziplinäre Forschung
12. Stärkung der sozialökologischen Forschung in Deutschland
13. Schaffung eines Institutes für transdisziplinäre Methoden
14. Aufbau eines Netzwerks von Kompetenzzentren für trans-
    disziplinäre Forschung
15. Schaffung übergreifender Nachhaltigkeitscluster und Gra-
    duiertenschulen
16. Aufbau einer Mistra-Stiftung in Deutschland
17. Gründung von deutschen Resilience- oder Tyndall-Zentren
18. Verbesserte Anerkennung studentischen Nachhaltigkeits-
    Engagements
19. Einführung eines »Bildung-für-Nachhaltige-Entwicklung
    (BNE)-Rankings« deutscher Hochschulen
20. Verankerung einer Virtuellen BNE-Akademie für Nachhal-
    tigkeitslehre in den General-Studies-Bereichen der deut-
    schen Universitäten

21. Schaffung von Kompetenzzentren für Lehre im Bereich General-Studies und Service Learning
22. Start einer Weiterbildungsoffensive Professionalisierung und Nachhaltigkeit
23. Initiierung einer Nachhaltigen »Supercool School«
24. Einführung von Second-Life-Projekten des forschenden Lernens in virtuellen Welten
25. Auslobung von Lehrprofessuren für Nachhaltige Entwicklung
26. Auslobung von mehr Stipendien und Preisen für studentisches Nachhaltigkeitsengagement
27. Einrichtung eines Centrums für Nachhaltige Hochschulentwicklung (CNH)
28. Schaffung eines Nachhaltigkeitsverbandes für die deutsche Wissenschaft
29. Aufbau eines Netzwerkes mittelgroßer Nachhaltigkeitsuniversitäten
30. Schaffung transdisziplinärer Übersetzungsinstitutionen im Wissenschaftssystem
31. Aufbau von am IPCC (Intergovernmental Panel on Climate Change) angelehnten Strukturen der Politikberatung

Quelle: Schneidewind & Singer-Brodowski,
2014, S. 11 sowie nachhaltigewissenschaft.de.

Hochschulen: Die »dritte Mission« zur »ersten Mission« machen

Hochschulen bilden das Rückgrat eines jeden Wissenschaftssystems. Hier verbinden sich Forschung und Lehre, und es werden Studierende und der wissenschaftliche Nachwuchs ausgebildet. Jede Weiterentwicklung des Wissenschaftssystems muss sich daher immer auch an Hochschulen niederschlagen.

Die Gesellschaftsorientierung der Wissenschaft hat in den letzten Jahren auch für die Hochschulen an Bedeutung gewonnen, führt aber letztlich weiter ein Randdasein. Einen guten Einblick über den aktuellen Status gibt das im Jahr 2017 von der Hochschulrektorenkonferenz verabschiedete Positionspapier zu »Transfer und Kooperation« (HRK, 2017).

Die Gesellschaftsorientierung wird in der wissenschaftspolitischen Diskussion als »3. Mission« der Hochschulen neben der 1. Mission (Forschung) und der 2. Mission (Lehre) behandelt. Diese Reihenfolge spiegelt durchaus auch die aktuelle Priorisierung der drei Missionen insbesondere an Universitäten wider (vgl. zum Überblick Schneidewind, 2016a).

Dabei würde ein erhebliches Potential auch für Forschung und Lehre darin liegen, die Gesellschaftsorientierung und damit die vermeintliche »3. Mission« zur 1. Mission zu machen (vgl. Schneidewind 2016a). Dies würde einen Typus von Hochschule schaffen, der eine sehr viel intensivere gesellschaftliche Orientierungsfunktion hätte (vgl. auch Abb. 21.5).

Hochschulen der 3. Mission könnten Reallabore für Forschung und Ausbildung betreiben und würden sich damit aktiv in gesellschaftliche Debatten einbringen. Bestehende (staatliche) Hochschulen tun sich bisher mit einer solchen Missions-Definition sehr schwer. Staatliche Anreizprogramme, um eine entsprechende Ausdifferenzierung des Hochschulsystems zu befördern (wie das Programm »Innovative Hochschule«), wurden bisher äußerst nachlässig vorangetrieben (Schneidewind, 2017a).

Vielversprechende Ansätze sind in den letzten Jahren nur an wenigen Standorten national (z. B. Cusanus-Hochschule in Bernkastel-Kues) und international (z. B. Arizona State University in Phoenix [https://sustainability.asu.edu/]) sowie an neugegründeten Hochschulen des digitalen Zeitalters (z. B.

CODE-Universität in Berlin [https://code.berlin/de]) und MI-
NERVA-Universität (Tagesspiegel, 2014)) zu finden.

**Wissenschaftspolitik als Gesellschaftspolitik: Warum auch
Umweltverbände bei der Wissenschaftspolitik mitreden sollten**

Gerade weil Wissenschaft eine zentrale Rolle im Prozess der
Großen Transformation zukommt, gewinnt auch Wissenschaftspolitik als gesellschaftlich relevantes Politikfeld an

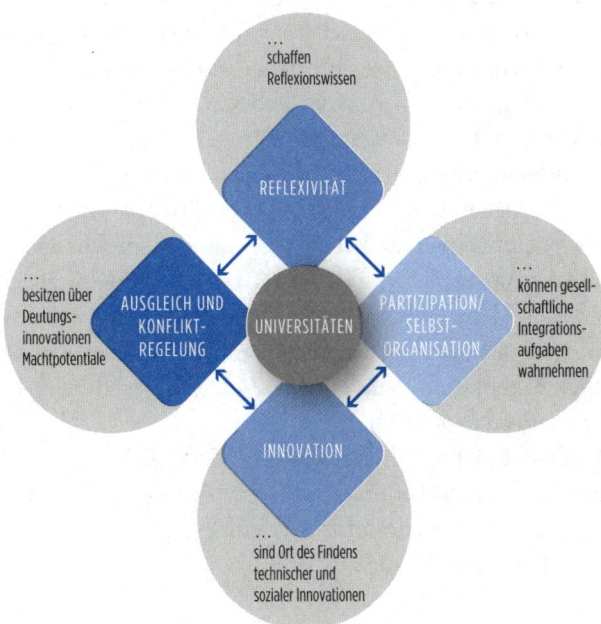

Abb. 21.5: Zu den möglichen Funktionen von Universitäten in der
»reflexiven Moderne«. *Quelle: Nach Schneidewind & Singer-Brodowski, 2014, S. 93*

Bedeutung. Wissenschaftspolitik wird zur Gesellschaftspolitik. Dies gilt gerade in Zeiten des Populismus und einer
wachsenden Wissenschaftsfeindlichkeit. Nur ein geeignet
aufgestelltes Wissenschaftssystem wird die Potentiale der
Wissenschaft für die Prozesse einer Großen Transformation
entfalten können. Sie wirkt dann zugleich auf kulturelle, institutionelle, ökonomische und technologische Entwicklungsmöglichkeiten der Gesellschaft (vgl. dazu auch Abb. 3.1 zur
Rolle der Wissenschaft in der Zukunftskunst).

Hier kommt eine besondere Verantwortung auf die Akteure in der Wissenschaft selbst zu (Owen, Macnaghten & Stilgoe, 2012). Und es wird noch wichtiger als bisher, dass die
Ausgestaltung der Wissenschaftspolitik nicht nur von ausgewählten Fachkreisen sowie primär aus ökonomischen Interessen heraus gestaltet wird. Dies haben zunehmend auch viele
zivilgesellschaftliche Organisationen verstanden und bringen
sich daher seit einigen Jahren verstärkt in die wissenschaftspolitische Debatte ein. Der BUND war 2012 der erste große
deutsche Umweltverband, der ein eigenes wissenschaftspoliti-
sches Positionspapier verfasst hat (BUND, 2012). Im gleichen
Jahr entstand die zivilgesellschaftliche Plattform Forschungswende (www.forschungswende.de), die die wissenschaftspolitischen Aktivitäten einer großen Zahl zivilgesellschaftlicher
Organisationen koordiniert.

Anfangs durchaus umstritten (vgl. Grefe & Sentker, 2014),
ist inzwischen anerkannt, dass die Zivilgesellschaft stärker in
wissenschaftspolitische Prozesse einbezogen werden sollte
(vgl. zum Status BMBF, 2016).

**Warum gerade die Wirtschaftswissenschaften transformativ
werden müssen**

In Kapitel 6 wurde deutlich, dass eine Große Transformation
auch eine Herausforderung für die Weiterentwicklung der
bestehenden Wirtschaftsordnung ist. Nur so werden sich die
ökologischen und sozialen Nebenfolgen des heutigen Wirtschaftens beherrschen lassen. Die Auseinandersetzung mit
den Dysfunktionalitäten und Nebenfolgen des modernen
globalen Kapitalismus hat uns im ersten Teil des Buches daher intensiv beschäftigt. Die Große Transformation benötigt
deswegen einen ökonomischen »Mindshift« (Göpel, 2016).
Damit ist eine Neuorientierung des Wirtschaftens gemeint,
die ein erweitertes Wohlstandsverständnis ins Zentrum stellt
und erfolgreiches Wirtschaften daran misst, ob es ein gutes
Leben für möglichst viele Menschen ermöglicht. Dabei gilt
es, die Potentiale der Digitalisierung zu nutzen und gleichzeitig globale ökologische und soziale Leitplanken im Blick zu
halten (WBGU i.E.).

Für die Entwicklung solcher Perspektiven wäre die Wirtschaftswissenschaft gefragt. Sie müsste als Möglichkeitswissenschaft Perspektiven und Pfade für eine solche Weiterentwicklung aufzeigen. Doch die moderne Ökonomie wendet
sich solchen Fragen kaum zu. Interessante Antwortversuche
kommen eher aus benachbarten sozialwissenschaftlichen Disziplinen (wie z.B. dem Postwachstums-Kolleg der Universität
Jena, dem Max-Planck-Institut für Gesellschaftsforschung
oder aus dem Umfeld von Thinktanks und Vordenkerinstitu-
tionen [Mason, 2016; Streeck, 2015a]) sowie aus den Denk-
fabriken für digitale Zukünfte (Brynjolfsson & McAfee, 2014;
Srnicek & Williams, 2015), aber kaum aus den Wirtschaftswissenschaften selbst.

Der Kern der eigentlichen Wirtschaftswissenschaft präsen-
tiert sich konzeptionell und methodisch verengt, versteht die
Mathematisierung als Kernbaustein ihrer Wissenschaftlich-
keit und wagt nur sehr beschränkte interdisziplinäre Öffnun-
gen in Richtung von Psychologie und Neurowissenschaften,
aber kaum in Richtung von Sozialwissenschaften. Damit geht
ihre Orientierungsfunktion in einer Phase massiver Umbrüche weitgehend verloren (Schneidewind, 2017c).

Doch die Unzufriedenheit mit dem Zustand des Faches
wächst. Insbesondere von studentischer Seite werden pointierte Forderungen nach einer »pluralen Ökonomik« laut
(Netzwerk Plurale Ökonomik, 2014). Wirtschaftswissenschaften sollen sich konzeptionell und methodisch wieder aus
unterschiedlichen Perspektiven den relevanten ökonomischen
Fragestellungen des 21. Jahrhunderts widmen. Bisher ist aber
nur an wenigen Hochschulstandorten eine entsprechende
Öffnung zu erkennen (Beckenbach, Daskalakis & Hofmann,
2016). Selbst an den internationalen universitären Spitzen-
standorten werden in den Wirtschaftswissenschaften eher
angewandte Mathematikerinnen mit engem methodischem
Fundament als Wirtschaftswissenschaftler mit einem orien-
tierenden akademischen Kompass für die Phasen eines notwendigen ökonomischen Umbruchs ausgebildet.

Genau in diese Richtung zielt die Forderung nach einer
»transformativen Wirtschaftswissenschaft«, die im Jahr 2016
von einer größeren Zahl deutschsprachiger Wirtschaftswissen-
schaftlerinnen und Wirtschaftswissenschaftler initiiert wurde
(Schneidewind, Pfriem, u.a., 2016). Dahinter steht ein umfassendes konzeptionelles, methodisches und institutionelles
Reformprogramm (vgl. zum Überblick Pfriem u.a., 2017), das
Wirtschaftswissenschaften als Katalysator und Reflexions-
instanz für die Prozesse einer Großen Transformation sieht.

Modellieren und experimentieren: Zur Bedeutung von »Reallaboren«

Eine Wissenschaft, die komplexe gesellschaftliche, ökonomische und technische Veränderungsprozesse begleitet, muss die sich verändernden Systeme verstehen. Sie kommt ohne Systemmodelle und Systemwissen nicht aus: Die Vieldimensionalität der unterschiedlichen Wenden, die einer Großen Transformation zugrunde liegen, sprengt die Möglichkeiten herkömmlicher Modelle. Wenn eine Transformationsforschung nur Veränderungen im Nachhinein beobachtet, fehlt zudem die empirische Basis. Das ist der Grund, warum die Transformationsforschung in den letzten Jahren vermehrt auf »Realexperimente« und »Reallabore« sowie sogenannte Living Labs (vgl. zum Überblick Wanner u.a., 2018) zurückgreift. Indem Wissenschaftlerinnen zusammen mit Akteuren vor Ort gemeinsam Veränderungen anstoßen, lernen sie – gemeinsam – über die Möglichkeiten und Muster erfolgreicher Veränderungsprozesse.

Daher ist eine Transformationsforschung auf neue Formen von Forschungsinfrastrukturen angewiesen: Reallabore sind Räume, in denen Wissenschaftlerinnen zusammen mit Akteuren vor Ort konkrete Interventionen vornehmen (vgl. Kasten). Transformationsforschung wird damit zur transformativen Forschung. Solche Labore entstehen häufig in Quartieren und Städten, sie können aber auch der Erprobung von Produkt- und Dienstleistungsdesigns (»Living Labs«) dienen (Liedtke u.a., 2015). Auf diese Weise werden Reallabore zu Versuchsräumen für neue Produktions-, Produkt-, Konsum- und Handlungsmuster (vgl. Abb. 21.6).

Definition Reallabor

Reallabore sind Räume einer Forschung mit Interventions-
charakter. Unter »Laboren« werden gemeinsame Forschungs-
werkstätten verstanden, an deren Beginn reale Problem- und
Fragestellungen stehen. Ziel ist die Erzeugung von System-,
Ziel- und Transformationswissen. Dabei beziehen sich die in
Reallaboren gezogenen Systemgrenzen häufig auf Städte oder
deren geographische Subsysteme wie Stadtteile, Quartiere oder
Nachbarschaften. Reallabore bieten Möglichkeiten für gezielte
Interventionen, die als »Realexperimente« bezeichnet werden.
Dieser Begriff wird dabei in einer Spannbreite von Interventio-
nen mit Randomisierung und Kontrollgruppe über Quasi- und
Feldexperimente bis hin zu Fallstudien ohne Systematisierung
verwendet.

Quelle: In Anlehnung an WBGU, 2016 a, S. 542

Reallabore unterstützen konkrete Veränderungsprozesse
und leisten damit zweierlei: Es entsteht ein verbessertes Verständnis über Veränderungsprozesse in komplexen soziotechnischen Systemen wie einem Quartier oder einer ganzen
Stadt. Dieses Wissen kann dann wieder in Modelle einfließen
(Bierwirth u. a., 2017). Die Veränderungen selbst leisten idealerweise Beiträge zu konkreten sozialökologischen Transformationsprozessen.

Die Diskussion über Reallabore, insbesondere innerhalb
von Städten (vgl. auch Abb. 21.7 zu den unterschiedlichen
Ebenen urbaner Reallabore) hat in den letzten Jahren an Dynamik gewonnen – konzeptionell und in vielen praktischen
Anwendungen (Schäpke u. a., 2018). Ausgehend von den
Empfehlungen einer Expertenkommission (MWK, 2013) hat
das Land Baden-Württemberg in zwei Ausschreibungswellen

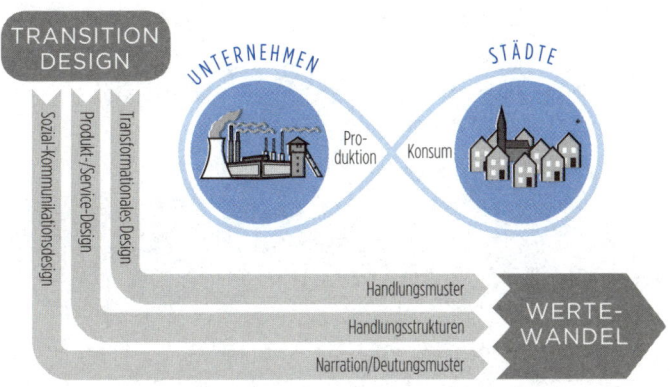

Abb. 21.6: Reallabore / Living Labs zwischen Unternehmens- und urbaner Wende. *Quelle: Wuppertal Institut*

insgesamt 14 Reallabore im Land initiiert (MWK, 2017) und lässt diese wissenschaftlich begleiten (Schäpke u.a., 2017; F. Wagner, Schäpke, Stelzer, Bergmann & Lang, 2016).

Das Wuppertal Institut hat die Entwicklung von Reallaboren nicht nur durch frühe konzeptionelle Arbeiten (Schneidewind & Scheck, 2013) und eine federführende Rolle im baden-württembergischen Reallabor-Prozess vorangetrieben, sondern sich insbesondere in den letzten Jahren dafür eingesetzt, an seinem Standort Wuppertal ein urbanes Reallabor auf den Weg zu bringen, das die Ebene von mehreren Quartieren sowie der Gesamtstadt Wuppertal (mit über 350000 Einwohnern) umfasst (Rose, Schleicher & Maibaum, 2017; Wanner u.a., 2018).

Mit dieser Initiative greift das Wuppertal Institut eine Empfehlung auf, die der Wissenschaftliche Beirat der Bundesregierung Globale Umweltveränderungen im Jahr 2016 (WBGU, 2016a, S.36) formuliert hat, nämlich »50 urbane

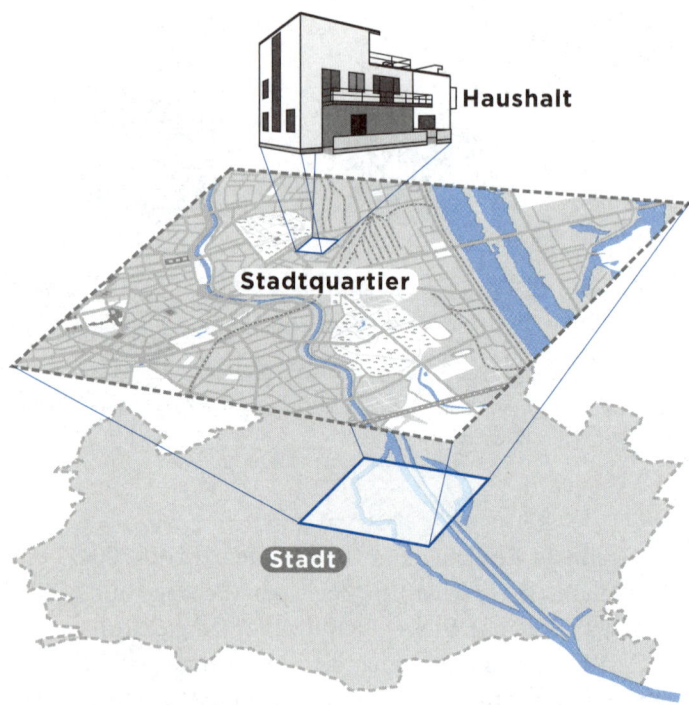

Abb. 21.7: Die drei Ebenen eines Reallabors. *Quelle: Eigene Darstellung in Anlehnung an Schneidewind, 2014, S. 3*

Reallabore auf 50 Jahre« als Forschungs-Groß-Infrastruktur anzulegen. Sie sollen international verteilt und vernetzt urbane Transformationsprozesse als wissenschaftlich begleitete Realexperimente langfristig voranzutreiben und dabei helfen, die ausgelösten verbundenen Transformationsprozesse besser zu verstehen.

Fazit

Wissenschaft ist wichtiger Katalysator der Großen Transformation. Diese Rolle gilt es noch viel stärker und proaktiv zu entwickeln. Das dafür notwendige Reformprogramm ist mehr als nur ein Appell an einzelne Wissenschaftlerinnen und Wissenschaftler oder einzelne wissenschaftliche Einrichtungen. Es umfasst institutionelle Veränderungen im Wissenschaftssystem. Ein neuer Vertrag zwischen Wissenschaft und Gesellschaft im Rahmen der Großen Transformation geht letztlich mit einer Wissenschaftswende einher.

22. Pioniere des Wandels als Motoren der Großen Transformation

Das Buch hat facettenreich aufgezeigt, was die Große Transformation ist, welcher umfassende gesellschaftliche und ökonomische Umbruch dahintersteht, welche Rolle Politik, Unternehmen, der Wissenschaft und zivilgesellschaftlichen Organisationen zukommt. Doch letztlich geht jede Veränderung von Individuen aus: von Menschen, die in ihrem persönlichen, organisatorischen und gesellschaftlichen Umfeld Veränderungen anstoßen und damit den Stein der Großen Transformation ins Rollen bringen. Diesen »Pionierinnen und Pionieren des Wandels« – und damit Ihnen als Leserinnen und Leser des Buches – widmet sich das letzte Kapitel. Es zeigt auf, wie eng gesellschaftliche, organisatorische und individuelle Veränderungsprozesse miteinander verbunden sind. Es verdeutlicht, dass Pionierinnen und Pioniere des Wandels, die sich und andere ermächtigen, getragen sind von der Kombination aus »Wissen«, »Fähigkeiten« und »Haltung«, und zeigt, warum »transformatives Lernen« für die Große Transformation so wichtig ist. Kurzum: Es geht um die individuelle »Zukunftskunst« für jede einzelne Pionierin des Wandels.

Wie gesellschaftlicher, organisatorischer und individueller Wandel zusammenhängen

Kapitel 3 hat die »Zukunftskunst« als Orientierungsrahmen für eine Zivilisation des 21. Jahrhunderts eingeführt. Eine solche Zukunftskunst zielt auf einen kulturellen Entwicklungsprozess, der gleiche Entwicklungschancen für alle Menschen auf diesem Planeten sowohl heute als auch in zukünftigen Generationen im Blick behält. Für diese kulturelle Entwicklung gilt es, Institutionen zu schaffen, die den Rahmen für darin eingebetteten ökonomischen und technologischen Fortschritt bilden.

Eine solche gesellschaftliche Entwicklung entsteht nicht einfach aus sich selbst heraus. Ganz im Gegenteil: Heute sind Organisationen und Individuen eher Getriebene einer sich ökonomisch nur expansiv stabilisierenden Moderne (Welzer, 2017): Kapitel 5 hat die Steigerungs- und Wachstumsdynamik der heutigen Wirtschaftsordnung deutlich gemacht. Sie erzeugt einen massiven Anpassungsdruck auf der Ebene von Unternehmen, einen Zwang zur ständigen Optimierung und Beschleunigung. Dieser Druck überträgt sich individuell auf Menschen, die unter bestehenden Verhältnissen »funktionieren« müssen. Die Bewältigung gelingt oft nur mit einer Vielfalt an Kompensationsmechanismen (Streeck, 2015 b).

Aufbrechen lässt sich diese strukturelle Dynamik nur durch einen grundsätzlich neuen Kompass für moderne Gesellschaften, d.h. die Orientierung an alternativen Wohlstands- und Entwicklungsvorstellungen. Harald Welzer bezeichnet diese Umorientierung als die Herausforderung der »Reduktiven Moderne« (Sommer & Welzer, 2014). Damit ist eine Zukunft gemeint, die uns die gesellschaftlichen Errungenschaften der Moderne (Freiheit, persönliche Entfaltung, Frieden, Gerechtigkeit) erhält, ohne auf immer weiteres materielles Wachstum angewiesen zu sein.

In dem im Jahr 2017 zusammen mit führenden Mitgliedern des Club of Rome veröffentlichten Buch »Come on« von Ernst von Weizsäcker und Anders Wijkman (2017) machen die Autoren deutlich, dass die heutige »volle Welt« (voll von Wohlstand, aber konfrontiert mit ökologischen planetarischen Grenzen) völlig andere Orientierungen und eine andere ökonomische Organisation braucht als die »leere Welt« der Mitte des 19. Jahrhunderts (d. h. einer Welt am Anfang der breiten ökonomischen Wohlstandsentwicklung bei noch vorhandenen massiven Naturressourcen), in der die Grundlagen unserer heutigen Wirtschaftsordnung entstanden sind.

Sie zielen auf die gleiche Neuorientierung, ein »Re-Purposing« (Göpel, 2016), wie von Bernd Sommer und Harald Welzer (2014) beschrieben. Möglich werden solche Veränderungen letztlich nur durch Organisationen und Individuen, die den Weg für alternative und resiliente Handlungsstrategien entwickeln und erstreiten. Gesellschaftliche, organisationale und individuelle Transformation gehen Hand in Hand.

Abb. 22.1 verdeutlicht das Zusammenspiel am Beispiel der aktuellen, oft dysfunktionalen Funktionsmechanismen einer globalisierten Wachstumsökonomie (vgl. Schneidewind & Palzkill, 2017, S. 179).

Die Große Transformation ist daher ein gekoppelter gesellschaftlicher, organisationaler und individueller Lernprozess: Er entsteht als das Ergebnis des Handelns von Akteuren. Dazu gehören »kollektive Akteure« wie Unternehmen, zivilgesellschaftliche Organisationen, wissenschaftliche Institutionen und politische Akteure. Die letzten Kapitel haben gezeigt, welche Rolle diese unterschiedlichen Organisationen und Institutionen bei der Umsetzung einer Zukunftskunst spielen.

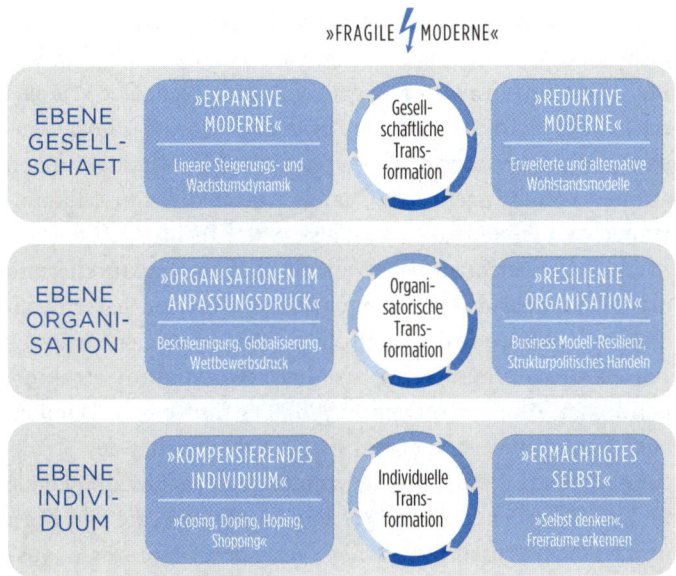

Abb. 22.1: Zum Zusammenspiel von gesellschaftlicher, organisationaler und individueller Transformation. *Quelle: Nach Schneidewind & Palzkill, 2017, S.179*

In diesem abschließenden Kapitel steht das Individuum im Zentrum. Das, was Maja Göpel als den »Great Mindshift« bezeichnet, geht in letzter Konsequenz vom individuellen Du und Ich (»Me and you«) aus: In unseren Köpfen sind Weltsichten, Visionen und Paradigmen verankert. Hier sind wir die Kinder unserer Zeit. Aber in unseren Köpfen können wir sie auch verändern und zur Grundlage einer anderen Gestaltung der Welt machen. Durch unser Handeln wirken wir in Organisationen und konkreten unternehmerischen, politischen und gesellschaftlichen Kontexten auf die Welt und deren ökologischen Zustand ein (Göpel, 2016).

Jede Änderung, die in Gesellschaften und Organisationen geschieht, braucht Einzelne, die sie anstoßen, die Potentiale und Handlungsfreiräume erspüren und nutzen: Der Wissenschaftliche Beirat der Bundesregierung Globale Umweltveränderungen bezeichnet Akteure, die solche Veränderungen auf den Weg bringen, als »Change Agents« bzw. als »Pionierinnen und Pioniere des Wandels« (vgl. Kristof, 2010, S. 256).

Auch Pionierinnen des Wandels sind in strukturelle und organisationale Zwänge eingebunden. Doch sie passen sich diesen Strukturen nicht einfach an. Sie verstehen Strukturen als Gestaltungsauftrag, werden bewusst zum »strukturpolitischen Akteur« (Pfriem, 1995), der mit seinem Handeln auch Strukturen verändert. Es ist diese »Dualität der Struktur« (Giddens, 1988), d. h. der immer zugleich beschränkende und ermöglichende Charakter von Strukturen, die den Kern umfassender gesellschaftlicher Veränderungsprozesse ausmacht.

Individuelle Zukunftskunst bedeutet daher, dieses Zusammenspiel von individueller, organisatorischer und gesellschaftlicher Ebene zu verstehen und zur aktiven Gestaltungsaufgabe zu machen.

Pionierinnen des Wandels: Vom bewussten Konsumenten zum transformativen Bürger

Wenn in der Nachhaltigkeitsdebatte über die Rolle von Individuen gesprochen wird, dann wird das Individuum sehr oft auf die Rolle als Konsumentin oder Konsument reduziert: Es wird die naive Hoffnung genährt, dass sich mit der ökologischen und sozialen Ausrichtung des Konsums alles zum Guten wenden werde: Dann würden Unternehmen die richtigen Produkte produzieren und ihre Umweltbelastungen verringern und sich eine nachhaltige Welt quasi von selbst einstellen. Armin Grunwald hat 2012 in einem sehr lesenswerten Buch auf die Gefahr dieser Illusion hingewiesen und deutlich gemacht, »warum ökologisch korrekter Konsum die Welt nicht retten kann« (Grunwald, 2012). Die Idee überträgt einzelnen Konsumentinnen und Konsumenten eine Verantwortung, die diese gar nicht alleine tragen können, und entlässt damit in einer unangemessenen Weise Politik und Unternehmen aus der Verantwortung. Das alltägliche Konsumverhalten ist durch so viele Einflussfaktoren und eine Komplexität geprägt, die durch einzelne Konsumenten gar nicht zu beherrschen sind, selbst wenn sie guten Willens sind. Nur wenn durch Politik und Unternehmen aktuell Bedingungen geschaffen werden, die »gutes Leben einfacher machen« (Schneidewind & Zahrnt, 2013), besteht eine wirkliche Chance, dass ökologisches Bewusstsein in konkretes Handeln umgesetzt wird.

**Bürgerin, Konsument, Pionierin des Wandels –
Rolle des Individuums in der Großen Transformation**

Die Rolle des Individuums spielt in der Debatte über eine Nachhaltige Entwicklung auf mehreren Ebenen eine Rolle. Dominant, aber letztlich am fragilsten, ist die *Rolle als Konsument.* Es ist eine situative, auf den konkreten Kaufakt bezogene Verantwortung, deren Wahrnehmung durch viele externe Faktoren beeinflusst wird. Die Reduktion individueller Verantwortung auf Konsumentscheidungen nimmt Individuen oft weit über ihre in der Situation zumutbaren Handlungsmöglichkeiten in die Pflicht und entlastet vorschnell andere Akteure (insbesondere Politik und Unternehmen) in der Schaffung angemessener Handlungsoptionen.

Bedeutender für Transformationsprozesse ist der Blick auf das Individuum als *Bürgerin*. Bürger sind dauerhafte Mitglieder des Gemeinwesens, versehen mit grundlegenden Rechten und Pflichten, die über das Ökonomische hinausgehen. Als Bürger sind Menschen in der Lage, sich auf verbindliche Rahmenbedingungen einzulassen (und dafür auch aktiv zu streiten), selbst wenn es ihr eigenes Konsumverhalten beeinflusst. Erst durch ein solches Bürgerinnenverständnis werden politische Entscheidungen wie die für eine »Suffizienzpolitik« möglich, die verantwortliches Konsumhandeln und »Ökoroutinen« (Kopatz) erleichtern. Bewusster Konsum kann ein Baustein sein, um die Bürgerrolle zu stärken, kann diese Grundlagen aber nicht ersetzen.

Pionierinnen des Wandels nehmen ihre Verantwortung als Bürgerinnen in einer besonderen Form wahr: Sie verbinden sie mit einem Engagement in ihren institutionellen Kontexten – als Akteurinnen in Unternehmen, Politik, Kirche, Umweltverbänden oder lokalen Initiativen. Dies ermöglicht eine besonders kraftvolle Rolle des Individuums in der Großen Transformation.

Das soll die Bedeutung eines bewussten und ökologischen Konsumverhaltens nicht geringschätzen, ganz im Gegenteil: Ein nachhaltiger Konsum ist im Sinne Harald Welzers eine ganz wichtige »moralische Streckübung« (vgl. Welzer, 2014), auch um die eigene Haltung zu trainieren und zu stärken: Denn ein bewusster und verantwortungsvoller Konsum benötigt weit mehr als Wissen über ökologische und soziale Folgewirkungen unterschiedlicher Produkte, Dienstleistungen und Konsummuster. Solche Aufklärungsangebote, Produktkennzeichnungen oder frei verfügbare Instrumente wie der »Ressourcenrechner« (www.ressourcen-rechner.de) über die Folgewirkungen unterschiedlicher Konsumvarianten sind heute zunehmend verfügbar.

In der Umsetzung dieses Wissens wird dann aber oft sehr schnell deutlich, wie stark das individuelle Konsumverhalten und die Möglichkeiten seiner Umstellung von übergeordneten Randbedingungen abhängen: von individueller Prägung und Sozialisation, von der kulturellen Einbettung, von alternativen Produktangeboten und ihrer Preisgestaltung, von ausgebauten Infrastrukturen (z. B. für den öffentlichen Nahverkehr oder für den Radverkehr). Schnell wird spürbar, dass ökologisch korrekter Konsum die Welt alleine nicht retten kann und es ohne begleitende Formen einer »Suffizienzpolitik« (Schneidewind & Zahrnt, 2013) nicht geht.

Für die Große Transformation ist der Einzelne daher nicht nur als transformativer Konsument, sondern noch sehr viel stärker als transformative Bürgerin, zivilgesellschaftlicher Engagierter oder Verantwortungsträgerin gefordert, die sich in ihren Umfeldern als »Pioniere des Wandels« einsetzen, um solche Rahmenbedingungen zu verändern (vgl. Kasten).

Der Wissenschaftliche Beirat der Bundesregierung Globale Umweltveränderungen definiert Pioniere des Wandels als Menschen, »denen bei der Initiierung und Gestaltung von Veränderungsprozessen eine zentrale Bedeutung zukommt. Meistens handelt es sich dabei zunächst um einzelne Personen und kleine Gruppen, die in Transformationsprozessen verschiedene Aufgaben oder Funktionen erfüllen. Dazu zählen die Identifikation von Alternativen, Entwicklung, Kommunikation und Mediation, Synthese, Investieren, Optimierung, Verbreitung usw.« (WBGU, 2011, S. 419). Pioniere des Wandels gehen »beim sozialen Wandel voran (…) und (verbreiten) ein Bewusstsein seiner Chancen«. Pioniere des Wandels »haben eine überzeugende Veränderungsidee und eine erste Idee für deren Umsetzung. Sie vernetzen sich und gewinnen wichtige Mitstreiter. So schaffen sie es, die kritische

Masse für die Veränderung zu gewinnen. Danach entwickeln sie die Idee in Schritten gemeinsam weiter. Die Veränderung von Routinen, der Rahmenbedingungen, die Bildung neuer Institutionen, ein Paradigmenwechsel schließen den Prozess ab.« (WBGU, 2011, S. 257).

Genau solche Pionierinnen und Pioniere des Wandels sind die Motoren für Veränderungsprozesse in Gesellschaft, Politik, Unternehmen, Wissenschaft und Zivilgesellschaft. Sie stellen die Keimzelle der Großen Transformation dar.

Wissen, Haltung, Fähigkeiten als Schlüssel für die Veränderung: Wie wird man zum Pionier des Wandels?

Doch was braucht es, um zur Agentin und zum Agenten des Wandels zu werden? Die Kunst, eine andere Wirklichkeit zu denken und in Veränderungen zu übersetzen, benötigt eine besondere Mischung aus Wissen, aus Haltung und aus konkreten Fähigkeiten zur Umsetzung (vgl. Abb. 22.2). Schon der Schweizer Pädagoge und Sozialreformer Johann Heinrich Pestalozzi prägte Ende des 19. Jahrhunderts die Idee der in die gleiche Richtung weisenden Dreiheit von »Kopf«, »Herz« und »Hand« als grundlegende Prinzipien eines ganzheitlichen Lernens. Es ist bis heute ein wichtiger Kompass für eine aufgeklärte Pädagogik, und ihr Kern deckt sich mit modernen Theorien von Lern- und Veränderungsprozessen.

Kora Kristof (2010) hat in einer umfassenden Untersuchung zu Pionieren des Wandels in sehr unterschiedlichen gesellschaftlichen Bereichen fünf grundlegende Anforderungen an »Change Agents« identifiziert, die sich entlang der drei Dimensionen von Wissen, Haltung und Fähigkeiten orientieren (vgl. Abb. 22.3):

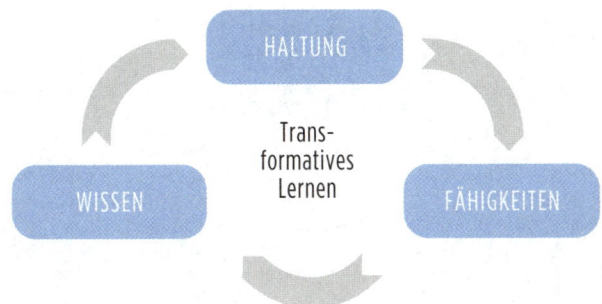

Abb. 22.2: Zum Zusammenspiel von Wissen, Haltung und Fähigkeiten. *Quelle: Eigene*

Jeder Veränderungsimpuls benötigt Wissen. Gerade die Herausforderung einer Nachhaltigen Entwicklung hat viel mit Wissen zu tun: mit dem Wissen um die Klimawirkungen und Ressourcenintensität unserer heutigen Wirtschaftsweise, dem Wissen über die ökologischen und sozialen Folgen der Klimaveränderungen, dem Wissen über technologische Alternativen, aber eben auch über die Möglichkeiten, kulturelle, institutionelle und ökonomische Veränderungen herbeizuführen. Deswegen haben wir in Kapitel 3 Zukunftskunst als eine »Literacy« beschrieben, die immer auch auf Wissen basiert.

Doch Wissen alleine reicht nicht aus, um eine andere Zukunft zu gestalten. Viele spüren das schon tagtäglich beim ganz persönlichen Konsumverhalten. Obwohl man um die ökologischen Effekte vieler konsumierter Produkte und Dienstleistungen weiß, fällt eine Verhaltensänderung schwer. Zu stark ist das tägliche Verhalten in Routinen und Zwänge eingebettet. Noch herausfordernder ist es, sich im Beruf oder außerhalb ganz aktiv mit Zeiteinsatz zu engagieren, obwohl

VISION	LUST AUF VERÄN- DERUNG	INTER- AKTIONS- FREUDIG- KEIT	WIRK- MÄCHTIG- KEIT	FACH- UND PROZESS- WISSEN
Wissen, wo man hinwill, und Idee zum Ansatzpunkt der Veränderung

Orientierung an einem an die Situa-tion angepassten Zielsystem

Kreativität und vorausschauendes Umgehen mit sich abzeichnenden gesellschaftlichen Problemen | Motivation und Engagement

Neugier, Lust auf Neues, Risiko-bereitschaft

Spontanität und eine gewisse Un-verforenheit, un-bequeme Fragen zu stellen und un-gewöhnliche Wege zu gehen | Integrität

Gewinnende Persönlichkeit

Kommunikations-stärke

Einfühlungsvermö-gen, Analysefähig-keit auch in kom-plexen Systemen

Konflikt- und Lernfähigkeit

Überzeugungs- und Durchsetzungs-fähigkeit | Positive Einschät-zung der eigenen Handlungsfähig-keit und Fähigkeit, andere damit mit-zureißen

Instinkt für kritische Punkte in kom-plexen Systemen, Gespür für Timing

Ausdauer, Frustra-tionstoleranz, Machtbasis

Vorbildwirkung | Fachwissen und gesunder Menschen-verstand

Prozesswissen: Informations- und Wissensmanage-ment, Kommunika-tion, Führung, Ver-änderungskultur

Professioneller Um-gang mit dynami-schen Systemen

Reflexionsfähig-keit, Umgang mit Scheitern |
| HALTUNG | | FÄHIGKEITEN | | WISSEN |

Abb. 22.3: Anforderungen an erfolgreiche Change Agents / Pionierinnen des Wandels. *Quelle: Nach Kristof, 2010, S. 112*

klar ist, wie notwendig dies eigentlich wäre. Wissen muss daher immer wieder begleitet werden durch eine »Haltung«, die in Situationen stabilisiert, in denen ansonsten Routinen, Bequemlichkeit oder Ängste bremsen. Ein zentrales Element einer solchen Haltung ist dabei eine leitende Vision, die zum Kompass des eigenen Handelns wird.

Damit aus Wissen und Haltung dann wirklich effektive Veränderung wird, bedarf es eingeübter Fähigkeiten. Genau das steckt hinter dem in Kapitel 3 eingeführten Begriff der

»Literacy«: Es reicht nicht, nur die einzelnen Buchstaben und Wörter zu kennen, erst durch ihre über die Zeit reifende Anwendung in immer wieder anderen Kontexten entsteht eine wirkliche Sprach-, Lese- und Ausdrucksfähigkeit. Die konkrete Tat führt dann zur Meisterschaft. Dabei gibt es auch bei der Zukunftskunst einige Techniken und Praktiken, die einen bei der Herausbildung entsprechender Fähigkeiten unterstützen können. Auf sie werden wir weiter unten eingehen.

Erst im Zusammenspiel von Wissen, Haltung und Fähigkeit bildet sich die individuelle Zukunftskunst heraus, d. h. ein ganz persönlicher »Möglichkeitssinn« (Musil, 2013), ein reflektiertes Gefühl der Selbstwirksamkeit, um zu Veränderungsprozessen im Sinne einer großen Transformation beizutragen.

Zum Wissen – insbesondere zu Mechanismen der Veränderung – wurde in den vorangegangenen Kapiteln viel gesagt. Die folgenden Abschnitte konzentrieren sich daher auf Zugänge, um individuelle »Haltung« und »Fähigkeiten« in Veränderungsprozessen herauszubilden. Dabei ist das, was hier skizziert wird, selbst wiederum ein »Wissen«, das jedem individuelle Orientierung bietet. Die Psychologin Ellen Matthies, ebenfalls ein Mitglied im Wissenschaftlichen Beirat der Bundesregierung Globale Umweltveränderungen, macht in ihrem »Norm-Aktivierungsmodell« (Matthies, 2005) deutlich, dass neben dem Wissen über Umweltwirkungen erst das Wissen über die Wirkung des eigenen Handelns sowie über die eigenen Fähigkeiten zu wirklichen Veränderungen führt.

Haltung: Vision und die Lust auf Veränderung

Wie wird man zu einer transformierenden Akteurin in Veränderungsprozessen? Ausgangspunkt für Veränderung ist immer eine Haltung. Damit ist im Zusammenhang der großen Transformation eine grundlegende Orientierung gemeint, mit der man sich der Welt nähert und Veränderungen anstößt. Einer solchen Haltung muss letztlich eine tragende Vision zugrunde liegen. Die Idee der Nachhaltigen Entwicklung mit den ihr zugrundeliegenden Werten stellt eine solche Vision da (vgl. Kasten).

Muss jemand zum Arzt gehen, wenn er Visionen hat?
Vision als Haltung, Fähigkeit und Wissen

Das Konzept der Nachhaltigen Entwicklung ist letztlich eine Zukunftsvision. In der Vision der Nachhaltigen Entwicklung verbinden sich Haltung, Fähigkeit und Wissen: Getragen ist sie von einer an Zukunft interessierten Haltung, die künftigen Entwicklungschancen anderer Menschen Bedeutung zumisst – im unmittelbaren Umfeld und im globalen Maßstab –, von einer Orientierung an universeller Menschenwürde, die für das eigene Denken und Handeln leitend wird. Eine Vision zu entwickeln, die in einem selbst wirkmächtig wird, erfordert Fähigkeiten der Selbstreflexion und -transformation. Im Lichte der inhaltlichen Komplexität der Vision einer Nachhaltigen Entwicklung basiert sie letztlich aber auch auf Wissen über ökologische, ökonomische, institutionelle und kulturelle Zusammenhänge. Eine zukunftsprägende Kraft erhält die Vision einer Nachhaltigen Entwicklung dann, wenn sich in ihrem Lichte bei vielen Menschen Haltung, Fähigkeit und Wissen verbinden.

Insofern gilt: Visionärinnen und Visionäre tragen viel zu einer vitalen und gesunden Zivilisation im 21. Jahrhundert bei.

Um eine solche Vision zum wirkmächtigen Kompass des eigenen Handelns werden zu lassen, muss sie sich mit einer transformativen Haltung verbinden, mit einer »Lust auf Veränderung« und mit »Interaktionsfreudigkeit« verbinden (vgl. Abb. 22.3). Erst dadurch werden Menschen in die Lage versetzt, sich zu »ermächtigen«, »selbst zu denken«, widerspenstig, aber auch unternehmerisch zu sein.

»Selbst denken« als Haltung von Pionieren des Wandels

Mit dem Buch »Selbst denken – Eine Anleitung zum Widerstand« hat Harald Welzer im Jahr 2013 eine vielgelesenes Manifest vorgelegt, das zeigt, wie Zukunft anders gedacht und man als Einzelner Akteur einer solchen Zukunft werden kann (Welzer, 2013).

Die herausragende Resonanz des Buches erklärt sich mit der Haltung, die darin vermittelt wird. Sie »ermächtigt« den Einzelnen und zeigt auf, wie sich Ressourcen für Veränderungsprozesse mobilisieren lassen.

Mit der Stiftung FUTURZWEI (futurzwei.org) hat Harald Welzer ganz im Sinne des Buches eine Plattform für Geschichten und Bündnisse des Gelingens für eine »enkeltaugliche Zukunft« geschaffen. Der regelmäßig erscheinende Zukunftsalmanach und das FUTURZWEI-Magazin sind Impulsgeber und Plattform für Akteurinnen und Akteure, die sich von seiner Haltung inspiriert fühlen: selbst denken, selbst orientieren und selbst mit anderen handeln.

---

12 Regeln für erfolgreichen Widerstand

1. Alles könnte anders sein.
2. Es hängt ausschließlich von Ihnen ab, ob sich etwas verändert.
3. Nehmen Sie sich deshalb ernst.
4. Hören Sie auf, einverstanden zu sein.
5. Leisten Sie Widerstand, sobald Sie nicht einverstanden sind.
6. Sie haben jede Menge Handlungsspielräume.
7. Erweitern Sie Ihre Handlungsspielräume dort, wo Sie sind und Einfluss haben.
8. Schließen Sie Bündnisse.
9. Rechnen Sie mit Rückschlägen, vor allem solchen, die von Ihnen selbst ausgehen.
10. Sie haben keine Verantwortung für die Welt.
11. Wie Ihr Widerstand aussieht, hängt von Ihren Möglichkeiten ab.
12. Und von dem, was Ihnen Spaß macht.

Quelle: Welzer, 2013

Die von Harald Welzer formulierten »12 Regeln für einen erfolgreichen Widerstand« (vgl. Kasten) skizzieren prägnant die wichtigen Bausteine für eine individuelle Haltung, die Transformationsprozesse möglich macht: Sie verbinden den Widerstand gegen bestehende Verhältnisse mit dem Vertrauen in die Möglichkeit einer alternativen Zukunft sowie einem guten und gleichzeitig gelassenen Verständnis der eigenen Selbstwirksamkeit und effektiver Strategien der Veränderung. Interessanterweise weisen sie viele Parallelen zu einer Haltung »transformierender Spiritualität« auf, die wir in Kapitel 18 skizziert haben (vgl. Schneidewind, 2018).

Vom »Selbst denken« zum »Selbst handeln«:
Transformatives Unternehmertum

Der Schritt vom »Selbst denken« zum »Selbst handeln«
drückt sich in besonderer Form in der Idee des »Unternehmertums« (des »Entrepreneurships«) aus. Letztlich ist auch die
Idee des »Entrepreneurships« von einer ähnlichen Haltung
wie die des widerständigen Denkens geprägt (Schneidewind,
2009a). Entrepreneure sind davon überzeugt, dass sich Dinge
auch anders und erfolgreicher realisieren lassen. Aus dieser
Haltung heraus bringen sie in der herkömmlichen Ausprägung eines »Unternehmertums« neue Produkte, Dienstleistungen und Geschäftsmodelle hervor. Im Kontext der Großen
Transformation geht es um ein breiter verstandenes Unternehmertum: um »Social Entrepreneurship«, um »Raum-Un-
ternehmerinnen«, um »Sustainability-Entrepreneurs«.

   »Entrepreneurship« verkörpert die gleiche transformative
Haltung. »Unter« bzw. »Dazwischen«-»nehmen« bedeutet
ebenfalls eine Form von Widerspenstigkeit. Es zielt darauf, zu
zeigen, dass sich Dinge anders erfolgreicher lassen machen.
Längst weist der Begriff heute über die ökonomische Sphäre
hinaus. Es geht beim Entrepreneurship heute um weit mehr
als nur um bessere Produkte, Dienstleistungen und Geschäftsmodelle.

   So wird »unternehmerische Kompetenz« als die Fähigkeit bezeichnet, »Chancen zu erkennen und zu ergreifen und
kreative Prozesse zu planen und zu verwalten, die einen kulturellen, sozialen oder finanziellen Wert besitzen«. Sie er-
fordere »Wissen über Zusammenhänge und Gelegenheiten,
Planungs- und Managementansätze, ethische Prinzipien
und Selbstwahrnehmung« und umfasse dabei die Fähigkeiten »Kreativität (Vorstellungskraft, kritische Reflexion,

468   TEIL C: Akteure

Problemlösung), Kommunikation, Mobilisierung von Ressourcen (Personen und Dinge) und die Bewältigung von Unsicherheiten, Unwägbarkeiten und Risiken.« Eine »*unternehmerische Haltung*« umfasse »Selbstwirksamkeit, Motivation
und Durchhaltevermögen sowie die Wertschätzung der Ideen
anderer« (nach school education gateway, 2018).

Es geht also auch beim Entrepreneurship um eine Haltung,
die auf Veränderung zielt und weit mehr als ökonomischen
Nutzen im Blick hat: »Social Entrepreneurs« (Volkmann,
2012) suchen nach sozialen Innovationen, nach effektiveren
Formen, soziale Ungleichheit oder ökologische Herausforderungen zu lösen. »Raum-Unternehmer« (Buttenberg, Overmeyer, Spars, Bergische Universität Wuppertal, 2014) schaffen neue Wege der Stadtgestaltung, von denen möglichst
viele Menschen profitieren. Sie kreieren »Testfelder für die
drängenden Themen der kommenden Stadt« (Urban Catalyst
Studio, 2018).

Auch klassisches Unternehmertum war oft vom Impuls getragen, Lösungen für drängende gesellschaftliche Herausforderungen zu finden: Es war die tragende Idee hinter Gründer-
persönlichkeiten wie Werner von Siemens, Friedrich Bayer
oder Thomas Alva Edison. Heute finden wir insbesondere
in Deutschland ganze Regionen, die von einer hohen Dichte
mittelständischen Unternehmertums geprägt sind: in Süd-
westdeutschland, in Ostwestfalen, im Südoldenburgischen
oder im Bergischen Land (vgl. Kasten). Dies waren oft Regionen, die durch ihre naturräumliche Lage, über das Erbrecht
oder die Herrschaftsverhältnisse benachteiligt waren.

In diesen Regionen entwickelte sich eine Haltung des »Die-
Dinge-selbst-in-die-Hand-Nehmens«. Man musste Initiative
ergreifen, um ein gutes Leben oder zumindest das Überleben
zu sichern. In einigen dieser Regionen entstand daraus über

Zur Bedeutung von »Unternehmer-Regionen« als Orte zur Kultivierung einer transformativen Haltung: Das Beispiel Bergisches Land

Die Stadt Wuppertal und das bergische Städtedreieck mit den Nachbarstädten Remscheid und Solingen stehen für eine Region, in der sich unterschiedliche Formen des »Unternehmertums« aus langer historischer Tradition immer wieder gegenseitig beflügeln:

- in Form von bürgerschaftlichem Engagement / Unternehmertum, das überregional ausstrahlende Projekte wie die »Nordbahn-Trasse« (Wuppertalbewegung, 2018) oder das Projekt »Utopiastadt »(Clownfish, 2018) auf den Weg gebracht hat oder in lebendigen Quartiersinitiativen wie dem »Klimaquartier Arrenberg« (Aufbruch am Arrenberg e.V., 2018),

- als kulturelles und künstlerisches Unternehmertum, das immer wieder Ausnahmekünstler wie Pina Bausch, Tony Cragg oder Tom Tykwer (Lola rennt) in der Region hervorbrachte oder in die Region zog,

- als religiöses Unternehmertum (Kirchen, Glaubensgemeinschaftsgründungen), das die Region schon früh zu einer der Regionen mit der größten Vielfalt an Glaubensgemeinschaften gemacht hat,

- aber auch als wissenschaftliches Unternehmertum, das die Bergische Universität zu einem Ort macht, von dem weitgehende Reformimpulse ausgingen, und mit dem Wuppertal Institut seit Anfang der 1990er Jahre ein Thinktank wirkt, der mit seiner Forschung auf konkrete Veränderungsprozesse zielt.

die Zeit eine Haltung, die sich nicht nur aufs Ökonomische beschränkte und darum oft auch wieder Menschen anzog, die genau von einem solchen unternehmerischen Impuls getrieben waren. Das Bergische Land, d. h. die Region um das Städtedreieck Wuppertal, Remscheid und Solingen, in der das Wuppertal Institut seit seiner Gründung beheimatet ist, ist eine solche Region.

Gerade durch den seit einigen Jahrzehnten spürbaren ökonomischen Strukturwandel wachsen in solchen Regionen wieder die Anreize und Bedarfe nach unternehmerischer Haltung. Angesichts staatlicher Überschuldung und Dominanz ökonomischer Interessen bewegt sich in solchen Städten nur etwas, wenn sich Bürger die Städte in einem unternehmerischen Sinne neu aneignen. Kreation und Initiative bekommen eine neue Bedeutung.

Unternehmertum ist daher eine Haltung, die Veränderungsprozesse im Sinne einer Großen Transformation treiben kann.

Fähigkeiten: Von der kraftvollen Orientierung an möglichen Zukünften bis zur Fähigkeit zum »Transformationsdesign«

Um Wissen und Haltung in wirkungsvolle Veränderung zu übersetzen, bedarf es letztlich einer Reihe von Fähigkeiten und Kompetenzen, die die eigene Wirkmächtigkeit erhöhen. Diese Fähigkeiten umfassen ein weites Spektrum: Sie setzen auf individueller und kollektiver Ebene an. Sie reichen von der individuellen Achtsamkeit, mögliche Zukünfte zu spüren, bis zu konkreten Kompetenzen des »Transformationsdesigns« (B. Sommer & Welzer, 2014). Die Entwicklung entsprechender Kompetenzen spielt in der Ausbildung von »Change Agents« eine immer bedeutendere Rolle. Dies sei an einigen Beispielen verdeutlicht:

Ein eindrucksvolles Beispiel ist das am Massachusetts Institute of Technology (MIT) in Boston entwickelte Instrument des »**Presencing**« als einer Methode zur Zukunftsgestaltung in Transformationsprozessen. Entwickelt von Otto Scharmer im Umfeld des MIT Organizational Learning Center von Peter Senge, einem der etabliertesten wissenschaftlichen Adressen für die internationale Organisations- und Führungsforschung, richtet sich die Methode gezielt an Führungskräfte in Unternehmen, Politik und Gesellschaft, die in ihrem (beruflichen) Alltag mit Transformationssituationen konfrontiert werden und diese mitgestalten können. Scharmer unterscheidet in seiner »Theory U« (Scharmer, 2009) sieben Phasen, um zu produktivem Handeln in Transformationsprozessen zu kommen: 1. *Downloading* past patterns, 2. *Seeing* with fresh eyes, 3. *Sensing* from the field, 4. *Presencing*, 5. *Crystallizing* vision and intention, 6. *Prototyping* the new by linking head, heart, hand, 7. *Performing* by operating from the whole. Die sieben Schritte greifen dabei viele Elemente und Bausteine auf, die in den vorangegangenen Abschnitten dieses Buches schon angesprochen worden sind, und werden von Scharmer in einen strukturierten Gruppenprozess übersetzt.

Leitend für Otto Scharmer ist die Überzeugung, dass sich Orientierung und Handeln in Transformationsphasen nicht durch die Denk- und Handlungsmuster der Vergangenheit bewältigen lassen. Deswegen ist es zentral, diese Denkmuster hinter sich zu lassen und sich durch die aktive Auseinandersetzung mit völlig anderen Perspektiven auf ein Einfühlen auf mögliche Zukünfte (das ist der Kern des »Presencing«) einzulassen und daraus dann neue Handlungsmuster zu entwickeln. Scharmer und das von ihm geleitete Presencing Institute führen auf der Grundlage der Methode gemeinsame Trainings mit Führungskräften aus unterschiedlichen Organisationskontexten und kulturellen Hintergründen in neue

Perspektiven eröffnenden Umfeldern durch und erzielen damit eine hohe Resonanz (Scharmer, 2009).

In den letzten Jahren sind viele weitere Ansätze entstanden, um insbesondere die Fähigkeit zu kollektiven Lern- und Veränderungsprozessen zu stärken. Ein Beispiel im Kontext ökologischer Transformation ist die Methode der **Offenen didaktischen Erschließung** (ODE) (vgl. Bliesner u.a., 2014). Auch diese Methode baut auf der Erkenntnis auf, dass ein ökologisches Bewusstsein alleine für entsprechendes Handeln nicht ausreicht. In didaktischen Prozessen sind vielmehr die Bedeutungsebene sowie die individuellen und sozialen Normen (alles Elemente der »Haltung«) von zentraler Bedeutung. Auf dieser Grundlage entwickelt die Methode einen auf den jeweiligen Kontext angepassten Mix an Lernmethoden und -materialien, um entsprechende transformative Lernprozesse zu unterstützen. Vom Wuppertal Institut wurde die Methode insbesondere im Bereich der Unterstützung von ressourceneffizienten Handlungsstrategien effektiv eingesetzt (Nordmann u.a., 2015; Wiegandt, 2016).

Eines besonderen Zugangs zum Aufbau transformativer Kompetenzen bedient sich die **Transition Town-Bewegung** (vgl. auch Kap. 18). Ihre Wirkung erklärt sich u.a. daraus, dass sie in besonderer Weise die Bedingungen ihres Erfolges kontinuierlich reflektiert und für andere Aktive verfügbar macht. Ein Ausdruck davon ist der im Jahr 2011 vom Transition-Town-Gründer herausgegebene »Transition Companion« (Hopkins, 2011), der in Form einer Mustersprache die Erfolgsmuster der Transition-Town-Bewegung kompakt zusammenfasst und damit anderen bestehenden und künftigen Transition-Town-Initiativen bereitstellt. Der Musterkatalog destilliert erprobte Fähigkeiten kollektiven transformativen Handelns und stellt sie allen Aktiven zur Verfügung.

Gerade wenn es um komplexe Veränderungsprozesse geht, gewinnen **Design**-Kompetenzen immer stärker an Bedeutung. Design wird dabei im weitesten Sinne als Ausdruck der Kunst der Gestaltung (Duden, 2018) verstanden. Es drückt die Kompetenz aus, funktionale, ästhetische und akteursbezogene Zugänge in einer integrierten Form aufeinander zu beziehen. Damit bekommt Design auch in Transformationsprozessen eine zentrale Bedeutung. So haben Bernd Sommer und Harald Welzer ihr 2016 erschienenes Transformationsbuch »Transformationsdesign« genannt und damit die Bedeutung eines weit verstandenen Designbegriffes in Transformationsprozessen betont.

Designprozesse können deswegen auf einen breiteren öffentlichen Raum abzielen. An der Bergischen Universität Wuppertal wurde im Fachbereich Design im Jahr 2016 der Masterstudiengang »Public Interest Design« (www.zsb. uni-wuppertal.de/studieninfos/studieninfos/master/public-interest-design-ma.html) ins Leben gerufen, der genau von einem solch breiten Designverständnis getragen ist. Der Studiengang zielt darauf ab, »durch Design an der Gestaltung der Gesellschaft und den öffentlichen Angelegenheiten teilzuhaben, in Verantwortung gegenüber der Gemeinschaft Einfluss zu nehmen und über eigene Projekte der Öffentlichkeit Gestalt zu geben«.

Design kann aber auch sehr viel spezifischer ansetzen – z.B. bei der Unterstützung ganz konkreter transformativer Handlungen. Hier können »transformative Produkte« und damit ein transformatives Produktdesign (Liedtke, Buhl u.a., 2013b; Liedtke, Hasselkuss, Speck & Baedeker, 2017) eine wichtige Rolle spielen. Mit dieser Methode werden Produkte und Dienstleistungen geschaffen, die Menschen in nachhaltigen Konsumweisen unterstützen. Es ist einer der Gründe, warum auch das Wuppertal Institut in seiner Transformationsforschung eng mit Designerinnen und Designern kooperiert.

Transformatives Lernen

Wie können sich Pioniere des Wandels konkret entwickeln? Wie lassen sie sich fördern? Hier kommt der Idee des »transformativen Lernens« (Singer-Brodowski, 2016) eine zentrale Bedeutung zu. Transformatives Lernen bedeutet, Wissen, Haltung und Fähigkeiten in Lernprozessen zu entwickeln.

Transformatives Lernen ist ein wichtiger Baustein einer transformativen Wissenschaft, die sich nicht nur auf die Produktion von Systemwissen, sondern auch auf die Entstehung von Zielwissen und von Transformationswissen konzentriert (vgl. Kap. 21).

In der transformativen Wissensproduktion geht es nicht nur um neue Arten des »Forschens«, sondern auch um neue Formen des Lernens. »Transformatives Lernen« bzw. »Transformative Bildung« (Getzin & Singer-Brodowski, 2016; Mezirow & Arnold, 1997; Singer-Brodowski, 2016; WBGU, 2011, 2016a) zielt auf ein Lernen, das eigene Denkweisen und Vorannahmen reflektiert und diese erweitert. Im Kontext von Transformationsprozessen zu einer Nachhaltigen Entwicklung zielt transformative Bildung zudem auf ein Verständnis von Handlungsoptionen und Lösungsansätzen (WBGU, 2011) und stärkt damit Kompetenzen von Pionierinnen und Pionieren des Wandels. Eine besondere Aufgabe bedeutet dabei transformatives Lernen unter Herausforderungen der Konsumtransformation und des Postwachstums (Getzin & Singer-Brodowski, 2016). Das in diesem Kapitel skizzierte Zusammenspiel von Wissen, Haltung und Fähigkeiten muss im Zentrum transformativer Lernprozesse stehen.

Die Orte transformativen Lernens reichen weit über Schulen und klassische Bildungseinrichtungen hinaus. Sie müssen Menschen in unterschiedlichen Lebensphasen und Gestaltungskontexten erreichen. Das ist einer der Gründe, warum urbane Reallabore bedeutende gesellschaftliche Lernräume sind (vgl. WBGU, 2016a, S. 453). Zum Aufbau entsprechender Lernräume hat das Wuppertal Institut in den letzten Jahren eine Reihe von Projekten umgesetzt (DBU, 2016; GIZ, 2014) und baut seit dem Jahr 2017 zusammen mit der Leuphana Universität in Lüneburg ein universitätsübergreifendes »Transformatives Innovation Lab«, um Akteuren aus unterschiedlichen Zielgruppen Kompetenzen für die Umsetzung der Nachhaltigen Entwicklungsziele (SDGs) zu vermitteln.

In eine ähnliche Richtung zielt die Entrepreneurship Education (vgl. Jäger, 2017, sowie die von Ulrich Braukmann herausgegebene Reihe zur Entrepreneurship-Education im EUSL-Verlag), insbesondere dann, wenn sie ein breiteres, auf soziale und ökologische Belange zielendes Entrepreneurverständnis im Blick hat (siehe oben). Auch hier steht ein erweiterter Kompetenzbegriff im Zentrum, bei dem sich gerade die Arbeit z. B. mit nachhaltigen Schülerfirmen als äußerst erfolgreich erwiesen hat (nach community, 2018; NFTE Deutschland e. V., 2018).

Es gilt: Am Ende beginnt die Große Transformation mit dem Engagement von Einzelnen – aber nicht nur am Einkaufsregal, sondern in der Rolle als Pionierinnen und Pioniere des Wandels, die Wissen, Haltung und Fähigkeit miteinander kombinieren und kontinuierlich im eigenen Handeln kultivieren.

23. Kompass für die Zukunftskunst –
Das Wuppertaler Transformationsmodell

Im vorliegenden Buch haben wir einen Einblick in die Idee der Großen Transformation gegeben. In Anlehnung an den Wissenschaftlichen Beirat der Bundesregierung Globale Umweltveränderungen (WBGU, 2011) wurde damit die Umbruchphase der Menschheit im 21. Jahrhundert bezeichnet. Die technologische, ökonomische und gesellschaftliche Ausgestaltung der Großen Transformation entscheidet darüber, ob alle Menschen des 21. Jahrhunderts trotz planetarer ökologischer Grenzen die Chance haben, ein würdevolles Leben zu führen.

Begrifflich ließ sich der WBGU im Jahr 2011 von der Analyse des modernen Kapitalismus von Karl Polanyi (»Great Transformation«) aus dem Jahr 1944 inspirieren. Das vorliegende Buch hat aufbauend auf den Forschungsarbeiten und Erfahrungen des Wuppertal Instituts einen Einblick gegeben, was sich hinter der Großen Transformation verbirgt und wie sie im Sinne einer Nachhaltigen Entwicklung mitgestaltet werden kann. Dabei spielte – ganz im Sinne Polanyis – auch die Analyse des aktuellen Wirtschaftssystems eine wichtige Rolle.

Das Buch will ein Kursbuch für eine »Zukunftskunst« sein. Damit ist die Fähigkeit gemeint, Transformationsprozesse im Sinne einer Nachhaltigen Entwicklung zu verstehen und aktiv zu beeinflussen – in ihren technologischen, ökonomischen, institutionellen und kulturellen Dimensionen.

Drei Zugänge prägen dabei die Arbeit des Wuppertal Instituts, um sich der Großen Transformation zu nähern:

1. Ansatz: Ein *Ansatz*, der Nachhaltige Entwicklung als ein kulturelles Projekt versteht. Im Kern ist die Idee der Nachhaltigen Entwicklung eine »moralische Revolution«. Sie startet von einer erweiterten Idee von Gerechtigkeit, die die Kraft entfaltet, institutionelle, ökonomische und technische Entwicklungen zu prägen. Wichtige Bausteine sind dabei ein erweitertes Wohlstandsverständnis und eine Auseinandersetzung mit den ökologischen und sozialen Nebenfolgen des modernen Kapitalismus. Zukunftskunst bedeutet, Veränderungsprozesse von diesem kulturellen Ausgangspunkt her zu verstehen und zu gestalten.

2. Arenen: Im Zusammenspiel von sieben *Arenen* ergibt sich die Große Transformation. Zukunftskunst bedeutet, die Logik der sich in den Arenen vollziehenden Wenden sowie ihre Vernetzung zu verstehen und im Sinne einer Nachhaltigen Entwicklung voranzutreiben.

3. Akteure: Die Gestaltung der Großen Transformation erfordert eine geteilte Verantwortung unterschiedlicher *Akteure*. Zu diesen Akteuren gehören die organisierte Zivilgesellschaft, die Politik, Unternehmen und die Wissenschaft. Letztlich treiben aber viele individuelle Pionierinnen des Wandels innerhalb und außerhalb dieser Institutionen die Große Transformation. Zukunftskunst bedeutet, die Potentiale und das Zusammenspiel all dieser Akteure für eine Nachhaltige Entwicklung zu nutzen.

Das »Wuppertaler Transformationsmodell« fasst in diesem Sinne die Eckpunkte einer Zukunftskunst zusammen.

Das Wuppertaler Transformationsmodell –
Zehn zentrale Bausteine einer Zukunftskunst

Ansatz

1. Jede Mitgestaltung der Großen Transformation muss vier Dimensionen der Veränderung im Blick behalten und zusammendenken: eine technologische, eine ökonomische, eine politisch-institutionelle und eine kulturelle.

2. Die Große Transformation sollte immer vom kulturellen Ende her gedacht werden. Nur so lässt sich verhindern, dass die Menschheit allein durch technologische und ökonomische Veränderungen getrieben ist. Denn im Kern ist Nachhaltige Entwicklung eine »moralische Revolution« (Appiah, 2011), die in neuen Wertvorstellungen (»Mindshifts«, vgl. Göpel, 2016) ihren Ausgangspunkt nimmt und darüber ihre zivilisatorische Kraft gewinnt.

3. Ohne eine Weiterentwicklung des modernen Kapitalismus wird eine Transformation zur Nachhaltigen Entwicklung kaum gelingen.

Arenen

4. Die Große Transformation vollzieht sich in einer Vielzahl eng miteinander verbundener »Wenden« (von Energie- und Ressourcenwende über viele Sektorwenden, eine urbane und industrielle Wende bis zur umfassenden Wohlstandswende). In jeder dieser Wenden buchstabiert sich Zukunftskunst in besonderer Weise aus.

Akteure

5. Die Welt wird durch Akteure gemacht und kann deswegen auch durch Akteure verändert werden. Daher muss eine Zukunftskunst einen besonderen Blick sowohl auf die organisierten Akteure moderner Gesellschaften als auch auf die individuellen »Pioniere des Wandels« werfen.

6. Es gilt, die für Umwelt- und Nachhaltigkeitsanliegen strei-

tende, organisierte Zivilgesellschaft als Antriebskraft für den kulturellen Wandel in der Großen Transformation zu verstehen.

7. Unternehmen spielen eine zentrale Rolle in den Prozessen der Großen Transformation. Doch nur, wenn die Vielfalt von Unternehmensformen und neue Orientierungen unternehmerischen Handelns an Bedeutung gewinnen, werden Unternehmen zu Gestaltern einer Nachhaltigen Entwicklung.

8. Politik ist Katalysator und Mitgestalter von Veränderungsprozessen zu einer Nachhaltigen Entwicklung. Neben inhaltlichen Politiken (»Policies«) bedeutet politische Zukunftskunst, insbesondere auch die politischen Prozesse (»Politics«) zur Gestaltung einer Großen Transformation in demokratischen Strukturen weiterzuentwickeln.

9. Ein neuer Gesellschaftsvertrag zwischen Wissenschaft und Gesellschaft ist ein wichtiger Baustein für den Wandel in aufgeklärten Wissensgesellschaften. Wissenschaft und Wissenschaftspolitik sind hier aktiv gefordert.

10. Jede organisatorische und gesellschaftliche Veränderung geht am Ende von individuellen Pionieren des Wandels aus. Pioniere des Wandels werden ermächtigt durch den Dreiklang von Haltung, Wissen und Fähigkeiten. Diese Ressourcen gilt es kontinuierlich zu stärken.

Die Welt des Jahres 2050 kann eine bessere und nachhaltigere sein. Sie haben es mit in der Hand. Werden Sie Zukunftskünstlerin. Machen Sie eine Nachhaltige Entwicklung möglich.

Anmerkungen

1 Und steht damit in einer narrativen/hermeneutischen Theorietradition von Autoren wie Paul Ricœur, Anthony Giddens, Charles Wright Mills (Sociological Imagination).

2 Hier sei beispielhaft auf das bereits 1979 von Hans Jonas ausformulierte »Prinzip Verantwortung« (1979) verwiesen.

3 Die Argumentation des folgenden Kapitels basiert insbesondere auf Schneidewind & Augenstein, 2016.

4 Grund für die Umbenennung war die Tatsache, dass die Idee der Effizienzrevolution insbesondere in China in den Jahren zuvor erheblich an Popularität gewonnen hatte. Da Ernst Ulrich von Weizsäcker diesen Elan befeuern wollte, die Zahl 4 aber in China negativ konnotiert ist, entschied er sich zu dieser pragmatischen Titelanpassung.

5 Vgl. zum Überblick Howaldt & Schwarz, 2010.

6 Vgl. für Vorschläge für eine sektorale Energiesuffizienzpolitik für Gebäude und Stromanwendungen im Haushalt Bierwirth & Thomas, 2018.

7 Vgl. zum folgenden Kasten die Zusammenfassungstexte bei Kopatz, 2016.

8 Die folgenden Textteile stützen sich insbesondere auf Ausschnitte aus Schneidewind & Zahrnt, 2013.

9 Der Titel ist inspiriert durch eine Überschrift auf ZEIT online vom 29.12.2015.

10 Vgl. Smil 2014, zitiert nach WBGU 2016b:7.

Literaturverzeichnis

(Alle Internetquellen zuletzt abgerufen am 23. Februar 2018)

Abson, D.J., Fischer, J., Leventon, J., Newig, J., Schomerus, T., Vilsmaier, U., … Lang, D.J. (2017). Leverage points for sustainability transformation. Ambio, 46(1), 30–39

Adam, D. (2009, 18. März). Nasa's James Hansen warns »democratic process isn't working« in climate change fight. Abgerufen von http://www.theguardian.com/science/2009/mar/18/nasa-climate-change-james-hansen

Adolf, J., Arnold, K., Balzer, C.H., Louis, J. (2017). Wasserstoff – Energie der Zukunft? Energiewirtschaftliche Tagesfragen, 67(11), 74–77

Agora Energiewende. (2018). Die Energiewende im Stromsektor: Stand der Dinge 2017. Rückblick auf die wesentlichen Entwicklungen sowie Ausblick auf 2018 (No. 125/01-A-2018/DE). Berlin: Agora Energiewende

Agora Verkehrswende (2017). Mit der Verkehrswende die Mobilität von morgen sichern. 12 Thesen zur Verkehrswende (No. 01–2017–DE). Berlin: Agora Verkehrswende

Allwood, J. (2016). Steel, the future for the UK and Europe. The Institute of Materials, Minerals and Mining

Altvater, E. (2004). What Happens When Public Goods Are Privatized? Studies in Political Economy, 74(1), 45–77

Altvater, E., Mahnkopf, B. (1999). Grenzen der Globalisierung: Ökonomie, Ökologie und Politik in der Weltgesellschaft. Münster: Westfälisches Dampfboot

Amlinger, C. (2017). Klaus Dörre: Die neue Landnahme. In K. Kraemer, F. Brugger (Hrsg.), Schlüsselwerke der Wirtschaftssoziologie. Wiesbaden: Springer VS

Appiah, K. A. (2011). Eine Frage der Ehre oder wie es zu moralischen Revolutionen kommt. München: Beck

Arnold, M. (2010). Die Erfahrung der Philosophen. Wien: Turia + Kant

Aufbruch am Arrenberg e. V. (2018). Klimaquartier Arrenberg. Abgerufen von http://www.aufbruch-am-arrenberg.de/site/home/klimaquartier/news/

Ayling, J., Gunningham, N. (2017). Non-state governance and climate policy: the fossil fuel divestment movement. Climate Policy, 17(2), 131–149

Bahn-Walkowiak, B., Wilts, H. (2017). The institutional dimension of resource efficiency in a multi-level governance system – Implications for policy mix design. Energy Research & Social Science, 33, 163–172

BASF (2016). BASF Finanz- und Nachhaltigkeitsberichterstattung. Abgerufen von http://bericht.basf.com/2016/de/

B. A. U. M. e. V. (2018). Nachhaltiges Investieren als wirksamer Hebel. Abgerufen von http://www.baumev.de/

Bauriedl, S. (Hrsg.) (2016). Wörterbuch Klimadebatte. Bielefeld: Transkript

Beck, U. (1995). Die »Individualisierungsdebatte«. In B. Schäfers (Hrsg.), Soziologie in Deutschland (185–198). Heidelberg: Springer

Beck, U., Giddens, A., Lash, S. (1994). Reflexive modernization: Politics, tradition and aesthetics in the modern social order. Stanford: Stanford University Press

Beckenbach, F., Daskalakis, M., Hofmann, D. (2016). Zur Pluralität der volkswirtschaftlichen Lehre in Deutschland: eine empirische Untersuchung des Lehrangebotes in den Grundlagenfächern und der Einstellung der Lehrenden. Marburg: Metropolis

Becker, U., Gerike, R., Völlings, A. (1999). Gesellschaftliche Ziele von und für Verkehr. Schriftenreihe des Instituts für Verkehr und Umwelt e. V. (DIVU), Heft 1, 71

Beeson, M. (2010). The coming of environmental authoritarianism. Environmental Politics, 19(2), 276–294

Bettzüge, O., Schneidewind, U. (2012). Klimawandel: Vier unbequeme Wahrheiten, die eine Lösung verhindern. Wirtschaftswoche. Abgerufen von https://www.wiwo.de/technologie/green/klimawandel-vier-unbequeme-wahrheiten-die-eine-loesung-verhindern/13544948.html

Bierwirth, A., Augenstein, K., Baur, S., Bettin, J., Buhl, J., Friege, J., …

Vondung, F. (2017). Knowledge as transformative energy: on linking models and experiments in the energy transition in buildings. München: Oekom

Bierwirth, A., Thomas, S. (2018). Energy sufficiency in buildings. Concept paper. (eceee policy guide). Wuppertal: Wuppertal Institut

Binswanger, H.C. (2006). Die Wachstumsspirale. Marburg: Metropolis

Binswanger, H.C. (2013). Die Wachstumsspirale: Geld, Energie und Imagination in der Dynamik des Marktprozesses (4., überarb. Aufl.). Marburg: Metropolis

Blanke, S. (2016). Stromnetzausbau sozial gestalten – Evaluation eines transdisziplinären Projektes in Ostfriesland. In H. Büsing, H. Schencke (Hrsg.), Kooperationswege Wissenschaft – Gesellschaft: 40 Jahre Kooperationsvereinbarung Hochschule – Gewerkschaften in Oldenburg. Oldenburg: BIS-Verlag der Carl von Ossietzky Universität Oldenburg

Bliesner, A., Liedtke, C., Welfens, M., Baedeker, C., Hasselkuss, M., Rohn, H. (2014). »Norm-Oriented Interpretation Learning« and Resource Use: The Concept of »Open-Didactic Exploration« as a Contribution to Raising Awareness of a Responsible Resource Use. Resources, 3(1), 1–30

BMBF (2016). Grundsatzpapier des Bundesministeriums für Bildung und Forschung zur Partizipation. Berlin: Bundesministerium für Bildung und Forschung

BMWi (2017). Zeitreihen zur Entwicklung der erneuerbaren Energien in Deutschland (Arbeitsgruppe Erneuerbare Energien-Statistik [AGEE-Stat]). Berlin: Bundesministerium für Wirtschaft und Energie

BMZ (2017). Der Zukunftsvertrag für die Welt: Die Agenda 2030 für nachhaltige Entwicklung. Berlin: Bundesministerium für wirtschaftliche Zusammenarbeit und Entwicklung

BOELW (2018). Bund Ökologische Lebensmittelwirtschaft: Die Bio-Branche 2018. Berlin: Bund Ökologische Lebensmittelwirtschaft

Boockmann, B., Kleimann, R., Meythaler, N., Nasgowitz, A., Nielen, S., Späth, J., ... Stemmler, H. (2015). Forschungsprojekt: Analyse der Verteilung von Einkommen und Vermögen in Deutschland. Projektbericht an das Bundesministerium für Arbeit und Soziales. Tübingen: ZEW-Gutachten und Forschungsberichte

Boons, F., Lüdeke-Freund, F. (2013). Business models for sustainable innovation: state-of-the-art and steps towards a research agenda. Journal of Cleaner Production, 45, 9–19

börsennews (2018). Aktien mit höchster Marktkapitalisierung Welt – Top 100. Abgerufen von http://www.boersennews.de/markt/aktien/hoechste-marktkapitalisierung

Bortoleto, A.P. (2015). Waste prevention policy and behaviour: new approaches to reducing waste generation and its environmental impacts. New York: Routledge

Bossmann, T., Eichhammer, W., Elsland, R. (2012). Concrete Paths of the European Union to the 2 °C Scenario: Achieving the Climate Protection Targets of the EU by 2050 through Structural Change, Energy Savings and Energy Efficiency Technologies. Karlsruhe: Fraunhofer-Institut für System- und Innovationsforschung ISI

Bottles, S.L. (1987). Los Angeles and the automobile: The making of the modern city. Berkely: University of California Press

Bourdieu, P. (1982). Die feinen Unterschiede: Kritik der gesellschaftlichen Urteilskraft. Frankfurt am Main: Suhrkamp

Brand, K.-W. (2017). Die sozial-ökologische Transformation der Welt. Ein Handbuch. Frankfurt am Main: Campus

Brand, U. (2015). Degrowth und Post-Extraktivismus: Zwei Seiten einer Medaille (Working Paper der DFG KollegforscherInnengruppe Postwachstumsgesellschaften 5/2015)

Brand, U., Gleich, A. von (2012). Leitbildorientierte Technologie- und Systemgestaltung als Beitrag zur Umsetzung des Vorsorgeprinzips. ITA-manu:script, 12–02, 49–64.

Brand, U., Wissen, M. (2017). Imperiale Lebensweise: Zur Ausbeutung von Mensch und Natur in Zeiten des globalen Kapitalismus. München: Oekom

Braungart, M., MacDonough, W. (2003). Einfach intelligent produzieren: Cradle to cradle: Die Natur zeigt, wie wir die Dinge besser machen können. Berlin: Berliner Taschenbuch

Bringezu, S., Bleischwitz, R. (Hrsg.) (2009). Sustainable resource management: global trends, visions and policies. Sheffield, UK: Greenleaf

Brischke, L.-A., Leuser, L., Duscha, M., Thomas, S., Thema, J., Spitzner, M., … Beeh, M. (2016). Energiesuffizienz – Strategien und Instrumente für eine technische, systemische und kulturelle Transformation zur nachhaltigen Begrenzung des Energiebedarfs im Konsumfeld Bauen / Wohnen (Endbericht). Heidelberg: ifeu – Institut für Energie- und Umweltforschung Heidelberg GmbH

Brüggemann, A. (2015). Energieeffizienz in Industrie und Gewerbe: Wo liegen die größten Potenziale? (KFW Research No. 96). Frankfurt am Main: KFW

Brundtland, G.H. (1987). Report of the World Commission on environment and development: Our Common Future. United Nations

Brynjolfsson, E., McAfee, A. (2014). The second machine age: work, progress, and prosperity in a time of brilliant technologies. New York: WW Norton & Company

Bude, H. (2016). Das Gefühl der Welt: Über die Macht von Stimmungen (2. Aufl.). München: Carl Hanser

Buhl, J., Liedtke, C., Bienge, K. (2017). How much environment do humans need? Evidence from an integrated online user application linking natural resource use and subjective well-being in Germany. Resources, 6(4), 67

Buhl, J., Liedtke, C., Stadler, K. (2017). Der Ressourcenverbrauch privater Haushalte in NRW – The resource use of private households in North Rhine-Westphalia, Germany. uwf UmweltWirtschaftsForum| Sustainability Management Forum, 25(3–4), 255–264

BUND (2012). Nachhaltige Wissenschaft. Plädoyer für eine Wissenschaft für und mit der Gesellschaft. Berlin: Bund für Umwelt und Naturschutz

BUND (2016). Kommunale Suffizienzpolitik. Strategische Perspektiven für Städte, Länder und Bund. Abgerufen von https://www.bund.net/

BUND und Heinrich-Böll-Stiftung (2016). Fleischatlas 2016 – Deutschland Regional. Berlin. Abgerufen von https://www.boell.de/de/dossier-zum-fleischatlas-deutschland-regional

BUND und Misereor (Hrsg.) (1996). Zukunftsfähiges Deutschland: ein Beitrag zu einer global nachhaltigen Entwicklung. Eine Studie des Wuppertal Instituts. Basel: Birkhäuser

Büsing, H., Schencke, H. (Hrsg.) (2016). Kooperationswege Wissenschaft – Gesellschaft: 40 Jahre Kooperationsvereinbarung Hochschule – Gewerkschaften in Oldenburg. Oldenburg: BIS-Verlag der Carl von Ossietzky Universität Oldenburg

Buteweg, J. (2012). Experte: Kapitalismus zugunsten der Natur umkrempeln. Badische Zeitung vom 29.09.2012. Abgerufen unter https://

www.badische.zeitung.de/wirtschaft-3/experte-kapitalismus-zugunsten-der natur-umkrempeln--64135974.html

Buttenberg, L., Overmeyer, K., Spars, G., Bergische Universität Wuppertal (Hrsg.) (2014). Raumunternehmen: wie Nutzer selbst Räume entwickeln; [Fallstudien aus der Praxis; Raumstrategien, Entwicklungspfade, Wertschöpfungskonzepte; Diskurse über nutzergetragene Stadtentwicklung]. Berlin: Jovis

Canzler, W., Brickwedde, F., Knie, A. (2015). Die neue Verkehrswelt: Mobilität im Zeichen des Überflusses: schlau organisiert, effizient, bequem und nachhaltig unterwegs; eine Grundlagenstudie. Bochum: Ponte Press

Canzler, W., Knie, A. (2000). »New Mobility«? Mobilität und Verkehr als soziale Praxis. Aus Politik und Zeitgeschichte. Beilage zur Wochenzeitung Das Parlament, (45–46). Abgerufen von http://www.bpb.de/ publikationen/EPT08I,0,New_Mobility_Mobilit%E4t_und_Verkehr_ als_soziale_Praxis.html

CASS und ProClim (1997). Forschung zu Nachhaltigkeit und Globalem Wandel – Wissenschaftspolitische Visionen der Schweizer Forschenden (Konferenz der Schweizerischen Wissenschaftlichen Akademien; Forum für Klima und Global Change: Schweizerische Akademie der Naturwissenschaften)

Centre for Bhutan Studies & GNH (2016). A Compass Towards A Just and Harmonious Society: 2015 GNH Survey Report. Centre for Bhutan Studies & GNH

Chemanager (2017). Raus aus den Silos – Chemie und Kirche im Gespräch. Abgerufen von http://www.chemanager-online.com/themen/ management/raus-aus-den-silos-chemie-und-kirche-im-gespraech

Clark, P. (2015, Mai 22). Axa pledges to sell € 500 m of coal assets by end of year. Financial Times. Abgerufen von https://www.ft.com/content/ f349dbb0-0072-11e5-b91e-00144feabdc0

Clownfish (2018). Utopiastadt. Abgerufen von https://www.clownfisch. eu/utopia-stadt/

Colman, T., Päster, P. (2009). Red, White, and ›Green‹: The Cost of Greenhouse Gas Emissions in the Global Wine Trade. Journal of Wine Research, 20(1), 15–26

Corneo, G. (2014). Bessere Welt: Hat der Kapitalismus ausgedient? Eine Reise durch alternative Wirtschaftssysteme. Wien: Goldegg

Couldry, N., Stephansen, H., Fotopoulou, A., MacDonald, R., Clark, W.,

Dickens, L. (2014). Digital citizenship? Narrative exchange and the changing terms of civic culture. Citizenship Studies, 18(6–7), 615–629

Crouch, C. (2005). Models of capitalism. New Political Economy, 10(4), 439–456

Crouch, C. (2008). Postdemokratie. (N. Gramm, Übers.) (Deutsche Erstausgabe). Frankfurt am Main: Suhrkamp

CSCP (2016). Towards a one planet lifestyle. Wuppertal: Collaborating Centre on Sustainable Consumption and Production (CSCP) gGmbH

DBU (2016). DBU Summer Academy focuses on climate protection in urban environments. Abgerufen von https://www.dbu.de/2673artikel36869_2538.html

DBV (2017). Situationsbericht 2016/17 des Deutschen Bauernverbandes. Berlin: Deutscher Bauernverband. Abgerufen von http://www.bauernverband.de/situationsbericht-2016-17

De Schoenmakere, M., Gillabel, J., EEA (2017). Circular by design: products in the circular economy (EEA Report No. No 2/2016). Abgerufen von https://www.eea.europa.eu/publications/circular-by-design/at_download/file

de Waal, M., Dignum, M. (2017). The citizen in the smart city. How the smart city could transform citizenship. it – Information Technology, 59(6)

Demaria, F., Schneider, F., Sekulova, F., Martinez-Alier, J. (2013). What is Degrowth? From an Activist Slogan to a Social Movement. Environmental Values, 22(2), 191–215

Deutscher Bundestag (2013). Schlussbericht der Enquete-Kommission »Wachstum, Wohlstand, Lebensqualität – Wege zu nachhaltigem Wirtschaften und gesellschaftlichem Fortschritt in der Sozialen Marktwirtschaft«. Berlin

Diefenbacher, H. (2015). Kooperieren – aber wie? Nachhaltigkeit in Kirchen, Religionsgemeinschaften und Kommunen. Heidelberg: Forschungsstätte der Evangelischen Studiengemeinschaft e.V. – Institut für interdisziplinäre Forschung

DLR und Wuppertal Institut (2015). Begleitforschung zu Technologien, Perspektiven und Ökobilanzen der Elektromobilität STROMbegleitung (Abschlussbericht im Rahmen der Förderung des Themenfeldes »Schlüsseltechnologien für die Elektromobilität [STROM]« an das Bundesministerium für Bildung und Forschung [BMBF]). Wuppertal

Domenech, T., Davies, M. (2011). Structure and morphology of industrial symbiosis networks: The case of Kalundborg. Procedia – Social and Behavioral Sciences, 10, 79–89

door2door (2018). The Mobility Company. Abgerufen von https://www.door2door.io/de/index.html

Dörre, K. (2012). Landnahme, das Wachstumsdilemma und die »Achsen der Ungleichheit«. Berliner Journal für Soziologie, 22(1), 101–128

Dörre, K., Lessenich, S., Rosa, H. (2009). Soziologie–Kapitalismus–Kritik. Frankfurt am Main: Suhrkamp

Duden (2018). Definition »Design«. Abgerufen von https://www.duden.de/node/676065/revisions/1632442/view

Dyllick, T. (2015a). Responsible management education for a sustainable world: The challenges for business schools. Journal of Management Development, 34(1), 16–33

Dyllick, T. (2015b, 15. Dezember 2015). Die Suche nach echter Nachhaltigkeit. Neue Zürcher Zeitung. Abgerufen von https://www.nzz.ch/wirtschaft/wirtschaftspolitik/die-suche-nach-echter-nachhaltigkeit-118663657

Dyllick, T., Belz, F., Schneidewind, U. (1997). Ökologie und Wettbewerbsfähigkeit. München: Hanser

Dyllick, T., Muff, K. (2016). Clarifying the Meaning of Sustainable Business: Introducing a Typology From Business-as-Usual to True Business Sustainability. Organization & Environment, 29(2), 156–174

EAF (2015). Growth Within A Circular Economy Vision for a Competitive Europe. Abgerufen von https://www.mckinsey.de/files/growth_within_report_circular_economy_in_europe.pdf

Eberle, U., Hayn, D. (2007). Ernährungswende – Eine Herausforderung für Politik, Unternehmen und Gesellschaft. Freiburg: Öko-Institut e. V. und Institut für sozial-ökologische Forschung (ISOE)

Edenhofer, O., Flachsland, C., Brunner, S. (2011). Wer besitzt die Atmosphäre? Leviathan, 39(2), 201–221

EEA (2017): Programming-Document 2018–2020 der EEA. Kopenhagen.

Ehrenberg, A. (2015). Das erschöpfte Selbst: Depression und Gesellschaft in der Gegenwart. Frankfurt am Main: Campus

Eisenberg, G. (2017, Juli 24). Im Abseits. Abgerufen von https://www.jungewelt.de/artikel/315001.im-abseits.html

EKiR (2016). Den Wandel gestalten – Zum Leben umkehren – Große Transformation und Transformative Spiritualität (Information zur Landessynode 2016). Evangelische Kirche im Rheinland

Elsen, S. (Hrsg.) (2015). Die Kunst des Wandels: Ansätze für die ökosoziale Transformation. München: Oekom

Europäische Kommission (2015). Den Kreislauf schließen – Ein Aktionsplan der EU für die Kreislaufwirtschaft (No. COM [2015] 614 final). Brüssel: Europäische Kommission

Falck, O., Ebnet, M., Koenen, J., Dieler, J., Wackerbauer, J. (2017). Auswirkungen eines Zulassungsverbots für Personenkraftwagen und leichte Nutzfahrzeuge mit Verbrennungsmotor (ifo-Studie). München: ifo – Zentrum für Industrieökonomik und neue Technologien und ifo Zentrum für Energie, Klima und Ressourcen

Feil, M., Tänzler, D., Supersberger, N., Bleischwitz, R., Rüttinger, L. (2010). Rohstoffkonflikte nachhaltig vermeiden: Forschungs- und Handlungsempfehlungen (Studie im Auftrag des Umweltbundesamtes No. Forschungsprojekt FKZ 370 819 102). Berlin: adelphi, Wuppertal Institut

Feola, G., Nunes, R. (2013). Failure and Success of Transition Initiatives: a study of the international replication of the Transition Movement (Walker Institute Research Nore Series). Walker Institute

Ferraresi, G. (2016). European Populism in the 21st Century: The Ideological Background of Syriza, Podemos and the 5 Star Movement. Biblioteca della libertà, 216, 49–68

FGF (2018). Entrepreneurship Education. Abgerufen von https://www. fgf-ev.de/arbeitskreise/ak-entrepreneurship-education/

Finnemore, M., Sikkink, K. (1998). International Norm Dynamics and Political Change. International Organization, 52(4), 887–917

Fischedick, M., Richwien, M., Lechtenböhmer, S., Zeiss, C., Espert, V. (2015). Klimaschutzpläne und -gesetze: partizipationsorientierte Instrumente vorausschauender Klima- und Standortpolitik. Energiewirtschaftliche Tagesfragen, 65(5), 18–21

Fischedick, M., Roy, J., Abdel-Aziz, A., Acquaye, A., Allwood, J., Ceron, J.-P., … Tanaka, K. (2014). Industry. In O. Edenhofer, R. Pichs-Madruga, Y. Sokona, E. Farahani, S. Kadner, K. Seyboth, … J. C. Minx (Hrsg.), Climate change 2014: mitigation of climate change: Working Group III contribution to the Fifth Assessment Report of the Intergovernmental Panel on Climate Change. New York: Cambridge University Press

Floater, G., Heeckt, C., Ulterino, M., Mackle, L., Rode, P., Bhardwaj, A., ... Huxley, R. (2016). Co-benefits of urban climate action: A framework for cities (A working paper by the Economics of Green Cities Programme, LSE Cities). London: London School of Economics and Political Science

Fraedrich, E., Beiker, S., Lenz, B. (2015). Transition pathways to fully automated driving and its implications for the sociotechnical system of automobility. European Journal of Futures Research, 3(1)

Friedman, M. (1971). Kapitalismus und Freiheit. Stuttgart: Seewald

Friedrich-Ebert-Stiftung (2018). Die Zukunft der deutschen Automobilindustrie. Transformation by Disaster oder by Design. WISO Diskurs. 3/2018. Abgerufen von https://library.fes.de/pdf-files/wiso/14086-20180205.pdf

FUGO (Hrsg.) (2017). Unternehmen der Gesellschaft: interdisziplinäre Beiträge zu einer kritischen Theorie des Unternehmens. Marburg: Metropolis-Verlag

Fuhs, K.-S. (Hrsg.) (2013). Die Geschichte des nachhaltigen Designs: welche Haltung braucht Gestaltung? Bad Homburg: VAS, Verlag für akademische Schriften; Heinrich-Böll-Stiftung

Fussler, C., James, P. (1996). Driving eco-innovation: a breakthrough discipline for innovation and sustainability. London: Pitman Pub

future e.V. (2018). future CSR-Kompetenzzentrum. Abgerufen von http://www.future-ev.de/

Geels, F.W. (2006a). Major system change through stepwise reconfiguration: A multi-level analysis of the transformation of American factory production (1850–1930). Technology in Society, 28(4), 445–476

Geels, F.W. (2006b). The hygienic transition from cesspools to sewer systems (1840–1930): The dynamics of regime transformation. Research Policy, 35(7), 1069–1082

Geibler, J. von, Echternacht, L., Stadler, K., Liedtke, C., Hasselkuss, M., Wirges, M., ... Piwowar, J. (2016). Nachhaltigkeitsanforderungen und -bewertung in Living Labs: Konzeption eines Bewertungsmodells. (Arbeitspapier im Arbeitspaket 2 [AS 2.1] des INNOLAB Projekts). Wuppertal: Wuppertal Institut

Geibler, J. von, Erdmann, L., Dönitz, E., Stadler, K., Zern, R. (2018). Roadmap Living Labs für eine Green Economy 2030 (Kurzfassung). Wuppertal und Karlsruhe: Wuppertal Institut

Getzin, S., Singer-Brodowski. (2016). Transformatives Lernen in einer Degrowth-Gesellschaft. SCIENCE – Journal of Science-Society Interfaces, (1), 33–46

Giddens, A. (1988). Die Konstitution der Gesellschaft: Grundzüge einer Theorie der Strukturierung. Frankfurt: Campus

GIZ (2014). MOOC – Leadership for Global Responsibility. Abgerufen von https://gc21.giz.de/ibt/var/app/wp342P/1867/index.php/register/

Göbel, C., Scheiper, M., Teitscheid, P., Müller, V., Friedrich, S., Engelmann, T., ... Langen, N. (2017). Nachhaltig Wirtschaften in der Außer-Haus-Gastronomie. Status-quo-Analyse – Struktur und wirtschaftliche Bedeutung, Nachhaltigkeitskommunikation, Trends (Arbeitspapier No. 1). Münster: Nahgast. Abgerufen von http://nahgast.de/publikationen/

Göpel, M. (2016). The Great Mindshift: How a New Economic Paradigm and Sustainability Transformations go Hand in Hand. Cham: Springer

Gosewinkel, D., Rucht, D., van den Daele, W., Kocka, J. (Hrsg.) (2004). Zivilgesellschaft – national und transnational. Berlin: Edition Sigma

Gough, I. (2017). Heat, greed and human need: climate change, capitalism and sustainable wellbeing. Northampton, MA: Edward Elgar

Grabka, M. M., Goebel, J. (2017). Realeinkommen sind von 1991 bis 2014 im Durchschnitt gestiegen: Erste Anzeichen für wieder zunehmende Einkommensungleichheit. DIW-Wochenbericht, 84(4), 71–82

Graedel, T. E., Allenby, B. R. (2003). Industrial ecology. Upper Saddle River: Prentice Hall

Granovetter, M. (1985). Economic action and social structure: The problem of embeddedness. American journal of sociology, 91(3), 481–510

Grashof, K., Lechtenböhmer, S., Zipp, A., Jachmann, H., Wille-Haussmann, B., Reeg, M. (2015). Monopole, Liberalisierung, Energiewende: Strommarktdesign zwischen Wandel und Konstanz. Energiewirtschaftliche Tagesfragen, 65(9), 19–23

Greenpeace (2018). Erst belächelt, dann kopiert. Abgerufen von https://www.greenpeace.de/themen/klimawandel/klimaschutz/erst-belachelt-dann-kopiert

Grefe, C. (2016). Global Gardening: Bioökonomie, neuer Raubbau oder Wirtschaftsform der Zukunft? München: Antje Kunstmann

Grefe, C., Sentker, A. (2014, Oktober 3). Fördermittel in der Wissenschaft: Streit ums Mitspracherecht. Die Zeit. Abgerufen von http://www.zeit.de/2014/39/foerdermittel-forschungsprojekte-mitspracherecht

Grin, J., Rotmans, J., Schot, J.W. (2010). Transitions to sustainable development: new directions in the study of long term transformative change. New York: Routledge

GRLI (2018). The 50 + 20 Agenda – Management Education for the World. Abgerufen von http://grli.org/resources/5020-agenda/

Grunwald, A. (2012). Ende einer Illusion: Warum ökologisch korrekter Konsum uns nicht retten wird. München: Oekom

Grunwald, A. (2015). Transformative Wissenschaft – eine neue Ordnung im Wissenschaftsbetrieb? GAIA, 24(1), 17–20

Gunkel, C. (2013, März 13). Erster FCKW-freier Kühlschrank: Öko-Coup aus Ostdeutschland. Spiegel Online. Abgerufen von http://www.spiegel.de/einestages/oeko-revolution-aus-ostdeutschland-wie-foronden-ersten-fckw-freien-kuehlschrank-der-welt-erfand-a-951064.html

Habermas, J. (1995). Handlungsrationalität und gesellschaftliche Rationalisierung. Theorie des kommunikativen Handelns. Bd. 1. Frankfurt am Main: Suhrkamp

Hacker, J.S., Pierson, P. (2017). American amnesia: how the war on government led us to forget what made America prosper. New York: Simon & Schuster

Hardegger, A. (2017, 14. August). Der Mehlwurm-Food kommt in die Regale | NZZ. Neue Zürcher Zeitung. Abgerufen von https://www.nzz.ch/panorama/aktuelle-themen/ab-naechster-woche-der-mehlwurm-food-kommt-in-die-regale-ld.1310688

Hasselkuss, M., Baedeker, C., Liedtke, C. (2017). Green Economy as a Framework for Product-Service Systems Development: The Role of Sustainable Living Labs. In D.V. Keyson, O. Guerra-Santin, D. Lockton (Hrsg.), Living labs: design and assessment of sustainable living. Cham: Springer

Hassenzahl, M. (2010). Experience Design: Technology for All the Right Reasons. Synthesis Lectures on Human-Centered Informatics, 3(1), 1–95

Hassenzahl, M., Eckoldt, K., Diefenbach, S., Laschke, M., Lenz, E., Kim, J. (2013). Designing Moments of Meaning and Pleasure. Experience Design and Happiness. International Journal of Design, (7 [3])

Hassenzahl, M., Laschke, M. (2014). Pleasurable Troublemakers. In S.P. Walz, S. Deterding (Hrsg.), The gameful world: approaches, issues, applications (S. 167–197). Cambridge: The MIT Press

Held, B., Rodenhäuser, D., Diefenbacher, H., Zieschank, R. (2018). The National and Regional Welfare Index (NWI / RWI): Redefining Progress in Germany. Ecological Economics, 145, 391–400

Helgenberger, S., Jäger, M. (2017). Mobilizing the co-benefits of climate change mitigation (IASS Working Paper). Potsdam: Institute for Advanced Sustainability Studies (IASS)

Henfrey, T., Maschkowski, G., Penha-Lopes, G. (Hrsg.) (2017). Resilience, Community Action and Societal Transformation, Permanent Publications. East Meon, Hampshire: Permanent Publications

Hennicke, P., Johnson, J. P., Kohler, S., Seifried, D. (1985). Die Energiewende ist möglich: für eine neue Energiepolitik der Kommunen: Strategien für eine Rekommunalisierung. Frankfurt am Main: S. Fischer

Hermwille, L., Obergassel, W., Ott, H. E., Beuermann, C. (2017). UNFCCC before and after Paris – what's necessary for an effective climate regime? Climate Policy, 17(2), 150–170

Heyen, D. A., Hermwille, L., Wehnert, T. (2017). Out of the Comfort Zone! Governing the Exnovation of Unsustainable Technologies and Practices. GAIA, 26(4), 326–331

Hicks, C., Groezinger, R., Thorne, S. (2012). European Lifestyles: The future Issue. Wuppertal: Collaborating Centre on Sustainable Consumption and Production. Abgerufen von http://www.sustainable-lifestyles. eu/fileadmin/images/content/D8.4_SPREAD_final_report_01.pdf

Hirschbrunn, K., Kubon-Gilke, G., Sturn, R. (2017). Normative und institutionelle Grundfragen der Ökonomik, Jahrbuch 16: Kapitalismus, Globalisierung, Demokratie. Marburg: Metropolis

Hochbahn (2017). Neues Mobilitätsangebot für Hamburg – Unternehmen, Komplementäre Mobilität. Abgerufen von https://www.hochbahn.de/hochbahn/hamburg/de/Home/Medien/Presse/Presseinformationen/neues_mobilitaetsangebot_fuer_hamburg

Hochmann, L. (2016). Die Aufhebung der Leblosigkeit: Eine praxis- und naturtheoretische Dekonstruktion des Unternehmerischen. Marburg: Metropolis

Höfling, H. (2016). Kosten der Erneuerbaren Energien – Wie teuer ist der Ökostrom wirklich? (KfW Research No. 145). KfW

Hofmeister, S., Spitzner, M. (Hrsg.) (1999). Zeitlandschaften – Perspektiven öko-sozialer Zeitpolitik. Stuttgart: Hirzel

Hopkins, R. (2011). The transition companion: making your community more resilient in uncertain times. White River Junction: Chelsea Green Pub

Housing and Land Rights Network (2017). India's Smart Cities Mission: Smart for Whom? Cities for Whom? (Housing and Landsright Network New Delhi)

Howaldt, J., Schwarz, M. (2010). Soziale Innovation – Konzepte, Forschungsfelder und -perspektiven. In J. Howaldt, H. Jacobsen (Hrsg.), Soziale Innovation (S. 87–108). Wiesbaden: VS Verlag für Sozialwissenschaften

HRK. (2017). Hochschulrektorenkonferenz: Transfer und Kooperation als Aufgaben der Hochschulen (HRK Entschließung der 23. MV der HRK am 14. November 2017)

Hsiang, S., Houser, T. (2017, 29. September). Don't Let Puerto Rico Fall Into an Economic Abyss. The New York Times. Abgerufen von https://www.nytimes.com/2017/09/29/opinion/puerto-rico-hurricane-maria.html

Hüther, M. (2010). Volkswirtschaftliche Bedeutung der Entsorgungs- und Rohstoffwirtschaft. Köln: Institut der deutschen Wirtschaft

IEA (2012). International Energy Agency: World Energy Outlook 2012. Paris: International Energy Agency

IEA (2017). Energy Technology Perspectives 2017 – Catalysing Energy Technology Transformations. Paris: International Energy Agency

IFESS (2015). Islamic Declaration on Global Climate Change. Abgerufen von http://www.ifees.org.uk/

ILUC-Richtlinie (2015). Richtlinie (EU) 2015/1513 des Europäischen Parlaments und des Rates vom 9. September 2015 zur Änderung der Richtlinie 98/70 / EG über die Qualität von Otto- und Dieselkraftstoffen und zur Änderung der Richtlinie 2009/28 / EG zur Förderung der Nutzung von Energie aus erneuerbaren Quellen (2015)

Inglehart, R., Welzel, C. (2005). Modernization, cultural change, and democracy: the human development sequence. Cambridge, UK; New York: Cambridge University Press

IPCC (Hrsg.) (2014). Climate Change 2013 – The Physical Science Basis: Working Group I Contribution to the Fifth Assessment Report of the Intergovernmental Panel on Climate Change. Cambridge: Cambridge University Press

ITU (2017). Time series of ICT data for the world, by geographic regions and by level of development. Abgerufen von https://www.itu.int/en/ITU-D/Statistics/Pages/stat/default.aspx

IZMF (2015). Lebenszyklus eines Handys und ökologischer Rucksack. Abgerufen von http://informationszentrum-mobilfunk.de/umwelt/mobilfunkendgeraete

Jäger, D.A. (2017). Innovation durch Entrepreneurship Education: Entwicklung einer Lernprozesstheorie für unternehmerisches Denken und Handeln. Saarbrücken: Südwestdeutscher Verlag für Hochschulschriften

Jahn, T., Bergmann, M., Keil, F. (2012). Transdisciplinarity: Between mainstreaming and marginalization. Ecological Economics, 79, 1–10

Janasz, T. (2018). Paradigm Shift in Urban Mobility: Towards Factor 10 of Automobility. Wiesbaden: Gabler

Janasz, T., Schneidewind, U. (2017). The Future of Automobility. In G.Oswald M.Kleinemeier (Hrsg.), Shaping the Digital Enterprise (S.253–285). Cham: Springer International Publishing

Jann, W., Wegrich, K. (2006). Theorys of the Policy Cycle. In F.Fischer, G.Miller, M.Sidney (Hrsg.), Handbook of Public Policy Analysis. Boca Raton: Routledge

Jonas, H. (1979). Das Prinzip Verantwortung: Versuch einer Ethik für die technologische Zivilisation. Frankfurt am Main: Suhrkamp

Kaiser, A. (2017, 4.Oktober). Rubicon Global: Müll-Start-up erreicht Milliardenwert. Manager magazin. Abgerufen von www.managermagazin.de/unternehmen/it/rubicon-global-muell-startup-erreicht-milliardenwert-a-1171244.html

Kallis, G., Kerschner, C., Martinez-Alier, J. (2012). The economics of degrowth. Ecological Economics, 84, 172–180

Kangas, O., Simanainen, M., Honkanen, P. (2017). Basic Income in the Finnish Context. Intereconomics, 52(2), 87–91

Klein, N. (2015). Die Entscheidung: Kapitalismus vs. Klima. Frankfurt am Main: S.Fischer

Klenert, D., Schwerhoff, G., Edenhofer, O., Mattauch, L. (2016). Environmental Taxation, Inequality and Engel's Law: The Double Dividend of Redistribution. Environmental and Resource Economics

Klima-Kollekte (2018). CO_2-Äquivalente. Abgerufen von klima-kollekte.de

Kneen, B. (1999). Restructuring food for corporate profit: The corporate genetics of Cargill and Monsanto. Agriculture and Human Values, Volume 16, Issue 2, 161–167

Kneer, G. (2000). Zivilgesellschaft. In G. Kneer, A. Nassehi, M. Schroer (Hrsg.), Soziologische Gesellschaftsbegriffe: Konzepte moderner Zeitdiagnosen. München: Fink

Kopatz, M. (2015). Wirtschaftsförderung 4.0. Kooperative Wirtschaftsformen in Kommunen. Politische Ökologie, 142, 18–24

Kopatz, M. (2016). Ökoroutine: damit wir tun, was wir für richtig halten. München: Oekom

Korten, D. C. (2007). The great turning: from Empire to Earth community (1. Ed.). San Francisco: Berrett-Koehler

Krause, F., Bossel, H., Müller-Reissmann, K.-F. (1980). Energie-Wende: Wachstum und Wohlstand ohne Erdöl und Uran. Frankfurt am Main: S. Fischer

Kristof, K. (2010). Wege zum Wandel: wie wir gesellschaftliche Veränderungen erfolgreicher gestalten können. München: Oekom

Kristof, K., Hennicke, P. (2010). »Materialeffizienz und Ressourcenschonung« – Kernergebnisse des Projekts MaRess. Uwf UmweltWirtschaftsForum, 18(3–4), 171–179

Krüger, C. (2015). Electric energy storage as an element of low-carbon energy supply. Energia, Ambiente e Innovazione, (Speciale I-2015), 17–20

Küng, H. (Hrsg.) (2001). Wissenschaft und Weltethos (durchges. Taschenbuchausg.). München: Piper

Lange, S., Santarius, T. (2018). Smarte grüne Welt? Digitalisierung zwischen Überwachung, Konsum und Nachhaltigkeit. München: Oekom

Lasswell, H. D. (1956). The decision process : seven categories of functional analysis. College Park: Bureau of Governmental Research, College of Business and Public Administration, University of Maryland

Latouche, S. (2012). Can the left escape economism? Capitalism Nature Socialism, 23(1), 74–78

Latour, B. (2017). Refugium Europa. In H. Geiselberger, A. Appadurai (Hrsg.), Die große Regression: eine internationale Debatte über die geistige Situation der Zeit (S. 135–149). Berlin: Suhrkamp

Lechtenböhmer, S. (2010). München 2058: Wege in eine CO_2-freie Zukunft; Herausforderung Dekarbonisierung (Institut für Landes- und Stadtentwicklungsforschung: Klimaschutz und Klimaanpassung: Herausforderungen, Strategien, Beispiele für Stadt und Region; Dokumentation der 15. Konferenz für Planerinnen und Planer NRW am 05. März 2010 in Wuppertal)

Lechtenböhmer, S., Nilsson, L.J., Åhman, M., Schneider, C. (2016). Decarbonising the energy intensive basic materials industry through electrification – Implications for future EU electricity demand. Energy, 115, 1623–1631

Lechtenböhmer, S., Schneider, C., Samadi, S. (2017). Energy efficiency quo vadis?: The role of energy efficiency in a 100 % renewable future (S. 171–181). Stockholm: European Council for an Energy Efficient Economy

Lechtenböhmer, S., Seifried, D., Kristof, K., Böhler, S., Schneider, C., Rudolph, F., … Merten, F. (2009). Sustainable Urban Infrastructure: Ausgabe München; Wege in eine CO_2-freie Zukunft. München: Siemens AG

Leder, C., Rastogi, T., Kümmerer, K. (2015). Putting benign by design into practice-novel concepts for green and sustainable pharmacy: Designing green drug derivatives by non-targeted synthesis and screening for biodegradability. Sustainable Chemistry and Pharmacy, 2, 31–36

Lee, P., Sims, E., Bertham, O., Symington, H., Bell, N., Pfaltzgraff, L., … Scientific Foresight Unit. (2017). Towards a circular economy – waste management in the EU: study. Abgerufen von http://www.europarl.europa.eu/RegData/etudes/STUD/2017/581913/EPRS_STU(2017)581913_EN.pdf

Leinfelder, R. (2016). Die Reise ins Anthropozän. In Unter 2 Grad? Was der Weltklimavertrag wirklich bringt. Leipzig: Hirzel

Leitzmann, C. (2003). Nutrition ecology: the contribution of vegetarian diets. The American Journal of Clinical Nutrition, 78(3), 657–659

Lepenies, P. (2013). Die Macht der einen Zahl: Eine politische Geschichte des Bruttoinlandsprodukts. Berlin: Suhrkamp

Lessenich, S., Dörre, K. (2014). Grenzen des Wachstums – Grenzen des Kapitalismus. Schwerpunktheft der WSI-Mitteilungen, 7, 2014

Lettenmeier, M., Liedtke, C., Rohn, H. (2014). Eight Tons of Material Footprint-Suggestion for a Resource Cap for Household Consumption in Finland. Resources, 3(3), 488–515

Lettenmeier, M., Wackernagel, M. (2017). Implications of the 1.5-degrees target for the resource use of lifestyles. Vortrag auf dem World Resources Forum 2017, Genf, Schweiz (24.–25.10.2017). Abgerufen von https://www.wrforum.org/profile/ss3-9/

Lettenmeier, M., Wuppertal Institut (Hrsg.) (2009). Resource productivity in 7 steps: how to develop eco-innovative products and services and improve their material footprint. Wuppertal: Wuppertal Institut

Libbe, J. (2014). Standpunkt: Smart City: Herausforderung für die Stadtentwicklung. Abgerufen von https://difu.de/publikationen/difu-berichte-22014/standpunkt-smart-city-herausforderung-fuer-die.html

Liedtke, C., Ameli, N., Buhl, J., Oettershagen, P., Pears, T., Abbis, P. (2013). Wuppertal Institute designguide: background information & tools. Wuppertal: Wuppertal Institut

Liedtke, C., Baedeker, C., Hasselkuss, M., Rohn, H., Grinewitschus, V. (2015). User-integrated innovation in Sustainable LivingLabs: an experimental infrastructure for researching and developing sustainable product service systems. Journal of Cleaner Production, 97, 106–116

Liedtke, C., Bienge, K., Wiesen, K., Teubler, J., Greiff, K., Lettenmeier, M., Rohn, H. (2014). Resource Use in the Production and Consumption System – The MIPS Approach. Resources, 3(3), 544–574

Liedtke, C., Buhl, J., Ameli, N. (2013a). Designing value through less by integrating sustainability strategies into lifestyles. International Journal of Sustainable Design, 2(2), 167

Liedtke, C., Buhl, J., Ameli, N. (2013b). Microfoundations for Sustainable Growth with Eco-Intelligent Product Service-Arrangements. Sustainability, 5(12), 1141–1160

Liedtke, C., Hasselkuss, M., Speck, M., Baedeker, C. (2017). Transition and Social Practices. Journal of Sustainable Development, 10(5), 25–34

Liedtke, C., Kühlert, M., Huber, K., Baedeker, C. (2018). Wuppertal Institut Transition Design Guide – Gestaltung für das Heute und Morgen. Ein Guide für Gestaltung & Entwicklung in Unternehmen, Städten & Quartieren und Forschung & Lehre. Wuppertal Institut

Linz, M. (2015). Suffizienz als politische Praxis. Wuppertal Spezial (49)

Loorbach, D. (2010). Transition management for sustainable development: a prescriptive, complexity-based governance framework. Governance, 23(1), 161–183

Loske, R. (2015). Politik der Zukunftsfähigkeit: Konturen einer Nachhaltigkeitswende. Frankfurt am Main: Fischer Taschenbuch

Luhmann, N. (2004). Ökologische Kommunikation: Kann die moderne

Gesellschaft sich auf ökologische Gefährdungen einstellen? Heidelberg: Springer

Lukas, M., Rohn, H., Lettenmeier, M., Liedtke, C., Wiesen, K. (2016). The nutritional footprint – integrated methodology using environmental and health indicators to indicate potential for absolute reduction of natural resource use in the field of food and nutrition. Journal of Cleaner Production, 132, 161–170

Macy, J. (2009). The Great Turning. Abgerufen von https://www.ecoliteracy.org/article/great-turning

manager magazin (2017a). Der neue CEO Mark Schneider über sein Leben in der Schweiz, seinen Plan für den Konzern und den aktivistischen Investor Daniel Loeb. Manager Magazin. Abgerufen von https://heft.manager-magazin.de/mm/2017/8/152235318/index.html

manager magazin (2017b). Dietmar Hopp findet keinen Exit aus seinen Milliardeninvestments. Manager Magazin. Abgerufen von https://heft.manager-magazin.de/mm/2017/8/152235320/index.html

manager magazin (2017c). Klimaschutz: Bündnis aus Unternehmen fordert Kohleausstieg. Manager Magazin. Abgerufen von http://www.manager-magazin.de/unternehmen/artikel/klimaschutz-buendnis-aus-unternehmen-fordert-kohleausstieg-a-1176872.html

manager magazin (2017d). Sechs Gründe, warum der Grünstromanbieter auf Dauer nicht allein bleiben kann. Manager Magazin. Abgerufen von https://heft.manager-magazin.de/mm/2017/8/152235322/index.html

manager magazin (2017e). Unilever: So wappnet sich der Konzern gegen neue Übernahmeversuche. Abgerufen von http://www.manager-magazin.de/unternehmen/industrie/unilever-so-wappnet-sich-der-konzern-gegen-neue-uebernahmeversuche-a-1142146.html

manager magazin (2018). Tesla überholt General Motors als wertvollster Autobauer der USA. Abgerufen von http://www.manager-magazin.de/finanzen/boerse/tesla-ist-an-der-boerse-mehr-wert-als-general-motors-a-1142878.html

March, H. (2016). The Smart City and other ICT-led techno-imaginaries: Any room for dialogue with Degrowth? Journal of Cleaner Production. Available online https://doi.org/10.1016/j.jclepro.2016.09.154

Markard, J., Raven, R., Truffer, B. (2012). Sustainability transitions: An emerging field of research and its prospects. Research Policy, 41(6), 955–967

Maschkowski, G., Wanner, M. (2014). Die Transition-Town-Bewegung – Empowerment für die große Transformation? PND Online, II/2014, 1–11

Mason, P. (2016). Postcapitalism: A guide to our future. London: Macmillan

Mattes, A., Traber, T. (2015). Die Beschäftigungseffekte der Energiewende. Berlin: DIW Econ. Abgerufen von https://diw-econ.de/wp-content/uploads/2015/04/20150414-diw-econ-beschaeftigungseffekte-energiewende-expertise1.pdf

Matthies, E. (2005). »Wie können PsychologInnen ihr Wissen besser an die PraktikerIn bringen? – Vorschlag eines neuen integrativen Einflussschemas umweltgerechten Alltagshandelns.« Umweltpsychologie, 9(1), 62–81

McArthur, J.W., Rasmussen, K. (2017). Change of pace: Accelerations and advances during the Millennium Development Goal era (Global Economy and Development Working Paper No. 98). Brookings Institution. Abgerufen von https://www.brookings.edu/research/change-of-pace-accelerations-and-advances-during-the-millennium-development-goal-era/

McDonough, W.J., Braungart, M. (2009). Cradle to cradle: remaking the way we make things. London: Vintage Books

McGuire, S., Posner, S., Haake, H. (2012). Measuring Prosperity: Maryland's Genuine Progress Indicator. Solutions, 3(2), 50–58

Meadows, D., Meadows, H.D., Randers, J., Behrens III, W.W. (1972). The Limits to Growth. New York: Universe

Messner, D., Weinlich, S. (Hrsg.) (2016). Global cooperation and the human factor in international relations. London: Routledge

Mezirow, J., Arnold, K. (1997). Transformative Erwachsenenbildung. Baltmannsweiler: Schneider Verlag Hohengehren

Minsch, J. (1993). Nachhaltige Entwicklung Idee – Kernpostulate: ein ökologisch-ökonomisches Referenzsystem für eine Politik des ökologischen Strukturwandels in der Schweiz. St. Gallen: IWÖ

Minsch, J., Feindt, P.-H., Meister, H.-P., Schneidewind, U., Schulz, T. (1998). Institutionelle Reformen für eine Politik der Nachhaltigkeit. Heidelberg: Springer

Mud Jeans (2018). Lease A Jeans. Abgerufen von http://www.mudjeans.eu/lease-a-jeans/

Muller, A., Schader, C., El-Hage Scialabba, N., Brüggemann, J., Isensee, A., Erb, K.-H., … Niggli, U. (2017). Strategies for feeding the world more sustainably with organic agriculture. Nature Communications, 8(1). Abgerufen von http://www.nature.com/articles/s41467-017-01410-w

Musil, R. (2013). Der Mann ohne Eigenschaften: Roman. Köln: Anaconda

MWK (2013). Ministerium für Wissenschaft, Forschung und Kunst Baden-Württemberg: Baden: Expertengruppe Wissenschaft für Nachhaltigkeit: Herausforderung und Chance für das baden-württembergische Wissenschaftssystem. Abgerufen von https://mwk.baden-wuerttemberg.de/de/forschung/forschungspolitik/wissenschaft-fuer-nachhaltigkeit/expertengruppe-nachhaltigkeit/

MWK (2017). Ministerium für Wissenschaft, Forschung und Kunst Baden-Württemberg: Baden-Württemberg fördert Reallabore. Abgerufen von https://mwk.baden-wuerttemberg.de/de/forschung/forschungspolitik/wissenschaft-fuer-nachhaltigkeit/reallabore/

Nachtwey, O. (2016). Die Abstiegsgesellschaft: über das Aufbegehren in der regressiven Moderne. Berlin: Suhrkamp

nasch community (2018). NaSch-Community: Netzwerk für Nachhaltige Schülerfirmen. Abgerufen von https://www.nasch-community.de/wws/start.php?sid=9240759379257151435167243724302OSc6975d6b

Neckel, S., Besedovsky, N., Boddenberg, M., Hasenfratz, M., Pritz, S.M., Wiegand, T. (2018). Die Gesellschaft der Nachhaltigkeit: Umrisse eines Forschungsprogramms. Bielefeld: transcript

Nestlé (2016). So is(s)t Deutschland 2016 – Nestlé Deutschland AG. Abgerufen von https://www.nestle.de/verantwortung/nestle-studie/2016

Netzwerk Plurale Ökonomik (2014). Pressemitteilung: Studierenden-Initiativen aus 19 Ländern fordern Neuanfang in den Wirtschaftswissenschaften 05.05.14

NFTE Deutschland e.V. (2018). Network for Teaching Entrepreneurship NFTE. Abgerufen von http://www.nfte.de/

Nichols, L.T. (2011). Public sociology: The contemporary debate. London: Transaction publishers

Nilsson, L.J., Ahman, M., Vogl, V., Lechtenböhmer, S. (2017). Industrial policy for well below 2 degrees Celsius – The role of basic materials producing industries. Gehalten auf der LCS-RNet 2017 annual meeting Warwick

Nordmann, J., Welfens, M.J., Fischer, D., Nemnich, C., Bookhagen, B., Bienge, K., Niebert, K. (2015). Die Rohstoff-Expedition. Berlin: Springer

NZZ (2016). Abgerufen von https://www.nzz.ch/wirtschaft/wirtschafts-politik/wie-weit-geht-die-verantwortung-von-firmen-die-ethik-des-gewinns-ld.6286

O'Brien, Meghan, S.F., Soren Steger, H.W. (2015). Waste Prevention in a »Leasing Society«. International Journal of Waste Resources, 05(01)

O'Brien, M., Wechsler, D., Bringezu, S. and Schaldach, R. (2017). Toward a systemic monitoring of the European bioeconomy: Gaps, needs and the integration of sustainability indicators and targets for global land use. Land Use Policy (66), 162–71

OECD (2011). Organisation for Economic Co-operation and Development: Towards Green Growth: A summary for policy makers. Paris: Organisation for Economic Co-operation and Development

OECD (2013). How's Life? 2013. Paris: OECD Publishing

OECD (2015). Urban Mobility System Upgrade. Abgerufen von https://www.itf-oecd.org/sites/default/files/docs/15cpb_self-drivingcars.pdf

Oekom (Hrsg.) (2016). Religion und Spiritualität. Ressourcen für die Große Transformation. Politische Ökologie, (147)

One Earth Sangha (2015, September 28). The Time to Act is Now: A Buddhist Declaration on Climate Change. Abgerufen von https://oneearthsangha.org/statements/the-time-to-act-is-now/

Ott, H.E. (2015). Endlich auf die Überholspur!: Internationale Klimaclubs. Politische Ökologie, (139), 90–95

Ott, H.E., Hermwille, L., Obergassel, W. (2017). International climate policy: trumping Trump. Wuppertal Institut In-Brief, (03)

Ott, H.E., Sachs, W. (2015). Wie viele Divisionen hat der Papst? Die Umwelt-Enzyklika und ihre Wirkung auf die Klimapolitik. Politische Ökologie, (142), 124–127

Ott, H.E., Sachs, W. (2016). Letzte Zuflucht Glauben. Politische Ökologie, (147), 17–24

Owen, R., Macnaghten, P., Stilgoe, J. (2012). Responsible research and innovation: From science in society to science for society, with society. Science and Public Policy, 39(6), 751–760

Oxfam (2016a). 62 Superreiche besitzen so viel wie die Hälfte der Weltbevölkerung. Abgerufen von https://www.oxfam.de/ueber-uns/

aktuelles/2016-01-18-62-superreiche-besitzen-so-viel-haelfte-welt-bevoelkerung

Oxfam (2016b). An Economy for the 1 % How privilege and power in the economy drive extreme inequality and how this can be stopped (Oxfam Briefing Paper No. 210). Abgerufen von https://www.oxfam.de/system/files/bp210-economy-one-percent-tax-havens-180116-en.pdf

Paech, N. (2012). Befreiung vom Überfluss: auf dem Weg in die Postwachstumsökonomie. München: Oekom

Palzkill, A. (2018). Geschäftsmodell-Resilienz. Wiesbaden: Springer Fachmedien

Palzkill, A., Augenstein, K. (2017). Business model resilience – understanding the role of companies in societal transformation processes. Uwf UmweltWirtschaftsForum, 25(1–2), 61–70

Palzkill, A., Schneidewind, U. (2014). Managementwissenschaften – Geschäftsmodelle – Kritik: Business Model Resilienz als Perspektive in einer fragilen Moderne. In C. von Müller, C.-P. Zinth (Hrsg.), Managementperspektiven für die Zivilgesellschaft des 21. Jahrhunderts (S. 27–43). Wiesbaden: Springer Fachmedien

Palzkill, A., Wanner, M., Markscheffel, F. (2015). Suffizienz als Geschäftsmodell. uwf UmweltWirtschaftsForum, 23(1–2), 69–76. Abgerufen von https://doi.org/101007/s00550-015-0353-8

Papst Franziskus (2015). Laudato si': die Umwelt-Enzyklika des Papstes. Freiburg im Breisgau: Herder

Parandekar, S., Sedmik, E. (2016). Unraveling a secret: Vietnam's outstanding performance on the PISA test. World Bank Policy Research Working Paper, (7630)

Parijs, P.V., Vanderborght, Y. (2017). Basic Income: A Radical Proposal for a Free Society and a Sane Economy. Boston: Harvard University Press

Partzsch, L. (2015). Kein Wandel ohne Macht – Nachhaltigkeitsforschung braucht ein mehrdimensionales Machtverständnis. GAIA, 24(1), 48–56

Patel, R. (2017). Gained in translation: adding value to research to inform policy. Abgerufen von http://blogs.lse.ac.uk/impactofsocialsciences/2017/06/14/gained-in-translation-adding-value-to-research-to-inform-policy/

Petschow, U., Ferdinand, J.-P., Dickel, S., Flämig, H., Steinfeldt, M. (Hrsg.) (2014). Dezentrale Produktion, 3D-Druck und Nachhaltigkeit: Trajektorien und Potenziale innovativer Wertschöpfungsmuster zwischen Maker-Bewegung und Industrie 4.0. Berlin: Institut für ökologische Wirtschaftsforschung

Pfeiffer, C., Speck, M., Strassner, C. (2017). What Leads to Lunch – How Social Practices Impact (Non-)Sustainable Food Consumption / Eating Habits. Sustainability, 9(8), 1437

Pfriem, R. (1995). Unternehmenspolitik in sozialökologischen Perspektiven. Marburg: Metropolis

Pfriem, R. (2016). Ökonomie als Gemengelage kultureller Praktiken. Marburg: Metropolis

Pfriem, R., Schneidewind, U., Barth, J., Graupe, S., Korbun, T. (2017). Transformative Wirtschaftswissenschaft im Kontext nachhaltiger Entwicklung. Weimar (Lahn): Metropolis

Piketty, T. (2014). Capital in the twenty-first century. Harvard: Harvard University Press

Pineault, E. (2016). Growth and Over-accumulation in Advanced Capitalism: Some Critical Reflections on the Political Economy and Ecological Economics of Degrowth. Working Paper 5/2016 der DFG-Kollegforscher_innengruppe Postwachstumsgesellschaften

Pinker, S. (2012). The better angels of our nature: why violence has declined. New York Toronto London: Penguin Books

Pinson, L. (2018). Dirty Business: Insurance companies supporting the growth of Polish coal (briefing paper). Foundation Development YES – Open Pit Mines NO, Friends of the Earth France, Greenpeace Switzerland, Re:Common, The Sunrise Project and urgewald. Abgerufen von https://unfriendcoal.com/wp-content/uploads/2018/02/Dirty-Business_Unfriend-Coal.pdf

Polanyi, K. (1944). The Great Transformation: The Political and Economic Origins of Our Time. Boston: Beacon Press

Politische Ökologie 131 (2012). Ökologie von rechts. Braune Umweltschützer auf Stimmenfang. Politische Ökologie (131)

Praszkier, R., Nowak, A. (2012). Social entrepreneurship: theory and practice. Cambridge: Cambridge University Press

Pro Mobilität (2012). Verkehrsleistung und CO_2-Emissionen des Straßenverkehrs in Deutschland. Abgerufen von http://www.promobilitaet.de/zahlen-fakten-statistik/verkehrsentwicklung2/verkehrs-und-co2-entwicklung

Pueyo, S. (2016). Growth, degrowth, and the challenge of artificial super-intelligence. Journal of Cleaner Production, in press

Radermacher, F. J. (2013). Klimapolitik nach Doha – Hindernisse in Lösungen verwandeln. Climate Policy after Doha: Turning Obstacles into Solutions. GAIA – Ecological Perspectives for Science and Society, 22(2), 87–92

Rammler, S. (2017). Volk ohne Wagen: Streitschrift für eine neue Mobilität. Frankfurt am Main: Fischer Taschenbuch

Rammler, S., Wiegandt, K., Welzer, H. (2014). Schubumkehr: Die Zukunft der Mobilität. Frankfurt am Main: Fischer Taschenbuch

Randers, J. (2012). 2052. Der neue Bericht an den Club of Rome: Eine globale Prognose für die nächsten 40 Jahre. (A. Bus, U. Held, A. Leipprand, F. Pflüger, S. Schmid, H. Tophinke, E. Leipprand, Übers.). München: Oekom

Raworth, K. (2017). Doughnut economics: seven ways to think like a 21st-century economist. London: Random House Business Books

Raworth, K. (2018). Die Donut-Ökonomie: Endlich ein Wirtschaftsmodell, das den Planeten nicht zerstört. München: Carl Hanser Verlag

Rees, W., Wackernagel, M. (1994). Ecological footprints and appropriated carrying capacity: Measuring the natural capital requirements of the human economy. In Investing in Natural Capital: The Ecological Economics Approach To Sustainability (S. 223–248). Washington: Island Press

Regierungskommission Klimaschutz Niedersachsen (2012). Empfehlung für eine niedersächsische Klimaschutzstrategie. Hannover

Reichel, A., De Schoenmakere, M., Gillabel, J., European Environment Agency. (2016). Circular economy in Europe: developing the knowledge base. Luxembourg: European Environment Agency

Reuster, L., Runkel, M., Zerzawy, F., Fiedler, S., Mahler, A. (2017). Energiesteuerreform für Klimaschutz und Energiewende (No. 11/17). FÖS – Forum ökologische-soziale Marktwirtschaft. Abgerufen von http://www.foes.de/pdf/2017-11-Energiesteuerreform.pdf

Reuters (2017). Chinese start-up Mobike gains $ 600 million in biggest financing round. Abgerufen von https://www.reuters.com/article/us-mobike-funding/chinas-tencent-leads-600-mln-investment-in-bike-share-startup-mobike-idUSKBN197056

Reutter, O. (2017a). Autofreie Innenstadt Wuppertal Elberfeld: ein Leitbild für die Verkehrswende im Stadtteil (Impulse zur Wachstumswende Nr. 10). Wuppertal Institut

Reutter, O. (2017b). Klimaschonender Verkehr in Stadt und Region: Handlungserfordernisse für eine integrierte Raum- und Verkehrsplanung. PlanerIn, (5), S. 43–46

Reutter, O., Reutter, U. (2014). Klimaschutz im Stadtverkehr – Sechs Szenariostudien in Deutschland. RaumPlanung, 2(173), 9–14

Reutter, O., Reutter, U. (2016). Climate Protection in Urban Transport – Six Scenario Studies in Germany: More Climate Protection, Fewer Carbon Dioxide Emissions, Less Car Traffic. Journal of Traffic and Transportation Engineering, 4(2)

Rifkin, J. (2014). Die Null-Grenzkosten-Gesellschaft: Das Internet der Dinge, kollaboratives Gemeingut und der Rückzug des Kapitalismus. Frankfurt am Main: Campus

RKI (2016). Verbreitung der vegetarischen Ernährungsweise in Deutschland.Robert Koch-Institut

Rockström, J., Gaffney, O., Rogelj, J., Meinshausen, M., Nakicenovic, N., Schellnhuber, H.J. (2017). A roadmap for rapid decarbonization. Science, 355(6331), 1269–1271

Rockström, J., Steffen, W., Noone, K., Persson, Å., Chapin, F.S., Lambin, E.F., … Foley, J.A. (2009a). A safe operating space for humanity. Nature, 461(7263), 472–475

Rockström, J., Steffen, W., Noone, K., Persson, Å., Chapin, F.S., Lambin, E.F., … Foley, J.A. (2009b). Planetary Boundaries: Exploring the Safe Operating Space for Humanity. Ecology and Society, 14(2)

Rockström,J. Sukhdev, P. (2016). How Food connects all the SDGs (Vortrag auf dem Stockholm EAT Food Forum, Stockholm, 13. Juni 2016)

Rohe, K. (1994). Politik. Begriffe und Wirklichkeiten. Stuttgart: Kohlhammer

Rohn, H., Lettenmeier, M., Pastewski, N., Fraunhofer-Institut für Arbeitswirtschaft und Organisation (Hrsg.) (2013). Ressourceneffizienz: Potenziale von Technologien, Produkten und Strategien. Stuttgart: Fraunhofer Verlag

Ronzheimer, M. (2013). Vom Nullthema in den Mainstream: Die Rolle der Medien in der Transformation. Politische Ökologie, (133)

Ronzheimer, M. (2018). Profilseite von Manfred Ronzheimer auf N21. Abgerufen von http://n21.press/authors/manfred-ronzheimer/

Rosa, H. (2016). Resonanz: Eine Soziologie der Weltbeziehung. Berlin: Suhrkamp

Rose, M., Schleicher, K., Maibaum, K. (2017). Transforming Well-Being in Wuppertal – Conditions and Constraints. Sustainability, 9(12), 2375

RSPO (2018). RSPO – Roundtable on Sustainable Palm Oil. Abgerufen von https://rspo.org/

Rudolph, F., Koska, T., Schneider, C. (2017). Verkehrswende für Deutschland. Der Weg zu CO_2-freier Mobilität bis 2035. Hamburg: Greenpeace

Running, K. (2012). Examining Environmental Concern in Developed, Transitioning and Developing Countrys – A Cross-Country Test of the Objective Problems and the Subjective Values Explanations (World Values Research No. 5 [1]), 1–25

Sachs, W. (1984). Die Liebe zum Automobil. Ein Rückblick in die Geschichte unserer Wünsche. Reinbek bei Hamburg: Rowohlt

Sachs, W. (1993). Die vier E's: Merkposten für einen maß-vollen Wirtschaftsstil. Politische Ökologie, 11(33), 69–72

Sachs, W. (2013). Missdeuteter Vordenker. Karl Polanyi und seine «Great Transformation». Politische Ökologie, Juni 2013, 18–23

Sachs, W., Santarius, T., Wuppertal Institut (Hrsg.) (2006). Fair future: begrenzte Ressourcen und globale Gerechtigkeit. München: Beck

Samadi, S., Gröne, M.-C., Schneidewind, U., Luhmann, H.-J., Venjakob, J., Best, B. (2017). Sufficiency in energy scenario studies: Taking the potential benefits of lifestyle changes into account. Technological Forecasting and Social Change, 124, 126–134

Samadi, S., Lechtenböhmer, S., Schneider, C., Arnold, K., Fischedick, M., Schüwer, D., Pastowski, A. (2016). Decarbonization Pathways for the Industrial Cluster of the Port of Rotterdam (Final Report). Wuppertal: Wuppertal Institut

Sander, K., Wagner, L., Sanden, J., Wilts, C.H. (2017). Entwicklung von Lösungsvorschlägen, einschließlich rechtlicher Instrumente, zur Verbesserung der Datenlage beim Verbleib von Altfahrzeugen (No. 50/2017). Dessau-Roßlau: Umweltbundesamt. Abgerufen von https://www.umweltbundesamt.de/sites/default/files/medien/1410/publikationen/2017-06-08_texte_50-2017_verbleib-altfahrzeuge.pdf

SAP (2016). Wertsteigerung durch Innovation (Integrierter Bericht). Abgerufen von https://www.sap.com/integrated-reports/2016/de.html

Schaltegger, S., Hansen, E. G., Lüdeke-Freund, F. (2016). Business Models for Sustainability: Origins, Present Research, and Future Avenues. Organization & Environment, 29(1), 3–10

Schaltegger, S., Sturm, A. (1990). Ökologische Rationalität. Die Unternehmung, 1990(4), 273–290

Schäpke, N., Stelzer, F., Caniglia, G., Bergmann, M., Wanner, M., Singer-Brodowski, M., … Lang, D. J. (2018). Jointly Experimenting for Transformation? Shaping Real-World Laboratories by Comparing Them. GAIA, (27 / S1), 85–96

Schäpke, N., Stelzer, F., Marg, O., Bergmann, M., Miller, E., Wagner, F., Lang, D. J. (2017). Urban BaWü-Labs: Challenges and Solutions when Expanding the Real-World Lab Infrastructure. GAIA, 26(4), 366–368

Scharmer, C. O. (2009). Theorie U – von der Zukunft her führen: Öffnung des Denkens, Öffnung des Fühlens, Öffnung des Willens; Presencing als soziale Technik. Heidelberg: Carl-Auer-Systeme

Scheck, H., Wuppertal Institut für Klima, Umwelt, Energie (Hrsg.) (2013). Emscher 3.0: von Grau zu Blau oder wie der blaue Himmel über der Ruhr in die Emscher fiel. Bönen, Westf.: Kettler

Scheidler, F. (2015). Das Ende der Megamaschine. Geschichte einer scheiternden Zivilisation. Wien: Promedia

Schepelmann, P., Kemp, R., Schneidewind, U. (2016). The Eco-restructuring of the Ruhr District as an Example of a Managed Transition. In H. G. Brauch, Ú. Oswald Spring, J. Grin / J. Scheffran (Hrsg.), Handbook on Sustainability Transition and Sustainable Peace (Bd. 10, S. 593–612). Cham: Springer International Publishing. Abgerufen von http://link.springer.com/101007/978-3-319-43884-9_28

Scherhorn, G. (2002). Die Logik der Suffizienz. In M. Linz (Hrsg.), Von nichts zu viel: Suffizienz gehört zur Zukunftsfähigkeit; über ein Arbeitsvorhaben des Wuppertal Instituts. Wuppertal: Wuppertal Institut

Scherhorn, G., Hoffmann, J. (2012). Nachhaltigkeit als Herausforderung für die marktwirtschaftliche Ordnung. Ein Plädoyer. Aus Politik und Zeitgeschichte, 2012. Abgerufen von http://www.bpb.de/apuz/139197/nachhaltigkeit-als-herausforderung-fuer-die-marktwirtschaftliche-ordnung-ein-plaedoyer?p=all

Scherhorn, G., Meyer-Abich, K. (2009). Suffizienz in Konsum und Produktion. In G. Altner (Hrsg.) (S. 171–179). Stuttgart: Hirzel

Schmidt-Bleek, F. (1994). Der Faktor 10. In F. Schmidt-Bleek, Wieviel Umwelt braucht der Mensch? (S. 159–176). Basel: Birkhäuser

Schneider, N. (2013). »Ethik des Genug – Impulse aus der Ökumene und der kirchlichen Entwicklungsarbeit«. Abgerufen von https://www.ekd. de/2013_01_31_schneider_ethik_des_genug_tu_berlin.htm

Schneidewind, U. (1998). Die Unternehmung als strukturpolitischer Akteur: kooperatives Schnittmengenmanagement im ökologischen Kontext. Marburg: Metropolis

Schneidewind, U. (2009 a). Der Kritik-Unternehmer. Zur Verbindung von kritischer Theorie und Entrepreneurship. In I. Antoni-Komar, M. Beermann, C. Lautermann, J. Müller, N. Paech, H. Schattke, … R. Schulz (Hrsg.), Neue Konzepte der Ökonomik. Unternehmen zwischen Nachhaltigkeit, Kultur und Ethik (S. 19–28). Marburg: Metropolis

Schneidewind, U. (2009 b). Nachhaltige Wissenschaft. Plädoyer für einen Klimawandel im deutschen Wissenschafts- und Hochschulsystem. Marburg: Metropolis

Schneidewind, U. (2013). Transformative Literacy. Gesellschaftliche Veränderungsprozesse verstehen und gestalten. GAIA, 22(2), 82–86

Schneidewind, U. (2014). Urbane Reallabore – ein Blick in die aktuelle Forschungswerkstatt. PND Online, (III)

Schneidewind, U. (2015). Transformative Wissenschaft – Motor für gute Wissenschaft und lebendige Demokratie. GAIA, 24(2), 88–91

Schneidewind, U. (2016 a). Die »Third Mission« zur »First Mission« machen? die Hochschule, (1/2016): 14–22

Schneidewind, U. (2016 b). Was ist und warum provoziert »transformative Wissenschaft«? (Merton Onlinemagazin des Stifterverbandes https://merton-magazin.de)

Schneidewind, U. (2017 a). Aschenputtel dritte Mission (Merton Onlinemagazin des Stifterverbandes https://merton-magazin.de)

Schneidewind, U. (2017 b). Utopische Wissenschaft: oder: warum gerade Wirtschaftswissenschaften als Möglichkeitswissenschaft konzipiert sein sollten (S. 147–159). Marburg: Metropolis

Schneidewind, U. (2017 c). Von der Reparatur-Ökonomik zur Orientierungswissenschaft. Wirtschaftsdienst 04/2017, 246–249

Schneidewind, U. (2017 d). Vortrag »Nachhaltigkeitspolitik 2047« anlässlich des 30-jährigen Bestehens des Baden-Württembergischen Umweltministeriums im Jahr 2017. Stuttgart

Schneidewind, U. (2017e). Wissenschaft darf sich nicht auf Fakten reduzieren (Merton Onlinemagazin des Stifterverbandes https://merton-
magazin.de)

Schneidewind, U. (2018). Selbst denken oder Gott vertrauen? Warum
die Verbindung von Verstand und Glauben ein wichtiger individueller Kompass in der Großen Transformation sein kann. In D. Giesecke,
H.-G. Soeffner, K. Wiegandt (Hrsg.), Welzers Welt: Störungen im Be-
triebsablauf. Frankfurt am Main: Fischer Taschenbuch

Schneidewind, U., Augenstein, K. (2016). Three Schools of Transformation Thinking: The Impact of Ideas, Institutions, and Technological Innovation on Transformation Processes. GAIA – Ecological Perspectives
for Science and Society, 25(2), 88–93

Schneidewind, U., Feindt, P.H., Meister, H.-P., Minsch, J., Schulz, T.,
Tscheulin, J. (1997). Institutionelle Reformen für eine Politik der
Nachhaltigkeit: Vom Was zum Wie in der Nachhaltigkeitsdebatte.
GAIA, 6(3), 182–182

Schneidewind, U., Fischedick, M. (2016). Aus für Benzin- und Dieselfahrzeuge ab 2030. Wuppertal Institut für Klima, Umwelt, Energie (inbrief
Wuppertaler Impulse zur Nachhaltigkeit No. 01/2016). Wuppertal Institut

Schneidewind, U., Fischedick, M., Lucas, R., Müller, M., Reutter, O., Schüle, R., … Wanner, M. (2015). Städte in Schwung bringen. Ökologisches
Wirtschaften, 30(2), 20

Schneidewind, U., Palzkill, A. (2011). Suffizienz als Business Case: nachhaltiges Ressourcenmanagement als Gegenstand einer transdisziplinären Betriebswirtschaftslehre (Impulse zur Wachstumswende No. 2).
Wuppertal: Wuppertal Institut

Schneidewind, U., Palzkill, A. (2017). Von der expansiven zur reduktiven Moderne: Mensch und Unternehmen im gesellschaftlichen Umbruch; Pathologien des aktuellen Wirtschaftens versus alternativer
Wohlstandskompass. In J. Hollmann (Hrsg.), Anders Wirtschaften
(S. 169–185). Wiesbaden: Springer

Schneidewind, U., Pfriem, R., Barth, J., Beschorner, T., Binswanger, M.,
Diefenbacher, H., … Zweynert, J. (2016). Transformative Wirtschaftswissenschaft im Kontext nachhaltiger Entwicklung: für einen neuen
Vertrag zwischen Wirtschaftswissenschaft und Gesellschaft. Ökologisches Wirtschaften, 22016(31), 30–34

Schneidewind, U., Scheck, H. (2013). Die Stadt als »Reallabor «für Systeminnovationen. In J. Rückert-John (Hrsg.), Soziale Innovation und Nachhaltigkeit (S. 229–248). Heidelberg: Springer

Schneidewind, U., Singer-Brodowski, M. (2014). Transformative Wissenschaft: Klimawandel im deutschen Wissenschafts- und Hochschulsystem. 2. Aufl. Marburg: Metropolis

Schneidewind, U., Singer-Brodowski, M., Augenstein, K., Stelzer, F. (2016). Pledge for a Transformative Science: A conceptual framework (Wuppertal Paper 191)

Schneidewind, U., Zahrnt, A. (2013). Damit gutes Leben einfacher wird: Perspektiven einer Suffizienzpolitik (2. Aufl). München: Oekom

Scholz, R. W. (2011). Environmental Literacy in Science and Society: From Knowledge to Decisions. Cambridge: Cambridge University Press

school education gateway (2018). Heranbildung unternehmerischer Kompetenz. Abgerufen von https://www.schooleducationgateway.eu/de/pub/theme_pages/entrepreneurship-education.htm

Schüle, R. (2017). Energiegerechte Stadt- und Regionalentwicklung. In K. Großmann, A. Schaffrin, C. Smigiel (Hrsg.), Energie und soziale Ungleichheit (S. 493–519). Wiesbaden: Springer Fachmedien

Schüle, R., Kaselofsky, J., Roelfes, M., Venjakob, J. (2018). Erfassung des Standes und der Entwicklungsdynamik der Energiewende in der Metropolregion Ruhr. In D. Knoblauch, J. Rupp (Hrsg.), Klimaschutz kommunal umsetzen – Wie Klimahandeln in Städten und Gemeinden gelingen kann. München: Oekom

Singer-Brodowski, M. (2016). Transformative Bildung durch transformatives Lernen. Zur Notwendigkeit der erziehungswissenschaftlichen Fundierung einer neuen Idee. ZEP: Zeitschrift für internationale Bildungsforschung und Entwicklungspädagogik, (39), 13–17

Singer-Brodowski, M., Schneidewind, U. (2014). Transformative Literacy: gesellschaftliche Veränderungsprozesse verstehen und gestalten. In Krisen- und Transformationsszenarios: Frühkindpädagogik, Resilienz & Weltaktionsprogramm (S. 131–140). Wien: Forum Umweltbildung

Skidelsky, R., Skidelsky, E. (2012). How Much Is Enough?: Money And The Good Life. London: Allen Lane

Smil, V. (2016). Making the modern world: materials and dematerialization. Morrisville: Lulu Press

Sommer, A. (2012). Managing Green Business Model Transformations. Berlin, Heidelberg: Springer Berlin Heidelberg

Sommer, B., Welzer, H. (2014). Transformationsdesign: Wege in eine zukunftsfähige Moderne. München: Oekom

Spaapen, J., Van Drooge, L. (2011). Introducing ›productive interactions‹ in social impact assessment. Research Evaluation, 20(3), 211–218

Spangenberg, J.H. (2012). NGOs between influence and participation overkill: The Merits, Strengths and Weaknesses of Environmental Civil Society Organisations. In O. Renn, A. Reichel, J. Bauer (Hrsg.), Civil society for sustainability: a guidebook for connecting science and society (S. 5–18). Bremen: EHV Europäischer Hochschulverlag

Speck, M. (2016). Konsum und Suffizienz. Wiesbaden: Springer Fachmedien

Speck, M., Rohn, H., Engelmann, T., Schweißinger, J., Neundorf, D., Teitscheid, P., … Bienge, K. (2017). Entwicklung von integrierten Methoden zur Messung und Bewertung von Speiseangeboten in den Dimensionen Ökologie, Soziales, Ökonomie und Gesundheit (NAHGAST Projekt Arbeitspapier No. 2)

Spedding, P., Mehta, K., Robins, N. (2013). Oil & carbon revisited. London: HSBC Global Research

Spitzner, M. (2004). Strukturelle Verkehrsvermeidung – Reduzierung von Verkehrserzeugung. Analyse und Handlungsfelder einer ökologischen Verkehrswende aus der Perspektive feministischer Verkehrsforschung. (Materialien zum Fach-Workshop »Vorbereitung der Fortschreibung der Nationalen Nachhaltigkeitsstrategie«). Berlin: Bundesministerium für Umwelt, Naturschutz und Reaktorsicherheit. Abgerufen von http://web.archive.org/web/20050503050806/http://www.nachhaltigkeitsdiskurs.de/web/dokumente/verkehrsvermeidung.pdf

Spitzner, M., Buchmüller, S. (2016). Energiesuffizienz – Transformation von Energiebedarf, Versorgungsökonomie, Geschlechterverhältnissen und Suffizienz: Bericht zum emanzipativen Suffizienz-Ansatz, zur neuen genderreflektierten Methodik und Auswertung einer Fokusgruppendiskussion. 8. Abgerufen von https://epub.wupperinst.org/frontdoor/index/index/docId/6439

Srnicek, N., Williams, A. (2015). Inventing the future: postcapitalism and a world without work. Brooklyn, NY: Verso

Statista (2013a). CO_2-Emissionen im Verkehr in Deutschland. Abgeru-

fen von https://de.statista.com/statistik/daten/studie/13150/umfrage/
co2-emissionen-im-deutschen-personenverkehr/

Statista (2013b). Verteilung der CO_2-Emissionen durch den deutschen Verkehr im Jahr 2013 nach Verkehrsträgern. Abgerufen von https://de.statista.com/statistik/daten/studie/13150/umfrage/co2-emissionen-im-deutschen-personenverkehr/

Statista (2016). Weltweite und europäische Produktionsmenge von Kunststoff bis 2015. Abgerufen von https://de.statista.com/statistik/daten/studie/167099/umfrage/weltproduktion-von-kunststoff-seit-1950/

Statista (2017a). Anteil der Verkehrsträger an den CO_2-Emissionen weltweit. Abgerufen von https://de.statista.com/statistik/daten/studie/317683/umfrage/verkehrsttraeger-anteil-co2-emissionen-fossile-brennstoffe/

Statista (2017b). Betriebe in der Landwirtschaft in Deutschland bis 2016 | Statistik. Abgerufen von https://de.statista.com/statistik/daten/studie/36094/umfrage/landwirtschaft---anzahl-der-betriebe-in-deutschland/

Statista (2017c). CO_2-Emissionen pro Kopf in ausgewählten Ländern 2015 | Statistik. Abgerufen von https://de.statista.com/statistik/daten/studie/167877/umfrage/co-emissionen-nach-laendern-je-einwohner/

Statista (2018). Anteil der Ausgaben für Lebensmittel in Deutschland an den Konsumausgaben bis 2016. Abgerufen von https://de.statista.com/statistik/daten/studie/75719/umfrage/ausgaben-fuer-nahrungs-mittel-in-deutschland-seit-1900/

Statistics Sweden's Switchboard (2016). Swedish material consumption remains higher than the EU average. Abgerufen von http://www.scb.se/en/finding-statistics/statistics-by-subject-area/environment/environmental-accounts-and-sustainable-development/system-of-environmental-and-economic-accounts/pong/statistical-news/statistical-news-material-flow-accounts-2000-2015/

Steffen, W., Richardson, K., Rockström, J., Cornell, S.E., Fetzer, I., Bennett, E.M., ... Sörlin, S. (2015). Planetary boundaries: Guiding human development on a changing planet. Science, 1259855. Abgerufen von https://doi.org/101126/science.1259855

Stehr, N. (2007). Die Moralisierung der Märkte: eine Gesellschaftstheorie. Frankfurt am Main: Suhrkamp

Stelzer, F., Wanner, M., Schäpke, N. (2015). Understanding and Creating Societal Impact of Sustainability Transitions Research through »Real-world Laboratories« (Submission for 6th International Sustainability Transitions (IST) Conference)

Sterk, W. (2013). Vom Kopf auf die Füße: Die Klimapolitik braucht einen grundlegenden Paradigmenwechsel. GAIA, 22(2), 87–92

Stern, N.H. & Great Britain (Hrsg.) (2007). The economics of climate change: The Stern review. Cambridge, UK ; New York: Cambridge University Press

Steuer, H. (2017, November 18). Norwegischer Staatsfonds: Ölfonds streicht Ölaktien von seiner Liste. Handelsblatt. Abgerufen von http://www.handelsblatt.com/finanzen/anlagestrategie/fonds-etf/norwegischer-staatsfonds-oelfonds-streicht-oelaktien-von-seiner-liste/20598342.html

Stiftung 2 Grad (2018). Stiftung 2 Grad – Deutsche Unternehmer für Klimaschutz. Abgerufen von https://www.stiftung2grad.de

Streck, R. (2014). IWF fordert einen besseren Kapitalismus. Abgerufen von https://www.heise.de/tp/features/IWF-fordert-einen-besseren-Kapitalismus-3379640.html

Streeck, W. (2013). Gekaufte Zeit: die vertagte Krise des demokratischen Kapitalismus. Berlin: Suhrkamp

Streeck, W. (2015a). Comment on Wolfgang Merkel, »Is capitalism compatible with democracy?«. Zeitschrift Für Vergleichende Politikwissenschaft, 9(1–2), 49–60

Streeck, W. (2015b). Coping, Doping, Hoping, Shopping: Prolegomena to a Theory of Capitalist Legitimacy in the Face of System Disintegration (Vortrag auf The Legitimation Crisis of Capitalism, Wuppertal, 31.05.2015)

Streeck, W. (2016). Varieties of Varieties: »VoC« and the Growth Models. Politics & Society, 44(2), 243–247

Strohschneider, P. (2014). Zur Politik der Transformativen Wissenschaft. In A. Brodocz, J. Schulze-Wessel, D. Schulz, R. Schmidt, D. Herrmann (Hrsg.), Die Verfassung des Politischen (S. 175–192). Wiesbaden: Springer

Tacke, V. (Hrsg.) (2001). Organisation und gesellschaftliche Differenzierung. Wiesbaden: Westdeutscher Verlag

tagesschau.de (2017). VW und Tata stoppen Gespräche über Billigauto.

Abgerufen von https://www.tagesschau.de/wirtschaft/skoda-tata-101. html

Tagesspiegel (2014). Minerva-Universität aus den USA: Die mobile Uni. Tagesspiegel. Abgerufen von http://www.tagesspiegel.de/wissen/minerva-universitaet-aus-den-usa-die-mobile-uni/10334338.html

Teubler, J., Buhl, J., Lettenmeier, M., Greiff, K., Liedtke, C. (2018). A Household's Burden – The Embodied Resource Use of Household Equipment in Germany. Ecological Economics, 146, 96–105

Thema, J., Suerkemper, F., Thomas, S., Teubler, J., Couder, J., Chatterjee, S., … Mzavanadze, N. (2017). More than energy savings: quantifying the multiple impacts of energy efficiency in Europe (S. 1727–1736). Stockholm: European Council for an Energy Efficient Economy

Thema, J., Thomas, S., Kopatz, M., Spitzner, M., Ekardt, F. (2017). Energiesuffizienzpolitik mit Schwerpunkt auf dem Stromverbrauch der Haushalte: Abschlussbericht; Projekt »Energiesuffizienz – Strategien und Instrumente für eine technische, systemische und kulturelle Transformation zur nachhaltigen Begrenzung des Energiebedarfs im Konsumfeld Bauen/Wohnen«. Wuppertal: Wuppertal Institut

Thomas, S., Brischke, L.-A., Thema, J., Kopatz, M. (2015). Energy sufficiency policy: an evolution of energy efficiency policy or radically new approaches? ECEEE Summer Study Proceedings, 59–70

Thomas, S., Hennicke, P., Bierwirth, A., Venjakob, M., Hauptstock, D., Kiyar, D., … Vondung, F. (2013). Vorschlag für eine Bundesagentur für Energieeffizienz und Energiesparfonds (BAEff): wie die Ziele der Energiewende ambitioniert umgesetzt und die Energiekosten gesenkt werden können; eine Analyse. Wuppertal: Wuppertal Institut

Thorpe, D. (2015). The »one planet« life: a blueprint for low impact development. London: Routledge

TK (2017). Iss was, Deutschland. (Techniker Krankenkasse – Studie zur Ernährung 2017.) Abgerufen von https://www.tk.de/resource/blob/2026618/1ce2ed0f051b152327ae3f132c1bcb3a/tk-ernaehrungsstudie-2017-data.pdf

Ulrich, P. (1997). Integrative Wirtschaftsethik: Grundlagen einer lebensdienlichen Ökonomie. Bern: Haupt

UMass (2016). UMass Becomes First Major Public University to Divest from Direct Fossil Fuel Holdings. Abgerufen von https://www.umass.edu/newsoffice/article/umass-becomes-first-major-public

Umweltbundesamt (2013). Emissionsquellen. Abgerufen von http://www.umweltbundesamt.de/themen/klima-energie/klimaschutz-energiepolitik-in-deutschland/treibhausgas-emissionen/emissionsquellen

Umweltbundesamt (2016). Energieproduktivität. Abgerufen von https://www.umweltbundesamt.de/daten/energie/energieproduktivitaet#textpart-1

Umweltbundesamt (2017). Endenergieverbrauch und Energieeffizienz des Verkehrs. Abgerufen von https://www.umweltbundesamt.de/daten/verkehr/endenergieverbrauch-energieeffizienz-des-verkehrs#textpart-1

UN (2015). Sustainable development goals – United Nations. Abgerufen von http://www.un.org/sustainabledevelopment/sustainable-development-goals/

UN DESA (2014). World Urbanization Prospects: The 2014 Revision, Highlights. Department of Economic and Social Affairs. Population Division, United Nations

UNEP (2011a). United Nations Environment Programme: Towards a Green Economy: Pathways to Sustainable Development and Poverty Eradication – A Synthesis for Policy Makers. New York: United Nations Environment Programme

UNEP (2011b). United Nations Environmental Programme: Decoupling natural resource use and environmental impacts from economic growth, A Report of the Working Group on Decoupling to the International Resource Panel. New York

UNEP (Hrsg.) (2014a). United Nations Environment Programme: Assessing global land use: balancing consumption with sustainable supply. Nairobi, Kenya: United Nations Environment Programme

UNEP (2014b). United Nations Environmental Programme: Decoupling 2: technologies, opportunities and policy options. A Report of the Working Group on Decoupling to the International Resource Panel. New York

UNEP (2017). Resource Effciency: Potential and Economic Implications. A report of the International Resource Panel. United Nations Environment Programme. Abgerufen von https://www.researchgate.net/profile/Ben_Milligan2/publication/315722176_Resource_Efficiency_Potential_and_Implications/links/58debed492851c3695457368/Resource-Efficiency-Potential-and-Implications.pdf

United Nations (2015). The Millennium Development Goals Report 2015. New York: United Nations

United Nations General Assembly (2015). Transforming our world: the 2030 Agenda for Sustainable Development, A / RES / 70/1 §

Urban Catalyst Studio (2018). Raumunternehmer. Abgerufen von http://www.urbancatalyst-studio.de/de/medien/raumunternehmen.html

USGCRP (2017). Climate Science Special Report: Fourth National Climate Assessment, Volume I. Washington, D.C., USA: USGCRP (U.S. Global Change Research Program)

VIK (2017). Unsere gemeinsame Jahrhundertaufgabe: Dekarbonisierung von Industrie und Gesellschaft (ein Diskussionspapier des VIK). Berlin: VIK Energie für die Industrie

Volkmann, C.K. (Hrsg.) (2012). Social entrepreneurship and social business: an introduction and discussion with case studies. Wiesbaden: Springer Gabler

Voss, J.-P., Bauknecht, D., Kemp, R. (Hrsg.) (2006). Reflexive Governance for Sustainable Development. Cheltenham: Edward Elgar Publishing

VW (2018). MOIA social movement. Abgerufen von https://www.volkswagenag.com/de/brands-and-models/moia.html

Wachs, M. (1984). Autos, Transit, and the Sprawl of Los Angeles: The 1920 s. Journal of the American Planning Association, 50(3), 297–310

Wackernagel, M., Rees, W. (1997). Unser ökologischer Fußabdruck: Wie der Mensch Einfluss auf die Umwelt nimmt. Basel: Birkhäuser

Wagner, F., Schäpke, N., Stelzer, F., Bergmann, M., Lang, D.J. (2016). Ba-Wü-labs on Their Way: Progress of Real-world Laboratories in Baden-Württemberg. GAIA, 25(3), 220–221

Wagner, O., Berlo, K. (2017). Remunicipalisation and Foundation of Municipal Utilitys in the German Energy Sector: Details about Newly Established Enterprises. Journal of Sustainable Development of Energy, Water and Environment Systems, 5(3), 396–407

Wagner, R. (2000). Konfigurationsentscheidungen von Global Players im Spannungsfeld von Internationalisierung und Umweltschutz: Analyse und Gestaltungsempfehlungen, dargestellt anhand ausgewählter Beispiele der drei größten Global Players der deutschen Chemieindustrie, Bayer, Hoechst und BASF. Frankfurt am Main: Peter Lang

Wanner, M., Hilger, A., Westerkowski, J., Rose, M., Stelzer, F., Schäpke, N. (2018). Towards a Cyclical Concept of Real World Laboratories. A

Transdisciplinary Research Practice for Sustainability Transitions. forthcoming in disP – The Planning Review

WBGU (1996). Welt im Wandel: Wege zur Lösung globaler Umweltprobleme. Heidelberg: Springer

WBGU (2009). Kassensturz für den Weltklimavertrag – Der Budgetansatz: Sondergutachten. Berlin: WBGU.

WBGU (2011). Welt im Wandel: Gesellschaftsvertrag für eine Große Transformation. Berlin: Wissenschaftlicher Beirat der Bundesregierung Globale Umweltveränderungen

WBGU (2014). Klimaschutz als Weltbürgerbewegung. Berlin: Wissenschaftlicher Beirat der Bundesregierung Globale Umweltveränderungen

WBGU (2016a). Der Umzug der Menschheit: Die transformative Kraft der Städte. Berlin: Wissenschaftlicher Beirat der Bundesregierung Globale Umweltveränderungen

WBGU (2016b). Entwicklung und Gerechtigkeit durch Transformation: die vier großen I: Sondergutachten. Berlin: Wissenschaftlicher Beirat der Bundesregierung Globale Umweltveränderungen

WBGU (2016c). Forschung für die Transformation der Städte zur Nachhaltigkeit (Factsheet 6). Wissenschaftlicher Beirat der Bundesregierung Globale Umweltveränderungen

WBGU (i.E.). Hauptgutachten Digitalisierung (Arbeitstitel). Berlin: Wissenschaftlicher Beirat der Bundesregierung Globale Umweltveränderungen (erscheint Anfang 2019)

WCED (1990). World Commission on Environment and Development: Our Common Future. Oxford ; New York: Oxford University Press

Wehnert, T. (2017). Zwischen Innovation und Exnovation. Politische Ökologie, (149), 30–36

Wehnert, T., Best, B., Andreeva, T. (2017). Kohleausstieg: Analyse von aktuellen Diskussionsvorschlägen und Studien; Kurzstudie. Wuppertal: Wuppertal Institut

Weizsäcker, E.U. von (1991). Die Preise sollen die ökologische Wahrheit sagen. In Organisationsforum Wirtschaftskongress e.V. (Hrsg.), Umweltmanagement im Spannungsfeld zwischen Ökologie und Ökonomie, 63–72. Wiesbaden

Weizsäcker, E.U. von, Hargroves, K., Smith, M.H., Desha, C., Stasinopoulos, P. (2010). Faktor Fünf: die Formel für nachhaltiges Wachstum. München: Droemer

Weizsäcker, E.U. von, Lovins, A.B., Lovins, L.H. (1995). Faktor Vier: Doppelter Wohlstand – halbierter Naturverbrauch (Lizenzausgabe). München: Droemer Knaur

Weizsäcker, E.U. von, Wijkman, A. (2018). Come on! capitalism, short-termism, population and the destruction of the planet. New York: Springer Science+Business Media

Welzer, H. (2013). Selbst denken: eine Anleitung zum Widerstand. Frankfurt am Main: S. Fischer

Welzer, H. (2014). Harald Welzer über eigene Überzeugungen. chrismon. Abgerufen von https://chrismon.evangelisch.de/artikel/2014/thun-fisch-auf-dem-teller-20592

Welzer, H. (Hrsg.) (2017). Die nachhaltige Republik: Umrisse einer anderen Moderne. Frankfurt am Main: Fischer Taschenbuch

Wesseling, J.H., Lechtenböhmer, S., Åhman, M., Nilsson, L.J., Worrell, E., Coenen, L. (2017). The transition of energy intensive processing industries towards deep decarbonization: Characteristics and implications for future research. Renewable and Sustainable Energy Reviews, 79, 1303–1313

Wiegandt, K. (2016). Mut zur Nachhaltigkeit: 12 Wege in die Zukunft. Frankfurt am Main: Fischer Taschenbuch

Wilke, S. (2013). Atmosphärische Treibhausgas-Konzentrationen. Abgerufen von http://www.umweltbundesamt.de/daten/klima/atmosphaerische-treibhausgas-konzentrationen

Wilkinson, R., Pickett, K. (2012). Gleichheit ist Glück: Warum gerechte Gesellschaften für alle besser sind. Berlin: Haffmans & Tolkemitt

Wilts, C.H., Bahn-Walkowiak, B., Fischer, S., Nicolas, J. (2017). Abfall vermeiden mit einer transformativen Innovationsagenda (In brief Wuppertaler Impulse zur Nachhaltigkeit No. 5). Wuppertal Institut

Wilts, H., Berg, H. (2017). Digitale Kreislaufwirtschaft. Die Digitale Transformation als Wegbereiter ressourcenschonender Stoffkreisläufe (In Brief No. 04/2017). Wuppertal Institut für Klima, Umwelt, Energie GmbH.

Wissenschaftsrat (2015). Zum wissenschaftspolitischen Diskurs über große gesellschaftliche Herausforderungen. Positionspapier (Drs. 4594-15), Stuttgart, April 2015

Wölfges, G. (2018). Wohlstand und ein gutes Leben. Sparkassen Managermagazin. 11.04.2018

Wuppertal Institut (2005). WI-KurzInformation

Wuppertal Institut (2017). Analyse von Ansätzen der Alternativen Ökonomie: Nachhaltigkeitswirkungen und Handlungsbedarf für die Landespolitik. Wuppertal. Abgerufen von https://wupperinst.org/fa/redaktion/downloads/projects/NHS_NRW_AP10_Analyse_Alternative_Oekonomie.pdf

Wuppertal Institut (2018a). Geschäftsfeld Kreislaufwirtschaft – Wuppertal Institut für Klima, Umwelt, Energie. Abgerufen von https://wupperinst.org/geschaeftsfelder/kreislaufwirtschaft/

Wuppertal Institut (2018b). Mein ökologischer Rucksack | Der Ressourcenrechner des Wuppertal Instituts. Abgerufen von http://www.ressourcen-rechner.de

Wuppertalbewegung (2018). Nordbahntrasse. Abgerufen von http://nordbahntrasse.de/

Yildiz, Ö., Rommel, J., Debor, S., Holstenkamp, L., Mey, F., Müller, J.R., … Rognli, J. (2015). Renewable energy cooperatives as gatekeepers or facilitators? Recent developments in Germany and a multidisciplinary research agenda. Energy Research & Social Science, 6, 59–73

Zalasiewicz, J., Waters, C.N., Williams, M., Barnosky, A.D., Cearreta, A., Crutzen, P., … Oreskes, N. (2015). When did the Anthropocene begin? A mid-twentieth century boundary level is stratigraphically optimal. Quaternary International, 383, 196–203

Stephan Rammler
Schubumkehr
Die Zukunft der Mobilität
Band 03079

Mobilität ist von fundamentaler Bedeutung für unsere arbeitsteilige Ökonomie wie für unseren privaten Lebensstil. Sie ist dabei extrem produkt- und ressourcenintensiv und stellt große Herausforderungen an die Zukunft. Angesichts einer wachsenden Weltbevölkerung und knapper Ressourcen ist klar: Wir brauchen eine drastische Richtungsänderung, eben eine Schubumkehr. Stephan Rammler entwickelt das Bild einer Zukunft mit innovativen Technologien, klugen ökonomischen Strategien und einer veränderten politischen Kultur. Eine spannende Reise in die Welt von morgen!

Das gesamte Programm gibt es unter
www.fischerverlage.de

Alexander Carius, Harald Welzer
und Andre Wilkens (Hg.)
Die offene Gesellschaft und ihre Freunde
Band 29771

Ausgewählte Beiträge der Freunde der offenen Gesellschaft:
Essays u. a. von Alexander Carius, Tanja Dückers,
Richard David Precht, Milo Rau, Ingo Schulze,
Harald Welzer, Ilija Trojanow und Andre Wilkens.

Und die Debatte geht weiter!
Termine unter: www.die-offene-gesellschaft.de

Das gesamte Programm gibt es unter
www.fischerverlage.de

Forum für Verantwortung

Wege aus der Wachstumsgesellschaft
Herausgegeben von
Harald Welzer und Klaus Wiegandt
Band 19616

Was sind die zentralen Probleme auf dem Weg
in eine nachhaltige Entwicklung?

International renommierte Wissenschaftler unterschiedlicher
Disziplinen diskutieren über die Probleme der Industrie-
nationen auf dem Weg in eine nachhaltige Entwicklung. Und
sie zeigen Möglichkeiten auf, wie das Leben aussehen kann –
und wie verlockend es ist, wenn es nicht von verschwende-
rischem Konsum und stetigem Wachstum angetrieben wird.
Mit Beiträgen u. a. von Hans Diefenbacher, Dirk Messner
und Wolfgang Ullrich.

»Wer sich Gedanken über die Zukunft des Planeten macht,
sollte dieses Buch unbedingt lesen.«
VDI Nachrichten